西南人类学文库 | 流域与传统村

Wanshoushanxia

万寿山下

三河农民生计与乡村变迁的人类学考察

田阡 张洁 ◎编著

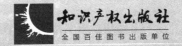
知识产权出版社
全国百佳图书出版单位

图书在版编目（CIP）数据

万寿山下：三河农民生计与乡村变迁的人类学考察/田阡，张洁编著. —北京：知识产权出版社，2015.6

ISBN 978 - 7 - 5130 - 3430 - 2

Ⅰ.①万… Ⅱ.①田…②张… Ⅲ.①农村—社会变迁—研究—重庆市 Ⅳ.①C912.82

中国版本图书馆 CIP 数据核字（2015）第 070332 号

内容提要

位于重庆市石柱县城东部 20 公里处的万寿山，是明末清初著名女将军秦良玉筑寨御敌古战场为主的历史文化景区。寨的南北各有一酷似男女的石柱耸立，男女石柱的神话代代流传，使得石柱县县名在不经间变得意蕴深长。本书是对万寿山下三河乡田野考察的报告，围绕近几十年来三河农民的生计与乡村变迁进行人类学考察。

责任编辑：石红华		责任校对：韩秀天	
封面设计：春天书装		责任出版：刘译文	

万寿山下

——三河农民生计与乡村变迁的人类学考察

田 阡 张 洁 编著

出版发行：知识产权出版社有限责任公司	网　　址：http：//www.ipph.cn	
社　　址：北京市海淀区马甸南村 1 号	邮　　编：100088	
责编电话：010 - 82000860 转 8130	责编邮箱：shihonghua@sina.com	
发行电话：010 - 82000860 转 8101/8102	发行传真：010 - 82000893/82005070/82000270	
印　　刷：三河市国英印务有限公司	经　　销：各大网上书店、新华书店及相关专业书店	
开　　本：787mm×1092mm　1/16	印　　张：28.25	
版　　次：2015 年 6 月第 1 版	印　　次：2015 年 6 月第 1 次印刷	
字　　数：500 千字	定　　价：78.00 元	
ISBN 978 -7 -5130 -3430 -2		

西南人类学文库

序　言

　　人类学于 20 世纪初被引进中国，其研究一度繁荣。1923 年，在美国哈佛大学人类学博士李济主持之下，南开大学建立了中国第一个人类学系。20 年代至 30 年代初，全国许多院校，如金陵大学、燕京大学、厦门大学、浙江大学、华西协和大学、大夏大学、中央大学、岭南大学、中山大学、复旦大学、东吴大学、光华大学、广西大学、华中大学、福建协和学院等校纷纷设立人类学机构，或者在社会学系中开设与人类学相关的课程。北京大学等校虽然没有设置系科，但也开设了人类学、民族学课程。抗战胜利后，国民政府教育部先后批准暨南大学、清华大学、中山大学、浙江大学、辅仁大学建立人类学系。1952 年院系调整，国内各大学的社会学系、人类学系和民族学系先后撤销，人类学中研究体质的部分基本保留下来，但被归并到生物学或古生物学之下；研究人文与社会的那部分则被调整到历史学内，或以"民族研究"的名义得以延续。

　　20 世纪 70 年代末 80 年代初，人类学地位重新得到恢复。1981 年，中山大学复办人类学系，设民族学和考古学两个专业，同年获得博士授予权。随后，厦门大学也建立了人类学系和人类学研究所，设人类学、考古学两个专业。中央民族学院于 1983 年建立民族学系，1993 年该校成立民族学研究院，2000 年 9 月改名为民族学与社会学学院。中国社会科学院研究生院民族系于 1978 年成立，设有民族学与人类学专业，并于当年开始招收硕士研究生，1983 年起开始招收博士研究生。北京大学社会学人类学研究所成立于 1985 年 3 月，是一个以研究为主、教学为辅的机构。此外，云南大学、中南民族学院、湖北民族学院、广西民族大学、云南民族大学、贵州民族学院等一些综合性大学和民族学院（大学）也成立了人类学研究所或民族研究所，招收博士、硕士研究生。在中国，现阶段本科开设人类学课程的只有中山大学及一些民族学院（大学）。截至 2009 年，全国共有二十多所高校院所在民族学、社会学一级学科下设立了人类学硕士授予点，北京大学、中国人民大学、清华大学、中央民族大学、中国社会科学院研究生院、南开大学、上海大学、厦门大学、中山大学 9 所大学设立了人类学博士点。其中，北京大学和中山大学的人类学专业被评为国家重点学科。2010 年国务院学位办将博士授予权下放到部分重点高校，一部分高校增设了人类学博士点，如南京大学、哈尔滨工业大学等。

人类学这些年来在中国已经有了长足的进步，特别是 2009 年人类学民族学联合会第 16 届世界大会在中国召开后，发展迅速。这表现在，越来越多的人类学、民族学机构的建立——根据相关的统计可知，我国现有的人类学民族学机构已经超过 100 个，专业人员超过 5000 人。此外，越来越多的高校建立起硕士、博士学位点，除了 "985" 高校外，部属和各省的民族院校普遍建立起学科点。进而，各类学术活动亦越来越多。中国人类学民族学研究会是最大的学会，每年举办年会和学科单位负责人会议，其下属的各分委员会亦举行各种专题会议。民间团体 "人类学高级论坛" 每年举行年会和青年圆桌论坛，已经连续举办了 12 届，2013 年还在台湾地区举办了首次论坛。各类研究课题在国内外展开，尤其是海外民族志研究方兴未艾，各种专著、文章更是如雨后春笋层出不穷。

笔者认为重庆这片区域在人类学、民族学的发展中有着重要的地位。首先，重庆位于中国的腹地，在习惯上称之为 "西南"，实际上在中国地理位置上是中部偏东。地处长江上游，是青藏高原与长江中下游平原过渡地带，古往今来是兵家必争之地。从古代的巴楚战争，到元时的钓鱼城之战，以及民国抗战时首都就可见一斑。其次，重庆是中国文明的发祥地之一，从 200 万年前的 "巫山人" 到农业起源时的新石器文化，从别具一格的巴国青铜文化到石盐生产中心。其三，重庆也是多民族聚居的地方，古往今来族群互动繁多，迄今还保留 4 个民族自治县（原来有 6 个自治县），分布着上百万的土家族和苗族。其四，重庆是中部经济核心地区，是铁路、公路、水运和航空的交通枢纽，是中国制造业、高科技、高等教育的核心区之一。当前，重庆经济飞速的发展带来的社会、文化急剧变迁，为人类学民族学的研究提供了广阔的天地。

然而总体上看，重庆人类学民族学发展的状况却不太尽如人意，这与重庆的地位不太相称。重庆自成为直辖市后，随着政治地位的提高，经济也获得了高速发展，可是人文社会科学的发展相对滞后。不过，我们欣喜地看到，不仅西南大学作为重庆人文社会科学的重镇继续担当着领头羊，重庆大学也建立起高等研究院和相关的社会科学研究院以弥补单纯理工科大学之不足。近来，人类学民族学在重庆也有了欣喜的进步，首先是在西南大学建立了相关机构，开展人类学民族学的研究，并招收相关专业的研究生。接着是在重庆大学高等研究院建立人类学研究中心，聘请海外专家做中心主任，目前已经举办了相关的学术会议和人类学系列讲座。在重庆文理学院也开展了文学人类学、文化遗产的研究，还承办了 2013 年人类学高级论坛。

重庆人类学民族学的进步与田阡及所在团队的努力是分不开的。本丛书的出版正是近年来研究成果的展示。从本丛书看其研究在如下几个方面是有所突破的。

田阡的团队立足武陵山区与乌江流域，以区域自然与人文生态为基础，关注非物质文化遗产的文化基础，将文化总体特征与多样性相结合，开展非物质文化遗产与区域文化互动关系研究。同时运用区域研究的方法，坚持整体观与跨文化比较的研究取向，基于非物质文化遗产研究的视角，以教育部人文社会科学研究项目"龙河流域区域文化与族群关系研究"和文化部民族民间文艺发展中心项目"中国节日志·春节（重庆卷）"为依托，对该区域文化的共同特征和多样性开展了系统的研究工作。首先，对区域文化进行具体的分类研究。将区域文化分为民族艺术、民族体育、民族音乐、民族手工艺、民族舞蹈等方面，从民族文化形式、内涵、传承、文化产业等角度对不同的民族文化作了专题调查研究，凸显民族文化的多样性，探讨非物质文化遗产的文化根基及传统文化在非物质文化遗产保护中的应用。其次，运用人类学的进化论、整体观等理论与方法，通过多点式田野调查，对该区域的非物质文化遗产进行了系统的比较研究。最后，对区域文化开展总体性特征的研究。在大量田野调查的基础上，从生计方式、价值体系、社会风尚、行为规范和制度体系等角度，对武陵山区和乌江流域的区域文化作综合分析，总结该区域文化的基本特征与文化价值。

田阡的团队以都市为研究场域，以城市化进程中新的社会文化现象为基础，以族群流动与互动关系为研究对象，开展了丰富的都市少数民族社会管理问题研究。区域文化的整体性与多样性是在族群互动的基础上形成的。在关注区域文化研究的同时，该团队依托国家社科基金项目"西部地区少数民族农民工生计模式与身份认同研究"，展开都市族群关系问题研究。该研究的创新之处在于突破了原有流域个体、单一民族研究的思路，通过社区研究对族群互动关系的多样性作了综合分析，推动了学科互动研究。他们对大都市的散杂居状态进行了深度剖析，利用科塞提出的社会安全阀理论，创造性地将城市民族事务部门定位为城市民族工作的"安全阀"，指出城市民族事务部门应充分利用自身各种优势，在日常管理和突发事件应急处理等方面，发挥资源动员和服务传递的职能，充分发挥"安全阀"的疏导、转化和催化作用，推动城市民族工作的顺利开展。

田阡的团队将田野调查与文献分析相结合，关注历史上地方社会与国家的"中心与边缘"互动关系，开展了卓有成效的族群与区域文化的历史人类学研究。在已有的区域历史研究基础上，通过历史文献的分析和大量的田野调查，从文化生态的角度对不同民族和不同区域的生活状况进行了研究和评价，对地方社会与国家之间的互动关系进行了创新性的、历史性的演绎与归纳。同时，以历史事件的反思关照现代地方社会发展的问题，对民族地区社会发展进行了分析，为解决当前的民族关系问题提供了更加系统的理论支撑和明确的决策参考。如运用人类学的理论与方法，以苗疆社会自身为研究视角，从苗疆民众的日常生活分析出发，对苗疆民众的日常生活进行了全新的理解与评价，为西南边疆与民族历史问题研究提供了新的研究思路。该成果凸显了民间组织与民间行为规范的社会价值，对于解决中国基层社会的现实问题，维护基层社会的社会秩序提出了新的路径，从理论上推动了社会主义和谐社会的建设。

田阡教授嘱我为西南人类学文库写个序。犹豫再三，还是答应下来。田阡十多年前就读于我的门下，毕业后去了西南大学。在那里，他将人类学理论与应用相结合，将学术研究与学科建设相结合，在人类学基础薄弱的重庆打出了一片新的天地，特别是在流域人类学领域所做的研究和思考更有新意。当老师的最高兴的莫过于学生能够做出成绩。这也是我愿意写序的原因。最后，祝愿田阡的团队能有更多的成果问世，祝愿重庆的人类学有美好的明天！

傅大为

2013 年 11 月 27 日

重观西南：走向以流域为路径的跨学科区域研究

学术从来不是静止的，我们的探索永远是理论和实践上的无尽开拓。无论做哪一学科的学术研究，方法都是非常重要的。英国社会人类学家利奇（E. R. Leach）在其代表作之一《缅甸高地诸政治体系：对克钦社会结构的一项研究》中提到人类学研究中的"蝴蝶论"：当时很多研究者的工作，就像收集各种蝴蝶标本一样去收集各种人类文化现象。他认为这些文化现象收集得再多、再全，如果不去深究"蝴蝶"的归类、"蝴蝶"的演化等问题，对我们认识人类社会就没有多大帮助。同样，当我们回头去看弗雷泽（James George Frazer）强调在古典人类学家泰勒（Edward Burnett Tylor）的基础上要对比较方法进行革新，放弃使用先验的阶段论，转而做共时的比较，从而看到事物和事物之间的关系的理念时，就可以确信这样的学术思维可以理出一条通过认识事物，进而认识人类社会的主线来。

一、方法论转向：从社区研究到区域研究

源于结构功能学派社会人类学的社区研究，作为一种方法论，长期以来都是人类学研究的基石，为人类学这门学科的世界性的发展做出了不可磨灭的贡献。但事实上，只要对学术史稍作梳理即不难发现，社区研究本身也经历了一个动态演化的过程。在人类学传统的社区研究中，其实存在着"社区研究"和"在社区中做研究"这样两种研究取向。一直以来，大多数的中国研究者都传承了人类学民族志的传统，将社区视为可操作单位，对其进行"麻雀解剖"，以期代表中国，至少代表中国社会的一种"类型"或"模式"。然后试图通过类型比较方法达到对中国整体的认知。

费孝通先生在后来的《云南三村》序言中反思《江村经济》，承认《江村经济》做的是社会调查而不是社会学调查，他在《云南三村》中的类型比较研究，可以看做是对"利奇之问"的回应。这段学术公案众所周知。利奇质

疑费孝通先生的社区研究方法,"在中国这样广大的国家,个别社区的微型研究能否概括中国国情?"❶ 费孝通坦承,"江村不能在某些方面代表一些中国的农村",但他认为:"如果承认中国存在着江村这种的农村类型,接着可问,还有其他哪些类型?如果我们用比较方法把中国农村的各种类型一个一个地描述出来,那就不需要把千千万万个农村一一的加以观察而接近于了解中国所有的农村了。通过类型比较法是有可能从个别逐步接近整体的。"❷ 这样一来,我们的研究就不再仅仅是"对社区的研究",而进入了"在社区中做研究"而且是做更大范围或规模研究的新视野。在这种类型比较法的信念下,费孝通先生从"江村"走到"云南三村"走到"中国小城镇模式"乃至"区域社会",为理解中国奉献了毕生精力。这种研究传统至今仍然在人类学和社会学的实证研究中有着重要的地位。在其影响下,我们的研究不但要思考整体与局部、一般与特殊、宏观与微观的链接,而且事实上还是一种加入了他者文化关怀的研究。一方面,区域社会的地方知识体系在支撑着"传统"或"他者"意义上的民族文化;另一方面,地方性的问题已经成为国家治理技术和世界政治经济体系在地方社会中实践和权力展演的空间。

作为学术工作者,我们既要时刻警醒自己将自身的世界当作众多世界中的一个,寻找他者历史与社会的独特运行逻辑,同时也要"追问流行于不同的地理单位中的宇宙观在互相碰撞的过程中如何保持自身的'不同'"。❸

区域研究作为人类学重要的组成部分,无论是在人类学学科起源和兴起的过程中,还是在人类学学科理论与学科流派的形成中,都具有举足轻重的作用。其主要目的在于通过区域个案的研究来认识区域整体。在全球化时代,人口的大规模流动使原有区域研究的理论与方法遇到严峻的挑战。尽管如此,人类学区域研究的重要性却从未动摇过。区域研究的理论和方法,只是比以前更加强调人类学理论上的批判性和人类学田野调查的科学训练而已。

二、对象转向:从族群研究到流域研究

人类学家周大鸣教授曾指出,族群的认同必须在族群之间的互动过程中去探讨,在与世隔绝的孤立群体中,是不会产生族群认同的,至少族群认同是在

---

❶ 费孝通:《人的研究在中国:个人的经历》,《读书》,1990 年第 10 期。

❷ 同上。

❸ 王铭铭:《人类学:历史的另一种构思》,王铭铭主编《中国人类学评论(第 9 辑)》,世界图书出版公司·后浪出版公司 2009 年版,第 55 页。

族群间互动的基础上发展起来的。经过认同和互动过程的族群关系呈现的是多元模式局面。❶ 事实上，包括地域性在内的现实认同在具体的时空下也是重要的族群认同操作工具。生活在同一区域的群体在新的历史条件下，不断受到政治的、市场的、历史记忆和社会结构等因素的影响而使族群认同和族群文化处于动态的变迁之中，这是历史的建构过程，也正在现实中发生着。

孤立的群体研究方法也无法把握族群之所以形成自我认同的过程。族群文化归纳，如果缺乏时空格局意识，就会忽视对地方社会的族群关系、地域关系和历史情境之间的关系，从而造成对区域文化地方性差异以及差异形成过程的关注的不足。

以空间、历史与族群互动为视角的区域研究，并不是单一的区域史，而是人类学上文化整体观和比较研究传统的延续，也是对中国地方社会研究中历史研究取向和区域文化研究取向相结合的进一步深入。这种研究视角以发现具体历史社会情境中地方社会与族群社会的关系为目的，去揭示国家、社会、地域、宗族、个人等多层次的社会力量在多样性的具体"历史真实"中的整合以及民间生活中"文化创造"的多样性，并最终以"过程民族志"的方式展现传统中国社会的运作机制。❷ 对于中国历史文化局部整体性的把握，是对中华文明总体整体性进行理解的必经阶段和重要步骤。因此将族群文化研究与地域进行结合，将族群与族群互动嵌入具体的时空轴进行审视就显得尤为重要。

从这个意义出发，我们的研究不应拘泥于族源、客观文化表征以及单一族群历史方面的考察，而应将其作为资料性素材，重点通过对区域空间内的族群文化与族群关系的把握，从河流区域与族群文化角度对族群研究进行田野调查和理论层面的探讨。

流域，正如龙宇晓教授所言："是以河流为中心的人－地－水相互作用的自然—社会综合体，以水为纽带，将上中下游和左右岸的自然体和人类群体连接为一个不可分割的整体，在人类生活世界的本体系统中具有十分重要的地位。"❸ 从某种意义上来说，流域是群集单元，是世界本体的一部分。用地理学的说法，流域是一条一条的河流和分水岭形成的山水基线；从文化的发生角

---

❶ 周大鸣：《动荡中的客家族群与族群意识：粤东地区潮客村落的比较研究》，《广西民族学院学报（哲社版）》，2005 年第 9 期。

❷ 彭兆荣：《边际族群：远离帝国庇佑的客人》，黄山书社 2006 年版。

❸ 曾江：《作为方法的流域：中国人类学研究新视角——流域人类学大有可为》，《中国社科科学报》，2015 年 6 月 9 日。

度看来，流域就是一条条的文化赖以起源、演化、传播、交融与发展的时空通道；从整体观的视角看，流域还是一个体系架构，由大大小小的流域线条网络形成一个个的区域扇面。就社会内涵角度而言，流域是一个问题域，集结了诸如生态、人口、资源、民族、族群关系等各方面的问题；从方法论角度讲，流域则可以作为一种认知范式，从流域的角度看待问题，可能和过去泛泛地看待问题是不一样的。如果我们能用流域的方法，从流域的角度看问题，肯定能够发现以往我们不能发现的很多的知识的盲点。

流域是世界本体的一部分，这与流域的性质有关。流域在国外的理解各有不同，有广义的 valley，还有一个狭义的 watershed，即分水岭。希罗多德曾说"埃及是尼罗河馈赠给人类的厚礼"，深入理解他的话，可以说整个人类的文明都是和流域有关系的。马克思说"尼罗河水涨落启示，诞生了埃及数学"，可见流域不仅仅是文化的问题，也与地方知识、科学知识有关。流域的重要性在于它既是自然资源的群集单元，也是文化多样性的承载单元，更是我们认识社会的一种方式。顺着河流，就有物的交流、人口的流动、文化的传播和分布。流域作为一种系统的架构，是一个人、地、水互动的复杂系统，从中可以分成很多子系统，可以在这个系统层面发现很多现实问题，诸如生物多样性的问题、传统知识的传承保护的问题等。从这个角度来说，通过流域的视角，我们能够在研究中不断发现新的资源，给老的问题赋予新的意义，并最终解决这些问题。

作为范式创新的一个出发点，流域研究可以帮助我们超越以往点状认知的局限性，超越现在人类学区域研究上一个个民族志点之间缺乏关联的局面，还可以超越"边缘－中心"的理论范式。正因为如此，流域人类学作为一种跨学科的研究，能够极大地帮助我们实现文化整体观照的目标；流域的研究、流域的视角、流域的方法，或许能够真正推动人类学成为一套完整的知识体系。

三、空间转向：从东南研究到西南研究

中国研究的空间转向经历了从西南到东南再回归西南的历程。如西南彝学研究的现代学术确立开端于中山大学人类学系的杨成志先生。20 世纪的二三十年代，专业的社会学和人类学家开始进入西南地区，进行民族社会调查，留下许多重要的调查成果。中山大学人类学系先驱杨成志先生在 1928 年 9 月至 1929 年 5 月，孤身深入凉山进行民族调查，后来结合云南的一些调查撰写了

《云南民族调查报告》，被称为"我国西南民族调查的先导杰作"，后来出版的论文集《云南罗罗族论丛》被称为"罗罗研究的第一本巨著"。❶ 此外，袁家骅、李仕安、江应樑、陶云逵、林惠祥、芮逸夫、马长寿、林耀华等诸多民族学和人类学大家都曾进行过西南地区社会文化调查和研究。他们融会贯通，将人类学、民族学、民俗学、社会学、政治学、经济学等数门学科的理论与方法整合运用，写就了一批经典之作。相比于华北农村研究和东南宗族研究后期崛起，西南族群研究的传统曾一度低潮。随着费孝通先生于 20 世纪 70 年代末以后提出关于"藏彝走廊"的论述，人类学研究的目光又逐渐回到西南。

自 1980 年民族学人类学学科重建以来，西南研究的"区域研究"特征也日益明显。特别是 1981 年"中国西南民族研究学会"的成立，更标志着西南研究区域视野与实践的开启。在该学会的推动下，西南研究的学术力量被整合组织在一起，进行了一系列"流域""走廊""通道"等具有较强区域性研究的专题调研，如横断山区六江流域、西南丝绸之路、贵州"六山六水"、南昆铁路沿线、茶马古道、藏彝走廊等研究，从而开启了学科重建以来西南研究的第一次高潮，并取得了显著的成果。❷

人类学的区域研究曾经在村落个案的基础上，由国外中国研究者和台湾学者先后提出了市场体系理论、祭祀圈理论和历史人类学华南研究理论等范式，将连接一个个村落的关键，或认定为村庄集市网络内的交换关系，或认为是为了共同的神灵信仰而举行的祭祀活动的居民，或归结为某一特定区域范围内的宗族、信仰及社会整合。❸ 这些研究范式各有所长，也各有其缺陷，这些缺陷的共同之处在于：都只能解决相对较小范围内的区域研究问题，一旦将其置换于其他环境之中，就会遇到严重的"水土不服"情况。在实地的调查和研究中我们发现，地理自然环境因素天然地对区域社会形成具有形塑作用，而经济、政治、文化关系是区域社会形成、分化和变迁的重要基础。同时，把握地方社会形成及变迁所需要考察的区域族群关系、政治层级、经济关联、地理空间等社会结构性界线，都包含在区域社会之中而不是以族群为边界。作为族群互动的具体时空坐落，区域社会正是进行地方社会文化研究的可操作单位。

我自进入西南大学以来，结合区域研究和西南研究的新传统，带领团队在

---

❶ 王水乔：《杨成志与西南民族研究》，《云南民族学院学报（哲社版）》，1996 年第 2 期，第 55 页。

❷ 张原：《"走廊"与"通道"：中国西南区域研究的人类学再构思》，《民族学刊》，2014 年第 4 期。

❸ 周大鸣、詹虚致：《人类学区域研究的脉络与反思》，《民族研究》，2015 年第 1 期。

龙河流域开展了持续性的区域田野调查和民族志写作。龙河发源于鄂渝交界处的重庆市石柱土家族自治县黄水国家森林公园冷水镇李家湾七曜山南麓，全长164公里，天然落差1263.3米，其中在石柱境内有104公里，是石柱境内最大的河流。龙河流出石柱县后，在丰都县王家渡注入长江。龙河穿越石柱和丰都两县20多个乡镇，因流经石柱县城南滨镇，绕城三面，龙河在石柱县内又称"南滨河"。龙河流经的地区地处川鄂交界地，当楚黔之交，控楚连黔，襟带湘境，自古为洪荒之地，是巴蜀古国最边远的山区，古称"九溪十八峒"，也是土家族的祖先古代巴人的聚居区。我和我的团队对龙河的人类学研究是从《冷水溪畔》开始的，陆续有《万寿山下》《沙子关头》《龙河桥头》《边城黄鹤》等传统村落的系列调查研究，还有《"边缘"的"中心"》等呈现族群互动的系列研究，以及流域内的物质文化遗产与非物质文化遗产研究。至此，一个以流域为路径的西南区域研究的新人类学空间正在凸显。在冷水乡开展田野的意义在于它是贯穿于石柱县的龙河的源头，也在于它已被置于流动和发展的背景之中，需要尽早地描述和挖掘。而在西南流淌着很多与龙河一样的小流域，都存在着一个个相对独立的族群多样社区，对学术研究的标本作用以及田野调查方法的训练都是一个很好的实践场域。我们期待能通过做一条河流的上、中、下游不同社区的研究，构建起对该流域整体性的文化和社会认识，继续寻找文化的相似性和社会发展的多样性，也为武陵山区和西南的多流域研究拓宽拓新思路与方法。

面对新时期全球化浪潮下对人类学区域研究迫切呼唤和相关学科领域的理论失语，在费孝通的中国区域研究蓝图和中山大学人类学系的岭南研究与珠江流域研究的基础之上，我们总结七年来集中于西南地区的流域研究的理论成果与田野成果，初步得出了一些关于人类学区域研究，尤其是中国西南山区人类学区域研究的规律与方法。

四、学科转向：从人类学洞见到跨学科协同

我们认为，流域文明不仅是流域文化、流域历史，更多应关注现实的流域治理问题，进而参与到国家治理能力和治理体系现代化的讨论中去，因此，挖掘流域文明，其根本目的应该是更好地从点、线、面三个层次上为社会治理提供理论指导。

第一，流域文明凝聚社会治理的文化意蕴。水是流域文明的主体，水的特性在于它的流动性和循环性。水的流动性体现在它最一般的液态，水的循环性体现为它在"三态"间的转化。水在沸点化为气态，在冰点结为固态，但是无论如何蒸发和凝结，它都在循环往复之中保持自身的存在。水也在"三态"转化之中实现着自身的充斥和弥漫。一地一域之水受到污染，水的流动性就会促使污染在更大范围内持续扩散；一堤一坝存有缝隙，水就会在引力作用下发挥出"柔弱胜刚强"的特性；水库不坚，水道不通，暴雨积累起来的洪涝就会引发灾难；水源的开通、引调、提升的不足则会引发缺水困境；水管查漏减损、废水再生利用和雨水收集的工作不济，就会造成水资源的浪费。水的这些特征，决定了治水思维的系统性和治水形式的协同性特征。水的文化产生于人与水的历史互动性实践中，内涵在世界文化、民族文化和地域文化之中。人类在用水、治水、护水等实践中不断构建文明史，在渡河、越江、航海等活动中不断构建世界历史。从中华民族范围看，松花江、辽河、海河、黄河、淮河、长江、珠江以及东南、西南、西北诸河等流域，孕育了先哲对水的哲学思索，凝结了历代水利工程的科技文化，汇聚了各朝文人对水的人文赞美。

第二，流域文明突显社会治理的系统关联。水是人类的生命之源，但是其发挥功用需要依靠人对于水的规律的科学把握。山水林田湖之间的辩证运动构成生态系统，水的规律即是在生态系统中发挥作用。在人类社会快速发展进程中，人们对于自然界的作用逐渐多样化，导致水的规律发挥的作用机制也变得日益复杂化，人们治水的机制也日趋系统化。科学发展观的基本要求就是全面、协调、可持续，因此治水必须具备统筹协调的战略思维。

第三，流域文明反映社会治理的本质属性。人对水的治理体现的是人通过物质实践以文明的形式获得对以水为代表的自然资源的利用和驾驭能力。治水直接反映的是人与自然界的关系，同时也反映人与人、人与社会的关系。人类为了维持自我生存与生活，对于水的实践形式包括探寻水、储存水、去污水等。生产力低下的时代，人类以傍水而居作为寻找充沛水资源的最直接方式，因此早期人类文明几乎都起源于各种大型河流。丰沛的水源有助于化解供水与节水的矛盾，但是也带来了洪水和涝水的矛盾，因此，以泄洪水、排涝水为核心内容的治水也几乎成为所有早期人类文明面临的必要任务。随着人类文明的不断发展，人与人、人与社会的协作成为人类利用和驾驭水资源的重要形式，人们在治水中不断探索和改进社会管理和治理的机制，以便更加积极有效地应对水的问题，实现人与水的和谐相处。

因此，在这一系列理念体系统领下，我们下一步的计划是以流域为主题开展历史学、社会学、人类学、民族学、考古学、公共政策、农业科技史等多学科对话的系列研究，并将研究成果付诸具体社会治理问题的实践。除了流域人类学理论和方法的研究，我们计划从历史流域学中吸取社会治理的历史经验，并将研究对象拓展到跨境流域研究与跨境社会治理方面，分别从三江源地区的流域生态学、珠江流域宗族与族群、松花江流域的农业人类学、大运河的考古与治水历史、武陵山地区多流域切入，探讨复合的人－地－水系统中的社会治理问题，最后将流域与社会治理的理念上升到生态美学的人地和谐与社会哲学的天人合一层面。

我们期望今后能够通过"流域"这个突破行政区划限制的概念，加强国内跨区域体系之间的合作，并深入持续地与国际学术界开展以流域文明比较研究为主题的学术对话，使我们的研究更好地发挥其作用，使我们的学术更进一步地融入国际主流。

是为序。

田　阡
2014 年 12 月 28 日于西南大学

目　录

图表目录

图目录

表目录

第一章 导 言

　　位于重庆市石柱县城东部20公里处的万寿山，是明末清初著名女将军秦良玉筑寨御敌古战场为主的历史文化景区。万寿山山顶面积2000平方米，最高海拔1490米，奇峰突兀，山顶平阔，四周险峻。寨南北各有一酷似男女的石柱耸立，称为"男石柱""女石柱"。男石柱面北，身长100米，高冠微髯；女石柱朝南，身高70多米，坦胸露乳，端庄秀丽。

　　男女石柱的神话故事代代流传，石柱县县名在不经意间意蕴深长。石柱县群山环绕，绿野俊俏，万寿山在曲折环绕中稍显平淡无奇。但男女石柱浩然矗立在一望无际的绿峰中，给万寿山头添上令人神往的梦幻色彩，让万寿山在市井街头的交谈中身影孤傲伟岸。千百年来，男女石柱傲然居上，仰望斗转星移，俯瞰万物沧桑。

　　对万寿山下三河乡的田野考察是2009年3月至4月间完成的。时至撰稿的今日，已经过去了三年之久。在此之前的一年，我们还对与本田野点通过一条河流相连的另一个乡镇进行过考察，而此后的三年之中，沿着这条河流的其他几个乡镇也在我们的考察和研究的范围之中。这条河流发源于重庆市石柱土家族自治县东北部的七曜山南麓，这里是一个国家级森林公园，地域范围包括石柱县的黄水镇与冷水乡。由此发源，这条河流由石柱县东北山区蜿蜒向西南方向流淌，由东北向西南穿越石柱土家族自治县。河流经过石柱县城之后，流入石柱县与丰都县交界的（隶属于石柱县的）下路镇，并进入到丰都县境内，于丰都县境内汇入长江。这条河流的不同支流以及不同地段有着不同的称呼，譬如在石柱县城人们称呼其为南滨河，石柱县城正是在本县的南滨镇。不过一个统一的称呼可以概括整条河流的名称，是为"龙河"。

　　龙河虽然在万寿山下静静地淌过，缓缓流向县城南宾镇。但龙河所流经的地区，地形上总体呈现出群峦叠翠、沟壑纵横的特征，天然落差达到1263.3米。

这种地形特征形成了流域内巧夺天工的自然景观，近些年来，这种地形所形成的湍急的水流也为能源开发与利用创造了基础条件。不过更为明显的是，这种地形也为长期生活于这一流域内的人们限定了其传统的生存空间。在石柱土家族自治县内，地形主要以山地为主，其间有大大小小各种河流、溪沟，这些水流所经之处，通常会形成较低的峡谷平地。石柱县域的山地主要由两组重要的山脉构成，这两组山脉分别为西北部的方斗山以及东南部的七曜山。这两组山脉都呈东北—西南走向，两组山脉之间形成一些狭窄的峡谷平地，在我们本次考察的三河乡地区（龙河流经该乡之后就进入到南滨镇——石柱县城），这种峡谷平地算是较为开阔的了。关于三河乡的地形，我们在后文中会首先加以说明。

之所以要在这里对石柱县的地貌做出一种概括性的说明，正是要说明我们对其加以关注的视野何在。我们已经说过，龙河流域的这种复杂的地形事实上对居住于其间的人们所产生的最重要的影响也许莫过于对这些人的生存空间的限制。这种限制使得人们直到二三十年前依然秉持着祖先遗留下的各项传统生计方式。他们是典型的生存于山水之间的人民，总体上来看，大部分乡镇的中心或者说场镇所在地都依山傍水。尽管这种区域中心曾经发生过众多的变迁，我们将会在后文中说明三河乡中心的转移，但是这种变迁依然也没有完全能够消除地形的因素，相反，成为更重要的参考因素。人们的生产生活与这种地形当然也极其相关，处于河谷平地的农民的农业产出自然较高，而且主要以生产水稻为主，但是因为地势所造成的优势，这里聚居的人口众多，因此每个家庭所能够获得的农业产出事实上也是有限的。相反，在高山地区，人们所能够利用的土地面积并不多，而且因为地形和水源的限制，这些地区主要从事旱作农业，当然在沟壑边上的较平的土地也被开发为水田。尽管山区可利用的耕地并不多，但是其总体面积却很广袤，而随着时代的变迁，那些曾经难以利用的土地资源逐渐被纳入到可资利用的范围。在今天，山上与山下的优势情况依然还发生着变迁，尤其在现在看来，农业生计在我们考察的地区呈现出势衰的情况下更是如此。

总之，因为地形的原因，居住在我们所考察的三河乡的人民长期保持着农耕生产的传统，而这种生产，在区域内也呈现出地域的不同之处。这些生产传统因人们的生存空间的稳定而延续下来，使得人们在二三十年前依然依靠这种生产传统生活。直到 20 世纪 90 年代以后，变迁在我们所考察的地区发生了，而这种变迁直到今天依然在广泛地发生，也就是说，这种变迁将会使居住于这山水之间的人民最终变得怎样，事实上还不确定。

这一变迁所产生的时间尚且不长。假如我们要追述变迁的最终原因，那也许应该追溯到 20 世纪 90 年代以后的市场经济对农民生计的影响。不过，市场经济所发生的影响无论如何是一个过程，不管这个过程是快还是慢。直到 2000 年以前，我们所考察的三河乡尽管已经在很大程度上受到市场经济的影响，但是这种影响还不至于今天这么巨大。将三河乡农民的生计塑造成今天这个样子的是两件事情：一是 2005 年开始的沪渝高速公路石柱段的修建，二是在此之前于 2002 年开始的退耕还林工程在这一地区的实施。我们将会看到，在我们接下来对三河乡农民生计的描述中始终没有忘记这两个重要的事件，因为它们无论是对农民的生存手段还是对农民的生活都造成了重要的影响。

变迁的最明显的内容当然莫过于农民的生计方式了。事实上，近几十年来的中国农民所发生的最重大的变迁应该首推他们的求生手段，因为近些年所发生的这种变迁很大程度上是一种资源的配置方式的变迁，它们与农民的生产生活密切相关。我们将会在本书中分析到，自 20 世纪 90 年代之后，农民的谋生手段所发生的重大变迁，这事实上源于一种对资源的重新认识，当然，对资源的重新认识又源于农民处于一种新的资源配置方式之中。这首先导致的是农村产业所发生的变化，尽管农业依然是农村最主要的产业，但是在农业之外，一些新的产业正在逐渐发生，而且，无论是农业生产还是新的产业生产，都越来越走向了一种专业化的生产。对于农民而言，则意味着他们的劳动方式发生了明显的变化。首先，一些农民逐渐放弃了农业生产而参与到别的行业中去，这是所从事的行业发生了变化。其次，一些农民还保持着农业生产的谋生方式，但是，这种农业生产与传统的农业生产已经有所不同。

在这两个变迁之中，前者看起来是较为明显的，因为退耕还林和高速公路征地使得一些农民的耕地减少甚至完全丧失。而且，我们仅仅从人口流动的现象中就可以看出行业逐渐多样化了。后者的表现并不十分明显，在三河乡，我们至今可以看到从事农业生产的农民在技术上依然在很大程度上保持了传统，尽管一些小型的农耕机器已经进入到三河乡农民的生产当中，但是，由于地形的限制以及农业从业人员的逐渐老化使得机器耕种的范围十分狭窄。然而，一些为了适应市场经济的农业生产也逐渐被农民所探索，这首先体现在人们对一些经济作物的种植方面，其次是种植业逐渐走向规模化和专业化生产。

上述所说明的农民生计的变迁，还主要是在传统行业领域内的变迁，而事实上，正如我们上文中已经提及的那样，越来越多的农民已经逐渐放弃了农业生产，或者说许多农民在一段时期内放弃了农业生产。放弃农业生产的农民从事一些与农业相比能够更多地获取现金的行业，农民的选择虽然是较为狭窄的，但是比起传统的农业生产，现在的行业显然已经较为丰富了。总体而言，农民在农业之外的求生方式包括外出务工（其行业是多样化的）、本地打临工、专业化农（牧）场生产以及经商等。关于这些生计，我们将会在本书中详加说明。

这些关于职业的变迁使我们对农民的身份转型问题加以关注。无论我们曾对农民这一概念或者说身份界定做出过多么丰富的解释，其中，农民的生计方式一定是一个重要的限定，抛开农民的生计方式而谈论农民的身份转型，显然是难以实现的。传统的农民以农业生产为主，或者可以说完全依赖农业生产维持其生存。以这一生计为其基础，农民形成了一种稳定的生活方式，这些塑造了传统农民的基本形象。但是，今天的农民显然发生了某些显著的变化，这种变化首先从其生计变迁中体现出来，继而对别的方面造成影响，以至于在逐渐改变农民的传统形象。

但是正如上文所言，变迁在我们看来是一个渐进的过程。农民生计的变迁所导致的其他方面的变迁也是明显的，例如教育、养老以及社会交往等，我们将会在本书后面的描述中看到，三河乡的变迁关系到的不仅仅是他们的生计方式，同时也包括其生活的各个方面。我们可以认为，三河乡近些年来所发生的变迁是其社会整体的。不过，社会的各方面的变迁却并不是十分融洽的，在这些变迁中，我们将会看到以最快的速度发生的是农民的生计变迁，而除此之外，社会的其他变迁则是较为缓慢的过程，就像我们上述所提及的，诸如教育（我们主要关注儿童的养育与初级教育）、养老以及社会交往等内容的变迁都是较为缓慢的过程。或者说，生计的变迁事实上比人们的日常生活的变迁要快，这几乎使得生计与日常生活发生了某种断裂。

将生计与生活分开表述也许有些危险，因为在农村，我们经常并不能将这两者明确地加以区分开来。不过情况还不那么糟糕，我们还是可以对二者进行较一般的区分界定。当我们对农民的生计做出探讨的时候，通常说明他们的职业情况；而当我们对农民的生活做出说明的时候，则通常是对农民的日常生活中的各种活动做出说明。我们是以一种较大的视角来看待生活的，事实上，几乎所有的活动都可以涵盖在这一概念之下。但是，我们在这里要将生计活动与日常生活区分开来描述，总体而言，我们用生计这一概念来观照农民的生活来源问题，而用生活这一概念来观照农民在获得生存的物质基础上展开的部分。这样看来，生活的范围在人们的活动中占据更多的内容，而生计则通常只是说明人们创造生活资料的那种过程。我们在本书中对这二者都做了大量的说明，但是这并没有在本书的结构上明显地体现出来，因为其作为民族志文本的原因，我们只能够在烦琐的表述之后得出一些思考。

上文已经说过，近些年来的变迁主要表现为一种资源配置方式的变迁，资源配置方式的变化最先影响到的当然是人们的生计问题，也就是人们怎么获得生存资源的整个过程。当市场经济对三河乡造成影响以后，首先造成的是农民所从事的劳动发生一些显著的变化，这种变化我们在前文中已经大致做过说明，而在后文中我们还会详细地做出分析。同时，在生计发生了某些变化之后，人们的生活也在发生着某些变化，而且有时候甚至可以说，人们的生活的某些变化所体现出来的新需求进一步刺激了生计的变迁，一如我们将会在后文中体现出来的一样，市场经济的引入首先使农民在本土看到各种他们难以想象的丰富的物品，正是这些新奇的物品带着农民一步步走入市场经济体制之下。当我们这样理解这个变迁过程的时候，已经为我们的下一步理解造成了一定的困难。也就是说，生计与生活的关系究竟是怎样的？尽管我们可以很明确地说，农民的生计为其生活提供了生活来源，而生活在一定程度上对生计造成影响，因为生活需求在很大程度上影响了农民选择何种生计方式。但是我们显然难以确定这二者之间的因果逻辑，即是生计变迁对生活造成了影响还是生活的变迁对生计提出了有别于传统的要求的问题。从农民自身的感受中，或者可以将生活的变迁归因于生计的变迁，农民感受到一种被认为较高质量的生活通常需要一些较优的生计作为其基础，这可以从他们通过各种生存途径来改善他们的家庭生活的经验而看出。在农民个体的奋斗中，他们的生活改善来源于其更能赚取现金的生计选择和辛勤的工作。然而，正如我们所分析的那样，当市场经济对农民造成影响的时候，一开始是以十分丰富的商品而实现的，或者说是以一种新的消费方式而实现的。

消费活动显然属于经济活动之一，同时它也是一种生活方式的重要体现。这样看来，无论生计与生活之间的因果逻辑怎样，事实上这二者都因消费活动而紧密结合起来，以至于农民的生产与生活达成了某种平衡的状态。但是这种平衡并不十分稳定，一方面是因为生产在限制消费方面具有一定的局限，另一方面则是因为人们的生活并不仅仅只是消费活动，此外的许多活动尽管不与消费直接相连，但是它对农民的生计也造成了一定的影响，就像我们上文所说的儿童的养育、老人的赡养以及一些必要的社会交往等等。这些活动虽然很大程度上依赖于消费，但是这又并不是纯粹的消费所能够完成的，它还具有一些除了金钱之外的需求。这些需求对农民的生计提出了一些挑战，它们对农民的生计活动并不产生促进作用，相反，产生了一种束缚。我们姑且将这种状态视为一种生计与生活的不相适应，这是在每一次关涉生计的变迁之中都会明显体现出来的。

毫无疑问，当市场经济的资源配置方式对农民的生计造成影响之后，农民的生计就开始逐渐走向一种新的方式，农民的生产劳动被重新组织起来而与此前的组织方式大不相同。农民的生计在很大程度上已经体现出了一种现代性的特征，他们逐渐走出乡村而与现代"工业化的世界"联系起来。但是，生活却在很大程度上延续了其传统的方式：养老依然主要由老人的子女家庭负起全部的责任，很少存在福利院养老的情形（我们会在本书相关的位置说明人们对福利院养老的那种消极态度）；孩子的教养依然不能够脱离家庭，一方面是因为家庭教育对于子女而言具有重要的作用，另一方面则是因为农民所生活的空间中并没有提供一定的养育场在一定程度上为家庭分忧；社会交往中的血缘性交往依然占据重要的位置，而基于现代生计的某些需求，血缘之外的社交也逐渐增多，但是，社会交往的形式依然保持其传统，人们通常在"会头"（当地人对办酒席的一种地方叫法）中将社交情况集中体现出来，其中的礼物和礼金流动成为衡量社交亲密程度的重要依据（但并不是唯一的）。我们仅仅举出上述三点就能够窥视出农民生活的变迁以及在很大程度上对传统的继承。但是，农民的消费并不因为其生活状态在很大程度上保持其传统而减少，正如我们所看到的，养老以及养育保持着由家庭完成的传统，但是这两项责任的完成所伴随的消费却发生了巨大的改变，他们越来越需要更多的现金投入。这一点，在会头中也许体现得更加明显，传统的社交范围被保持下来，但是送礼方式却发生了很大的变化，礼物（包括鸡蛋、粮食等自产的物品）变成了礼金（直接以钱为礼，而现金在很大程度上需要通过现代的生计途径而获得），而且是越来越多的礼金。

这样，我们几乎能够较为清晰地看出农民的生计与生活之间的一种不相适应的关系。这种不相适应使得我们将农村的诸多情况纳入"问题"的概念下探讨，例如留守儿童的养育、空巢老人的养老、农民合作以及农村公共管理等等。想要改变农村当前的这些状况，首先也许应该从农民的生计入手，因为这些所谓的问题在很大程度上缘于人们的生计方式的变迁（使得年轻劳动力经常处于不稳定的流动当中）。其次，农民的合作以及公共服务也应该是对抗（或者说缓解）这些问题的重要突破口。

以上，是本书的基本思路。

第二章　生存空间：三河乡的自然与社会生态

三河这一名称的由来还要归于境内丰沛的水利资源，龙河在三河乡由西向东蜿蜒流过，另两条支流则分别从南北两侧注入其中，其中一条是龙沙河于大河嘴汇入，一条是蚕溪河于寨坡汇入，因而得名三河。三河乡的经济中心就在龙沙河沿岸，河流两侧是广阔的良田，而新的街区也正在蚕溪河汇入龙河周围的坝子上日新月异。河流之间，众山环绕。三河乡的位置在七曜山和方斗山之间的峡谷之中，地处渝东褶皱带边缘的七曜山、巫山、大娄山中山区，地貌形态分为中低山区和丘陵区，平均海拔高度1050米。境内山峦起伏，丘陵纵横，海拔差异大，立体气候十分明显。三河乡在这样的自然地理条件下形成了典型的山区农业乡。我们的考察既包括生活于河流沿岸的坝子地上的人们（川主村），也包括距离这些坝子颇远，在高山上求生的人们（万寿寨村）。坝子上的人们正以不同的心态迎来一条高速公路的修建，而高山上的人们也以不同的态度目睹关于退耕还林的政策事件。

第一节　山水分割的亚热带湿润季风气候区

三河乡位于七曜山和方斗山峡谷之中，境内多山坡、多河沟、少平原。从地形地势上看，三河乡最高海拔1460米，最低海拔500米；立体气候较为明显，区内年平均气温17℃，年降水量1200毫米左右，年日照时数1920小时，无霜期251天，属典型的亚热带湿润季风气候区。

一、山水分割：群山与坝子的交替

我们有必要对我们所关注的地域的地形地势做出较详细的说明。地形与水文几乎是难以分割的两个联系紧密的自然现象，因为它们之间的相互影响是显而易见的，水流总是寻找那些容易流淌的沟壑，而水流最终也强化了这种地形构造。所以，我们将水文和地形构造放在一起做出说明。

图 2.1　群山环绕的三河乡场镇

（一）所谓"三河"

三河乡的主要河流有三条，其中主流一条名"龙河"，龙河上大的支流有两条：分别是蚕溪河和龙沙河。龙河是流经三河乡的主要河流，发源于三河乡东北部的冷水乡李家湾，于丰都新县城流入长江，全长 164.7 公里，在三河乡境内长 22.9 公里，由玉岭村入境，流经永和、四方、三店、大河、川主、大林、鸭庄等 8 个村，境内河床宽度不均，最宽处有 80 米，最窄处 26 米，流量为 8 立方米/秒。其在三河乡境内多潭多滩，有"九滩十潭"之称。流经三河乡境内的龙河是自然养鱼繁殖区，禁止捕杀各种鱼类，目前龙河里最多的是爬岩鱼，青尾子鱼和尖嘴子鱼极少。一方面因为法令禁止捕杀，另一方面则因为人们也已经无暇做这些事情（那种传统的、我们想象着仿佛是悠然自得的劳作距离人们的现实生活似乎越来越远）。

第一条支流是蚕溪河，蚕溪河由卷店村刘家嘴下段大桥处流入，途经蚕溪村、万寿寨村、三店村、白玉村、川主村，然后汇入龙河，境内全长 11.93 公里，河床陡，水流急，河里乱石垒垒，蕴藏有许多建筑石料。蚕溪河平均流量为 1.9 立方米/秒，天然落差有 680 米。沿河两岸还有十余条小溪沟注入，水力资源极为丰富。

图2.2 美丽的龙河

图2.3 雨后的蚕溪河

第二条支流是龙沙河，龙沙河发源于三河乡北部的悦崃镇深沟子，由红明村入境，流经拱桥村，于大河村注入龙河，全长25.6公里，在三河乡境内流长8.2公里。河床平缓多湾多潭少滩，河床平均宽度40米，河水平均深度接近0.7米。平日里，龙沙河的水流较为平缓、清澈见底；一到夏天暴雨来临之际，河水便波涛汹涌般朝龙河奔腾而去。龙沙河里的鱼类丰富多样，河两岸，在农闲的季节常有老者垂钓。

除去这三条主要的河流之外，由于三河乡内山多，坡陡，因此溪流也较少。溪流主要出分为不断流和断流两种，其中长年不断流的有 32 条，它们都是山区良田之源，直接注入龙河的不断流的溪流有 18 条，其中以滕子沟、龙滩沟和花椒沟最大。注入蚕溪河的溪流也有 15 条。注入龙沙河的溪流相对少些，仅有 2 条。三条河的断流沟也不少，共有 90 条之多，河床占地面积 560 亩。一般只要晴上数日，沟内就无水流，其断流的主要原因是沟渠短，水源少，地下水又极差，溪流流程大多一般都是在 1 公里左右。

如今，由于藤子沟水电站的修建，龙河的水量减少了许多，在藤子沟水电站没发电时，龙河水浅一点的地方，人们用双脚都可趟过河去。

（二）群山环绕

我们所要描述的这个区域，四周是高山，而中间因为龙河流淌的缘故，沿岸是一带并不十分规则的冲击平地。假使龙河在这块区域的流淌是很顺利的，也许反而并不容易形成今天我们所看到那种小块的平地，这些平地正好领受了河流曲折的裨益，在流淌的过程中遇到的那些阻挡，正有利于冲击平地的形成。显然，另外两条河流在低平地带的形成中似乎也发生了明显的作用，那是龙河的两条支流。正是这些河流与其周围的群山分割出了这个区域地形的大致轮廓：龙河从西向东蜿蜒流淌，形成一条较不规则的低谷，河流的两岸是地势平坦的冲击地带，两侧便是连绵的山带，在群山之间，除龙河之外，还有一些流量不大的支流流淌，它们的周围也根据其水势的差异形成了许多大小不同的平地。

这正是渝东褶皱带边缘的七曜山、巫山、大娄山中山区，地貌形态分为中低山区和丘陵区。乡境的南部是万寿山，地势海拔在 1530 米，山上有高分别为 100 米和 70 米的男女石柱，所谓"石柱擎天，万寿连云"正是指这个地方。东部是老虎位山，因其在古时常有老虎在此出没而得名，海拔高度 1495 米。另外，东部还有梅子山，因其山上到处有梅子树生长，于是得名，此山其上有远近闻名的"师娘石"，高约 4 米。师娘石与万寿山的男女石柱隔河相望，这一自然地貌引发人们的无限遐想，继而创造出男石柱与师娘石相恋的故事来。西部的山脉叫作回龙山，其海拔高度 730 米。北面的山脉是方斗山的分支，包括石龙山和黄角山，海拔高度 1020 米。

以三条河流为主线，山间广泛分布着大大小小的许多坝子。河流的主流是龙河，在它的沿岸也分布着许多大大小小的河坝。龙沙河所经之处地势颇陡，水流湍急，造成的坝子平地也就较少，不过它与龙河相汇的地域也较为平坦，这里是曾经繁盛一时的大河集市。蚕溪河与龙河交接的地方正是新的场镇集市所在地，这条支流也形成了众多的冲击平地。这大小 30 多个坝子在我们还难以推及的历史时间里，人们已经将这些地区开发为良田了。如今，这些坝子的良田有 3000 多亩。坝子旁边是河流，一方面地势平坦，另一方面则距离水源较近，所以很适于种植水稻，这些坝子所产出的水稻占据全乡水稻总产量的 2/5 之多。

事实上，这里是整个石柱县地形的一个小小的缩影，这一块区域普遍的地形特点正是所谓的"山水之间"。整个石柱县主要由两条东北—西南走向的山脉和它们之间的一段河流所组成。东南部是分布面积广阔的七曜山区，而西北部的这一山脉看起来比七曜山狭窄许多，它是阻隔这个地域与西部交往的重要屏障，这就是方斗山。对于这个地区而言，它急需打开这一屏障而与它所属的重庆市联系起来，近些年来，这一工程已经接近尾声了，一条属于沪渝高速公路（G50）的石柱至忠县段公路正在修建。两部分山脉的中间蜿蜒流着一条自东北流向西南并最终注入长江的河流——龙河（及其支流）。这样，我们所要描述的那些人的生存空间，至少在地形上，已经显得较为清晰了。

不过，并非所有人都汇聚于这条河谷的低地，事实上这里并不足以容纳该地所有的人口。除了这一条河谷之外，龙河的支流所形成的那些沟谷无疑也是人们选择生存的重要空间。或者范围会更大，因为有些我们所考察过的聚落事实上距离河流甚远。这些聚落处于地势较高的山上，他们在那里开发生存的资源，靠山吃山，依然保持着传统的农耕生计。

上述的地形分类在我们所考察的三河乡无疑是十分明显的，我们对其的关注事实上也很大程度上来自于对这种复杂山地的兴趣。而且，也正是两个不同的村落给了我们将其进行如此分类的灵感。所谓地形地势，在人类学而言，所关注的远不止于它们的物理的、自然的差异，这只是我们去关注人们生活差异的基础。显然，我们所关注的两个村庄（或者不如说地形不同以至于生活方式也不尽相同的两块区域）——川主村和万寿寨村——正具有如上的特点。川主村处于龙河的冲积平地上，它占据了大量的河流冲击平地，其中包括从上到下的两个较大的平地，即川都坝和磨谷坝。川都坝除了其边沿上的聚落之外，曾是一片广袤的良田。而磨谷坝尽管也已经形成了一带狭长的聚落，不过其周围还是分布着大片的农田。川都坝距离三河乡场镇集市很近，三河乡的发展以及城镇建设在地域上的扩展首先影响到了川都坝这块平坦的地面。如今，这里的耕地已经征收殆尽，逐渐步入城镇化进程。而且，沪渝高速公路也经过这个区域，对人们造成了广泛的影响（关于这些影响，我们将会在后文中逐步发现）。

与川主村所不同的是，万寿寨村却处于我们所考察的地域内的制高点上，那里除了一条新修的为了开发旅游的公路之外，几乎不容易从外表上看出多少"现代"的标识，当然这显然只是表面上不"现代"，他们所固守的资源虽然看起来十分传统，但是开发的理念却显然是比较"现代"的。这里的传统资源还没有发生很大的变化，农耕与畜牧依然存在，并且是很重要的产业。新开发的资源是旅游资源，这里的自然风光本身已经十分秀丽，而且古人还给他们的子孙留下一些重要的人文旅游资源——秦良玉活动的遗址。

二、肥与瘦：山上山下的地质与土壤差别

三河乡地质构造属三条大基底山脉构成，岩层属侏罗纪沙溪岩，有紫红色泥岩、长石砂岩、粉质泥岩等。根据一些长期从事石匠工作的人提供的信息，人们将岩石分为多种类型，它们的特点颇不相同，分布地域也不相同，对人们也具有不同的意义。

表 2.1　三河乡岩层结构

名　称	大体位置	特　征	作　用	分　布
黄砂石	沙土下面	细质易碎成粉	粉墙	全乡随处可见
青石（绿豆石）	—	颜色带青	用于做地基，建筑等	全乡占80%
白云石（大理石）	夹在青石和龙骨石之间	质硬而美观	用于做地板砖、装饰等	乡内极少
麻壳石	"湿谷子石"下面	质硬呈条纹状	用于做屋基	普遍存在
龙骨石	在海拔1500米的山上	其形如龙鳞，遂称龙骨石	常用于打混凝土	三河乡几近于无
野鸡红	在青石与麻壳石之间	褐色而异常坚硬	可用于建筑	一般分布在河坝场地区
湿谷子石	大土泥下面	质酥松易碎、褐色	做红砖（用来修房用的红砖头）	川主村川都坝一带
硬度比较	野鸡红＞龙骨石＞白云石＞青石＞麻壳石＞"湿谷子石"/黄砂石（"湿谷子石"和黄砂石硬度相当，都比较软）			

在土壤方面，三河乡境内主要包括三种土壤类型：红棕紫泥、棕紫泥和黄沙土。

红棕紫泥又名"白鳝泥""红砂泥""豆瓣泥"，当地人主要称其"大土泥"。这种土壤一般种植苞谷、洋芋、胡萝卜和稻谷等。大土泥保水性较强，但透风性能差，耕作速度慢，特别是雨天耕作更加困难，可谓"天晴一把刀，落雨一团糟"。大土泥在三河乡境内主要分布于回龙山至红明山及黄桷寨一带地势稍高的地区。

棕紫泥当地人称其为"沙土"。其主要来源于潮沙堆集土，保水、透风、易耕种，土壤较肥沃。适宜种植小麦、水稻、苞谷、薯类作物和各种蔬菜，主要分布于龙河、龙沙河、蚕溪河的沿岸。

黄沙土松软、透风，但保水性能差，可以用来锻造修房用的红砖。黄沙土一般适宜种植根茎作物和花生、芝麻等经济作物，多分布于三河乡断头山腰或山顶，此类土壤在三河乡最为常见，占全乡土壤的65%左右。

人们因为生活于不同的地域，其土壤并不相同，而且，他们对于土壤的认识和分类也是不一样的。处于山上的人们对自己所赖以生存的土壤所做的分类和认识如下表所示。

表2.2　山地土质特征及其作用

名　称	常种作物	特　征
沙土	谷子、苞谷	种苞谷不肯长，因为土质不好
大土泥	谷子、苞谷	土质好
黄沙土	苞谷、根茎作物	因其土质比较疏松，水分容易蒸发，所以，黄沙土种庄稼怕干旱，但适合于根茎作物

而处于河谷地带的人们对他们的土壤的分类和认识则如下表所示。

表2.3　河谷地带土质特征及其作用

种　类	特征及用途				
沙土	常种作物	胡萝卜	苞谷	豆子	花生	洋芋
	播种时间	农历5月份	农历3月份	清明前后	农历3月底	腊月
	蔬菜	山东白菜、花菜、青菜、包包菜、菠菜、冬花菜、大蒜、莴笋				
大土泥	干旱天	梆硬，用锄头挖都挖不动，不好"做活路"				
	下雨天	稀糟糟的，像糍粑一样粘在锄头上，用力甩都甩不掉				
白沙泥	颜色像石灰一样，很白。1958年饥荒时，我们还吃过的					
黄泡砂	做红砖用的					

土壤的差异对于农业的生产具有明显的影响，因为它关系到适合于种植何

种作物，其产量也会受到土壤属性的影响。河流所冲积的平坝上的土壤确实要比山上的土壤普遍肥沃。

三、四季分明：三河乡的气候状况

石柱县的气候四季分明。农历十月、冬月、腊月、正月的温度很低，天气冷；六月、七月、八月温度高，六月、七月最热；四月、五月阴雨天气比较集中；一月、二月、七月、八月晴天多；九月、十月雾气大，属于典型的中亚热带温润季风气候区。三河乡的气候条件也大致如此，不过因为地势的不同，存在一定的垂直差异。所谓"山上穿棉衣，山脚穿单衣"，同是一个乡，气候却有很大的差异；春早升温快，但不稳定，有寒潮；夏长无酷热，多伏旱；秋短，有低温，多绵雨；冬迟，无严寒，少雨，有霜雪，冬天下三五次雪。下表可以从气温的角度说明三河乡气候四季分明的特征。

表2.4　三河乡四季的气温状况

项目	春	夏	秋	冬
气温	10℃~22℃	>21℃	21℃~10℃	<10℃
起止日期	3月1日~5月31日	6月1日~9月15日	9月16日~11月3日	11月26日~2月28日
天数	92	107	71	95

四、天地的孕育：三河乡的植被与野生动物

（一）植被

20世纪90年代以前，三河乡的大部分植被受到了不同程度的破坏，尤其是毁林开荒和毁林种茶。直到1990年后，特别是在实施退耕还林和天然林保护工程以来，全乡植被得到了较快恢复。全乡植被分为两种：一是自然植被，二是人工植被。自然植被中的林地面积7.5万亩，草地面积1万亩。人工自发性造林2万亩，到2003年，全乡实现退耕还林2.3万亩，全乡境内植被覆盖面积达90%以上。

自然植被分为林、灌、草本三种。林木可分为两种：一是常绿叶林木，如：松、杉、柚、柑橘、猴梨等34种；另一种是落叶林木，如枫香、红椿、白浆、油桶、漆树、青杠、泡桐等20多种。灌木种类更多，如巨木条、牛筋条、牛奶子树、马奶子树、道勾、马桑、化杠等150多种。草本种类有常见的铁性草、坝地草、毛根草、车前草、过路草、板蓝根、七星草等40多种。

人工植被分为乔木、草木、作物等。乔木有果树、退耕栽培的速丰生态林，如：蓝桉、麻柳、泡桐、水青杠、白杨、枫木、红椿、刺丘等 13 种。经果林有柑橘、柚、桃、李、梨、板栗、银杏、蓝桉、柳杉、桤木、杨树等。人工植被草木则主要是各种农作物。

（二）野生动物

由于三河乡地处亚热带温润季风气候区，夏长无酷暑、冬迟无严寒，大山较多，不仅植被保存较为完好，而且这些植被以及自然气候条件也适宜野生动物的繁衍生息。

全乡野生动物丰富多样，其中属鸟类最多，也最为常见，大山深处和河边是鸟类活动最为频繁的地方。其次是蛇类，这是一些想象着要比真正看到更加让人惊悚的物种。夏天，在三河乡的野地里，蛇是较为常见的动物，无论是在大山还是平坝，尤其是在阳光明媚的日子里。除了鸟类和蛇以外，三河乡还有各种大小不一的野生动物：稍大的有野猪、土猪之类，小的有黄鼠狼、松鼠等。

图 2.4　龙河里绿洲上的青桩与白鹤

随着气候和森林覆盖的变化，加之在明令禁止之前（真正有效地加强保护野生动物之前）人们使用火枪、下套等多种方式捕猎野生动物，所以许多野生动物在三河乡都很难再见其踪迹，甚至有些已经从三河乡的土地上消失了。如野猪在今天的三河乡已经很少见了，而老虎和金钱豹在今天的三河乡则已完全不存在，以前当地人有种说法是"有野猪就有大猫，有大猫就有金钱豹"（当地人称老虎为"大猫"）！

以下是三河乡部分野生动物简单分类表。

表2.5 三河乡部分野生动物简单分类表

类别	书面名称	当地人称呼	类别	书面名称	当地人称呼
鸟类	麻雀	麻雀	蛇类		乌梢蛇
	喜鹊	鸦鹊			菜花蛇
	乌鸦	老鸹			松花蛇
	山楂鸟	山楂			青竹飚蛇
	斑鸠	斑鸠			麻秤杆蛇
	猫头鹰	猫儿头			铜钱花蛇
	啄木鸟	啄木冠	昆虫类		瘌麻子
	苍鹭	青桩		蜻蜓	阳渔丁
	老鹰	岩鹰		蜜蜂	蜂子
	野鸭	水鸭跳		蝴蝶、飞蛾等	娥娥
	画眉	画眉鸟	其他动物	老鼠	老须子
		色青			竹鸡
		咪蛋打		野鸡	野鸡
	白鹤	白鹤		壁虎	四脚蛇
		野老哇		松鼠	貂狸
		地麻爪		野猪	野猪
		牛焚瓣		黄鼠狼	黄鼠狼

以上是我们在这次田野中所了解到的部分三河乡的野生动物分类情况。

第二节 紧张与宁静：川主村与万寿寨村的现实

现在有必要重点说明三河乡两个村的基本情况，因为这两个村是我们考察的重点，它们之间的差异也是驱使我们重点关注它们的重要因素。我们已于上文中稍加说明，这两个村就是处于龙河边上的川主村和蚕溪河南面高山上的万寿寨村。上文虽然做过不多的说明，但是已经足以说明各村所处的自然环境（包括地势、气候、土壤等）给人们造成的第一步差异。不过它们的地势差异也不是截然的，万寿山几乎为万寿寨所涵盖，人们居住于从山麓到山顶的一切适合于人们居住的地方，居住得最高的算是山上牛栏坪所居住的几户人家，而居住最低矮的村落则是高速路所经过的长春组，这里也受到新开发的很大影响。川主村也包括了从山下直到山上的许多村落，最高的村落名为"望路"，据说是根据人们渴望道路修通而取的这个地名，山高水远，人们的生产生活依然十分稳定而宁静，而处于山下的川都坝、新开组这些村落则在新的开发中受到了巨大的影响，高速路的修建和场镇的扩展改变了这里的模样，甚至改变了这些人的社会关系和个人性情。

一、川主村

川主村的得名，已经难于确切地考证，我们可以假想这里曾经某段时期存在过一个或者影响不大（因为从未见着文献记载）的川主庙，但是于老人们口中也难以得到证实。所谓川主庙，在许多沿河地区而存在，它与龙王庙似乎承担着同样的功能，不过龙王庙供奉的是掀起洪水的龙王，而川主庙所供奉的神——通常是李冰父子——则专为治水。龙河肆虐的时候十分凶险，虽然在磨谷坝龙河边上有一个早已废弃的龙王庙（竟然是1982年的"大水冲了龙王庙"），但假使曾经于此处有一个川主庙似乎也不足以为奇。总之，无论是什么原因，"川主"就成为这个村的名字了。川主村一共包括三个村属小组：新开、川都和望路。

新开组现有人口171户，共698人，面积0.70平方公里。所谓"新开"，事实上已经顾名思义了。新开组的村落样貌在近些年所发生的变化几乎让人难以很好地给它取一个更合适的名字，而"新开"这个名字则十分贴切。高速公路修建之前，这里是青龙组与新开组。后来由于青龙组被大面积拆迁（修路的原因），才搬迁到了新开组并完成合并，成立大的新开组。曾经散乱地居住在川都坝、谭家沟以及磨谷坝这三点连成的不规则的三角形之内的住户在洪水（尤其1982年那场）的肆虐中逐渐离开河岸而后退，有一个河湾原本居住着许多住户（此小地名为油房），1982年之后都纷纷搬到另一些更适合于生存的地方建房子了。一条新修的公路从川都坝沿河而下，这条路被称为新开路，它贯通了整个磨谷坝并通向下一个村，中间经过一座桥梁通向隔岸的大河村，这座桥梁在我们考察的时候修建，此前通向大河村则需要坐船。然而在近二十年以前，当时的大河乡政府大楼便已经搬到了磨谷坝。新的建筑越来越集中于这条公路的两侧，从原来的木质的或者土夯的变成了今天的红砖建成的小楼房。这些都是新建的预制板结构的两层或三层房屋，每层在80平方米左右，因为楼层是预制板所搭建的，为了防止雨水渗入，无论是两层的或是三层的，最顶层都是用瓦来盖的。因为新开路在这一带呈西北至东南走向，所以磨谷坝的人户居住也呈一条西北至东南的带状格局。

新开路在川都坝与沙子至石柱的互通路相会，这条互通路西面可接沪渝高速公路，亦可直接进入石柱，而向东穿过三河场镇通向沙子。这条路的石柱至三河段正在做维修，主要是将其拓宽。在互通路快到沪渝高速路出口的时候，其左侧也分布着一些住户，这也是新开组的一部分人口，这里被叫作谭家沟。谭家沟的居住格局并没有沿着这条互通路分布，而是集中于一条近乎南北走向的沟谷地带，沿着这条沟谷，也有一条南北走向的近乎机耕道的宽3米左右的泥路，它北接互通路，南至谭家沟南部的红砖厂，成为红砖厂运送红砖的主要通道之一。关于这个红砖厂，我们在下文中将有介绍。这个小聚落现在看来建在一个缓坡之上，在不久之前，他们中的许多农民还居住在现在互通路和高速路经过的位置，这两条路的修建将他们向后迁移，坐落在更高些的地方。人们的房屋沿坡而建，坐南朝北，房屋结构与磨谷坝大体相同。后面是群山环绕，前方是开阔的沟谷和河冲平地，特殊的沟谷地形使得人们看得越远，则觉得越加开阔。而人们仿佛也已经看到了这块地的风水所在，他们给左侧的山头取名为"青龙嘴"，而右侧的山脉叫作"白虎山"。这种风水仿佛也在起着作用，因为我们看到，在这四五十户人家中，出了好几个大学生，分别在南开大学、北京航空航天大学、重庆大学和中国地质大学，三男一女，前二者已经毕业。

另外，除去这两个主要居住地之外，在它们的周围还零星地居住着一些人家。像磨谷坝的西北角上的曾家院子有八户人家，房屋以旧式的土木结构为主，这里有可能在不久的将来会没有人居住，因为它离新开路还有二三百米的距离，交通不大方便，所以修建新房子的人们更愿意选择新开路的两边，正如我们看到的，这里完全没有新式的预制板结构的房屋。居住在这一地带的人们几乎是老年人，他们的子孙抛弃了这些破旧的老房子，到新开路边上来发展了。也正因为如此，这个地方竟然只有一个在校求学的学生。除此之外，在磨角坝与谭家沟之间，还有沙号和油房两地，他们居住得相对分散一些。

川都组内部有一个区域的小地名叫作川都坝，这成为川都组的组名。川都组有居民213户，共853人，土地1.42平方千米。川都组是距离三河场镇较近的一个村民组，它的一部分就在三河场镇的范围内。事实上，在较早的时期，这里几乎可以被认为是三河的一个重要的中心地带，因为这里今天依然能够看到早已废弃的粮站和蚕茧站。原来的老的道路似乎也比以前大河场镇还要宽些，而且，一户十分出名的地主家曾经就住在这里，今天还能分辨出这个家庭的庭院来。从石柱县到粮站的公路修通之后，这里更是占据了交通优势。当然，今天则不然了，因为更好的交通条件已经是三河场镇，而且那里更平坦，而这里是一块坡地。原来的川主小学也在这里，不过今天已经撤销。这里的住户在居住上较为分散，从地势最低的川都坝到地势最高的上谭家沟，相对高度在 300 米左右，期间有川都坝、上下古坟堡、老粮站、上谭家沟等小聚落。我们上文中提到的红砖厂就在上谭家沟的位置。高速公路的修建征去了村子里面许多人家的土地和房子，对农民的生活产生了很大的影响，川都组的农民们也对高速公路的征地补偿很不满意。当我们较早的时候穿行于这个村落时，人们总是十分不屑地与我们保持一定的距离，以为我们即便非政府的人员，也应是与他们的利益相关的人。征地还不止于高速公路的修建，场镇的扩展也是重要的内容之一，川都坝前面的坝子里在我们的考察期间已经动工修建各种建筑了。

望路组在海拔 767～900 米的半山坡上，这里是川都组最高的一个村民小组，人口 80 户，共 317 人。我们已经在上文中说明过，人们认为"望路"这个村名是与交通环境极其相关的。这里交通闭塞，人们在不知道山下的农民因为场镇的开发以及高速路的修建而造成的不适的情况下而对他们大加羡慕。与山下的人们相比，山上的人们颇有对土地（或者说农业）不重视的倾向，在新的生存环境中寻求着打工的出路。当然，打工似乎并不止于这个村落的村民的出路，事实上包括山下的例如新开组的人们也是十分依赖于打工的，不过其中的差别是显而易见的，我们在探讨这一问题的时候将会把打工的群体分为有地而打工和无地而打工的情况，山上属于前者，山下属于后者。

我们已经说过了高速公路对于川主村的影响情况，现在我们依然要做一个说明，当然，这里所要说明的影响暂时只对于村落的外观而言，至于村落内部所发生的那些变化我们将会在后面的章节中一一加以说明。换句话说，我们在此处所要说明的是村落布局的变迁情况。

村落的布局是与周围自然环境相协调的，千百年来，村落随着自然环境的变化而变化。以新开组为例，新开组没修高速公路以前位于山坡上，山坡下便是龙河经过。村民看来这都是有风水安排的，他们住的地方，前方不远便有一个天然形成的山坡，形似青龙之嘴，称青龙嘴。在龙河上有一座天然形成的石桥，村民们都认为这是很好的东西，因此村落建在这里风水是很好的。人们甚至举例说明了他们的风水的重要性：

以前村里面黎姓是大姓，黎姓有一个地主就住在石板桥和青龙嘴之间那块风水最好的地方。他们欺压百姓，百姓们都很恨他们，有位村民懂得一点风水的知识，认为他们之所以兴旺是那里的风水好，所以一天晚上趁黎家已经入睡，便把石板桥破坏了。也巧，之后黎家家道中衰，很快便家族败落，家族的成员都迁到了别的地方。

高速公路的修建使得村落布局发生了翻天覆地的变动，新开组的村民从山坡上搬迁下来，原来的村落搬到了路对面现在的位置，作为好风水的标志的石板桥和青龙嘴都为了施工而炸掉。高速公路从原来的村落上面穿过，原来的农田上则建起了新的聚落。

新聚落的周围环境与原来的环境有很大不同。村民们对现在的布局颇为不满，现在谭家沟的一部分住户就在高速公路下，视野被垫高的高速公路所阻挡。人们以为，这里的地理条件显然没有以前优越了。

高速公路修建前我们村的环境是很好的，出村就能看见龙河流过，高速公路从我们这里经过是用桥建的，就在我们头上。那时我们一出去看看龙河心情也蛮好的。可是，前年突然换老板了，这个新老板就为了省钱，把原来修的桥用土给填了，成了路基，就成现在这个样子了。一出去一个土山就在眼前，河是看不到了。

除了高速公路修建的影响之外，小城镇的建设对川主村也造成了很大的影响。为了扩大三河乡的城镇商业空间，发展三河乡的商业经济，同时因为这里将被开发为石柱县的门户（沪渝高速公路石柱出口在这里），所以对这片地区的开发显得十分必要。于是，三河乡的小城镇扩展便在如上背景下展开了，这一开发在我们考察的期间已经逐渐运行，土地均已征收，而各项工程也已经陆续开始施工。新的开发主要集中于川主村最低平的地带——川都坝，这里将被开发为一个集镇新区。我们将其开发的规划方案略转述于其下：

1. 规划建设前的川都坝

随着垫利高速公路和县城连接路的修建，拆迁户在川都坝擅自建房现象日益突出，既浪费了大量的土地，又风貌简陋，凌乱的布局尤显建设的无序，且建筑质量较差，严重影响县城"门庭"形象。为贯彻科学发展观，把握"渝东枢纽门户"重大战略给我乡带来的大好发展机遇，乡党委、政府在县政府的正确指导下，迅速将场镇规划和建设纳上议事日程，力争与时俱进，扮靓门户。

2. 风貌色彩理念

川都坝新区建筑形象设计结合镇区总体规划要求和周边环境特点，在满足小区功能合理和景观视线不受干扰的同时，力求创造出特色的建筑风格。建筑空间上，结合现有自然地形地貌状况，布局注重高低楼层搭配，特别在沿河一线控制3～4层建筑。结合石柱民居特点，居住建筑采用坡顶山花、柱廊结合处理手法，将整个建筑融入山体、绿化、水岸中，从而体现小区环境景观具有"人归自然"的居住特点。建筑色彩上突出石柱民居主题风格特点，墙体色彩以灰白色为主，以暗红色、深灰色为辅，坡顶为深蓝灰色，公共建筑上，墙体以米黄色为主色，以乳白色为辅助色。

3. 详细规划概况

川都坝新区位于三河乡场镇以西，距石柱县城以东6公里。北与阵子坝隔河相望，西南至石柱县城，东至沙子镇，南靠垫利高速公路。该新区规划地块呈不规则多边形，南北长约410米，东西宽约620米，整个地基形状西低东高和南高北低。整个地形相对高差较小，周边环境幽雅，沿龙河、蚕溪河一线植被丰富且长势良好，为打造现代经济、适用、和谐的生态型居住小区奠定了得天独厚的自然条件。

该地块中部有一条10米宽的水泥路，沿东西向横穿，交通较为便捷。该规划地块中以东有锯子河流入龙河（镇区总体规划中已改道），北面紧临龙河和蚕溪河（镇区总体规划中已按二十年的洪水位控制）。

4. 三河乡川都坝新区简介

三河乡位于县城东部，距县城6公里，全乡辖13个村，26 000余人，辖区面积100平方公里。近几年，随着藤子沟电站、沪蓉高速公路、石柱互通连接路等国家重大项目的建设和加快建设"渝东枢纽门户"重大战略的实施，全乡迎来了千载难逢的发展机遇。

为加快作为县城组团和靓丽"门庭"的三河场镇建设，配备完善基础设施，增强城市功能，乡党委、政府审时度势，与时俱进，高起点、高标准地对三河场镇做了科学规划，着力打造川都坝新区这一精品工程。其规划区控制范围面积为202.2公顷，建设用地面积93公顷。目前，川都坝新区基础设施建设正快速有序推进，一期建设已完成征地80亩，拉通道路4条，改河240米，挖土方7000立方米，回填37 000立方米，砌石方230米、1500立方米，完成街道路基铺垫332米、499立方米，基础设施投资达350万元，预计于8月底完成道路铲平工程，10月底实现道路基础设施整体完工，年底小区建设将具雏形，明年5月完成投资小区风貌、绿化工程，将于2009年年底全面推进完成二、三期新区建设，届时，川都坝新区将形成“一中心、一带、三点、多组团”的总体布局，将打造成人气旺、商贸活、功能齐全、充满活力与竞争力的新场镇和旅游休闲、物流组团及石柱进出沪蓉大通道的靓丽门户。

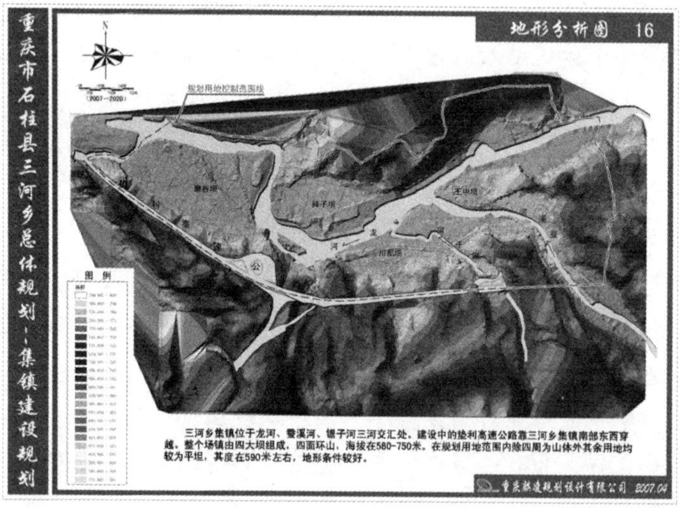

图2.5　三河乡地形分析图

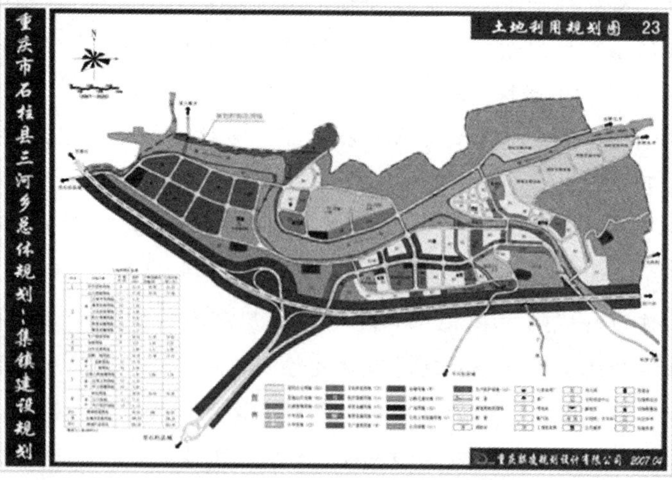

图2.6　三河乡小城镇建设规划图

二、万寿寨

三月正值播种的好季节，我们也是在这个时候进入调查地点。当我们走进长春组的时候，路边的油菜花开得正艳。一株株油菜枝上挂满了饱满的果实，地里面间断性地有一些长条形的白色地膜正覆盖着正在培育的作物苗。有一些村民正在自己的地里弯着腰整理地膜，也有人的家门口的菜园子里给蔬菜锄草。三头黄牛被拴在蚕溪河岸边的一颗树干上，有心的主人还用塑料给它们搭建了一个简易的棚，牛群正低着头吃草。一群鸭子在蚕溪河里嘎吱嘎吱地啄水嬉戏，我们这群外来客似乎没有引起它们的注意。

——调查员　周琳

万寿寨村因秦良玉❶的古战场万寿寨而得名，位于石柱县城东北面三河乡的东面，距乡政府所在地5公里，距县城15公里。全村辖区面积4.81平方公里，2008年年底有350户、1183人，这是三河乡13个行政村中人数最少的一个村，该村有三个村民小组——石峰组、万寿组和长春组。在梅子山与万寿山的山麓相交处，村寨从山麓一直延伸到万寿山的山腰间。蚕溪河从山麓间蜿蜒流过，与村落擦身而过，为村落画上了一条美丽的水带。渝忠高速公路、石柱至沙子公路与蚕溪河并身穿越，在村落的低处形成三条平行线。石（石柱）柏（柏杨塘）公路经过山脚，即将通车的石柱—利川段高速公路也越境而过。石柏公路为村民们的出行带来了极大的便利，沿此公路村民们从村子里坐车到乡政府需25分钟左右，不过该路路况较差，路面崎岖不平。正在紧张施工中的涪（涪陵）利（利川）铁路也穿万寿山而过。虽说石柏公路、铁路、高速公路都经过该村，但是因为该村处于山区，大部分村民们都是居住在山上，所以并不能很好地享受交通的便利。该村三个村民小组中只有长春组的村民是居住在山脚，该组村民全居住于石柏公路两侧。另外两个小组的村民绝大多数居住在山腰上，他们更多的是依赖2005年村里修建的连接各个院落的村组公路出行及从事生产。

这是一个典型的山区农村社区，自然地理条件较为恶劣。在地理分布空间上，万寿寨村的相对海拔高度较大，海拔在650~1450米。该村立体气候比较

---

❶　秦良玉（1574~1648年），字贞素。四川忠州（今属重庆忠县）人。明朝末期战功卓著的民族英雄、女将军、军事家、抗清名将。曾率"白杆兵"参加平播、援辽、平奢、勤王、抗清、讨逆（张献忠）诸役。累功至大明柱国光禄大夫、太子太保、太子太傅、少保、四川招讨使、中军都督府左都督、镇东将军、四川总兵官、忠贞侯、一品诰命夫人。死后南明朝廷追谥曰"忠贞"。

明显，山上山脚的气温有明显的差异。境内山高坡陡，地势险要，灾害频繁，自然条件较为恶劣。而且耕地适种性较差，耕地多为20°以上的坡耕地，坡耕地通常具有如下特点：（1）坡耕地由于坡面陡峭，受重力和水力的双重作用，水土流失通常较为严重，（2）坡耕地由于养分流失，土地质量下降，种植作物品种有限，且种不保收，土地生产力十分低下。

图2.7　森林覆盖率较低的山坡

图2.8　正在清理路上滑坡的泥土的农民

我们根据乡政府的统计资料整理得知，2008年该村的人均纯收入为2051元左右，而全乡的人均纯收入为 2403 元左右。可以说该村整体上比较贫困，与 2008 年全国农民人均纯收入 4701 元相比，存在着两倍多的差距。从 2005 年开始，石柱县政府决定将万寿寨村作为该县社会主义新农村建设的示范村，以促进该村社会经济的发展。据 2006 年《重庆石柱土家族自治县三河乡万寿寨村社会主义新农村建设村级规划》统计显示：该村的贫困人口比重较大，2005 年全村人均收入在 637 元以下的绝对贫困户有 25 户、共 96 人；人均收入在 637~882 元的相对贫困户有 24 户、114 人；全村 79% 的农户仍居住着土木结构的房屋，其中住土墙房农户达 256 户、478 间，占 84%；危房农户达 46 户、95 间，分别占 18% 和 20%。2006 年起县政府正式启动了万寿寨村的新农村建设，陆续启动了一系列新农村建设项目。"男女石柱"及秦良玉古战场遗址具有极高的旅游开发价值，万寿寨村本可打造成石柱县的旅游景区，但因为种种原因，现还未将这些旅游资源充分整合起来，故对该村的社会经济还没有产生直接的影响。

万寿寨村的一个村民小组需要我们做出单独的介绍，它的变迁即便不如同川主村低地所发生的那样巨大，但是因为其自然条件及其交通状况都比山上的另外两个村民小组优越一些，高速公路对这个村落造成了广泛的影响是我们更加关注它的原因之一。这就是长春组。

长春组共有 104 户，361 人，长春组是万寿寨村三个村民小组中的一个，地势较低，属于山麓地带，是整个村落地势最低的地方，沿蚕溪河分布，石柱至沙子公路从中穿过，交通比较便利。在经济发展水平上，长春组仍然是以农业种植为主，兼有其他副业，如长毛兔养殖、养猪等，此外还有豆腐作坊、小型木材加工厂等。

长春组主要分为两个区域，羁牛坪和大桩坝。羁牛坪位于梅子山的半山腰上，与大桩坝隔溪而望，现在只有 4 户居民，全部姓陈，同属于一个家族。羁留坪的水资源丰富，足以供给陈氏家族的成员饮用，而且还可以灌溉水田。居住在羁牛坪的村民能够自给自足，再加上去羁牛坪的交通不便，没有车路，只有弯曲陡峭的山路，所以他们很少与大桩坝的村民来往，除非有集体事务才会下山。大桩坝是长春组的主要区域，蚕溪河从社区的外围切过，石柱至沙子公路把房屋连接起来，交通相对比较便利，出行较为方便。

大桩坝被蚕溪河分割为两片，河的北岸是主要的聚居区，南岸是梅子山脚，被称为"柏树林"，以前只有几户人家在这里居住，整个组的良田都在这一片区域。但是由于高速路的修建，南岸的房屋和良田基本上被征用，现在只剩下一家人的房屋，显得比较孤僻，房屋的主人最后也搬到北岸来居住。

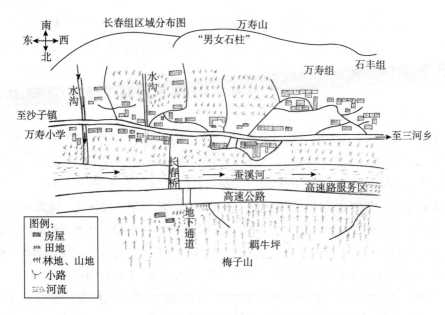

图2.9　长春组整体区域分布图

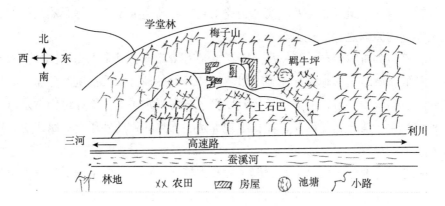

图2.10　羁牛坪区域分布图

　　高速公路修建后，使原来在高速公路周围的村民搬到了村尾，现在可以明显地看出，村尾的房屋比其他低端的房屋条件好，均是砖瓦房，而其他地段的房子则是土木结构居多。这批村民都是高速公路造成的搬迁户，他们的新房子沿这道路分布，形成狭长的布局。高速公路的修建给地区周围环境造成了一系列影响，村落在高速公路的影响下或位置发生了变化或形状发生了变化。万寿村长春组的形状就由原来的一个依靠山建立起来的分布于蚕溪河两岸的村落，变成了一个在沿河单线分布的村落，村落也成了一个蛇形分布的形状。

第三章　空间的延伸与资源的变迁

在我们的考察中，关于资源的问题是重中之重。我们所要探讨的正是人们可资利用的资源与人们生活的问题。人们能够利用哪些资源，或者说人们只能够利用哪些资源，这在不同的历史时期是显然不同的。以森林为例，在交通极其闭塞的年代，森林的资源价值事实上是很小的，也就是，人们可以据此生存的可能性不大，所以才会发生 20 世纪 80 年代以前的很长一段历史时期的毁林开荒。可是今日似乎又有所不同了，森林似乎也成为一种很重要的资源，看人们怎样去经营。而且围绕着森林，人们能够发展出各种各样新兴的产业来，这些产业或者说这种求生方式几乎是毁林开荒的年代的人们所无法想象的。我们认为这是资源的变迁过程，人们可资利用的资源丰富起来了。同时我们也注意到，资源丰富起来的重要原因在于生存空间的延伸，而生存空间延伸过程总与交通状况关系密切。

第一节　从域内到域外：延伸生存空间的交通变迁

石柱县三河乡山高坡陡，对交通有很大制约性。1949 年以前，陆上交通以南宾古镇为中心的几条石梯古道将全县及邻近地区联系起来，其中城东路从南宾经三河到桥头的路线经过三河乡，这些宽 1～1.5 米的青石板路现在还依稀可见，他们既是军用驿道又是民用大道。1949 年以后，交通条件得到了一定的改善，水陆交通都有一定的发展。近几年三河乡加大了公路建设和路面结构改造，投资 500 余万元，新修公路 55 公里，全乡公路通达里程达 106 公里，实现了村村通公路的目标。

一、域内交通：内部链接

2003—2007 年，全乡共修建通乡通村公路 9 条，里程为 68.7 公里，涉及 13 个行政村 35 个小组，共 13852 人受益，总投资 769 万元。修建人行便道 10 条，便桥 26 座，共计投资 150 万元。

——《石柱土家族自治县三河乡年鉴（2003—2007）》第 2 页

（一）通村公路

20 世纪 80 年代，三河乡的交通依然处于十分闭塞的时期，仅有石沙（石柱至沙子而经三河乡）与永和两条公路；至 90 年代兴修了寒婆坡至磨谷坎公路；2002 年以后又增加了永和至藤子沟、玉岭、宝峰、白玉、阵子等 6 条村级公路。永和公路从三河场上起至藤子沟库坝止全长 12 公里，经三店、大河、玉岭、永和、四方等村，是全乡境内的第二条乡内主干线。除此之外，白玉村机耕道、宝峰公路（扶贫村道公路）、玉岭路（为藤子沟电站工程运输线）、阵子至红明公路等也是重要的通村公路。

（二）人行道路

全乡人行道路，以三河乡政府驻地碾盘店为中心，有梅山、阳花、红明、白玉和家园五条。梅山人行道自碾盘店出发，到毛家丫口又分为两条：一条往东北行，经下排、蝉腰子到桥头乡，全长 25 公里，路面宽 1 米，多上下坡路段，而今仍有 400 余人走小路到碾盘店赶集，这算是一条极重要的赶场通道；另一条往东行经花椒、高顶场、杨家坟湾到中益乡，全长 40 公里，下段路面宽 1 米，上段路面宽 0.5 米。白玉人行道从碾盘店出发上平安组共分为两条：一条上毛坝、寺上店、下缺门、湾上、万寿寨至河坝，路面宽 1 米，全长 20 公里；另一条往南行到天星，路面宽 1 米，总长 4 公里。阳花人行道自碾盘店出发经"石柏公路"0.5 公里，顺山往东南方向上行至杨岭、黄草平、传天寺、万寿寨，路面宽 1 米，全长 10 公里，也是人们赶集的大道。红明人行道自碾盘店出发到大河嘴分为两条，一条过拱桥至十二场，路宽 1 米，全长 20 公里，此路是 20 世纪 80 年代后期当人们走出来的；另一条是三磴岩，过龙洞坪到麻柳，全长 7 公里，该道多上坡，山陡路险，经当地群众自发休整，现比较畅通。

（三）逐渐被桥梁取代的渡口

1. 昔日的渡口

三河乡有四个渡口，分别在：陵园、鸭庄、大河、牛碾潭。渡船过河是桥梁修建之前较为普遍的交通状况。渡船过河与桥梁通道相比而言具有更高的危险系数，为确保渡船口岸的安全，政府曾多次出台文件，制定措施，落实安全责任。以下是政府最近所制定的渡口守则：

（1）洪水到达警戒线下十厘米，必须停渡，否则追究船工责任；

（2）严格审定装船人数，每只船只许装 10 至 14 人，超载罚款；

（3）晚上停渡；

（4）有捣乱行船秩序者，严肃处理；

（5）随时检查渡河工具，有问题要及时上报乡政府，并立即停渡，等问题解决后再渡。

1988 年 3 月石柱县交通局对三河乡四处渡口各配置一艘铁船。2001 年，鸭庄渡口由于河道治理，改其渡口为便桥，其余渡口续渡。船工工资由当地群众筹集和乡政府补助两结合进行。我们以大河渡口为例来说明这种传统水上交通的情况。

大河渡口在现在的磨谷坝龙王庙（已废）前，它的对岸正是大河老街。这个渡口曾经在人们的商贸活动中发挥了很大的作用，撑船的人是将此岸的赶场人及其货物渡到彼岸的大河老街。在赶场人之外，渡口的最大作用在于从这边渡学生到大河村（原大河乡）小学上学。如今，这一渡口已由桥梁所替代，但是依然于龙王庙前树立着一块牌子，标明着大河渡口的守则。

大河渡口守则

（1）渡口实行"五定管理"，即定码头、定渡船、定航线、定乘客、定额、定管理责任。

（2）渡船应持有合法有效的证书、证照，确保消防、救生等安全设施设备齐全有效，并按规定办理乘客意外人身伤害保险。

（3）渡船船员应持有有效的船员适任证书，并持证上岗，自觉遵守水上交通法规，做到安全行驶，文明服务。

（4）遇洪水暴发，大风暴雨，浓雾能见度不良和停船封渡水位等恶劣条件，严禁冒险航行。

（5）严禁超额超载，严禁无证驾船，严禁人畜混装，严禁酒后驾船，严禁将污水垃圾排入水体。

（6）乘客应自觉维护渡运秩序，不得抢渡，不得携带危险物品上船。乘客应服从船员指挥，依法上下，客舱外严禁站人，防止发生事故。

（7）节假日、逢赶场天乡镇应派人到所需渡口维护秩序，确保渡运安全。

我们对当地年长的人们做了访谈，对大河渡口的交通做了一些历史性的梳理。这些访谈资料大致可以汇集成如下信息：

大河渡口在人们难以推断的历史时期便已经存在，只是从船具到经营方式都发生了一些变迁。大河老街已有几百年的发展历史，可见这一交通在遥远的时期即已存在。2004年以前依然负责撑船的老人说他与另一个老人原本搞生产，一直是农民。大约40年前，"县里面派我去划船，收钱买绳子和撑杆，一直以来，都只有我和陈之柏两个人划船，1964—1970年，每人分得大队大米45斤。80年代，以收取的船费作为我们自己的工资，不过船费做了一定的分配，我们只得了其中小部分：公社得70%，我们得30%，不过在生产队时期，我们划船还是有工分的。到三河乡政府时，每人每年分得600斤大米。60年代，每人过河收2分钱，前几年收取每人1元。1982年发洪水时，我两天两夜没有睡觉，白天黑夜都在守船，当时的大洪水淹到了大河乡公社。自我划船以来，还是很少出事故的。我们划的船都是政府造的，1988年以前是木船，所载不过30人左右。1988年后换成铁船，铁船是县交通局送的，大概能坐70~80人。"事实上，在某些历史时期，撑船的工资（无论是以什么样的方式发放）是由政府或者生产队负责的，但是外乡人则可以另收取船费，并且似乎并没有严格的价格限制。2000年前后，大河小学每年出400元，使读书的孩子们（主要是磨谷坝这边在大河小学读书的孩子）坐船过河上学。早在公社时期，学生坐船就是不给钱的，由生产队统一拿钱。在还没成立公社时，是乘船时直接交钱，后来公社成立了，就在提留税金里面扣除。不过不是本公社的人还是要收钱，直到大河公社成立时才开的铁船，每人过河开始收取5角钱，后涨收1元，有很多外地人经常从这儿坐船过河赶场，探亲之类。自从交通局派下一只铁船后，本地人过河都要收取费用，还经常发生争吵打架事故，打架是因为有的人过河差点钱或直接不给钱。那些会水的人，一般过河都是划自家的小船过去。

撑船不能常年进行，在冬三月，河水枯竭，不能够行船。"冬来水浅，直接用脚就可以趟过去。"在每年的冬三月，承包渡口的人都会请人搭桥板，一般要花个500~600元。很多人在走搭的桥板时，看到河里流的水，眼看花了就掉到河里去了。"以前，有个老婆婆在过桥板时，看见水在流，以为桥板也在向前走，就掉到河里去了。"通常情况下，10月一过就开始搭桥板，3~4月水大了，就拆桥板，开始划船。

正如上述那位不慎跌入河中的老人一样，曾经还有类似的事故。直到前几年，依然有学生过河上学的时候因为拥挤而跌入河中的情况，不过每次都被救起，并未造成很大的伤害。但是这至少是一项隐患，而且，乘船事实上已经越来越不方便了。"以前，我们家住在渡口附近，因山上来过河的人大多都不识水性，掉下河了的，我们还扯起来好多个。每逢夏天涨水，去大河小学读书的娃娃们都不大好过河，所以，有时一个礼拜才读个两三天。坐船一般都是要等人齐了才开始划，想赶时间，不是想赶就能够赶的。"

藤子沟水电站建成以后，因为截流的缘故，从磨谷坝与大河村之间的河流水量变得很小了，小的时候甚至可以直接搭上桥板走过去。但是，遇到上流泄洪的时候，河水又大涨，不撤桥板的话，泄洪之水可以瞬间将其卷走。所以，船运逐渐消逝，渡口逐渐作废，直到 2009 年，从原大河乡政府（磨谷坝）到大河村的公路桥修通，完全取代了船运。

2. 桥梁（如今过河的主要通道）

在我们的考察中，对桥梁分为两种类型：一是人行桥，二是公路桥。

（1）人行桥

我们对三河乡内的五座人行桥做过较详细的考察。

龙沙河拱桥

在大河嘴注入龙河的龙沙河的中上游地段的拱桥村，有一座上百年历史的桥梁横越龙沙河，此拱桥建于清末年间，高 12 米，长 30 米，成弧形状，拱桥村就因此桥而得名。居住在拱桥附近的人们都称其为"高桥"，因为在这里 12 米高的桥梁还是罕见的。这座桥梁的独特之处或许不在于它伟岸的身躯，而是在于它本身所负载的传说。经历了百年的历史，这座桥看起来颇有些荒凉，石桥的围栏已经有些破败，但是在发挥它的真实作用方面（保护在桥上行走的人不至于摔下桥）依然绝无问题。侧面观之，拱桥显得稳固而端庄。桥的青石上布满一层厚厚的苔藓，雄辩地证明自己所经的岁月。桥下经过百年之后，长出了许多藤蔓植物，郁郁葱葱的。在浓密的藤蔓之中，依稀可见桥孔中挂着的一把"斩龙剑"。洪水是龙所为，洪水甚而被认为就是龙本身，一把"斩龙剑"悬于桥下，洪水没过，剑就直插洪水，也就相当于直插龙身，这就是"斩龙剑"的意义，它防治洪水泛滥、冲毁桥梁。

图 3.1 龙沙河上的石拱桥

宇城坝便桥

宇城坝是一块比磨谷坝更平坦而且广阔的坝子地，磨谷坝沿龙河而下的另一个坝子就是宇城坝，这里正是本乡所谓的"万亩良田"所在。宇城坝便桥就在宇城坝，建于 2001 年 10 月，是在改造宇城坝河道时修建的。桥高 2 米，宽 2 米，长 30 米。与龙沙河上的拱桥不同的是，这座桥梁更长，是一座平桥。因桥面较低，涨水时，水经常漫过桥面。

图 3.2 宇城坝便桥

三河场中间石桥

三河场中间石桥位于三店，横跨龙河，桥高5米，宽1.5米，长30米。此桥建于1954年，1984年修葺，1996年又加固其栏杆。三河场中间石桥，是连接三河场镇南北街道唯一的人行道。

蚕溪桥

蚕溪桥亦位于三店，在蚕溪河即将进入龙河的位置。此桥于1953年8月修建，1982年洪水冲毁之后重建，1999年4月再次重建，桥高4米，宽1.2米，长32米。蚕溪桥与三河中间石桥连接三店通向外村的通道，使得三店内部也紧密地联系起来，正是这种交通优势使得这里逐渐成为取代大河而为场镇所在。

四方铁索桥

四方铁索桥，建于20世纪70年代，该桥是连接玉岭村与永和村的必经之道。桥高8米，宽1.5米，长40米，由于年久失修，桥的木板已老化断裂。

除了上述的几座重要的人行便桥之外，在全乡境内，还有其他溪沟桥梁共84座，这是三河乡所处的地形地势的结果。

（2）公路大桥

大河嘴渡改桥

大河渡改桥，于2008年5月开工，到2009年4月完工，桥高6米，宽4.5米，全长90米。

图3.3　大河嘴渡改桥

四方桥

四方桥，是连接龙河两岸、从四方村通向桥头镇赵山村的便桥，桥高 4 米，宽 5 米，长 26 米，2002 年建成。

永和大桥

永和大桥，建于 1980 年 6 月，高 6 米，宽 4 米，长 20 米。由于该桥建在湾沟中，再加上公路两边的坡度又陡，因此，在此桥处曾经出现过多次车翻人亡的事故。

除上述几座公路桥之外，还有一些公路通过沟谷而形成的桥梁，这是三河的特殊地形所造成的。

二、域外交通：生存空间的扩大途径

（一）既有通道

在我们对当地进行考察的时候，三河乡境内已经形成了较为初步的域外交通网络。我们所要说明的所谓"域外交通"，指的是从乡内经过，并且又与外乡连接的通道。这些交往通道对于人们的生产生活而言十分重要，而且，对于本地的发展也同样重要。大河老街在几十年前依然是十分繁盛的，那时候有许多外乡的商人来到这里经商或寻找商机，大河小学里的江西会馆说明了这里的商人在来源上有多么遥远。而那些外乡甚至外县的人每每到大河乡赶一次场总是要当天返回的，这对于交通有着很大的要求，这种条件对于本地的经济发展具有重要的作用。

除了外地人进入三河乡境内活动的情况，与之相对的就是三河当地人的外出情况了。后者对人们来说也是极重要的事情，在大河老街渐趋衰落，而三店新街还未能够很好地成为商业空间的时候，那些曾经一度以经商为业或准备要以经商为业的人总是希望突破三河乡的商业限制而在更大的空间里寻求生存的机会。于是那种各乡镇之间赶场的时间差异为这些经商的人提供了时差条件，他们经常今天在这个乡镇赶场，而明天则在另一个乡镇去赶场。还有一些人已经不愿意来回在各个乡镇赶这种"转转场"，他们放弃其他乡镇的赶场，直接到石柱县城经商，因为那里的人流量更大，比赶一次石柱划算得多，而且更重要的是通往石柱县的道路越来越方便了。但是，通往别的乡镇的交通依然十分重要，这是主动吸引外乡商人的重要条件。

大约在 20 世纪 70 年代，三河乡的第一条域外通道开始逐渐建成。这条公路从石柱县城修出来，经过三河乡（那时候尚且不是三河乡，而是三店公社）

到沙子关（这是石柱县的另一个乡镇）。这条公路在三河乡内自大林村（现大林村与石柱县南滨镇——即县城所在接壤）进入，经川主、白玉、三店、万寿，于蚕溪村（修通这条公路的时候，蚕溪还是一个独立于三店的公社）出境进入沙子关，境内全长 13 公里。这条公路是三河乡第一条通向外乡镇的公路，修建这条公路的时期，尽管人们具有高度的热情，而终于又没有足够的经济支撑，所以这算是全县主干道（所谓县道）唯一的一条土公路，因其是土公路，在雨季时节难以通行，从大林村至三店村的这段道路坡度较陡，使得雨季的行车更加危险。

另一条域外交通是寒川公路（又叫作大河机耕道），全长 3.5 公里，从南宾镇寒婆坡沟处起至大河粮站止，经大林村陈家坝、川主村的磨谷坝、川都坝到大河粮站同石沙路相连，于 1993 年 3 月通车。这条公路虽然算得上是通往乡外的所谓域外交通，但是这条路是极短的，也是大河、磨谷坝一带的人们进城或者到沙子关方向的重要通道。

此外，石柱至三河互通连接路是最为年轻的公路，也是规划、修得较好的一条路线，这条公路几乎可以改变三河乡与石柱县城之间的关系，因为正是这条公路的修通使得三河乡与石柱县城之间的交通更为便捷。于是，学校里的老师、政府的工作人员以及其他的公职人员很快成为工作与生活两地分开的群体。该路起于南宾镇双庆村楼房湾组至三河乡川主村与三河街道场镇相连接，全长 6.72 公里，2006 年 6 月开工建设，于 2008 年 12 月竣工，途经三河乡 2 村 4 组。它缩短了石柱至三河场镇的里程。这条公路确实将三河场镇融入了县城组团，解决了三河乡近 3 万人口进城办事行路难的具体问题。据笔者了解，还没修石柱至三河的互通连接路以前，由于路途遥远，路面较烂，当地人进石柱县城乘坐摩托车，一般要 10 元，乘坐三轮车，一般收费 5 元，当地有的人家进城做小买卖生意，为了节省车费，便买了一辆自行车来代替。今天，石柱至三河的互通路即将变身为柏油马路，以后，三河到石柱乘车只需十来分钟，在我们的调查队离开时，柏油路已修到了谭家沟（距离三河场镇集市 1 公里左右）。

何以修建这条如此优越的公路通往县城，这也是更加值得探讨的问题。我们在上文中已经说明在这条路还没有得到修建的时期，三河乡已经有两条公路可以直接通往县城。这条道路事实上是沪渝高速在石柱县出口的互通路，高速路没有经过石柱县城而在三河乡设立了出口。我们也已经说过这条高速公路对于石柱县而言具有怎样大的效用，在没有修建这条高速公路的时期，石柱县西北的方斗山脉截断了石柱县与西北的交往通道（并不绝对），而这一通道是通往重庆的捷径。另外，石柱县的东南片区是广阔的七曜山，它又阻断了石柱县向东的去路（也不是绝对的），而这条高速公路穿越方斗山之后经过三河乡继而再向东至湖北，最终与中国东部沿长江的各大城市相联系。于是，三河乡因为这条高速公路的经过而成为石柱县的对外门户，这使得三河乡直接与石柱县的形象极其相关。自然，三河乡的发展一定会受到县级政府的高度重视。

（二）在修的沪渝高速公路

沪渝高速公路也即是从上海至重庆的一条高速公路，它在中国国家高速公路网的编号为G50。这条高速公路的主要控制点包括上海、湖州、宣城、芜湖、铜陵、安庆、黄梅、黄石、武汉、荆州、恩施、忠县、垫江、重庆，全长约1900公里。这条高速的规划路线由原国家重点公路上海至武威线上海至芜湖段，天津至汕尾线芜湖至铜铃段，东营至香港线支线铜铃至安庆段、支线安庆至怀宁段，国道主干线沪蓉（成都）线怀宁至重庆段组成。现在国家在西部开发中投资建设的重点工程即沪渝高速公路垫利段途径石柱，高速公路横穿县境中部共65公里，在三河乡设了一个互通口。高速公路的修建使三河乡有了高等级的公路，给三河乡的发展带来了一定的生机。在国家"十一五"建设阶段，涪（涪陵）丰（丰都）石（石柱）高速公路穿过三河乡，使三河乡的交通大为改善。

图3.4 沪渝高速公路石柱县互通口

在我们对三河乡进行考察的 2009 年 3 月，沪渝高速公路的通车状况如下所示：

上海段：全通

江苏段：全通

浙江段：全通

安徽段：除芜湖至池州段外，其余路段已通

湖北段：皖界至宜昌段已通，宜昌至渝界段部分已通，部分在建

重庆段：除忠县—石柱—渝鄂界要到 2009 年通车，忠县—垫江—重庆已通

　　经过三河乡的沪渝高速公路正是忠县—石柱—渝鄂界中的一小段，这条高速公路确实在我们结束了考察之后的几个月间通车了。在三河乡的境内，沪渝高速公路穿越方斗山之后进入三河乡，经过川主村新开组、川都组至三店，又于三店出，经过万寿寨长春组等地区进入沙子镇。当然，高速路在改善人们的交通出行方面，我们只能看这条高速在哪里有互通口，这样看来，川主村事实上最得益于沪渝高速的交通改善，因为这个互通口正好在这个村的谭家沟。但是我们除了关注这个互通口之外，也要关注这条路所经过的其他地区，这些地区虽然没有互通口供其使用，但是一样给当地人的生产生活造成了影响。除了交通改善的正面影响之外，还产生了征地拆迁的消极影响。

图 3.5　沪渝高速公路石柱出口道

三、交通与生计初探

交通与人们的生产生活之间的关系已经是十分明确的了，交通为人们的交

往提供了重要的物质基础，人们的生计交往的扩大，会反过身来影响人们的生产生活方式。但是我们这时候来说明交通与生计之间的关系，已经与此略有不同，虽然我们依然不能避免将交通作为一项交往基础设施来加以说明，但是相反的，交通设施的建设所导致的人们的生计方式的变迁则是本文所要重点说明的问题，这就要求对在建的交通设施进行考察了。所有在建的交通设施中，沪渝高速公路的建设对人们的影响堪称最大，三河乡的发展围绕着这条道路展开，而其社会问题（无论是冲突还是寻求和谐）也将围绕着这项工程而展开。关于沪渝高速公路的修建与人们的生计之间的关系问题，我们现在只做一些大致的说明，因为我们的整个文本所展示的内容似乎都不会脱离这一大的背景，在后面的章节中还将会无数次地提到交通的变迁对人们的生产生活的影响。对这些影响，尤其是对人们的生计的影响，我们首先在这里做出较为粗略地说明。

高速公路修建前，高速公路沿线的川主村川都组和新开组以及万寿村的长春组村民仍然进行着传统的农业生产生活，家里有着 1982 年时按人口分配的田地，同时进行着养殖业的发展。虽然每一家种地与养殖的比重各不相同，但是农业生产的绝对地位是显而易见的。人们在很大程度上依赖于农业生产，而且养殖业通常是作为一种副业而存在的。部分家庭随着市场经济的发展开始了外出打工的生计探索，村子里面的青壮年劳动力在 20 世纪 90 年代之后纷纷选择外出务工。可以说，在高速公路修建以前，农业发展较为稳定，那是人们生存下来的基础，而打工经济也已经有所发展了，原因是人们感觉到越来越多的时候自己非要现金不能更好地生存和发展了。对许多人而言，打工是现金收入的最主要也是最直接的方式。下面是一个展现高速公路修建以前社区经济生活的实例：

在万寿村长春组有一位农民，他有两个儿子，夫妇二人曾多次去浙江打工。高速公路征地前，家中就兴起了打工。当时他出去打工是因为孩子要上学，家里种的地根本不够支付学费（在 20 世纪 80 年代以前，上学的学费不高，甚至可以用粮食替代），于是他和妻子便一起出去打工了，但仍然保留着田地，打工几年过后，家里有些宽裕了，便改变了赚钱策略。他分时期外出打工，一般在家种完一季田之后，到浙江打工，干一两年之后回家休息一段时间伴随着种田。修路前的一年，只有他自己出去打工，他的妻子留在家中，这时家中有一亩多的田地，种着苞谷和稻谷。除此之外，家中还利用农田里的产出开始经营养殖业。家中产的苞谷（玉米）就用来喂猪，田里的杂草割来就喂长毛兔。当时家中养了 50 多只长毛兔、40 多只鸡和 3 头牛。按照当时市价，长毛兔兔毛一斤 60 元，鸡蛋 3 元一斤，那么一年仅养殖就可以赚 1.2 万多元。而当时他在外面打工，做石粉厂的活路一年可以赚 1 万元左右。总的算来，打工收入占到了家庭收入的 40%～50%。

　　这个农民家庭很好地体现了近几年村庄的经济发展模式。农业是传统的生计方式，农民赖以生存的基础。虽然种植业在农民生活中的经济地位在降低，但是在农民的意识中，它显然还很重要，它是村民生活最基本的保障。依靠农业发展起来的养殖业又是增收的一个重要内容。种植业与养殖业形成了良性的生态循环系统，养殖业需要的饲料是很廉价的，家里种的苞谷和田地的副产品"草"成为饲料的主要来源，这就降低了养殖业的成本。反过来，养殖业产出的粪便又给种植业的发展提供了很好的肥源。

　　外出打工也是家庭收入的重要来源，他们外出务工是因为承受着现金压力，这些现金压力从何而来呢？首先，孩子的抚养是重中之重，孩子的抚养费用对于农民而言是一笔不小的支出，仅靠种地是不可能支付得起孩子的抚养和教育费用的。农民为了保证自己孩子的教育，很多选择外出打工，为孩子赚取教育费用和生活费。其次，结婚作为重要的人生礼仪，每家每户都想办得风光一点，一场婚礼的支出通常都要超过 3 万元，这是仅靠土地所无法支付的。再次，房子在农村具有十分重要的意义，它代表家庭的财富，在修建一幢像样的房子至少需要 8 万元，这是农民种地所积攒不下来的。农民为了修建一幢房子而选择外出打工，他们在外面省吃俭用几年攒下一笔钱便会回到家中修建新房子。

　　尽管打工经济在高速公路的修建之前就已经成为这个区域人们的重要经济来源，但是农业经济在农村还是会一直存在下去的。其原因在于：一方面，农民生活中农业生产可以使家庭减少许多开支，不必去买大米吃，不必去场镇买蔬菜，还可以利用余粮赚取一些收入。农民会继续把剩下的土地利用上，我们经常会发现，许多农民家里田地虽然所剩无几，但是他们仍然把它密密麻麻地种上庄稼。有些人家甚至把仅靠路边的一块荒地也开垦出来种上了苞谷。另一方面，农民的心理在起着作用。他们几千年来都是靠土地吃饭的，土地对他们就意味着生活。建立在土地之上的文化，以及由此建立起来的观念已经在农民的心中根深蒂固。土地永远是生活的核心，它是不能缺少的东西。事实上，一种分工体系在人们的年龄、性别之间很快地随着市场经济的影响而建立起来了。打工也不是谁都能去的，那些没有条件打工的人总不能闲在家里，因此就依然从事传统的农业生产，作为家庭生活的保障；而那些年轻人，他们年轻力壮，如果将自己的一把力气花在挖土种地上，似乎又不那么划算，于是外出打工了。关于这种分工，我们在后文中还会多次提及，并在不同的部分慢慢将这个分工体系做出补充说明。所以，农业在人们的观念中还是十分重要的，没有了土地，一些农民便会有一种对生活的困惑，不知道该干些什么，靠什么生活。下文中这位老人的唠叨很好地反映了这样一种观念：

高速公路修建对我们是有好处的，能给我们带来经济的发展。可是他们征了地之后，我们心里真的不是很扎实。没有田地就无法生存，现在种了一辈子的地变成了高速公路了。有地才有个保障嘛，我以前就经历过两次大的饥荒，多少人都饿死了，粮食还要一起用，我可不愿意像以前那样要没粮食就都没粮食的日子。有田地至少可以自己家吃嘛。现在种了一辈子地了，突然没了，心里不是很踏实。农民就是靠土地吃饭的嘛，没有地就没有粮食吃，我们离不开那些田地。

在高速公路修建征地以前川主村农民家庭以务农为主，兼有种养业、副业，务农的人群主要为40岁以上，他们长期务农，对传统生计方式较为熟练。而对于40岁以下的人群来说，传统生产方式他们觉得落后，经济效益低，外出打工是他们主要选择。以下是川主村一位老理发匠（陈某，男，59岁）说明的关于他的家庭现在的经济状况：

现在我老婆种树，35元钱一天。我现在街上租个门面理发，也只有在3、6、9赶场天才开门，平时也没有人来，多时60元一天，少的时候30多元，门面800元一年。自从搞集体时我就开始理发了。以前也是赶场天到街上理发，平常天就种田地，去年租个小棚365元一年。到我这里"刮脑壳"的主要是40岁以上的农民，前年一个头2元，去年就收3元了，别的地方都收5元了，现在物价也高东西都贵了嘛。我儿子现在替别人收白果树、桂花树，等活树卖到重庆去，1000元一个月。儿媳在重庆火车站旁一家餐馆打工，替别人洗碗擦桌子800元一个月。

陈某反映的情况是当下川都组人家庭生计结构的典型形式。老人留在家乡以务农为主，农忙间隙做些临时工，同时照顾孙子。而家庭中的中青年则多选择外出打工，一家人一年聚少离多。当土地被征用后，原来以务农为主的家庭，其家庭生计结构呈现多样化。我们的调查继续关注这两类人群在土地减少后的就业状况。土地被征用之后，原来从事传统生产方式的人群又分为两种：

一是继续承包或承租土地，农闲之余打短工；二是放弃农业，靠辗转各地打工生存。

万寿寨的情况也是类似的，长春组是受高速公路的修建影响较为严重的社区。长春组的村民长期以来都是以农业生产为主，由于蚕溪河的经过使这里有着很好的水稻种植条件，这里的水稻种植业在农业生产中所占比例很高。

高速公路的修建改变了这里的环境，也改变了水稻的种植情况。高速公路修建的路线恰好经过蚕溪河的河道，蚕溪河因为高速公路而改道，从另外一个方向流走了，虽然高速公路下开了一个涵洞供水流到原来的河道上，但是涵洞很小，水量没有以前那么大了，河道也逐渐缩小。以前分布在蚕溪河周围的大片稻田都因水量的减少而大量减产，村民们面对这样的情况也只有放弃种水稻了，改种一些需水量很小的作物，这也直接导致村民们农业收入的下降。

虽然三个村民组（川主村新开组、川都组和万寿寨长春组）受高速公路影响所反映出来的问题各有侧重，但是都反映出了两个相同的问题：一是高速公路征地后农民没有了土地或只剩下极少的土地，农民的就业成了问题；二是征地拆迁工作产生了许多错综复杂的问题。

这三个村民组的村民在高速公路修建过程中被征去了田地和房屋，征用情况如下。

表3.1　三河乡三个村落的拆迁总况

村　　名	组　名	征房及附属物户数	合租户数
川主村	川都组	210	1750
	新开组	22	
万寿村	长春组	48	96

从上表中可以看到，川主村川都组的被征户数为210户，这占了川都组总户数的17%；新开组的被征户数为22户，占全组户数的12%；万寿村长春组的被征户数为48户，占全组户数的50%。拆迁所产生的最显著的影响是房屋的重建，社区位置因此而发生变化，村落格局的变化势必对社区社会结构产生影响。

当然，也不免有人认为高速公路的修建对当地的明显益处，下面是一位年长者所说的话：

高速公路修建是件好事啊，我们出行方便多了。以前去重庆还要五个多小时，路况还那么差。现在到重庆走高速路，两个半小时就到了。以前去上海都要用上一天多的时间，现在到上海就七个多小时，当天去当天回来都够。

的确，高速公路的修建拉近了地区间的距离，有利于带动地区小城镇的建设和经济发展。

第二节 地与路：资源消长之后的生计策略

我们在这一节想要说明的问题是关于交通的改善与土地之间的关系问题。我们已经在上文中说过，交通作为一项新近十分重要的资源类型，它与它所要经过的土地是一种对立的关系。这种关系对于农民而言就是一种生计方式将会发生变迁的基础，我们已经说过，人们无法阻挡高速路的修建，需要征收的土地必须被征收。我们在这里将会说明高速路的修建占据了多少土地资源，同时，原先拥有这些土地的人们又将在失地之后选择怎样的生存途径。

一、修在地上的路：消失与重建

耕地本身也在发生着自然的变迁，一些自然灾害或者其他的自然演变，都会导致耕地面积和质量的变迁。由于三河乡境内的地形地貌及气候等原因，致使水土流失较严重，多滑坡等地质灾害。据乡里的统计，1986—2002 年全乡范围内的水土流失达到了 3.4 万立方米。在 1986 年时全乡有耕地面积 22 084亩，后来因水土流失、洪水冲袭及基础设施建设等原因，到 2002 年时只有耕地面积 21 504 亩。2002 年时，全乡的耕地面积中，坡度在 15°以上的坡耕地便占到了耕地总面积的 67% 左右的比例。由于特殊的地形地貌，乡境内的耕地绝大多数分布在山上，且多坡耕地，山脚下的平坝地所占比例较小。

《三河乡志》对三河乡整体的耕地资源做了详细地统计。这项统计是在三河乡还未由四乡合并之前的各乡的数据，其具体数据如下表所示。

表3.2 三河乡的整体耕地资源 单位：亩

年度	三 店			大 河			永 和			蚕 溪			合计
	耕地面积	田	土	耕地面积	田	土	耕地面积	田	土	耕地面积	田	土	
1986	6483	5771	712	5530	4078	1452	6531	5398	1133	3640	1520	2120	22184
1987	6483	5771	712	5718	4078	1640	6426	5298	1128	3638	1515	2123	22265
1988	6483	5771	712	5714	4092	1622	6425	5298	1127	3636	1509	2127	22258

年度	三 店			大 河			永 和			蚕 溪			合计
	耕地面积	田	土	耕地面积	田	土	耕地面积	田	土	耕地面积	田	土	
1989	6497	5767	730	5663	4047	1616	6424	5298	1126	4086	1508	2578	22670
1990	6497	5767	730	5614	4013	1601	6423	5298	1125	4141	1508	2633	22675
1991	6502	5768	734	5640	4010	1630	6420	5214	1206	4210	1506	2704	22772
1992	6498	5764	734	5589	4005	1584	6418	5214	1204	4285	1498	2787	45580
1993	6498	5764	734	5613	4006	1607	6417	5214	1203	4378	1488	2890	22907
1994	6502	5764	738	5613	4034.5	1578.5	6417	5214	1203	4320	1478	2842	22852
1995	6499	5761	738	5603	3988.5	1614.5	6516	5264	1252	4269	1478	2791	22887
1996	6499	5761	738	5598	3986	1612	6523	5264	1259	4676	1478	3198	23296
1997	6499	5761	738	5595	3984	1611	6423	5164	1259	4771	1477	3294	23288
1998	6499	5761	738	5594	3984	1610	6423	5164	1259	4356	1476	2880	22872
1999	6499	5761	738	5593	3984	1609	6423	5164	1259	4356	1457	2890	22872
2000	6499	5761	738	5593	3984	1609	6423	5164	1259	4356	1457	2890	22872

到 2000 年止，三河乡的耕地面积为 22 872 亩，其中田有 16 385 亩，土有 6484 亩。（资料来源：《三河乡志（1986—2002 年）》第 44 页。）

高速公路的修建对沿线社区所造成的最深刻的影响，就是它的修建征调了沿线村落居民的田地，征用了沿线社区成员的房屋。沪渝高速公路的修建由东向西穿过三河乡域，先后经过川主村、三店村以及万寿寨村，我们选取了高速公路影响较为严重的川主村川都组作为重点考察对象。

经过川都组并对川都组的农民造成极大影响的高速公路即是沪渝高速公路的石忠段（石柱至忠县）。关于这条高速公路的情况，我们已经在上文做过详细说明。2005 年，沪渝高速公路石忠段开始投入建设，2009 年 4 月通车（也就是我们考察结束后的不久，曾参与了通车仪式）。"川都组"随着高速公路的修建，社区住房布局和人民生活各方面发生了极大的变化。这些影响，是通过高速公路的征地与拆迁而实现的。

在征地方面，土地补偿具体实施是按征用面积以每亩 13 200 元一次发放给承包农户，被征地农户凭存折到三河乡信用合作社领取土地征用补偿款。集体土地被征用后，所剩耕地面积人均耕地 0.5 亩以上或菜地 0.4 亩以上的，被征地人员不转为非农业人口，土地补偿费和安置费归村农村集体经济组织所有。如被征（占）地人员要求转为非农业人口，只能办理"农转非"户口，不享受征地农转非人员按规定享受的人平土地补偿费和安置补助费。集体土地被征用后，所剩耕地面积人均耕地不足 0.5 亩或菜地不足 0.4 亩的，被征地人员转为非农业人口，其土地补偿费和安置补助费支付给征地农村集体经济组织，用于农转非人员的生产生活安置，由农转非人员在规定的时间内领取。每个农转非人员人均土地补偿费、安置补助费合计不足 10 000 元的，补足 10 000 元。农转非人员领取土地补偿费和安置补助费后自谋职业，县高速公路建设指挥部不再安置就业。

在房屋拆迁方面，根据《重庆市征地补偿安置办法》第二十一条、二十七条的规定，属住房安置对象的，采取自建住房安置。即按每人 20 平方米安置房建筑面积标准和当时当地城镇居民住宅平均建造价 224 元/平方米（包括基础、主体、屋面工程、水电安置等费用）予以补助，并按照规划管理要求和当地城镇居民修建宅用地标准 15 平方米/人（3 人以下户按 3 人计算、5 人以上户按 5 人计算）以划拨方式办理宅基地有关手续，由住房安置对象自行落实建房地点自建住房。

按照《重庆市征地安置办法》第九条、第二十二条的规定，不属于住房安置对象的，其拆迁房屋按照规定的标准上浮 50% 予以补偿。房屋被拆迁的未转非的村民，可以按照农村宅基地管理的规定申请宅基地，采取"依法审批，自行选址建设"的原则。宅基地标准为每人 30 平方米，3 人以下户按 3 人计算，4 人按 4 人计算，5 人以上按 5 人计算。农户给我们解释说，住房安置对象是指被征地的农转非户，不属安置对象指被征地的未转非户。

高速公路犹如一把利器，把农民很少的土地又切掉了一块。农村现有耕地在高速公路的影响下日渐减少，许多农户家中甚至没有了土地，人地矛盾变得更加尖锐，因而这也带动了外出打工的潮流。村子中许多年轻人已经不再犹豫自己的前途，家中土地没有了，他们不会再停留在农业生产上，年轻人对外面的世界本来就充满好奇，家中即使有工作可做他们也还是倾向于外出打工。他们明白一种趋势，如果想要在将来过得更好，那么现在只有一条路可以走了，那就是外出打工。他们在中学毕业之后，便结伴或独自到外面打工，而村子里面的中年人和老年人也颇为赞同这样的选择，因为这几乎已经被公认为年轻人必须做的一件事情，我们随时可以听到人们对那些既不读书也不外出打工的年轻人充满鄙夷的谈论。

但是，在另一方面，高速公路在修建期间仿佛又缓解了当地人的就业问题。高速公路的修建需要大量的劳动力，村子中有大量的剩余劳动力可以到高速公路上干活，这样可以吸收一部分人就业。留在村子中的中年人和年轻人在没有土地的情况下便在高速公路上打临工。由于村子中的土地很少，所以多是交给妇女和老人种，这样也提高了农村劳动力的利用率。但是高速公路修建之后他们所面临的就业问题必然会越发突出。高速公路的竣工必然使农村所能提供的就业岗位减少，这些打临工的人们一部分必然会回到土地上，重操旧业，就业问题又会进一步加剧。

二、对抗与妥协

高速公路的修建被公认为是利国利民的基础设施建设，农民们认为高速公路确实具有很大的益处，但也给他们的生活带来了一些困难。

对大量农民进行访谈之后，我们可以总结出他们所认为的高速公路的益处所在。一是高速公路的修建可以带动村里劳动力的转移。高速公路的修建需要大批劳动力，一方面高速公路修路就需要大量的修路工人，板砖厂的生产也需要大量工人；另一方面，高速公路竣工之后还需要大量绿化工人，这样又吸收了一批农村剩余劳动力。这些人可以从高速公路的修建过程中赚得一些钱来维持家用。另外，高速公路征地拆迁带动了村子中建筑业的发展。大批失地农民转行做了建筑工，由于高速公路而拆房子的人很多，他们中大多数都要重新建房，所以建筑工的工作至今基本没有断过。二是高速公路修完后，交通条件大大改善，方便了周边地区的物资流动。许多其他地区的产品可以输送进来，而本地区的一些特产也可以通过高速公路运输到其他地区，地区的发展因此也可以带动起来。三是沪渝高速公路修完后，年轻人打工出行方便了，既节约了时间也节约了一部分钱。

对于高速公路的修建所带来的负面影响，村民们则说得比较隐晦，问题集中在土地的问题上。

川主村川都组的一位女性老人说：

高速路一修，我们就没有土地了。你说没有土地让我们干啥子？高速公路修这一段时间还可以，村子里面的人很多都到高速公路做活路。等哪天这段高速公路彻底修完了，你说我们做啥子？

高速公路其实对我们这些农民目前还没有什么好处。它路是封闭的，对我们没有什么实用价值。不让上去，你说我们能用它干啥么，搬个东西也用不上它。像我们这些不能出去打工的人，基本上不去什么大城市，我们基本上用不上高速公路。

由此我们分析，修建高速公路对社区的负面影响最重要的还是集中在征地后的生存问题上。高速公路的修建的确征去了大批田地，它征去的不仅仅是田地，更是农民原有的生计方式。农业生产是农民的最主要的生计方式，高速公路征地之后，高速公路上的工作岗位暂时可以解决剩余劳动力的问题，但是当高速公路竣工之后，他们也就将面临失业。这部分人集中在四五十岁，他们由于年龄的劣势和技术、知识上的缺乏，很难在打工的浪潮中找到自己的位置，以后在家又将因高速公路的竣工而失业，他们的生活会成问题，用他们的话来说，"政府一次性补偿给钱倒不如给我们找一个工作好。"

下面是访谈员与被访谈者的一段对话：

访谈员："你们每天都在这里聊天啊？"

访谈对象："是撒。"

访谈员："您不去干别的活吗？"

访谈对象："田地都没得了，干啥子？"

从对话中我们能够感受到农民的一种无奈。田地是他们生活的基础，没有了田地他们相当于失去了保障，而他们的生活也因为无地而发生改变。这种改变显得这样突兀，农民对于以后的生活安排尚且来不及做任何的准备，失业后的应对措施更是毫无头绪。除了农民的工作问题，拆迁问题同样不容忽视。

谭家沟的马某家在沪渝高速公路修建时期便面临搬迁，他家的老房子在谭家沟的青龙嘴下，这里刚好是高速公路经过的地方。家里的旧房子是土房，当时赔偿了一万多元。为了节省钱，他们把新房子建到了自己家中的田里。（无疑，在高速路占地之外，自己又不得不拿出一定的土地来盖新房，现在要在当地买块土地来盖房子是困难的，因为这个所谓的"石柱县门户"已经被认为具有很大的发展前途而使得土地价格不菲。）房子的修建都是他家二儿子做的。房子花去家里的所有现金，至今仍然没有完全建成。不幸的是，另一条高速公路（当时还在计划当中）又要修建，又要征掉家里的新房。马某说："以前房子是危房，拆迁时还感觉是件好事，反正都要拆，还有一点赔偿。建完房之后，本以为有了房子心就可以踏实了，可以安心出去打工了。现在又要把家里的心血拆掉，以前盖房子花的钱怎么办？心里真的不好受。这次要拆，只有把我们给安置了才可以，否则我们不会搬。至少要给我们暂时安置一个地方吧。"

搬迁带来的不仅仅是生活的困难，还带来了对打工的影响。

另一位姓马的男人是高速公路征地后才从打工的福建省回到家中的，因为当时只有父母在家，房屋搬迁对于两个老人来说很困难，包括拆迁补偿的处理、修建新居、搬家具等工作，年长的老人们只能做些轻巧的事情。马某没有办法，就从福建回到家中处理房屋搬迁补偿以及房屋重建的问题。当时，由于在家时间过长，他不得不辞掉在福建的工作，在家盖房。2005年给父母盖了两栋房子，2006年又帮助他的哥哥建了另一栋房子。这样，一年多的时间就被占用了。打工的生活也就此中断，没有办法，只能在家暂时搞建筑了。

说到拆迁的影响，借此，我们还要说明搬迁所造成的另一个影响，那就是邻里关系的改变。高速公路修建征用了部分民房，这部分居民只好搬迁，但是他们的搬迁不是有组织的，大多数是各自安排搬迁，选择合适住所。原来的邻里关系随着居住格局的变化发生了改变。许多村民因为与原来的邻居相距很远而相互往来少了很多，关系也变得疏远了，而一些居民则因为搬迁和修建新房中的一些利益关系而发生矛盾冲突。

总结起来说，修建高速公路所带来的负面影响集中在土地问题上，遗留的不仅仅在于搬迁问题，还在于上文所提到的社区空间结构，因为高速公路发生了改变。原有的道路网络也因为拆迁而被荒废甚至已无用处（因为已有的道路网络是连接各家各户的，现在各家各户的居住位置又发生了变化，原有许多道路便被废弃了），稻田中又起了民房，耕地的减少不仅仅在于高速公路对耕地的占据，也包括拆迁之后人们的新居所占据的那部分。人们之间的关系也发生了某些变化，仿佛骤然间紧张起来，如上所说的那种邻里之间的争执时有发生，而亲兄弟之间有时（甚至是经常）也不免发生一些矛盾，我们见过一些兄弟之间因为丈量土地而发生争吵甚至动手的情况。此外，丈量土地时所发生的矛盾也发生在那些原来土地紧靠在一起的农户之间。

第三节　地与林：资源消长之后的升级策略

当我们谈及土地变迁的时候，退耕还林也是改变土地使用情况的一个重要事件。它几乎与高速公路的修建一样，农民在这里没有选择退或不退的权利，他们只能配合这个工程的实施，他们所能够选择的，只是在新的森林中发展什么样的生存手段。当人们向森林讨要生活的时候，森林也如曾经的土地一样，成为人们生存的一项重要资源了。

一、退耕还林：将耕地变成森林

退耕还林工程是中国政府从人口、资源与环境协调发展的高度提出的一项重大战略决策。它既是生态重建与恢复的重要手段之一，又是促进退耕还林工程区社会经济发展，以生态建设作为切入点的重要内容。

土地退化和生态恶化是长江上游地区面临的重大生态环境问题，同时也是国家全局性的问题，流域治理和水土保持越来越重要。1998 年长江流域发生特大洪灾的主要原因便在于，长江上游的水土流失导致河沙淤积在河道中，降低了河道的泄洪能力。长江流域以其不可替代的自然资源优势和其他江河无法比拟的区位优势，在国民经济和社会发展中扮演着举足轻重的角色。因此，长江流域的生态安全问题也就直接关系到国家社会经济的可持续发展。当三峡水库建成之后，三峡库区又是中国水土流失比较严重的地区之一。我们所考察的石柱县正是在这样一块区域内，我们所关注的龙河流域是长江流域中上游的重要组成部分，该区域的生态环境问题不仅关系到三峡工程的正常运行，而且关系到国家淡水战略储备库的安全及库区千万人的生存与发展。由于长江上游和三峡库区的生态地位是如此重要，国家在 2001 年开始了在长江中上游地区和三峡库区等重点生态建设区实施退耕还林工程，以改善区域内的生态环境。

三河乡的地理条件极易发生滑坡、洪灾等自然灾害，水土流失更是与日俱增，本身的自然条件就已经提出了退耕还林的要求。此外，三河乡境内有龙河流域保护区，该区的生态地位较为重要。除了国家退耕还林的政策影响之外，三河乡实行退耕还林还有其自身的考虑。

三河乡的一位林业工作人员谈道：

三河乡实行退耕还林工程，从大的方面讲是因为国家要求长江上游地区在25°以上的耕地都应该搞退耕还林，以保护长江中上游的生态。从我们乡里的具体情况来看，是乡党委和政府很重视林业工作。退耕还林对乡里的经济发展有好处，是增加农民收入的一个有效渠道，而且我们乡向市里申请了农户退耕后可以在退耕还林的地里种植矮秆作物。国家给我们乡里的退耕补助款每年是600多万元，全乡约有26 000人，光是退耕还林的补助款就可以使人均每年增加200多元的纯收入。未退耕还林之前的几年里，乡里外出打工的青壮年比较多，留下些老弱病残在家，抛荒地现象比较严重，闲置的土地较多，退耕还林了栽上树就可以利用那些地了。另外，我们还考虑到调整农业产业结构的问题。退耕还林后可以让剩余的农村劳动力转移到外面去就业，促使劳动力的转移，地里要不了那么多的劳动力，退耕后土地对劳动力的需要就更少了。而且，退耕还林时需要许多人去栽树，我们成立了专业造林队，让在家的农民参与进来种树，由政府给他们发工资。

乡里的一名副乡长还说道：

2002年、2003年搞退耕还林的时候国家还没有取消农业税，乡里的农业税收起来很麻烦，一些农户不愿交或拖欠现象比较严重，退耕还林后农民可以少交农业税了。有了退耕还林的补助费之后，乡里的一些工作也更好做了，如果一些农民实在不交农业税的话，我们就可以直接在他们退耕还林的补助款里面直接将他应交的农业税扣除。退耕还林还可以增加农民的收入，这样农民就可以得到两份收入，一份是国家退耕还林的补贴，另一份是农民可以在退耕地里种些矮秆作物获得收入。

这两段话表明，乡政府对实施退耕还林有许多综合考虑。政府的考虑主要包括了三个大的层面：一是为了贯彻落实国家退耕还林的政策，二是为促进农业产业结构的调整，三是退耕还林后可以通过转移劳动力外出务工的方式和让农户获得退耕还林的补贴以促进农户增收。

二、退耕还林之后的土地利用

(一) 村里的土地

退耕还林后，土地用途由之前的耕地转化为了林地，这里面涉及诸多与土地相关的问题。了解这一政策对人与土地之间的关系造成的影响，首先需要了解在没有退耕还林前村里的土地情况。

村里的耕地分为田和土，村民们确定田的方法是看该土地是否用来种植水稻，种植水稻的耕地就叫做田，不种植水稻的耕地就是土。村民们习惯把田土分为三等，一等田是肥力比较多、水源较好、比较向阳的田，而水源较差的、易被遮阴的田是三等田，其余的田便是二等田。一等土则是比较平坦、土层较厚、面积较大且向阳的土，而背阳的土、土层薄、坡度较大的土是三等土，介于二者之间的便是二等土，该村的土基本上全为坡土，大部分为村民自己认定的二三等田土。

乡、村两级对土地数量的多少用习惯面积和实际面积两个指标来衡量。习惯面积是指 1982 年包产到户后，村里上报到乡政府的面积，即等同于农户每年需要向国家交农业税的面积。对于土地的丈量单位，村民们以亩为单位计量，以对田土面积进行计算。2008 年时，全村习惯统计上报耕地面积是 745 亩，其中田 615 亩、土 130 亩，但据 2006 年《重庆石柱土家族自治县三河乡万寿寨村社会主义新农村建设村级规划》统计显示：万寿寨村耕地的实际丈量面积是习惯统计上报面积的 3 倍多，即拥有的耕地丈量总面积在 2500 亩以上，按照这个数据计算该村现在人均耕地有 2 亩多。这种习惯面积与丈量面积的差异我们需要加以简单地说明，首先，丈量的方式在不同的历史时期有所差别，这是习惯面积与今天的丈量面积形成差异的原因之一。在 1982 年分配田地下户的时候，生产队丈量土地的方式是使用丈竿，而现在则是使用航空测量的方式测量土地，包括那些并未真正作为耕地使用的土地也被测量在内，所以测量出来的面积也多一些。另外，许多农民在 1982 年分配田地之后在原有的责任田地的基础上逐渐拓荒，使得自己的土地面积越来越大，但是这些后来拓展的土地从未测量过，每家每户的田地面积依然还是按照 1982 年分配时的责任田地计算。田地的拓展过程事实上一方面是田地的增加过程，但是另一方面也是生态逐渐恶化的过程。

该村的土地从 1982 年包产到户后到现在就没有经过大的调整。当时落实家庭联产承包责任制时是以村民小组为单位按该小组的实际人口平分田土，按人均承包，那时家里有多少个人就能分到多少个人的田土。由于这种历史的原因，所以今天有些家庭里只有 4 个人口，但却拥有 9 个包产人口的土地面积；相反，有的家庭里现只有 1 个人的田土面积，却有 4~5 个家庭成员。村里的女孩子出嫁后田土仍然留在娘家，嫁到夫家后一般不会分到新的田土，因为田土仍旧在娘家，一些出嫁得离娘家较近的女儿仍回家种自己的那份地。按当地村民的话说是"人动地不动"，即出嫁出去的女儿（或招赘上门的女婿）不能随着户籍的变动而相应的在新的户籍地获得一份土地，土地保留在娘家。

（二）退耕面积

万寿寨村退耕还林的面积总共为2358.3亩，其中，长春组退了475.22亩，万寿组退了641.28亩，石峰组退了1241.8亩。全村人均退了2亩左右的面积。

在全村的村民聚居点中，石家坪和牛栏坪处在万寿寨村的最高聚居点，从山顶到他们的居住地都是这两个聚落的农民的土地，为此这两个聚落的土地最多，尤其是荒坡地较多。长春组处于万寿寨村的山脚底，土地分布在屋后的坡上（主要在山脚底）和对面的梅子山上。这个村民小组的其他聚落的农民的土地主要在山腰中。该村人均习惯耕地面积（分产到户时划定的耕地面积）差距不大，基本上都是人均5分土，5分田（1亩为10分）。但是实际耕地面积有较大差距，据村民们回忆，住在最高处的牛栏坪和石家坪在20世纪80年代的时候在万寿山顶上开了荒，耕地面积有所增加。退耕还林时这两个地方退耕的人均面积也是最大的，人均退3.2亩以上。因此这两个小组获得退耕还林的补贴也是最多的。为此，一部分村民觉得自己家里土多搞退耕还林就好，可获得较多的补贴，而土少搞退耕还林对自己经济收入的增加则没有明显的影响。农户在这是基于经济上的考虑，土多补助多，土少补助就相应的减少。村里面土面积最多的是马世林家，他家共有9个包产人口的面积，退耕还林时退了31亩的面积，一年就能得到退耕还林的补助达7500多元。而一些土地较少的农户家里只有1个包产人口的面积，村里还有215人没有承包到田土的情况。土地作为农村社会保障的重要基础，作为农户最基本最重要的生产资料，作为农户重要的经济来源，其重要性对于农户而言是不言而喻的。

关于村里退耕还林面积的亩数是如何确定的，前支书张应强、文书谭显华、现支书马育兹等几位村干部向笔者讲述了这一问题，现将他们的话转述如下：

万寿寨村的退耕还林是由县林业局统一规划实施的。规定了哪些土必须退，规定了哪些土种植哪种树苗，还规定同一树种的栽植要连成片，一片就是一个小班。退耕还林面积的测定，是由航空拍摄的图纸来确定的，不是按习惯面积计算，也没有用皮尺去实地丈量，是在航测的图纸上按比例尺直接计算出的面积。县林业局的工作人员在图纸上计算各个小班的面积，确定各个小班栽植哪种树苗。我们觉得图纸测量的面积要比实际面积多一些，图纸上的面积把土边上的沟沟坎坎都包括进去了，如果是用皮尺去实地丈量的话，面积肯定要少些。这样子对我们农户好，可以多拿点国家的补贴。

图3.6 万寿山上新植的树林

整个村退耕还林的面积被划分为了 56 个小班，小班面积从 5.4 亩到 195 亩不等，平均每个小班的面积为 42 亩左右。一个小班的土地通常是分属于几户或几十户人不等，很少单独属于某一家人。

1. 丈量与分摊到户

县林业局只是把退耕面积测量到了各个小班上，县、乡都并未把各户具体的退耕面积丈量到户。那么，这里面便会面临着各户怎样去分配所属小班退耕还林面积的问题，各户怎样得到属于自己的退耕的面积，解决了这个问题，才谈得上如何具体补助各退耕户多少的钱粮补贴。

村组干部和农户们一致反应的是，在万寿寨村，县、乡政府对退耕还林的面积都没有丈量到户，而是将各自然小组总退耕面积平均分配给该小组的每一位包产人口。各户的退耕面积是按该户所在小组的人均退耕面积分配而得，并不是严格地按该户的实际退耕面积丈量计算，因为没有实地丈量，各小组便把组里的总退耕面积平均分配给小组内的每一个包产人口。

两位村干部告诉了笔者为何采用平均划分的方式，现将其整理后转述如下：

之所以以小组为单位按人均平分退耕还林的面积，我们是有其实际考虑的，而且（那样做）是可行的也是较为合理的。这是因为各个小组（除长春组 9 户未退完的户数外）里每个包产人口承包到的土地面积是一样的，在每个包产人口除了人均 2 分土的自留地外把其他的土都全部退完了的，这样就能够保证退耕后农户所分得的退耕还林的面积基本是一样的。还有就是，平均划分

的话我们的工作任务要轻松些。按人均计算主要是那样工作要方便些，去量的话
就太麻烦了。反正（同一小组）每个包产人口退的面积都基本差不多的。比如
白岩小组共退了104.5亩的面积，包产人口有89人，每人平均就退掉了1.18
亩，比如说这个组某一户人有3个包产人口，那他家就获得3.54亩退耕还林的
面积。而对于长春组9户未退完的农户，则是按照他们实际退掉的面积计算。

　　各个小组人均退耕还林面积存在较大的差异，下表是各小组人均退耕还林
面积的情况。

表3.3　各小组（大致）人均退耕还林面积表

小组名 （小地名）	石家坪、 袁家岭	白岩脚、瓦屋丘、 窝磐石	李子坪、 苏家岭	二坪、踏子坪、 石峰寺、关门岩	牛栏坪	长春组
大致人均退耕 面积（亩）	4	1.3	1.1	2.4	3.8	1.9

　　村里采取将退耕面积平均划分给各包产人口的方式，看似有些粗放，但仍
有其合理性的一面。村民们把除人均自留地外的所有土都退掉了，这样从理论
上讲每个包产人口的退耕地便是一致或趋于一致的了，因为在包产到户时各小
组包产人口的平均土地面积是一样的。而且，由于各户承包到的土地比较分
散，客观上为实地丈量各户退耕面积增加了一定的难度。

　　在万寿寨村，各户人家承包到的土地比较分散，土地细碎化的程度比较严
重。我们随机拍摄到了该村一些村民家的土地承包证，现将其中2户人家土地
承包的情况整理为下面两个表。在此，我们以李治生家和马江林家1984年时
土地承包的情况为例，可看出村民所承包土地的分散和细碎化程度。（村里的
土地一直未调整过，因此1984年时承包的土地和现在的土地情况基本一样）

表3.4　1984年时马江林家承包土地情况

地　名	块　数	土　质	田或土	面积（亩）	评议常产（1984年时）（斤）
杰比坎	1	半沙	田	0.74	518
新达力坎	1	半沙	田	0.15	94
墓角圫	1	半沙	田	0.3	188
沟边路出	1	半沙	田	0.21	131
沟边	1	半沙	田	0.1	63
秧田	1	半沙	田	0.1	93

续表

地　名	块　数	土　质	田或土	面积（亩）	评议常产（1984年时）（斤）
水生田	1	半沙	田	0.18	126
埃山	1	半沙	土	0.09	23
木耳坡	1	半沙	土	0.2	50
屋后头老界	1	半沙	土	0.15	38
燕浪坡	1	半沙	土	0.06	15
屋机坪	1	半沙	土	0.08	20
……树脚（不详）	1	半沙	土	0.03	8
华咀	1	半沙	土	0.12	30
突家岩	1	半沙	土	0.01	2
白家屋后头	1	半沙	土	0.12	—
田小计	7		田	1.78	1213
土小计	9		土	0.86	186
田土共计	16			2.64	1399

表3.5　1984年时李治生家承包土地情况

地　名	块　数	土　质	田或土	面积（亩）	评议常产（1984年时）（斤）
中角田	1	半沙	田	0.197	720
被子田	2	半沙	田	0.82	574
二长连子	7	大土泥	田	0.45	270
长连字后头	2	泥	田	0.113	94
袁家岭	2	泥	田	0.1	682
康院子	1	半沙	土	1.14	682
偏俯	1	半沙	土	0.892	318
岩上	1	沙	土	0.66	264
长连子	1	沙	土	0.32	192
田小计	14		田	1.68	2340
土小计	4		土	3.01	1456
田土共计	18			4.69	3796

　　上面两个表中所示的田土面积，到退耕前田的面积变化不大，但是土的面积有所增加。因为包产到户后，村民们开垦了一部分荒地出来耕种，于是土的

实际面积是不止土地承包证上那么多的。

就马江林家承包田土的情况而言，他家 2.64 亩地被分散在了 16 个不同的小地方。如果要去丈量退掉的几处土的话，仅是丈量他家的退耕面积就得让工作人员换好几个地方去逐一丈量。当然，还有一种方法是，逐一丈量各个小班中各户的退耕面积，然后将各户在不同的小班所占的面积相加，就可以丈量出各户退耕面积。但在实际操作中，实地丈量到户时，还有可能导致相邻土地之间的主人发生矛盾，矛盾的由来可能是不同户主的土与土之间的相邻地带归属于谁及怎样去分配的问题。正如一位村民所说：

把（退耕还林的）面积平均分给大家好些，那样大家都少一些事。如果去量的话，有些社员肯定要去多争取自己的面积，（这样）也免得大家为了去争（相邻）土边上的一些坡坡坎坎去吵去闹。

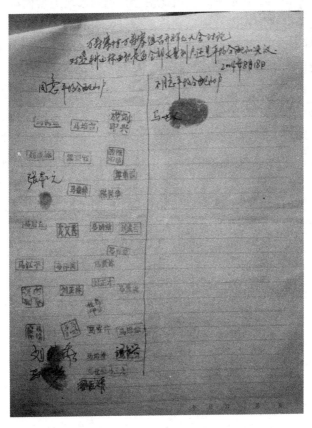

图 3.7　万寿组群众大会关于退耕还林分配的决议

而且，还有一个重要的问题是，村民们尤其是村干部认为实地丈量的面积会比政府航测的面积要少些。如果实地丈量到户的话，多出来的那部分面积的补助又该如何分配呢？村民们想，既然是政府"多"给了面积，那么就欣喜接受；既然是国家的"恩惠"，那么就利益共享了吧。

可以看出，按户平均分配是有其现实考虑的，并且综合考虑到了各方面的利益。但是，这样分配的结果仍会有诸多弊端或不足之处。

首先是各小组人均自留地实际存留面积的问题。村民们一般是留自家房前屋后的土质较好的土作为自留地，用于种植蔬菜或作其他安排。但是，各小组每个包产人口的自留地面积实际上是不一样的，存在一定的偏差。这里面主要有两个影响因素：一是自留地的面积是按照习惯面积计算，与实际面积有一定的偏差。二是一些农户可能会多留一些自留地（多留的面积是很小的）。这使得人均自留地面积的实际不一致，由此便会影响到人均退耕面积的不一致。

其次，由于退耕面积没有丈量到户，据村民们反映，相关部门一直没有公布过各户退耕的面积，这使得各户并不知道自己家究竟退了多少面积。为此，当笔者问到村民们家里退了多少面积时，他们回答的逻辑一般是："我们小组人均退了××亩，我家有××个包产人口，家里的土（除自留地）是全部退完了的，家里总共退了××亩左右（自家包产人口数×小组人均退耕面积）"。村民们是先以小组人均退耕面积为参照，再结合自家包产人口的数量，来大概估计自家的退耕面积。而且，每年政府对同一退耕户的补贴金额都是不一样的，每年都存在一定的差度。笔者在见到的各户退耕还林的专用存折——农村信用合作社存折时，同一户人家在2005—2008年的退耕补贴都是不一样的。这个原因不在于相关部门对退耕还林的检查不合格，政府扣发钱，而主要是因为小组和村里根据"需要"而调整各户的退耕面积，小组里每年会制作花名册确定小组内各户当年应得的退耕还林的面积。村、组里会集体提留一部分退耕还林的面积用于村、组里一些事项的经费支出。即村组里的一些开支，有时会动用村组里退耕还林的集体提留来支付；村、组里为了完成一些上级摊派的任务或做好村、组内的工作，也需要动用退耕还林的补助款来达到目标。对于村组里如何"提留"退耕还林的补贴情况，后文专门加以细述。

我们可以看到，由于各户的退耕面积没有丈量到户，而是把小组内的全部退耕面积集中到了小组里。这便极大地方便了村、组提留退耕还林的面积，只要村委会核心成员开会讨论需要提留多少面积，就可以在总面积中把所需要的面积划拨出来了，而对于在退耕还林中处于主体地位的农户对此是几乎没有任何干预权的。而退耕还林的各个环节都需要村委会和小组长的组织、领导、协调，去具体落实，这便为村、组里截留退耕款提供了便利和可能。

2. 基本农田的保护与建设

加大基本农田建设是退耕还林后，解决农民的吃饭问题、保障农户基本口粮的重要措施。这是退耕还林的后续配套措施中重要的环节。建设基本农田，是保证粮食安全、解决吃饭问题的长远之策，也是落实退耕还林工程政策的有效保证，更是农村调整产业结构、增加农民收入的重要措施（曹志涛等，2005年）。

万寿寨村在2006年进行社会主义新农村建设的规划方案中，便涉及改造中低产田的工程。规划中预计投资205万元，村民自筹55万元，政府补助150万元。规划在2007年开工改造中低产田2400亩，在2008年完工。但到目前为止该工程都还未实施。据马支书说："实际情况主要是因为经费的原因，资金筹集不到位，就一直未进行。新农村建设是写在纸（规划书）上，嘴里倒是一直在说，但就是不见政府采取行动。"所以，基于新农村建设的基本农田建设还并不存在。但是，改造中低产田，加大基本农田水利建设还是具有一定的积极意义。实际情况是村里农田水利基础设施的建设迟滞，多条灌溉水沟在修建公路时被毁未修。农户的总体意愿还是更乐意在田里种植水稻，水稻产量高于苞谷，水稻能满足农户的口粮需求。可以说在田里种植苞谷是农户的一种"妥协"行为。正如一位村民说："田里没水，种不成谷子，就只好种植苞谷了，反正退耕还林后土里不准种苞谷了，就干脆点儿拿田来种植了哦，就只好将就了哦。实际上田头种苞谷不如种植谷子划算，谷子产量更高，也要不了苞谷那么多的肥料。"

退耕还林时，万寿寨村的田全部没退，退掉了2358.3亩土。各小组的人均田面积是非常近似的，包产人口中，人均承包0.5亩左右的面积。加上人均1分的自留地，保证了退耕后人均耕地面积在0.5亩以上。国家在原则上保证西南地区退耕农户人均耕地不少于0.5亩的要求，以保证粮食的基本自给。村民们在田里安排种植水稻、苞谷、洋芋等满足人们的日常饮食消费和养殖所需。

三、农民的反应

中国南方大多把耕地分为田和土，万寿寨村的耕地也有田和土之分。退耕还林时，乡政府规定田全部不许退，土除了人均2分左右的自留地外都可以退。按乡里的规划，自留地主要供农户用于种蔬菜以满足农户日常生活消费所需，为此自留地又叫作园圃地。万寿寨村的 305 户人家中，每户都有将自家的一部分土用于退耕还林。在笔者入户访谈到的 52 户人家中，在 2002—2003 年实施退耕还林时没有一户反对在自家土里搞退耕还林的，普遍较支持退耕还林的实施。全村只有长春组有 9 户人家除自留地外没将其余的土全部退掉，而只是退掉了家里的一部分土，而该村其他户则把除自留地外的所有土都给退了。这主要是因为在村组干部对退耕还林政策的宣传和讲解下，农民自己经过盘算和比较后普遍支持退耕还林在当地的实施。

农户作为通过后来工程实施的主体，农户对退耕还林的意愿、态度和认知对于工程的实施是至关退耕还林要想在当地顺利实施，关键点还在于农民本身对退耕还林的认识、态度及接受程度，让农户参与退耕还林才能使该工程落实好。农户拥护该措施才能使退耕还林政策深入民心，顺利地做好退耕还林工作，并能更好地巩固退耕还林的成果。农户对退耕还林的意愿能直接反映出他们对退耕还林的认识。而且，农户对退耕还林工程认知的多少将直接影响到农户参与退耕还林的积极性和主动性的高低，农户的积极性和主动性会反过来又会影响到造林的质量和后期工程成果的巩固，最终影响到能否实现退耕还林预期的经济、生态和社会效益。总之，广大农户是退耕还林工程实施的主体，工程的实施涉及他们自身的利益，农户的意愿对退耕还林工程的实施便显得尤为重要。事实上，人们的关于退耕还林的思考是一个过程，几乎可以被总结为一个从不愿意到愿意的一个过程。这在下文将具体叙述。

（一）不愿意退

几乎没有一个农民坚决表示自己不愿意退耕还林，他们对退耕还林工程所带来的后果只是在内心做过一些权衡，这些权衡使他们有一种"假如不退也许更好"的想法，事实上这就是我们想要说明的农民们的"不愿退的意愿"。这是一些隐藏着的忧虑，其中主要包括：担心国家不会给自己补助；担心退了之后土少了种植的粮食不够吃；担忧没土之后子孙后代怎么生存和发展的问题；担忧退了之后没有土用来种植苞谷了，苞谷减少用什么来养猪的问题等等。农户最为担心的还是国家退耕还林的政策有变或政府不兑现对农户的补助。

全村只有长春组有 9 户人家没有将除自留地外的土全部退完外，都只是退了一部分土，不愿意全部退完，还剩下一部分土继续用于传统的种植。下面来了解一下他们不愿意退完的原因，用以下的两个案例来了解农户不愿退的心态。

王永和（70岁）："我家里有两个人的田土（自己的一份和老婆的一份），和儿子分了家，老婆已经去世了，现在是一个人生活。我退了1.4亩左右的面积，剩下1.1亩左右的土没有退。那退掉的1.4亩是对面梅子山上的，那是政府规划的，必须要退，那些土自己也愿意退。我屋背后的土是我自己当时不愿意退，我想的是那些土离家近，去种地的话会比较方便，可以拿那些土来种苞谷，有苞谷才好喂猪，我们农村是要喂猪的，喂了猪一年到头才有肉吃。那个时候搞退耕还林的时候，我没有仔细地考虑退耕还林的好处，而且还是有点怀疑政府可能不会给我们补贴。再说了补助期只有8年，8年过后国家就不给我们补贴了，我就不敢退完，就要留点土来种点庄稼。"

马培志儿媳（由于马培志今年已70多岁，听力不太好，故笔者转而访谈他的儿媳）："公公他们已经和我们分了家，他们有三个人的田土。退耕还林时他的土没有退完，退了对面梅子山上的土，其他的土就没退了。退了的土是上面（政府）规划了的，必须要退。没退的土是他觉得退了划不来，要留土来种苞谷喂猪，喂了猪才好吃肉。当时他想的是一年每亩就补贴300斤的粮食，起不了好大的作用，还不够喂猪，就没退了。"

从上可以看出，农户不愿退完的主要原因是因为想留下一部分土继续种庄稼，主要是用于种植苞谷。这表现出农户做事求全求稳的社会心理，这种求全求稳的心态直接影响了他们的行为决策。也表现出传统的农耕习惯和生产生活方式在农户退耕意愿的形成上仍然占有很重要的作用。农户耕作观念的浓厚程度，也直接影响到他们退耕意愿的形成。例如，一些年轻人更加愿意退耕，而老年人则考虑的是土还是应该用来耕种产粮食的。

（二）愿意退

退的意愿在农民的思考中占据主流，这也是深入权衡的结果。首先退耕还林只针对旱地（所谓"土"）而不针对水田，旱地本身在人们的生产中所处的位置不可以与水田同日而语。其次，国家的退耕还林补助是一笔数目不小的资金，这对于农民而言具有较强的吸引力，在没有退耕还林之前，土地与现金之间的转换关系除了直接对土地进行买卖之外，情况是十分复杂的，甚至也不容易使得土地的产出很好地转化为现金，而退耕还林刚好弥补土地与现金之间的这种不协调的关系。对于大多数的年轻人而言，退耕还林使他们兴奋不已，他们正觉得这些从父母那里继承来的土地应该怎么办呢？他们显然已经不愿意再将农业作为他们的谋生之道了，在这样的情况下，他们很愿意实施退耕还林。

万寿组马郁之（45岁）："2002年组里开社员大会说退耕还林的事时，我那个时候没咋个（怎么）去考虑退耕还林后国家给我们多少补贴。当时开会的时候（村组干部）说是为了保持水土和三峡库区的生态安全，是国家的一个政策，我就退了。反正种土嘛也赚不了啥子钱，粮食的产量又不高，肥料的价格又贵，种庄稼的收入一算下来就觉得好低哦，根本就没啥子搞头。我们这里的土普遍都比较差，不肯出庄稼，年头（年景）不好的时候收的庄稼还抵不过出的成本钱，是赔本生意。那些土不拿来搞退耕还林还拿来干啥子嘛。

"大家都退了的话哪家不退也不行。比如说我家的土挨着张家的土，张家在他那土地搞退耕还林栽植树木，我自己的土还继续种植庄稼的话，几年过后他家的树长大了，就把我的土给阴了，太阳都晒不到，种庄稼也就不出产了，就大家都退了好。

"我把家里5个人的土都退了，那时想的就是退了要松和（轻松）些，不那么累。退了之后农活少了，可以去外面闯闯（去打工）。反正退了之后还有田嘛，种点田够家里人吃就可以了。"

可以看出该农户综合考虑了国家政策，客观分析了自家土地的情况，同时还考虑到其他农户的行为（别人退了自己不退，可能会对自己不利），还结合自己的实际情况决定在退耕后去外面打工，考虑到了退耕后自己的事业规划。在此，多种因素综合影响了该农户支持退耕还林这一措施。

石峰组曾其荣（43岁）："当时听到我们这里要搞退耕还林，村里宣传这个事后，我的第一反应就是支持国家生态环境建设，支持退耕还林。自己喜欢栽树，看到树心头觉得舒服。种粮食也不管钱，做庄稼又累，粮食种来够吃就可以了。我喜欢在自己的土里栽果树，果树长几年后就有收入了，可以卖果子赚钱。当时我没去比较种庄稼的收入和国家的补贴哪个更多，没去考虑哪个更划算。还有就是国家（退耕还林的）政策在那儿，政策是那样子的，我们退也得退，不退也得退呀。退了有国家的补贴，农业税也可以少交些，自己就愿意退了。"

退耕还林一定程度上迎合了该村民的兴趣，他喜欢栽树，而不是只知道发展种植业，他对林业和种植业有自己的认识和比较。对国家退耕还林的政策持积极的支持态度，加上有国家的补助就愿意退了。

长春组王永和（79岁）："2001年开社员大会时，组里面给我们宣传了退耕还林的事。村组干部给我们讲了之后，大家觉得退耕还林是个好事，愿意搞。2002 年退耕还林时我把屋对面（梅子山上）的陡坡土退了，屋后的土没退，我家共退了一半左右的土。

　　退了对面山上的土，是因为那里的土太陡了，土又高离家又远，走路去干活路都要走半个小时左右才能到，还要爬坡上去做活。那土里的泥巴很瘦很薄，种粮的产量不高，一下大雨庄稼都要被冲走，基本上是看天吃饭，做"望天土"。对面那些土我们全部都是拿来种苞谷，以前（退之前）收苞谷的时候基本上都不回家吃午饭，直接带饭去土里吃，土远、坡又陡，很难走很难爬坡，又耽搁时间，就把饭带去地里吃了哦。那时想的是自己年纪也大了，快做不动了，退了能得国家的补助，对面山上的土又不好，就愿意把那些土退了。屋后的土离得近，我想留下来种苞谷好用来喂猪，喂了猪才有猪肉吃，后面的土就没退了。"

　　土地的具体情况影响到了老人退耕还林的意愿，离家远的土质差的老人将其退掉，土质较好的离家近的老人将其保留。需种植苞谷用于喂猪的生活方式也影响到老人退耕还林的意愿。此外，老人年龄已高，不宜再从事劳动强度较大的农活，也是老人愿意退的直接影响因素。

　　石峰组任大叔："退耕还林后不可以种苞谷了，但可以种豆子、花生、洋芋、海椒那些，豆子、花生自己吃，多了就可以拿去卖钱。以前一亩土种苞谷，种得好些的话能收 600 斤左右的干苞谷，还要除去肥料钱、农药钱、种子钱和劳力，种苞谷纯赚的钱比国家的补贴要少些。退了可以少交农业税，还是要少出几个钱了。再说退了人要松和些，不做都有吃了，免得那么累，农闲没事还可以出去打打工，找点零用钱用。"

　　在经济上，这位大叔考虑到退了之后，还可以种植矮秆作物，可以得到退耕补助和种植作物的两份收入。并且还比较了退之后的经济收入比种植庄稼的收入更高，退了还可以少交农业税及打零工挣钱。

　　长春组陈阿姨："大家都退了，自己不退的话做庄稼也会被周围退耕还林的树给遮阴了，根本就会没得收。自己不退的话周围团转的人要说你不通商（通情达理），说你这家人强（倔强）得很，别个那样说你多不好得呀。那些干部（乡、村干部）整天宣传说要退，不退的话可能会得罪他们，说故意和他们作对。大家都退了，自己也就跟着退了，做事还是要随大流，大家怎么做自己就怎么做"。

对于居住在村里的农户而言，村子里特定的道德规范或价值观念、习俗和行为方式，在农户的决策中有很深的影响。为此，陈阿姨考虑到了邻里的看法，如果自己不退的话，怕被别人说长道短。随大流，大家退就退，是村民们对退耕还林普遍存在的意愿和做法。由于整个社区内的舆论大环境是比较拥护或支持退耕还林在该村实施的，社区内邻里之间对于退耕还林的意愿存在着相互的影响。此外，村民们会考虑到不退的话会对自己产生某些不利的因素，除经济收益的影响外，还考虑到不退可能会得罪村组干部。此外，农户和村组干部的个人关系也会影响到他们退耕的意愿。村组干部要做好退耕还林各项工作，需要村民们积极的配合和支持才行。

上面的这些案例比较普遍的代表了村民们当时愿意退的想法。从这些案例中，我们可以分析出农户愿意退耕还林的一些原因，这里面主要有七个影响因素：①村组干部的大力宣传和推动；②农户们认为它是国家的一项政策，应该支持和配合，县林业局统一规划要求连片退掉；③退耕掉的土大多是土质不太好，种庄稼的产量不太高，种庄稼的收入也低；④退耕还林后能够得到国家补助，经济上能够得到补偿，而且补助是高于种植庄稼的收入的；⑤整个社区内的舆论环境——社区内大多数人对退耕还林持支持态度；⑥退了之后可以减轻农户对土地的劳力投入，减少了劳动时间和强度；⑦农户个人的特征，一些农户喜欢栽植树木，对退耕还林比较欣然接受。

总的看来，不管农户是基于对政策的考虑也好，还是基于对自身利益考虑也好，或基于其他考虑（兴趣、传统观念等），退耕还林在万寿寨村是有一定的群众基础，而且村组干部对退耕还林政策宣传解释得比较好，有较好的舆论导向，这些为退耕还林在万寿寨村的实施提供了良好的条件。

（三）从不愿到自愿

关于农民退耕还林的认知和接受程度，事实上这是一个过程，大致遵循着一种从忧虑到放心，从不得不愿意到自觉愿意转变的过程。这一过程当然有退耕还林给人们带来的好处使人们认识到农村退耕还林事实上是有利的，不过最重要的原因，或者应该是农业在人们的生产生活中的地位逐渐式微的结果。我们在后文中来探讨山区经济的时候会说明一些农业发展的困境问题，其中将会提出农业对于劳动的人们而言是一件怎样烦琐而又收获甚微的事情，相比于其他的求生方式，人们开始领悟到不能凭着家庭小规模的农业生产而维持生存了。在这样的情况下，一些曾经没有主动退耕还林的人竟然在指标用尽之后开始感到后悔，一个老人如是说：

我现在都后悔了，现在觉得还是退了好些，退比没退的划算些，退耕还林的补助款要比种庄稼的收入多。退了能够得钱，还可以在土里种庄稼，只是不可以种苞谷了，没有退的划不来。早晓得（知道）的话就该把所有的土全部退了，我现在实际上就是没事儿在找活路来干，要是那个时候退了就可以不做土了，可以耍好些的哦，没退就只有自己去做了（种地）才有收（获）。现在年纪大了，做庄稼耐不和了（没有体力了）。如果再搞退耕还林的话，自己肯定要把土全部都退了。

另一个家里具有 10 多亩地的男人也做了相似的表述：

我第一年（2002 年）退了 7 亩左右的面积，第一年没有退完，那个时候一直想的是把剩下的土留起来种苞谷，退一部分土再留一部分土。结果政府在第一年给我们发粮食补助后，我体味到退耕还林的好处，第二年（2003 年）我就把剩下的 8 亩多土给退掉了。主要是觉得退了划算，吃到了退耕还林的甜头，肯定就愿意退了啊，人嘛都是有赚头的事就肯做，没赚头的事哪个愿意去做嘛。

退耕还林的实施，涉及具体的土地利用变化，对农户的利益产生直接的影响。农民是退耕还林的主体，退耕还林只有通过当地广大农户的具体参与才能实现其具体的目标。农户对退耕还林的认知、判断、意向直接影响到退耕还林的顺利开展。据我们访谈，农户当时普遍比较支持退耕还林，从农户自身来讲，他们更多的是关心退耕还林对自己的经济收入的影响，生态和社会效益在他们眼里倒是放到了相对次要的位置。

第四节　延伸与收缩：生存资源的当下变迁

我还记得在川主村碰到一位沉默寡言的老者，他已经年过九旬了。

他整天搬一把椅子出来坐在院落里似睡非睡地微闭着眼睛，对我们的"闯入"既不很惊讶，也不很热情，抬起上眼皮看了我们一眼，随之又将眼睛似睡非睡地眯起来。后来，当我从别人的口中知道这位老者是一个颇有名气的地方精英，便准备去寻他聊天，据说他是这里远近闻名的一位参加过朝鲜战争的老革命。仿佛确实还留下了一些军人的气质，虽然身材不高，但尚未驼背。在农村，超过 90 岁的老人依然能够挺直腰身实属不易，一般的农民早已经过几十年的劳作到老的时候慢慢弯下了腰。我因为感到这位老者不仅不关心事态，甚而还有些不那么平易近人，于是先从别人那里打听了一些关于他的信息，以便号准其脉。

他确实是一名从朝鲜战场上回来的士兵，他的子孙们人丁兴旺，而且家庭也颇为殷实，大约从70岁上下，基本上就已经不参与家里的各项劳动了，子孙们似乎因为尊重的原因总不使其参与到劳动当中来，他于是开始从一个风云式的人物忽而缄默了。不仅缄默了，甚而至于经常朝那些尊敬他、奉养他的子孙们爆发无名之火。他见不得子孙们华丽的衣着，见不得他们在餐桌上摆放越来越多的碗，见不得孩子们在他的眼前嬉戏（仿佛他根本不需要天伦之乐似的），见不得子孙们游手好闲，尤其使其见不得的是近些年风行于当地的赌博活动。打麻将、斗地主（一种纸牌游戏）事实上在当地是年老的人们的主要活动之一，然而他从不参与，永远坐在院子里缄默不语，保持着一种懒得过问世态的态度。

他开口和我说话了，当我再一次走进他家的院子里的时候。他的儿媳妇似乎也已经退出了土地上的劳动了，她在距离老英雄不过几米远的台阶上收拾苞谷，准备将苞谷用机器打磨成面喂猪。他叫住我，还是那副不苟言笑的神情，问我何以不问他一些什么。我很惊讶，倒不是因为他第一次主动地向我开口，而是因为他竟然主动要求我问他点什么，好像他已经做好了较充分的准备，等着我来问他呢。他的儿媳妇正和我说话呢，听到她这样问，继而笑着（但是却如同责备孩子似的语气）说："你晓得些啥子呢？"他并不对儿媳的这种非正规的挑衅大为光火，但还是据理力争的："他不是总问别个过去的一些事情吗？"我更惊讶于他端坐在院子里竟也知道我在村子里问了些什么。我想，这是一个很好的机会，便马上和他聊了起来。他开始从朝鲜战场聊起来，一改此前的状态，嘴里开始滔滔不绝了。然而，他毕竟没有很好地将往事记住，而且，他那没有牙齿的嘴里像炒豆子似的蹦出来的话语又是那么难以捉摸。于是，关于他的那些风云往事，我终于也没有听得很明白。

不过，我甚至怀疑他是否真的愿意去回顾历史，或者说，他的语言不明和断断续续的思绪是否是出于故意的呢？因为，当他对现实处境大加抱怨的时候，他的话又似乎注入了一股什么力量，使我听得格外清楚。他开始抱怨世态的变迁，抱怨生活太过于安逸，指责那些整天无所事事的所谓闲人，指责做官的，指责教师，指责不孝的子孙，指责不和的兄弟，仿佛一切于他来说都值得而且必须指责似的。他不独泛而指责，更指名道姓地说出一些人的名字，这使他的儿媳颇为恼火，然而又不便发作，只得说："老汉你尽乱说，人家哪个不比你过得好么？"我已经感觉到了我再留下来的不合适之处了，便草草地为这次聊天熬了个尾，告辞了，——但是依然寻摸着下一次来访的机会。

以上这位老人是川主村川都组老粮站的一位农民。他对现实的困惑以及他所说的那些感受事实上在很大程度上是存在的，我们已经在上文中说过高速公路的修建对村落里人们的生产生活的影响了，已经稍有提及人们之间的关系发生了一些微妙的变化。我们已经指明过，一些邻里、一些兄弟已经由于某些利益之争而陷入了矛盾之中。在老人们的记忆里，世态的变迁所带来的角色变迁是让他们所忧虑的事情，我们在以后说明这里的教育情况的时候会提及，许多老人对现在的教育境况也颇为不满，并为之担忧。

然而，这一变迁仿佛是难以抵抗得了，就像人们难以通过对抗而撤销高速公路的修建以及退耕还林一样，他们对于变迁只能够照单全收，继而在做出新的生计突破。这个过程在人们的生活中远比我们所描述的要复杂得多，因为看起来农民在变迁中也不常常是处于被动的，而且，变迁不仅仅在生计方面造成影响，这一影响是如此复杂，致使那些经验更加老练的人们现在觉得生活全被改变了。

事实上，一切都围绕着失地这一基本背景而展开来。农民的土地因为高速公路的修建和退耕还林工程的实施而逐渐缩小，这对农业生产而言，是一种资源收缩的过程。但是对于农民们的整个生产活动而言，资源是否收缩却还值得探讨，因为森林、交通在很大程度上也已经被认为是重要的资源了。在高速公路尚未修建、退耕还林工程也尚未实施的时候，粮食耕作就已经受到了打工经济的一些影响，或者说人们的生活已经不仅仅只依赖农业的发展了。因此，在失地之前，农民们就已经受到了市场经济的某些影响，这种经济方式将劳动力作为一种重要的资源，或者说，劳动力忽而可以被作为商品在市场上进行交换了。市场因素的影响首先使得人们的生活越来越离不开现金，尽管山区的小农生产难以提供足够的现金以支撑和改善人们的生活，不过与此相随的是，人们可以大量地涌入城市打工，以此换回足够家庭开支的现金。在高速路的修建和退耕还林之前，这种趋势已经呈现出来了，不过，假如那个时候还有些保守的人们寄希望于通过土地生产来改变自己的命运的话，那么在高速路修建以及退耕还林之后，人们的那种希望在很多家庭几乎全都破灭了。

我们已经说过，这两项工程都是没有选择余地的，人们必须承受，因为这两项工程的着眼点并不是在这里，而是更大的空间，假如这里的人们因为这两项工程而感到自己损失了什么的话，只能说这是一种对更大的空间（或群体）的贡献。这就是国家的力量，当人们无法或者不愿组织起来使得他们的生存空间有所改变的时候，国家将会在这个时候，扮演一种稍显强制性的角色来将他们组织起来，人们必须奉献。所以，人们在这两项大工程面前，只能想方设法使得这些工程利于自己，如人们广泛关注高速路修建的占地、拆迁赔款，而退耕还林的补助对于农民而言也是极重要的一项利益。但这只是直接的那一部分，并不直接体现的是人们开始寻求土地之外的生存资源了，而且，这个过程在我们看来更为重要，因为这将关系到人们的长期生存，而如拆迁补助以及退耕还林补助等都只是阶段性的。

如何生存？土地资源已然收缩，那么，人们怎么去发现和拓展别的资源呢？政府和农民面临着同样的问题，却做着并不完全相同的思考。

从政府的角度来说，首先要考虑的是产业结构的调整、地方经济的整体发展等，总体上看来，是一种较为宏观的。有了这样的思考之后，政府就开始考虑资源所在了，传统的土地资源面临收缩，这已是不争的事实，而且过去的几十年间的历史发展状况，政府已经足够明白小农经济怎样难以使得地方经济较快推进。于是，产业结构调整成为重要的内容，然而资源在何处？交通，这是发展新的产业的最重要的资源了，无论人们又在交通之外发现了什么样的资源可供利用，交通都是这些资源可以被利用的重要条件。

于交通之外，政府考虑到了城镇建设和旅游开发，前者我们已经在前文做过介绍（如我们在介绍川主村的变迁时说过川都坝的开发），而后者是一种曾经未曾使用过的资源。旅游业的发展，也如同其他的资源利用一样需要交通的改善，在没有交通优势的历史时期（在三河乡来说也就是几年之前而已），尽管旅游景点已经存在并继续存在，但是它们始终未能成为资源。三河乡的旅游资源包括如下内容。

1. 万寿山

万寿山位于石柱县城东 16 公里处的沪蓉高速路边，在三河乡万寿村与南宾镇河坝村的交界处。万寿山寨前有缺门湾、驻马关，寨上面积约 20 万平方米，共分为前、内、后三寨，三寨的四面是悬崖峭壁，周围繁华灌丛，唯有一条路可以登上山顶，万寿山最高处海拔 1530 米。曾有巾帼英雄秦良玉于明末清初在此屯兵备战，在山中前后都建有寨门、寨墙，寨内建有旗台、将台、练兵场、军营及瞭望台，寨宽 24.88 米，进深 27.5 米的三重厅堂基础及台阶仍存，寨中供兵民饮水的"官井"至今仍甘冽异常，四季不涸。寨中尚存摩崖造像、碑刻12处，寨前有高70米的石峰，俊面丽颈，前胸丰满，宛若依山端坐，头戴眼镜的女博士，人称"女石柱"，后寨与神仙洞相对的山峰上，有耸立高100米的石峰，高冠微髯酷似伟男，人称"男石柱"。1984年，县人民政府将万寿寨定为文物保护单位。每年的农历六月十九日，许多县内外的人士，都会到万寿寨燃烛、烧香，观光赏景。

2005年5月至2006年5月，政府投资35万元修建了长达10公里的万寿山旅游公路。

图3.8 万寿山上的男女石柱

2. 三教寺

三教寺坐落于县城东7公里，距三河场镇6公里的回龙山上，原名回龙寺，明弘治八年（公元1495年），由石柱县宣抚使马微母氏所建，明崇祯十年（公元1637年），由秦良玉增修，占地2800平方米，原有五重殿堂，南明隆兵部尚书吕大器题的"万派归宗"，破山和尚题有"白云深处"等匾额，香火极盛。现仅存三清殿后殿尾架，东西壁所书"鹭"两个大字，高4.27米，宽3米，至今仍存。1984年，县人民政府将此寺定为文物保护单位。2002年9月国家拨专款50 000元，由三河乡政府和县文广局负责整修庙宇，恢复了三清殿神台及神台后殿屋架等。

3. 秦良玉陵园

秦良玉陵园位于石柱县城东7公里的回龙山上，距三教寺百余步处。该园建于清朝顺治年间，占地面积320亩，距今已三四百年了。良玉之墓占地面积106平方米，坐南朝北呈圆包形，条石镶砌，墓前有二龙抢宝的图案，金雕细镂，形态逼真，墓前有27平方米的拜台，墓的左右置有华表、青狮、石象、石马、石佣等，四周有良玉兄"邦屏"，弟"民屏"及其后裔马光仁、马佑召，麾下将室马德音等墓葬20座。据悉，良玉病故后，同发47具假尸，分别葬于石柱县内47处，如今所知才几所墓地，至今很多人们都还在寻墓之中。1984年，县人民政府将秦良玉陵园定为文物保护单位。

4. 龙河岩棺

三河乡境内岩棺墓群分为两线：一线是在龙河沿岸四方村狭岩肖洞处有19穴，穴内有头、胸、脚等完整的骨架，还有残余的木制内棺。修藤子沟公路电站时余石泥堆闭4穴，现能见16穴；四方村大中坝岩上有3穴；四方石正岩处有3穴；三店村下排大沟6穴；三店村寨坡7穴；川主村川都坝下岩处8穴，新开路8穴，道角岩处21穴。另一线是蚕溪河岸上的万寿村关门岩处有10穴。全乡岩棺85穴，岩棺有条口横式和方口纵式两种，一般穴长2米，深宽0.7~0.8米，凿于离地5米的悬崖陡壁上，据考古，墓原离地不足1米，由于数千年地质变化，水冲地表，地壳变形，泥石被冲跑，至今离地5米以上，岩基出至自于汉代时期距今2000多年。1984年12月县人民政府将此岩棺群定为县级文物保护。

图3.9 龙河岸边崖上的岩棺群

5. 藤子沟电站

藤子沟电站大坝位于三河乡境内的四方村藤子沟，距县城 27 公里处，是龙河流域最大的水利工程，该工程总投资 5.7 亿元，大坝高程 135 米，蓄水后，库容 1.93 亿立方米，蓄水面积达 20 亿立方米。藤子沟电站建成后的大坝堪称石柱第一坝，具有旅游开发、水产养殖、水能发电等综合经济效益，电站大坝雄伟壮观，两岸林木茂盛，环境优美，气候宜人，已成为三河乡乃至石柱县境内最具旅游开发价值的景点之一。

然而，这些旅游资源，人们尽管期盼（因为在同一个县的黄水镇，旅游已经在很大程度上改变了人们的生活），但是这尚且还不是他们继续思考的问题，而且他们当中的一些人甚至也并不以为然，原因是石柱县的旅游似乎已经被黄水镇抢占了先机，而在石柱县这个本身不大的地方想要花开两朵似乎是困难的。所以，他们更重要的是考虑更加现实、也更加直接的生存途径。首先，对现在还保存下来的为数不多的土地资源如何利用；其次，在土地资源已经丧失很多的情况下如何改变原有的生计方式以便对抗新的生存困境。在这种情况下，人们主要选择那些已经具有一定的发展基础的生存途径来维持自己的生存，这些途径也许是他们曾经从事过的，也许是别人从事着而自己也感觉到没有很大的风险的。于是，养殖、森林种植业、木材加工、小范围（县内或乡内）经商或服务等成为人们不得不加以考虑的事情，而最重要的，而且风险最小、成本也极小的生存途径是打工。但是，打工的限制条件似乎也是较为严格的，并非所有的农民都能够进入到打工队伍的行列，那些不具备打工条件的人，便只能够寻求别样的途径了，最终，剩下一部分人继续经营着存留下来的土地资源，我们已经说过，这是一种新的分工体系。

关于这些，我们在这里只将其作为资源的延伸与收缩的结果而提出来说明，具体如何实践，我们将会在描述人们的经济生活的部分加以详细说明。

而无论是政府的考虑还是农民自身的探索，一个重要的变化始终要集中在农民的身上，那就是农民身份的转变。关于农民身份的转变问题，我们也将于后文中加以详细说明。

第四章 流动与固守：区域人口变迁

第一节 高速公路与人口流动

在高速公路修建以前，农民的经济生活中已经很大程度上融入了打工这一项，而且也已经是很重要的经济来源了。农村劳动力中年轻劳动力在没有田地（所谓没有田地指的是这些年轻人在 1982 年以后出生而没有从集体那里获得田地的分配）的情况下成了农村剩余劳动力，另外，相对于农村的农业经济而言，外出务工是一种更赚钱的方式。下面是一位年轻农民工说的话：

在农村很难有发展，想凭借种地来盖房子那是开玩笑。在外面赚钱比在家容易些。就说种水稻吧，一季稻产量也就 1000 斤左右，市价一元那算好了，三个月才赚 1000 元，这里面肥料等还不算呢。在外面一个月就能挣 1000 多元，你说哪个划算。

一、人口流动概述

在当地，人们从稳定的农业生产生活到大规模的人口流动这个过程还不是很长。正如一位受访者所说的，人挪活树挪死，这种想法事实上是在打工经济之后才真正被领悟了的。当资源环境发生了某些变化之后，人们不得不做出这样的选择——就是流动。我们已经在上一章中说明了人们的资源环境所发生的那些变化了，资源作为一种生存环境来看待，人们现在只能走入更大的求生空间，去寻找新的生存和发展机会。但是，假如我们想要说明人口流动根源的时候，也许并不是一件容易的事情，我们自然可以说人口流动的根本原因在于资源环境或者生存空间的扩大。然而，这种推理式的结论难道不能反过来说吗？也就是：当人口流动发生了之后，人们努力地扩大了他们的求生空间，将那些原本难以利用的资源纳入到现在的利用范围。这样看来，关于人口之流动与资源环境之变迁之间的关系最终不能说是单向的，而是相互影响的两个因素。至于根本的原因问题，这应该是从一个更加宏观的视角的研究中才能得出的结论，但是无论怎样，市场经济将其视作一种资源配置方式看待——是最重要的原因。我们可以通过回顾历史来说明这个问题，很显然，历史能够表明人们在很长的时期内并不需要多么依赖外部世界而生活；而现在却有些不同了，人们现在必不可少地需要与外部世界交流，而这种交流的中介已经变得越来越干脆——现金。这样，外部环境的任何变化，都多少会影响到人们的生产生活。在我们所考察的地域中，在我们对其进行考察的那段时期，许多农民工从打工的地方返乡，一方面是因为高速公路的拆迁将他们召集回来，另一方面也受到了 2008 年全球金融危机的影响。但是，我们还是难以去把握那些根源性的道理，因为我们现在所探讨的只是一个中国西南武陵山区的一个小镇，我们所能够做的，就是从这个小镇本身来说明人口流动的驱动因素。

人地矛盾的问题是人口流动的极重要的原因之一，这在我们的考察中可以很清楚地得到说明。无论是川主村还是万寿寨村都具有这方面的特征，因为高速公路以及退耕还林使得人们所能够赖以生存的耕地大大减少。除此之外，历史所遗留的人地矛盾问题也在今天凸现出来。我们已经说过，在石柱县，土地从生产队分产到户这件事情发生于 1982 年，在此之后出生的人口是"没有土地的"，在今天，1982 年以后出生的许多人已经结婚而组建起自己的小家庭了，这些人有时候连一个人的土地都没有，他们只能从父母那里继承下来一部分。父母双方均有田地，他们最终会将土地平均由儿子们继承。如果这对父母有两个以上的儿子，那么这个 1982 年以后出生的男子将只有从父母那里继承来的不到一个人的田地。当然，这是较为极端的一种情况。另一种极端的情况则是因为家庭内女子出嫁而使得这些女子的兄弟们获得了更多的土地，如果这些女子是在 1982 年以前出生的，她们也从集体那里获得了田地，可是她们因为出嫁而并未将田地带走，只能留下来给她们的兄弟，这样，她们的兄弟的土地就会增加。在这两个极端之外，随着人口的逐渐增加，每个人可获得的土地相对就减少，而且，我们在上文中已经介绍过，水土流失在这里也造成了田地损坏的情况，我们今天看到龙河沿岸的乱石沙，在1982年的大洪水之前是一大片肥沃的田地。历史的遗留加上近些年的各项开发以及退耕还林使得人地矛盾更趋严重。

在这一节，我们主要探讨高速公路的修建对人口流动所造成的影响，这个工程已经加剧了好几个村落的人地矛盾情况。

外出打工是当代中国农村最普遍的一种现象，重要原因是人地矛盾。中国农村人地矛盾的问题一直得不到解决，大量的剩余劳动力限制在农村，对于农民的生产生活都不利。他们如果不选择外出打工，许多家庭就面临着家庭的经济困难。农村没有像城市一样发达的工业企业，这也就决定了他们没有足够的就业空间，吸收农村的剩余劳动力，外出务工便成为一种较为普遍的选择。外出务工也改变了农村社区的人口和经济结构，一方面，家庭结构上，农村常住人口的家庭常会出现青壮年层次的缺乏，经常会出现空巢老人和留守儿童。另一方面，随着外出打工的日兴，外出打工收入在家庭中占据了很重要的地位。《中国人口与劳动报告》中对我国农民外出务工进行了较详细的调查统计，2004年全国农村外出务工劳动力近1.2亿，农村外出劳动力占全国农村劳动力的比重为23.8%。可见外出打工的规模之大。

根据人口流动规律，劳动力的流动总是从边际效益低的区域，流向边际效益高的区域。农村劳动力的流动主要方向是由欠发达地区向发达地区流动、由农村向城市流动，中西部农民工向东部流动，三河乡的农民外出务工多是沿着这样一条定律流动的。以新开组为例，2008年新开组外出总人数为133人，占新开组劳动力总数的33%。其中外出去东南沿海的有72人，占外出总人口的61.7%，男女比例为54:79。

高速公路修建以前村子里面的外出务工人员的生活轨迹遵循着这样的方向：他们从小便掌握了种地的技术，在家读书不是很多，经常和家长一起到田地劳作。成年后兴起了外出务工，便跟随打工人员出去打工，在外面的工厂里做工，在高强度的工作情况下，在年过四十时他们便被第二代农民工取代，他们在城市无法工作下去，便返乡回归土地，重新开始自己的农业生产生活。简单说即是遵循：土地——工厂——土地的方向。这几年村子里面在高速公路的影响下，外出务工又达到了高潮，外出打工的人增多，外出打工的年龄结构趋于年轻化，农民的外出务工观念也有一定的变动。而他们外出务工的方向几个环节都发生了变化：年轻时没有了土地，只有很少的农业生产经验，上学的时间多了很多，充满了对于外面世界的渴望。到工厂做工的年龄变得很早。但是他们到了一定年纪之后，也同样面临着返乡的命运，但是返乡后他们没有了土地保障，未来开始变得不确定了。

二、高速公路影响下的人口流动

高速公路的修建征用了沿线一批良田和房屋，这是高速公路最直接的影响。务农是农村传统的生计方式，田地是农民们赖以生存的自然资源，千百年来都是这样，靠天吃饭，靠地糊口。虽然农村经历了由自给半自给社会到商品经济社会的转变，但是土地对他们生活的影响已经根深蒂固。高速公路征用了部分农民的土地，或是部分，或是全部。这部分农民从土地中分离了出来。我们已经在上文中说过，这些从土地里脱离出来的人们只能寻求新的生存方式，打工成为他们的首要选择。

以下是 2005 年以来川主村新开组在历年中打工人口的统计：2008 年新开组外出总人数为 133 人，外出人口占新开组劳动力总数的 33%。相比 2005 年可以发现农村劳动力向城市转移的规模越来越大。

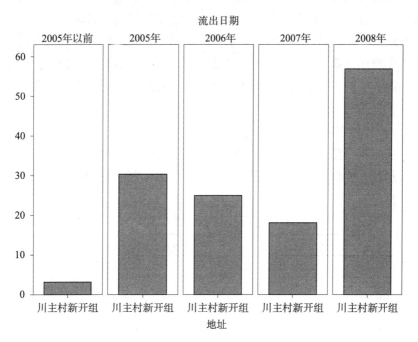

图 4.1　新开组流动人口变迁图

表 4.1　2005 年以后川主村新开组流动人口的增长状况

流出年份	人　数	占全组人口百分比
2005 年以前	3	2.3
2005	30	22.6
2006	25	18.8
2007	18	13.5
2008	57	42.9
合　计	133	100.0

　　以上图表是 2005—2008 年农民外出务工人数统计直方图和表格。从他们的流出日期看，2005 年以前外出的人仅有 3 人，而 2005 年以后外出的人却高达 131 人，占到了外出人员总数的 97.7%。2005 年正式高速公路征地开工的头一年，外出人数有 30 人，达到了一个小高潮。村民们说，2005 年上半年，村子里面的人还是按照每年的安排，把家里的地种着，种上了水稻和苞谷，村子里面的人很多都在家种地，没有外出。但是当年 7 月份，高速公路项目部和政府的人就来拉线打桩开始征地了，许多家的土地都被征去了，田里的东西都被毁了，没有了产出仅得到了一笔青苗费，但是这笔青苗费是很少的，一亩水稻仅补贴 400 元。如果下半年不再赚点钱的话，全年就没有收成了。村里面的人为了在当年再赚点钱就都在下半年出去打工了，以后打工变成了村里的一种主要的赚钱方式，打工的人也就不断的增多。年轻人念完书就立即跟中年人出去打工了。

　　（一）无地引起的部分人外出务工

　　自从高速公路征地之后，村子里的年轻人大多数都外出打工了，村子里的年轻人从调查资料看学历普遍较低。下面是三河乡新开组和川都组农村劳动力资源学历普查表。

表 4.2　川主村新开组和川都组人口的受教育情况　　　　单位：人

学　历	初中及以下	中专、高中及相等学历	大专及以上
新开组	387	15	4
川都组	369	17	6

　　川主村新开组 133 名外出人员中有 28 名是 1980 年以后出生的。万寿村长春组 86 名外出人员中有 27 人是 1980 年以后出生的。1982 年分产到户之后出生的有 22 人。而四十岁以下外出务工的人有 61 人，占总人数的近 70%。

表4.3 新开组外出人口男女性别结构

性 别	人 数	占全组流动人口百分比
男	54	40.6
女	79	59.4
合 计	133	100.0

上表是新开组外出人口男女性别结构表，从外出人口的分布比例来看，男性比女性外出的少一些，占到总数的40.6%，女性外出的较多，占到总数的59.4%。村子里面由于高速公路的修建，提供了一定的就业空间，高速公路上的修路工作，村子里面的房屋修建都需要大量的劳动力，但这些就业岗位都是靠体力才能进行的，这就决定女性农民很难从事这些工作，但是家里没有了土地，这直接导致她们外出务工。另外，高速公路上给的工资还算丰厚，所以村子里面的中年男子很多不再想外出打工，反倒喜欢在家里做起了临工，女性外出打工的势头却没有被遏制住，才出现了外出务工女性多于男性的局面。不过这种比例必然会在高速公路竣工后有一定的改变，竣工后农村的就业空间必然缩小，男性劳动力必然还会为了生活外出务工。

表4.4 新开组外出务工人员流入省份分布表

流入省份	人 数	占全组流动人口百分比
福建省	28	21.1
广东省	17	12.8
其 他	14	10.5
浙江省	37	27.8
重庆市	37	27.8
合 计	133	100.0

上表是新开组外出务工人员流入省份分布表，从外出打工的目的地来看，福建、广东和浙江省的外出人员达到了72人，占到了总数的61.7%。其余的省份如北京、山西、江西、河北等省市都很少，所以以"其他"代之。值得注意的是，这三个省市都位于东南沿海，是2008年经济危机影响较严重的区域，这三个地区的裁员现象很严重。许多三河乡的农民就在2008年下半年回家，大多都是因为工厂倒闭。他们返乡是为了避避风头，这些人中有一批便加入了返乡务工的人群，开始在家的打工生活。我们曾遇到两位2008年过年返乡的农民工，他们现在一个在做建筑活，另一个就在高速公路的预制板厂上

班。正是经济危机的影响，迫使他们返乡，而高速公路为他们提供的就业机会又促使他们选择在家打零工，不再外出。

表4.5 新开组外出务工人员年龄分布表

出生日期	人 数	全组流动人口百分比
1969 年以前	39	29.3
1969—1979	51	38.3
1980—1982	12	9.0
1983—1991	31	23.3
合 计	133	100.0

上表是新开组外出务工人员年龄分布表，从上表可以看出，40岁以下的劳动力占据了主体地位，占到了整体总数的70.7%。40岁以上的劳动力则越来越少，这一方面在于它符合现在产业结构调整的需要，产业结构的调整需要的是有一定技术能力和体力的工人，这对于上一代依靠体力干活的农民工很不利，没有了一定的技术他们很难在城市有立足之地。川主村新开组133名外出人员中有28名是1980年以后出生的。40岁以下的外出务工人员有98人，占流动人口的75%以上。可见，新开组外出务工的主力是中青年，他们体力和技术方面的优势使他们比年龄大的劳动力更有竞争力。从另一个角度看，村子中的40岁以上男子则留乡的较多。

表4.6 川主村新开组外出务工人员文化程度统计表　　　单位：人

学 历	初中及以下	中专、高中及相等学历	高中以上
人 数	369	17	6

上表反映出新开组劳动力的受教育程度状况，其中新开组劳动力中专高等教育以上的仅为23人，占总劳动力人口的7%不到，受教育程度偏低。可以看出，许多年轻人中学毕业就选择外出打工了。

（二）返乡打临工

返乡务工作为农民工的一种退路，高速公路修建前是很少的。乡村也偶尔能够看到一些小企业，但是很难为人们提供太多的就业岗位，有能力的人也不愿意在农村打工，毕竟外面见识东西多，可以出去闯就出去闯，这是新近出现的一种很新的观念了。许多农民工只不过把返乡作为一种暂时躲避经济危机的方式，待经济形势好了他们便会再次选择外出务工。有些农民工返乡之后便不准备外出了，原因是他们本身所具有的条件已经不适合这种生计了，于是大都回归土地，重新从事农业生产。2008 年的经济危机促使大批农民工返乡，他们也本想过一阵再出去，但是这时高速公路正在如火如荼的修建，高速公路的修建需要大量的农村劳动力，这就为农村社区提供过了很多的就业岗位，这样便把许多返乡农民工吸收过来。另外，高速公路的修建也带动了其他产业的发展，这些产业也同样吸收了大批返乡农民工，就这样形成了返乡务工的势头。

高速公路征用了很多土地和民房，给农民们带来的生活上的某些困境，村民们和我们说得最多的事情就是"地没的了，没有活路的嘛"。但是很显然的是，村民们也从高速公路修建这几年得到了一些好处。高速公路的修建在本地招用了很多工人，如修路工人、预制板厂工人、栽树工人和运输工人等。另外，高速公路的拆迁也使建筑行业火热起来。现在被征了地的人家有许多劳动力都到高速公路上打临工，也有改行做建筑工人的。这两年，高速公路上修路的工资随着物价上涨而上涨，这些临工的工资水平一般维持在 40~60 元。虽然比不上外出打工挣钱（外出打工一天维持在 70~90 元），但相比以前种地，收入还是高了很多。做一个对比，一亩田产出的稻谷卖价约 1000 元，而外出务工在外一个月赚 1000 元是正常的。这样的比较他们经常会做，他们对于这其中的优劣也是很明白的。

我们在川主村川都组访谈了一位姓杨的大叔时，他介绍了自己回家打临工的经历：

2005 年上半年我们就去了福建打工，当时在外面钱好赚，一个月有 1000 多的收入，虽然说生活费高点一个月 300 元也就差不多了。当时我在外面待了十个月，带回家 6000 多元钱，还是比较好的。

那时候，家里面的人都出去了，大儿子去成都打工，二儿子在广东印刷厂工作，我和老婆在福建打工，家里本来还有二亩多田，没有人种，那时就借给邻居让他们种了。当年十一月份我从村里人那里得到消息说，高速公路要征地，征到了我家的田。我急忙从福建赶回来，想快点办完就回去继续打工，可没想到赔偿款发了几年。当时就发了一亩 10 000 元，说是暂发，剩下的 3200 元等了一年多才发下来。我没办法，只能一直等啊，工厂看我很长时间不回来，也就不要我了。在家我也不能一直待下去啊，最后就就近在高速公路上干活，虽然累点，总比待着强。

我在高速公路上干了三年，还不错，老板还算信任我，工人都是我找的，这几年工地上干着还都可以，毕竟在家打零工比在外面有点好处，家里有点什么事可以及时知道，可以有个准备。

　　杨大叔返乡是因为回家处理征地补偿，由于补偿款发放时间长就留在家里做起临工，而由于家里临工的工作工资还比较丰厚，所以就留下来了。现在高速公路竣工后，他没有了工作，准备着想要继续外出打工了。

　　我们还在新开组遇到另一个家庭的情况，男主人从打工的地方返乡又有另外的原因。高速公路造成的拆迁是大规模的，村民们的搬迁问题一直是这几年村民生活的重要问题。但是农村的现实情况是家里面老人比中年人多，他们很难处理搬家中的各项事务，因此一部分人或是辞工或是请假回到家中处理房子的拆迁与新建。这些人回家后由于家中的生活负担很重，许多事情需要他们才能处理，他们就只好留在家里了。这家男主人是这样说的：

　　2005年时我在福建，当时我正在外打工。接到了家里人的电话，说高速公路要征地还要拆掉家里面的房子。我很着急，就从外面请假回来了。当时家里条件也不是很好，盖房子把征地拆房的赔偿款都用光了。我会建筑活，为了省一点钱，就自己在家里收拾房子。抬石，砌墙等都是我自己干的。干了很长时间。外面的工作时间一长也辞掉了，我想反正在外面也不是很赚钱，就在家里干吧。高速公路修建也拆了一批房子，城镇建设也有不少活路。一天有个50~60元也可以。在家还是好点嘛。

　　2008年又是返乡的高峰，经济危机的影响使大批农民工从沿海地区回到家乡。有些人返乡后就开始打临工。在川主村新开组有一位福建返乡的年轻人，他就是因为经济危机的影响，工厂倒闭了才回家的，这年过年回来后他就在家干起了建筑活。也许正是在农村这样的社区才会让这些对建筑一无所知的人可以一直干下去。他们在包工队里工作，基本上不会做建筑活。但是农民们修建的房子规模不大，也不会修得很高，于是对建筑技术并没有十分严格的要求，而且，那些不懂建筑活的人在建筑工作中也还有些工作岗位提供给他们，譬如搬运之类的。

　　农民工返乡打临工不仅仅在于高速公路带来的一些经济机遇，还有一部分因素在于他们观念上的影响，家庭因素也起着重要作用。川主村新开组马家大哥是这样和我说他返乡打零工的想法的：

　　在外面虽然可以赚多一点钱，但是总是和家里有很远的距离，在那里就想着家里面。我们有一个顺口溜：在家想在外，外面梦存在。如果你想家，泪水留在外。在外面真的很想家，当时我刚到福建打工，食物什么都不习惯。在那里一星期了还是很想家，梦里都是在家里的。

当时高速公路征地我必须要回来，毕竟父母都老了。高速公路要拆房子，他们连个蓬蓬都不会搭。你说让他们怎么生活？当时我们住了一年多棚子啊，你说就他们两位老人怎么可以过得下去。我回来后一直在家建房子，建房子一共用了前后一年多时间呢。在包工队里学了点盖房子的技术，后来感觉这个也挺赚钱，就一直干下去了。

返乡务工在一部分农民看来是比外出务工更好的一个选择，但是他们却似乎忽视了一个问题，而且现在这个问题正逐渐显现。返乡务工主要是依靠高速公路才实现的，但是竣工后他们的工作也就没了，他们如果不做好足够的准备的话，就面临着失业的困境。

（三）高速公路引起的返乡务工与外出务工的异同

高速公路引起的返乡务工有着自身的一些特点。返乡务工人员虽然返乡的原因不同，但是他们返乡后从事的工作基本是与高速公路紧密联系的，或有直接联系，或有间接联系。返乡务工后他们的家庭角色变得明显化了，角色互换比在外务工频繁的多。他们返乡后家中积蓄有了一定的增长，速度比以前高了一些。

返乡务工是外出务工后的一种退路，返乡务工与外出务工有着一些不同。

首先，返乡务工的打工地点在家乡，这就决定了他们可以和家紧密地结合在一起，返乡务工人员可以回家吃住，家里的成员都可以照顾得到。外出务工就没有这个优势，外出务工远在外地与家人分离，对于家里的事情很难顾得上。

川主村的那位杨大叔很有兴致的谈起了他返乡的选择：

在外面总是不踏实，和家里面的人联系少，对家里的情况知道的也不是很多。家里面有些什么事根本回不来，连个准备都没有。

其次，返乡务工可以赚取更多的净收入。在农村，打临工一天可以赚50～70元不等，这和在外面打工的收入差不多。但是，家里的消费水平比大城市低了很多，而大城市的消费水平是外出务工人员很难承受的。农村一方面虽然物品缺乏，但是消费水平低；另一方面没有在城市那么多的消费需求，因而在农村花费会比在城市务工少一些。所以，返乡务工的净收入会高一些。

一位返乡农民工说："对于生活的要求没有那么高，有钱时就多花一点，没有钱就少花一点。反正生活下去就行。"

在农村没人对你的身份要求很高，不会太强调生活质量，即使消费也消费的低一点。在家里打临工赚的钱也可以，只不过累一点，但是赚完钱就可以安心的装起来，不必担心花费过大。

返乡农民工对大城市与农村的差异感受得很明显，认为在大城市里打工，日常生活的消费水平高，即使没活干同样要花很多钱生活，米菜都要买，这些在家就不用考虑了。但是更多的是其他花销，如娱乐时的花销。

再次，返乡务工的劳动强度比外出务工大。川主村新开组的马大哥介绍了两者的不同：外出务工的工时显然不是很长，沿海企业经常只是工作八小时，然后就轻松了，可以做些别的事情。而返乡务工的劳动强度很大，而且都是体力活。在家打零工，按照工时计算的话，一天要干上 8 ~ 10 个小时，但是要注意一点，做的工作不是和外面工厂一样的加工工作，而是高强度的体力活。在高速公路的工地上，他们做的工作主要是打石、打混凝土、挖土等工作，这些工作对体力的要求很高。下面是我在高速公路的预制板厂观察到的场景：

在高速公路的预制板厂，有 20 多名工人，其中本地村民有十几个。下午一点半后工人们休息后又从工棚出来回到工作岗位。有两个人走到沙石堆装运沙石，运到搅拌机。为了保证搅拌机的工作，他们要很快速的装车并推过去，这种推车装满沙石后大概有 100 公斤左右，大概五分钟运一次。只有运过去之后他们才可以间歇休息一分钟至两分钟。另外有两个人负责整理装半成品的盒子不断的装盒。还有两个人负责把装盒后的水泥运到五十米远的指定地点。在那里还有两个人负责把运送过来的预制板摆放好晾晒。这些人只有间歇时才可以休息几分钟。运输车过来后，他们又要过去给水泥运输车搬预制板。一块预制板的重量有 100 公斤以上，但是他们只凭借自己的力量搬到车上。他们一天的工作就是这样。

最后，返乡务工使得人们在这个社区会有比较好的人际关系。人与人之间的关系都很融洽，外出务工就没有那样好的境遇。有些打临工的做的工作就是在邻居家，自然在经济关系的层面上又加入了人情关系的色彩，因而他们的工作并没有外出务工那样严格要求，彼此之间关系都比较融洽。

三、高速公路对农民外出观念的影响

（一）有土地保障的外出务工

高速公路刺激了年轻人外出打工的势头，那些家里已经没有了土地的人更是不得不出去。他们过早的接触城市文化，对于乡村的文化已经只有一些

表面上的感受了。在城市的几年，他们的思想观念和处事行为都有很大的变化。上一代农民工以前外出打工是以土地为保障的打工生活，在外打工不尽如人意的话还可以回家种田，现在家里田也没有了，返乡之后又该怎么办，他们的生活发生了一些变化。下一段话是川主村川都组一个姓叶的大叔跟我们说的，他家在高速公路征地后还有两亩多土地。他今年四十七岁了，年轻时也在广东福建一带的工厂打过工。随着年龄的增大，他以在家干活干了三年多了。

以前在广东服装厂工作时，一个月也能弄个千八百元。到那里工作还是容易的，像我就是凭手艺找活的，每次老板看了我的活后都会要我，可是在外面有事就要停工，玩的时候总是心慌，感觉不安心，刚转了几天钱就花掉了，后来我就决定回家了。毕竟家里找不到活路，也不用怎么消费，有房子在心里就安定一些，有田在没有活路时还可以干点农活。

从叶大叔的话里可以看出，他还是以土地为自己的生活保障的，土地是失业后的去处，土地对于上一代农民工还是比较重要的。在城市里打工的农民工中，那些年轻的、有技术的农民工才会适应新的工厂生产的要求，而那些年纪稍大的像四十多岁、五十多岁的农民工正逐步被淘汰，他们只好回乡寻求新的出路。大多数上年纪的农民工会选择回归田地重新务农，因为他们最熟练的还是农业劳动。

（二）无土地保障的外出务工

高速公路征地后，人们选择了外出务工，在他们身后没有田地作保障，他们回家后就要面临着失业的结果。川主村新开组的马家大哥是这样打算他今后的生活的：

以后还是要出去，像我现在三十多岁还有体力，再过个三年五年就算你还想出去都没办法出去了。以后假如高速公路修好后不再拆房子，或者自己还没结婚的话我还会出去。我已经是熟练工人了，在外面还是比较好找工作。在外面城市做建筑工好一点，毕竟建设多些，挣钱也容易一点，在一个地方不干了，拿完工资就换另外一家。主要我想出去再见识一下外面的世界。

以后干不动了还是要回来的，要是家里面还有土地的话我还是会回来种一点土地的。虽然高速公路征用了家里的土地，可是别人能活下去我就能活下去。回家搞个建筑也能活下去，不就是累一点嘛。

在其他的访谈中，也有几位男子表示，在田地被征了之后他们还不知道返乡后会干什么。从马大哥的话中我们看到了他们生活的一种无奈，他们也想，外出务工干不动时回家务农，但是家里没有了土地使他们不得不考虑返乡后选择另外赚钱的活路，而他们说最有可能的还是打零工。从我们所有的访谈中可以得知这样一个很相似的信息：他们都认为外面好赚钱，赚钱的活路多，可在返乡后生存方式的选择上产生了不同。

这也就是年轻的农民工与上一代农民工所不同的地方，他们即使在家中也不能打消他们体验外面世界的想法。然而年轻的农民工也有着致命的弱点，他们缺少干农活的经历，对于体力活很难有驾驭的能力。在川主村川都组下古文堡我访谈了一位19岁的返乡农民工，他这样评价现在的工作：

在外面打工我可以用两个字形容——很差。现在在外面不好赚钱，生活费用还高。在家也不是那么好的，我从小就不怎么干农活，每年也就是放暑假的时候去拉拉犁，现在不会干了。现在也养了五头牛，已经卖了三头了，赚了1000多元。不过想想，这么干没有前途啊。现在学开车也比干农活强，以后买个车在家拉点活赚点钱也挺好。

尽管原有的各种社会关系是人们生存的一个重要的社会空间，但是，仿佛外出务工这种空间也并不全是围绕着现实利益来的。有时候为了去维系一些社会关系，不得不放弃一些经济利益，或者说，很多时候因为要处理家里各种各样的事情而对经济生活造成负面影响。一位年长者这样说明这个问题：

在外面打工是好一点，可以多挣点钱嘛。在家总有一些事情耽误工作，不能总去干活。例如谁家有喜事了，你就要去祝贺一下嘛。另外，在家开支还要大一点，送礼送得多，每次至少都50元，在外面打工离家远一点就可以避开一些事情了。也就是家里亲属有事情给寄去一点钱罢了。

但是毕竟基于家庭的各种社会关系是很有必要加以维系的，这在这位年长者也是看得出来的：

以后干不动了再回家，在家毕竟可以和家人还有亲属团聚一下。家里有什么事情都会知道，都可以有点准备。回家也自由一点，在外面没有活路干，就只能闲着了。闲着还要花钱。回家即使没有活干，也可以玩一阵，不用花那么多钱啊。以后高速公路修好了，物资流动也快了，以后的乡下生活和城市生活也差不了多少。

马家大哥对于未来自己的去向也是很明确的，他说的话很直白，但是反映出了一些农村社区的固有观念：

以后还是要回家的，在家里即使没有钱生活条件也不会差。在家想抽包烟没有钱还可以赊账，在外面你找谁赊啊，谁会帮你啊。不管外面有多好，你生长在哪个地方，最后还要回到哪个地方。

在川都组一位姓焦的大哥是这样跟我们说以后的打算的：

以后即便发财了也要回到家乡。就连石柱县城都不想去。以后老了，有钱的话就在三店附近盖一座房子。在家里，村子里面还都有个照应，有事情还可以帮个忙。像老人们还是喜欢和老朋友一起耍嘛。城市生活再好我也不习惯，它也就是个赚钱的地方。老了还是要回到老家的嘛，死了也要回到以前的地方。

从村民的话语中可以看出村子里面一些较传统的想法：老了以后还是要回到家乡度过以后的生活。农村社区特有的文化系统形成的农民的特有观念，农村社区特有的乡土特征决定了农民有着与城市不同的生活方式，农村特有的保障模式和在此基础上建立起来的交际关系是他们所依赖的。他们习惯了农村社区文化生活，习惯了农村的熟人社会。落叶归根是对他们观念最好的评价。城市的冷淡他们无法接受，乡土社会的熟悉是他们晚年的寄托。即使高速公路对他们的生活产生了很大的影响，但是这种观念似乎是短时期内无法改变的。

四、高速公路与新一代农民工

在上文的描述中，我们已经稍微提及过年轻一代农民工的一些特点，这里，我们要对其加以更集中的说明，因为这些年轻人看来或许是产业结构转型的重要力量。

外出务工兴起已经有20多年的时间，老一代农民们也已经在这20年中发生了很大的改变，他们体力已经不适应城市里高强度的劳动，新一代农民工也在这个过程中成长起来，逐步取代老一代农民工成为外出打工的主力。他们经历了与上一代农民工很不同的生活环境，受到现代化的熏陶和媒介的传播影响，对于外出打工在观念上有了很大不同。他们对于城市充满着渴望，对于城市生活比较容易接受，相反对于农村社区他们的观念就很不一样了，农村社区的条件落后和生活质量的低下使他们不愿意在农村停留。

高速公路的修建犹如一台助燃器，把新一代农民工推向高空。新一代农民在高速公路修建之后仿佛已经形成了一种固定的模式，毕业或者肄业之后便直接加入外出打工的大潮，到大城市打工。高速公路的修建加剧了人地矛盾，促使农村的年轻人选择外出务工的道路，加剧了他们外出务工的趋势。但是也正是在他们既有的思想观念影响下，他们不愿意在农村一直生活下去，想到外面闯闯，所以即使农村存在很多的就业岗位他们也不会在农村找工作。这也是为什么高速公路的修路工人年龄偏大的原因。

高速公路修建之前，农村的年轻人与他们上一代的农民工已经有很大不同。

首先，他们所处的社会环境不一样。上一代农民工所成长的年代还是以土地为中心的年代，他们从儿童时代便学习种田，长大后便掌握了种田的技术，也正是这种生活环境使他们的思想观念上养成了勤俭节约的思想。他们出去打工是以土地生产为保障的，在外面可以赚一些钱，待年老体弱时他们即使不能在外打工了也可以在家里种田。而年轻人则不同，相当部分年轻人（1981—1982 年以后出生的年轻人）没有自己的田地，他们通过继承父母的土地而较小程度地参与到农业生产之中。他们成长在农村人地矛盾严重的年代，促使他们外出打工来解决他们的生存问题。也正是因为这个原因，高速公路征地后对年轻人的外出务工没有多大影响。即使没有征地，他们也一样会选择外出务工。社区中的中年人也这样认为：

在农村想学出来太难了，如果能学就继续让他读，要不行还读干啥子。学点技术就去打工算了，在家他们也不会干什么，打工还能赚点钱，上学还要花那么多钱。

其次，他们成长的家庭环境也不一样了。上一辈农民工处在教育不是很发达的年代，他们从小便灌输种地、养家糊口与节俭的观念。他们出去打工也会尽量节约，赚够钱寄回家，盖房子。可以说这些观念直接影响了他们的生活与消费方式与价值判断。他们在外面的生活力求节俭，万寿村长春组的一位大叔说他在福建一个月生活费节省得只要花 400 元，买衣服也只在地摊上买便宜的，两三年后就在家用赚的钱盖起了一座房子。年轻农民工的成长环境相对宽松，没有以前那么大的生活压力。他们的教育条件已经有了很大的改善，他们读书的机会较以前多了很多，因而他们或不会种地或很少种地，很少干体力活。勤俭节约的观念也没有上一代那么浓厚，由于接触了很多新事物，家中的消费方式也有了很大变化，因此他们的生活、消费，以及价值观念也有较大的不同。他们对于工资的要求比上一代高，一般工资条件不好的也不愿意去做，这又是与他们在外的生活环境决定的。他们在外面习惯了休闲的生活，网吧、迪厅和公园是他们常去的地方，在这些地方的花费几乎把他们的工资消耗殆尽，因而很少有年轻人出去几年后可以建起一座房子的。

马某今年23岁，2001年就外出打工，曾经在广东、福建、重庆打过工。由于外面经济环境的困难，他所在的工厂于八月份倒闭了，他没有了工作，2008年8月就回到家中一直没有出去。他家中征去了一半（约一亩）的田地，现在的土地由他父亲在种。

他讲述了在广东的生活，在广东他是做广告装潢生意的，做的是小工。这种工作是很轻松的，一天就工作5~6个小时。剩下的时间是很多的，他便花在了各种娱乐上，经常泡在网吧，偶尔要和朋友们一起去唱歌。他自己也认为，赚的钱也不够自己用。

"在外面真的不是很好，赚的钱太少了。我干广告装潢的活，一个月1500元，根本不够我用的。虽然生活费没花多少，都在老板那里吃住，可是其他的消费却很高。

"我工时少，平时玩的时间很多。花在玩上的钱太高了，我的工资根本不够。现在回到家里，还是感觉家里面落后，平时玩也就是去县城里玩。这里连个工厂都没有，有什么好发展的，城市好一点。在家里的活都太累了，种田我还是会的，可是田离得太远了懒得去。回家后我还在高速公路和建筑工地干过，但是那活都太累了，我干不来。工资给的是高，但是身体经受不住，我干了几天就不干了。

"本来县城有人来找我去干广告装潢，第一个月给600元，第二个月700元，第三个月给1000元，第四个月给1500元。我没去干，在外面接一个活就有2000元，根本比不了。

"以后我还不知道干什么呢，走一步看一步吧。这辈子我是不会再种田了，但是最终可能没办法还是要回到家来的。"

高速公路对新一代农民工的影响不是很大。对新一代农民工的思想观念造成最大影响的还是青年时期的家庭环境和社会环境以及城市的打工生活。高速公路即使不修建他们也会出去打工，高速公路只不过起了一个催化剂的作用，仅仅加快了他们打工的步伐。重要的在于，高速公路已经征去了他们原本就很少的土地，他们将来从城市回到社区之后的生存问题即便现时还难以琢磨，但是也是很值得思考的。

第二节　退耕还林与人口流动

退耕还林对人口流动的影响与高速公路的修建对人口流动的影响有很大的相似处，因为这里都涉及资源的变迁问题，人地矛盾也一样成为流动人口的重要的原动力。所不同者在于搬迁的问题，我们已经说明高速公路的修建也涉及一些农民的搬迁问题，不过这与其说是搬迁，毋宁说是重建，因为他们会在距离老房子不远的地方重新建立起自己的新房。退耕还林工程也关涉搬迁的问题，这叫作生态移民，我们在上文中所说的那些移民小区的修建很大程度上就是为生态移民打下基础而建设的。生态移民与高速路修建造成的农民搬迁的不同处在于前者需要搬离原来居住地很远的地方，通常是从高山上朝山下较平坦的地区搬迁，这样，他们就无法顾及原来的土地了（尽管政府承诺原来的土地还是由他们使用，退耕还林款项依然由他们获得），这种移民对人们的生产改变甚至远比高速公路的修建还要明显。

一、退耕还林对外出务工的影响

我们已经于上文中说过，退耕还林工程要求农民在原来的耕地上种植大量的树，在这些已经种植上树的土地里，人们所能够种植的作物随着树木的生长而逐渐减少。而且我们也已经从几段政府的访谈中说明了政府的一项重要的意图，那就是乡里搞退耕还林工程主要考虑到了调整全乡的产业结构，希望工程实施后能促使农村剩余劳动力的转移。我们姑且不论这种考虑的两面性影响，总之，这项考虑最终实现了，这仿佛是在预料中的事情，因为人们在还没有实行退耕还林之前就已经具有一些打工的经验了。我们也已经在上文中说过，打工这种求生方式所具有的优点在什么地方，它不需要像经商那样投入大量的成本，也不需要人们具备多少专业的知识，所以在退耕还林之后，人们很快就走上了这条道路。退耕后，村民们可耕种的土地显然是减少了，部分劳动力可以从土地中解放出来，而解放出来的这部分人大多数会选择外出务工，在异地增加收入。这种情况在万寿寨是比较普遍的，这里引入两则案例稍加说明。

马郁之说："家里有四个人的田土，退了 13 亩多的面积。没退之前土里能收 8000 斤左右的苞谷，全部用来出售的话，按现在的价格算，还是能值 5200 元左右。除了种子钱和肥料钱，那些苞谷就最多赚 3500 元左右。退耕还林的补助每年还是有个 3200 多元，和种庄稼的收入差不多，退了又不用出劳力，坐着不做（农活）都有钱进。还是退耕还林划算点。

"退耕还林过后，我们这儿出去打工的人就变多了。我们组里面出去打工的人（中），70% 以上都是退耕还林之后出去的。退耕之后土少了嘛，在家没事做就出去打工了。我以前没出去打过工，2004 年才开始出去打工。因为退了之后自己家里的农活不够做，老婆一个人就可以做完了，在家闲起也没得意思得，就想到外面找点活路干，找几个现钱。2004 年就和村子里的马桂芝、陈世伦、邓文宪去重庆江北打工了，他们也是在家没啥事做，就一起到江北去修高速路。我们在那里干了半年的活路，我拿到了 8000 多元的工资。之后，我们几个人就常年在外面打工了。"

在我们考察期间马郁之手腕长疮，治疗后在家休养。他告诉我们："等我的手过几天好了之后就又到外面打工去了，老婆一个人能把家里的地种好。在家里种庄稼找不到钱，找火钳还差不多。"

郭春平老人家里有两个儿子都已成家，现在儿子儿媳四人都在浙江打工。问他们出去打工的原因时，老人告诉笔者："退耕还林以后，政府不准在地里种苞谷，家里每人就只有几分田，挣不到好多钱，我们就种辣椒。2005 年家里就种了一亩左右的辣椒，每斤才卖 6 角钱，一共只卖了 600 多元钱，不赚钱，之后他们就出去打工挣钱了。"老人讲现在退耕还林的地里都是种的桑树，因为只有这样才拿得到退耕还林的钱，虽然种了桑树但是家里并没有养蚕。

从这两例中，可以看到退耕还林后农户可耕种的土地面积减少，土地吸纳劳动力的能力降低，致使一部分村民选择了外出务工。村民们外出务工的原因是多方面的，或是为了孩子的教育或是为了打工挣钱回家修新房，以及退耕还林之后土地吸纳劳动力的能力降低，外出务工的收入远远高于种植庄稼的收入，等等。其中，退耕还林作为一个重要的外部推动因素，直接影响到一部分人选择了外出务工，加速了村民们外出务工的步伐。据乡政府统计，现在万寿寨村在外务工人数比例占到了全村总人口的40%。我们在调查期间看到许多农家的屋空着，没人住。问其原因，原来是全家都外出务工了。

退耕还林对打工经济的影响也许需要在以下这种情况下才真正地体现得比较明显。对于家里田土面积本来就比较少的农户来说，有限的土地原也不能保障全家人基本的生活需要，早就选择外出务工了，退耕对其外出务工的影响不大，或者说，无论退耕还林与否，他们都是要外出务工的。而对于地多的人家来说，退耕还林之后可以从地里解放出来，从事于非农产业。可见，无论怎样，可以肯定的是，退耕还林对村民外出务工是有直接或间接的影响的。

二、退耕还林与生态移民

以下是重庆市林业局在《重庆石柱县抓好生态移民巩固退耕还林成果》里的一段报道：

为切实巩固退耕还林成果，加快产业发展进程，着力改善退耕农户生产生活条件，解决退耕农户长远生计问题，实现农民持续增收和经济社会稳定发展的目标，石柱县林业局把搞好生态移民工作作为巩固退耕还林成果的重要措施之一。规划从2008年到2016年，全县将生态移民2862户、10000人，涉及南宾镇、王场镇、西沱镇、悦崃镇、三河乡等5个乡镇。2009年，全县完成沼气池建设300户，秸秆汽化2000户；完成生态移民326户、1138人。

三河乡政府在2008年年初起草了《石柱县三河乡2008—2015年生态移民工程规划》。该规划拟对蚕溪村、万寿寨村、玉岭村、永和村、三店村、大河村的部分村民小组进行搬迁，主要是搬迁到川主村川都坝移民新村、四方村大中坝移民新村和万寿寨村关门岩移民新村。搬迁后政府保留生态移民搬迁户原居住地的承包地，并全部实施退耕还林，以保持当地生态平衡。

万寿寨村的牛栏坪纳入了规划的范围，据该村支书和牛栏坪的村民说，乡政府规划将牛栏坪搬迁到乡政府附近的三店村。但是，当我们深入了解牛栏坪农民对此的意见时，了解到的情况是牛栏坪的村民大多不愿意搬迁，他们觉得万寿山将来是要发展旅游的，等将来发展旅游业的时候，他们作为原住民可以在山顶做生意赚钱。关键的问题是他们已经习惯了在山上的生活，经过前些年的发展，现在的万寿寨在生活用水、交通和照明等方面的问题都解决了，这些工作都是经过多年努力而实现的，现在这些设施才建成没多长时间又将搬迁，实在不是一件划算的事情。此外他们还考虑到山上的土地的问题，移民关系到土地问题，这是最起码的移民问题了。人们如果从山上迁移到山下，那么山上的土地尽管依然名义上属于自己，但是却显然已经无暇顾及了，从三店走到万寿寨的牛栏坪（大多数的农民的交通工具就是他们自己的双腿），大约需要花费三个小时左右的时间。他们考虑到，山下的土地少，甚而至于是没有土地供新的移民所用的，于是生怕搬迁后不能在山下养活自己，担忧生计问题得不到解决。正如牛栏坪的一位农民所说的："我们这种养羊的（农户），搬到街上去了，地都没有，那个时候我在哪儿放羊嘛？在街上吃空气还差不多。还是在我们牛栏坪好些，农民离不开自己的家和地。"但是，农民已经有所妥协，他们比较能够接受的生态移民方式是这样的：政府帮助他们把牛栏坪的人集中在牛栏坪的某处居住，集中起来建房。

在我们对三河乡的考察期间，先后对三河乡的场镇做过一些考察，一方面了解这所谓"中心"与其他村庄的不同之处，另外则是需要在赶场的日子了解人们的商业活动。在一次对赶场中的商业活动进行考察时，我们遇到一位叫白顺强的清洁工人，他是从该乡蚕溪村迁移到三店街上的生态移民。他当即说了作为生态移民的他的生活现状，现将这个访谈中白顺强的话转录如下：

我们家在蚕溪村的高山上，那个山有1200多米高，在山上种庄稼的产量不高。还有野猪经常性的去把种好的庄稼拱起来糟践，野猪很能毁坏庄稼，它们拱了过后我们还得去补栽上。以前从山脚背肥料到我们住的山上要花2个小时的时间才背得拢。那山上直到现在还不通电，不通公路，条件是很艰苦的。以前队里面（人们叫现在的村民小组依然遵循公社化时期的"生产队"之名）有20多户人家住，现在都搬了，只剩了几户人家还在山上。

我们家是2005年搬到三店的，搬下来后我就在三店建了3层楼的房子。共花了6万元左右（尚未装修），乡政府补助了1.5万元，自己在信用社贷款贷了2万元才修起了房子。我们那里在2002年搞了退耕还林，我家里有6个人的田土，队里有一家人全部搬走后我又另外承包到了他家的土地。我退耕还林就总共退了40亩左右，每年能得到国家1万元左右的补助。我用那个钱把在信用社贷的2万元都还清了。要不是退耕还林的话我们的地就只有空起了，空着就一分钱都得不到。不退的话我们也不可能搬下来，还是要在山上面种那些土，退了之后我们才愿意搬到下面来住的。

以前在山上吃水、吃菜都是不用花钱的，现在在街上啥子东西都要花钱才买得到。政府给我安排了工作，负责街道的卫生，每个月才200多元。今后要是过得不好，可能还是得回到山上去住。

第三节　现金需求：受到市场经济影响的农民生活

假使我们能够稍加留心，就可以从我们与当地农民的谈话中抽离出两个非常重要的字眼：现钱。显然，人们对经济价值的认识也是较为复杂的，他们知道他们原已拥有的许多东西都有经济价值，但是，一定还要区别出现钱的不同来。所谓现钱，说的是现在已经在自己的手里任凭自己支配的货币。它与别的财富不同，它是随时可动的，是最广泛的交换物。人们对现金的强烈追求不是因为他们懂得了什么样的经济理论，他们只是感到在现在的生活中，越来越离不开现钱了。举一个极简单的例子，在改革开放之前很长的历史时期中，人们在参与某个家庭举办的酒席（当地称为"会头"）的时候，所送来的礼品是粮食和别的一些大多自产的物品。但是现在早已抛弃了这种送礼方式了，一律改为现金。其他的例子也可以表明这样的趋势，曾经可以通过粮食作为学费，但现在早已不可能；曾经存在大量的劳动力相互帮忙但是并不索取除劳动力之外的财物，但是现在要求的则是"工资"，赤裸裸地谈钱了；曾经的媒人在介绍对方的时候总说他们那里土地怎样的肥沃，而现在的媒人在介绍对方的时候则一转而开始介绍对方的家庭是如何的有钱；一个青年农民如果在自家的田地里勤勤恳恳、本本分分地劳作，在过去，这算是老成持重、很靠得住的男人了，但是现在看来，人们便不免私下碎语：这是脑子还是身体出了毛病？怎么总也不见他出门找活路做？这些，是几十年间所发生的重大变迁的一些缩影，我们倘若更加注意，则还会有更多的情况表明这种变迁：人们对钱的依赖越来越强烈。而现钱终于又很难以从人们现有的农业生产中得来，这种小规模的农业生产给人们提供一定的吃食，至于依靠它来为人们增加现金收入，则多半是指望不上的，因为本来粮食就并不多，用于出售的话，也是很低的价格。

我想我们应该不必做太多的说明便已经能够看出这是市场经济进入当地之后所发生的变迁。我们相信这种变迁对人们的生产生活的影响力度甚至超越了上述的两个重要的事件：高速公路的修建和退耕还林工程的实施。受这种资源配置方式的压迫，人们早在高速公路的修建以及退耕还林的实施之前就已经从事着打工这种求生方式了。或者我们可以从另一个稍显特别的村落来说明打工经济的单独发生情况，那就是川主村的望路组。我们已经在上文中说过，望路组的名称似乎就与交通的闭塞存在一定的关系，这里是一个交通极闭塞的高山村落。然而尽管这里在高山之上，但是人们所居住和耕作的地方却稍显平坦，于是，这里的退耕还林的影响也并不十分突出。但是，我们惊奇地发现，这里的打工者也是十分普遍的。尽管如此，我们还是要表明：高速公路的修建以及退耕还林的实施还是为这种趋势下了一剂极猛的兴奋剂，使得这个趋势加快了速度。

这一节我们需要说明的就是人们的生产生活中需要的各种现金支出。为了说明这与高速公路的修建和退耕还林的实施不存在必然的联系，我们选择川主村的望路组的情况来加以说明市场经济的影响在多大程度上使得人们更加依赖于打工经济，造成人口流动的现象。

一、房屋修建

在望路组的所有外出务工者中，希望通过外出打工赚钱修房子的愿望占有很大比重，几乎每家人都希望出去打工挣钱来修房子。这是当然的，在人们有限的不到百年的生命历程中总有几件值得大张旗鼓地办理的事情，这些事情或许是其生命之不可或缺的一部分，他们只有通过这些事情来获得社区地位，有时候甚至是在攀比之中来稳定自己的社会位置。在这些事件中，建房是一件重中之重的事情。每一个家庭都会建立自己的最基本的生活空间，那就是供他们所居住的房子，当一个男子要结婚时，他的父母必定想了各种方法来为其建立一所属于他们的房子，而且这也是婚姻的重要条件，女子往往十分看重这一点。虽然这对夫妻已经由其父母为其修建了房子，但是他们还是要建房子的，一则可能随着社会的进步，人们对房子的要求也颇不相同了，另外，他们必须建房子的重要原因是他们要给自己的儿子建房子，就像他们的父母曾经为他们建房子一样。他们现在所居住的房子大都是较为传统的建筑样式，为土木结构房，年轻人都希望外出打工后回来修上砖瓦房。修了房子一来自己将来也有了一个落脚之地，有了安全感；二来对有些家里有儿子的父母来说，有了砖瓦房可以为儿子将来的婚姻增加胜算。人们先出去打工，挣了足够的钱之后回来修房子，修房子可能需要一两年的时间，待房子修好之后，再出去打工挣钱回来装修。修房子的开支至少要六七万，不出去打工仅靠种土地的收入，是相当困难的。下面是我们转录的几则案例，说明人们为修房而不得不外出务工的情况。

马小琴："打工都是为了挣点钱回来修房子，房子修了再出去挣钱装修。

有了房子过后能够出去打工就出去打工，不能够出去打工又回来住就行了。房子修好后各自就算出去打工了，房子也可以给老年人住。房子有了儿子才找得到媳妇，没得房子媳妇都说不到，修房子也不都是为了儿修，那些没得儿子的修个房子也好'招驸马'嘛。等两天（以后、将来之意）老了，不能够出去打工了，外头的厂矿也不要了，还可以回来种田，那个时候又有了一代人了嘛，就待在屋头等到娃儿们生孙子，我们就带孙子，照看下一代就行了。"

马蓉："崽崽都是十几岁的人了，如果他不想读书的话，过不了几年就要结婚。他一结婚，我们肯定要给他修房子，不打工的话哪里来的钱修，现在修个房子贵得很，不出去打工永远都修不起，打工都是为了修房造屋为儿为女，我还想把房子修到三河街上去，不然的话那些说亲的人一来看，房子是在山旮旯里头，还是泥巴房子，好姑娘都不得来。"

陈世发："我们这里就是兴这个，一要结婚，女方的首先就要来看房子，要看看你住的是哪种房子，泥巴房子还是砖瓦房子，我们这里兴的一句话：土墙房子你莫看，砖瓦房子看一看。女方来看人户的时候很清楚地就可以看到男方的情况了，房子更是收不住的东西了。女方一来看到住的还是泥巴房子，肯定不得愿意，不修房子没得法，只是出去打工挣点钱回来修。"

二、教育开支

其实，当我们说明人们建房子这件大事的时候，已经隐约意识到人们的许多作为都似乎围绕着子女而进行，修房子是为了给子女创造更好的居住条件，人们为此要花费大笔的资金。然而，子女的生存保障还不止于为其修建房子，教育的问题也是十分重要的行动。子女的养育现在越来越受到重视，人们不断通过各种方式（打工的经历、电视等各种信息传播）了解到风格与他们的传统迥然不同的养育方式，于是使得人们的教育观念、教育方式纷纷发生变化。当然，在这个过程中，承载着国家基本教育方针的学校教育影响也是巨大的，因为学校在教育方面更易于改变。我们会在后文中集中说明孩子的教育问题，现在主要说明人们为了孩子的教育而必须筹集到足够的现金的问题。

在望路组的外出务工原因中，挣钱修房子和供孩子读书是两大最主要的方面，在修房子和孩子读书矛盾时，当地人都会选择送孩子上学，因为他们清楚地认为，假如孩子以后上学有了出息，那么，在山旮旯里面为他们修建的房子事实上将来会一文不值的。这与教育观念有关，随着社会的变迁，人们的教育意识也发生了极大的变迁。人们都认识到现在的社会需要知识文化，他们从主观上希望自己的孩子能够多读点书，读到什么程度就送孩子到什么程度，如果孩子想读书的话，借钱也要让孩子读书。不过，这些想法（所谓观念）当要付诸实践时，一个重要的问题立即出现了，教育的费用从哪里来？虽然国家的义务教育减免了学费，但是每学期的杂费和孩子的生活费加起来，仍是一笔不小的数目。而且尽管我们经常听到父母打骂自己的孩子时恶狠狠地说自己的孩子太没出息，但是他们始终存一种希望，为这个孩子的将来着想，于是也为他们准备好高中、大学的学费、生活费等教育支出，这当然不是一朝一夕所能完成的事情，他们必须长年累月地外出打工。

李科江："打工还不是为了出去挣钱回来给崽崽读书用，现在的农村，又不是种来给他们吃就行了，还要送崽崽去读书的嘛，不读书又不行，现在这个社会需要文化，就要多读点书。现在一个小孩花的钱主要就是读书，学费虽然不贵，这样费那样费加起来还不是一样的贵得很，学校要收杂费，崽崽要生活费，读小学那个一学期报名费加上生活费要五百多元，资料费一学期收两三回，一回四十几元，读初中报名时书本费和住宿费一百多元，每个月生活费要三百元，一个月资料费、清洁费、水费、电费、洗澡费各项加起来要一两百元。二回（以后、将来之意）读高中了，一学期学费就要一千五百多元，生活费要五六百，杂费又要几百，一年至少都要用个六七千。等读大学了，花钱还要不得了，少说也要五六万。在农村只种土地供不出来，不打工不得行，你不可能给学校背一袋米去就行了，现在崽崽读书用钱不得了，最贵，最花钱。我们屋头的钱都是留起来给崽崽读书用，先不急着修房子。"

马蓉："我们出去打工，也是想给崽崽挣点书学费。我们屋头原来三姐妹，钱都没得，我们书都没读过。我是读过书的话，肯定不得待在这个地方。我就一直想，一定要让各自的崽崽多读点书，现在这个社会不读书不行，没得文化不行，至少都要读到初中毕业或者高中毕业，没得钱我借钱也要给他读。我就想各自出去打工，好挣点钱回来让崽崽多读点书。"

陈世发："当时他们（儿子和媳妇）出去打工的时候，是想多挣点钱回来修房子，我说莫忙，你们在外头打工，先要把崽崽上大学的钱挣好准备好再说，二天她是出来了（供出来了，指有了好工作，能够挣钱，有出息了），还怕没得房子？！修房子修到这里她也不得住，我常常说'官都当得起，还怕没得个轿子坐？！'"

三、社交及仪式性消费

我们在上文中说过人们将我们所称之为酒席的场合叫作"会头"。会头在人们的生活中现在似乎越来越不同寻常了，我们曾经为了说明人们之间的社会关系问题的时候，发现会头在当前所具有的重要作用。一个会头通常是一次以举办会头这个家庭为中心的聚会，千丝万缕的社会关系通常都会在这个会头中体现出来。但是我们在此处将很少涉及这些社会关系本身，更重要的是这些社会关系的维系问题。我们会发现，会头作为一种仪式性活动，它不仅需要举办它的家庭花费大量的资金，也还要求别的与这个家庭具有一些社会关系的家庭花费一定礼金，并且，人们所花费于会头的举办以及参与会头的资金占据了人们开支的很大一部分。随着农村生活越来越卷入市场化，农村家庭的现金支出逐渐增加。这不仅体现于我们上述的几个方面，而且在社会交往及仪式中也都是如此。这使得很多人不得不外出打工挣钱。

李科昌："当我的母亲年龄逐渐大了之后，身体越来越不好，我们于是就要提前准备她的后事，早点出去打工也是为葬礼开支做点准备，我们这里葬礼花费大得很，一个葬礼下来至少要五六千，多的话还要一万多。去年我母亲去世的时候，道场是做了八天八夜，天天开席，一天每顿多的话有十张桌子，最少也有七张，烟啊酒啊就用了一千多，一个猪花了一千多，棺材好的话要两三千，一般的也要一两千，还有酒席上吃的豆奶粉、矿泉水、饮料、食材，还有火炮钱、砌坟的钱，反正加起来是一万多，我们三弟兄是平摊下来的，一个人花了三千多元。"

陶林生夫妇在河北煤厂打工七八年了，去年十月因为煤厂爆炸被迫关闭，现在在家里等待那边消息，等到重新开窑时仍然要外出打工，不愿意留在家里，他解释原因说道："打工也是没得法，种田没得好大个收入，只够吃，土地如果没有种好的话，吃都不够，农村住起，人情、肥料、吃穿哪样不是要花钱，我们屋头更是，上有老下有小的，老人要医药费，而且岁数也大了，后事的钱也是要准备起的，崽崽也是大了，也要给他准备结婚的钱，现在结个婚多的话要五六万，少的话要三四万，还要先把房子修起来，别个女方的看到你还是个泥巴房子，嘴一撇，看都不得看，同意结婚的时候是女方来看一下家庭，那时起码要给女方一万以上，男方还要给女方送项链那些，也是要个几千，还要准备一两万的抬货，还要置办衣服、酒席，也是要一万多元钱，不出去打工，哪里去找这些钱。其他的人情没得个底，多的时候一回两三千也有（如给自己的外甥、姐姐、妹妹等亲属关系较为亲密的人家送礼就普遍较高），少的时候一回再怎么也要二三十（这是极平常的一种社会关系了，人们常称为点头之谊）。"

表4.7　2009年4月刘家儿子的婚姻缔结消费（男女双方是自由恋爱）单位：元

	取同意			结婚			
	现金	物资	宴席	现金	物资	宴席	其他
金额	10000	金项链、戒指及衣物20000	6000	20000	10000	25000	烟、糖果、乐队、房屋装修4500，婚纱照3000
共计	98500						

四、生产生活消费

事实上上述的那些现金消费也都是生活消费之一种，不过我们现在需要将生活的概念缩小一些来加以说明人们在日常生产生活中的消费问题。在生产方面，我们可以很清楚地看到，人们尽管尝到了打工经济的某些甜头之后开始对传统的种植业不以为然了，但是这些传统的劳作生产并未停息，原因在于它依然能够容纳一部分劳动力，这部分劳动力已经或者尚且还不具备打工的条件。这样，种植业还是生存下来，它的产出为人们的日常生活减去了许多开支，因为作为主食的大米都是自产的，而且一些常规的菜肴也可以自行生产，通过这些粮食喂养的牲口（尤其是猪）将是这个家庭未来的脂肪来源，人们离不开这些，如果完全消除农业，那么农民的生活开支将更会更加惊人。农业的耕作方式显然也是变迁着的，我们会在后文中说明人们的生产技术（或者工具）的变迁，以及人们所使用的肥料的变迁（从农家肥到化工肥料），这些变迁造成了同一个问题，就是农业的投入本身也需要一定数量的现金。

李科昌："地只有一亩多，收得了七八百斤谷子，苞谷要喂猪喂兔，没得卖的，种子一年就要钱八十几，三包化肥要两百多，三百斤磷肥要一百多，两包复合肥要八十元，两百斤磷肥要九十元，一头猪饲料都要两包，共两百多元钱。"

在生活方面，事实上许多人出去打工也是受到了过上更好的物质生活的驱使，即使不修房子，没有孩子上学，人们仍然会选择外出打工。因为通过外出打工，可以为家庭增加现代化设备，提高家庭生活水平。马培虎四十多岁，女儿已外嫁，儿子也早已辍学外出打工，家里也不用修房子，但是夫妻俩前年仍然选择外出打工，今年才回来。在被问及外出原因时，马培虎回答说当时想出去打工挣点钱回来买个摩托车，给家里添点东西，今年已经用外出打工挣的钱买了一辆摩托车，花了五千多元，还把家里的黑白电视换成了彩电，又买了一部影碟机。

陈一翠："出去打工还不是想出去多挣点钱回来，吃好点、穿好点、农村的生活是无论如何也赶不上城里头的，在外头挣点钱回来，屋头还可以割点肉买点糖，还寄得了几件衣服回来穿，就算房子修好了，崽崽读书不花钱了，只要可以出去，还不是一样想出去打工，多挣点钱回来把生活过好些。"

刘学英："我也想崽崽出去打工，挣点钱回来给屋头添些东西，看到别个在挣钱，各自还不是一样想挣点钱回来，别个屋头有的东西，各自屋头还不是想，像音响啊、洗衣机啊、沙发啊、椅子啊，我也想他们挣点钱买些回来。"

生活中的开支当然不止这些，只是这些开支作为较显著的部分而为我们所集中说明。在人们的纷繁地、经常体现为细枝末节的生活琐碎中，现金的开支越来越多，我们在后文中将会说明三河乡的商业经济的发展状况，正是有了各种购买力和欲望，那些分排于街道两侧的店家才会越来越繁荣，而商业的繁荣，也经常刺激着人们的购买活动，我们发现许多年轻人已经放弃了在三河乡内消费，而是直接进到石柱县城消费。

至此，我们已经通过上述几节内容说明了驱动人口流动的几个重要的因素，事实上各种驱动因素归结于一点，那就是市场经济的资源配置方式的引入，这我们已经在上面做过一些分析。不过，人口流动并不全是经济的行为，有些人口的流动方式并不直接地与经济联系起来，尽管这样的人口流动并不是我们主要关注的，但是需要加以说明。

婚姻似乎是除了经济因素所导致的人口流动之外的主要的人口流动现象。在婚姻中，在继承以及居住模式方面只能一方迁就另一方。通常的情况下，男娶女嫁，居住模式是从夫居。这样，如果一对夫妇不幸只生了两个女儿（再多就不被国家法律所允许了），那么这两个女儿出嫁之后，这对夫妇将怎样生存，这变成了个问题。这样来看的话，婚姻所导致的人口流动对人们生活的影响（尤其是对老人们的影响）也是明显的。

此外，我们发现一些夫妻成功地超生了（生了第三个孩子或者更多孩子），他们是在打工的时候超生的，一些只有两个女儿的夫妻看准了这条路，准备采取这种方法来超生，可惜不久政府就出台了育龄妇女定期回家妇检的政策措施。

我们还要在这里说明一种引起人口流动的因素，那就是教育。人们通过流动到外省打工而赚取现金给自己的孩子上学，使其接受很好的教育。如果这个期望最终成功的话，那么新的流动人口又将出现了，而且这样的流动几乎等于迁移，因为新一代很可能因为新的职业（而且是稳定的）而最终离开自己的父母。但是，这种人口迁移所导致的社区问题大概只是老年人的养老问题，而至于更下一代的留守问题则并不存在（或者说很少存在）。

马丙成："我有一男三女，三个女儿都已经嫁出去了。老大是儿子，今年已经47岁了。1980年大儿子就在蚕溪教书，当校长，住在学校里的，1996年又在大河教书，也是在学校里住，1998年在石柱县石桥子买了房子，每天课一上完就回石柱了，只有过年和我过生日他才回来，吃了午饭就要走，在屋头住宿他不习惯。平时他也不得来，他学校里有事，要教书。他也嫌回来路难走。再说他们各自屋头也有个家，有各自屋头的事。屋头就我两个（夫妻俩）住。"

陶静安："我有一男一女。老大是个女儿，已经44岁了，嫁到双津，本来还有一个大儿子的，没带起来（夭折的委婉表达）。现在只有一个小儿子，今年27岁，2007年在重庆三峡学院毕业，现在在万三中（重庆市万州区第三中学）教化学，他还是代课，要今年6月份考试通过了才转正，住在万州。平时他不得回来，学校要上课，他也不爱回来，说车子挤得很，难得赶车，只有腊月28左右回来，能够要十几天都是多的了，回来的时候在他女朋友屋头要几天，朋友屋头要几天，也没在屋头要多久。"

还要说明的是，外出务工是一种能力的证明，这一点对于年轻人来说很重要，这是在现今的普遍观念下所激发的。我已经在上文中说过，现在的青年最好的前途（农民长辈们所认为的）乃是读书，实在没有能够读上去的，那就退而求其次：打工、经商。然而，如果一个年轻人守着土地，那就不是踏实本分，而是没有出息的表现了。在这样的情况下，青年们一方面需要证明自己（我们甚至发现这会影响到青年的婚姻问题），另一方面也对外面的世界存在一种憧憬，于是，他们便成了打工队伍的重要力量。

第五章　婚姻与家庭：
变迁中的两性关系与社会基础

第一节　婚姻：择偶方式、择偶条件与婚姻形式的变迁

婚姻对于个体和家庭都是一件很重要的事情。对于个体而言，缔结一段婚姻将意味着逐渐建立一个自己的家庭，这是婚姻双方共同承担的，他和她相互之间要在责任、义务与爱中生活一辈子，直到他们人生的终结（排除离婚不说吧）。对于家庭而言也是十分重要的，因为每一段婚姻都将给这个家庭带来一段新的（假如婚姻发生在此前没有其他社会关系的两个家庭之间的话），而且十分重要的社会关系。所以，农民们对配偶或对自己的儿媳或女婿的选择是很慎重的。直到今天，人们在地域上的通婚圈并不大，但是通婚圈扩大的趋势却已经逐渐开始了。近几年，农民的通婚情况发生了一些改变，随着外出打工人口的增多，村子与外界交流很普遍了，村子里面外嫁的人多了，从远处嫁到村子里面的人也多了。尽管一些年长者并不十分乐意于自己的子女与太远的地方的人通婚，但是我们还是在不同的村落里发现一些外省媳妇，而当地的女子嫁到远处（这里指外省）的情况也越来越多。

一、择偶方式：从包办、介绍到自由择偶

择偶是男女两性在结婚前的选择过程。了解择偶的方式与条件，对我们研究当地婚姻状况、夫妻关系、家庭结构等都有极其重要的价值。在当前依然生活于三河乡这块土地上的人群当中，我们可以看出他们的择偶方式大致分为三种类型：父母包办、介绍人介绍以及自由恋爱。父母包办的婚姻只存在于一些

年长者那里，介绍人介绍的婚姻在许多中年人中表现得较为突出，而自由恋爱的婚恋方式则是当前最受追捧的年轻人的择偶方式。

（一）父母包办

父母包办婚姻，通常认为是封建社会的残余思想所致。父母包办婚姻的思想基础就是俗话所说的"父母之命，媒妁之言"。子女完全没有选择配偶的权利，不听从父母之命是为不孝，无媒聘之礼是为无耻。而父母包办婚的一个显著特点就是"门当户对"，这一点十分重要，因为这使得姻亲双方处于一种平等的地位。在所谓封建社会，"贫富不通婚"。

我们在下文中将分析三河乡人们的婚姻类型，其中有些婚姻类型正是通过父母包办的婚姻形式所完成的。最明显的当然莫过于一种指腹为婚的形式，这在当地叫作"打奶亲家"或者说"肚中亲家"。在这样的婚姻中，父母在儿女还不懂事的情况下就已经决定他们的婚配对象。在父母看来，父母所看中的子女的婚配对象一般是与自己的家庭多少具有某些社会联系的，通过子女的婚姻，这两个家庭的社会关系更加紧密。而且，因为这种方式缔结的婚姻在很大程度上获得两个家庭的认同，所以其中的各种关系较为稳定，这当然也对婚姻的稳定性造成较为正面的影响。

不过，这种择偶方式通常并没有征求婚姻当事者的意愿，这也许是这种择偶方式在今天受到广泛批评的重要原因之一。不过在我们的调查中却发现，尽管许多通过这种方式缔结的夫妻确实知道这种择偶方式没有能够考虑到自己的意愿，但是这是后来才逐渐意识到的。在他们结婚的时候，他们通常还并不懂得这些事情，所以无论是否取得婚姻当事者的意愿，事实上他们都并不反对这项婚姻。

（二）介绍人的介绍

经过介绍人介绍两个家庭的适婚青年结婚，直到今天依然是一种重要的择偶方式。介绍人，俗称"媒婆"。在调查中我们发现，当地对介绍人的选择是非常具有一些习惯性的标准。人们一般会找结了婚的，儿女齐全的，家庭幸福的人当介绍人，图个好彩头。他可以是妇女，也可以是男人。当地还有一句俗话是"换官不能换媒"，就是说地方官可以换，但媒人不能随便换，一旦做了两个家庭之间的媒人，那么就要负责到底。这一方面规定了媒人的基本伦理，另一方面则隐喻着这桩婚姻的最终成功。介绍人在整个说媒，甚至结婚过程中都很重要。过去有这样一些说法，"好吃的人就当介绍""没得搞头（没有工作、没有收入之意）的人当介绍"，虽然这样的形容是贬义之说，但是从另一面也反映了村里人给介绍人的好处是很多的。也就说明介绍人的重要性。通过介绍人介绍的男女在"请媒""谢媒"和逢年过节时都会给介绍人送礼，一般是酒和肉。一位曾经当过介绍人的焦某给我们讲述了他当介绍人时与别人不一样的介绍过程：

"我是80年代开始当的介绍人，到目前为止说了9个媒。我给人介绍，不像很多人不负责。一般也是男方父母来找我，说一下大致的条件，有什么要求。然后我们介绍人就到处帮忙问问，有合适了的，一般人就是直接去说媒，我就和他们不一样，我一般是在男女双方都不知情的情况下带男方去女方家玩。这样两人没有那么拘束，表现真实的一面，更能相互了解。然后回来后，我再给男方说明情况，看男方意见如何，确定之后，再去女方家说媒。我介绍的9个，现在家庭都过得很好。"

介绍人与男女双方关系有亲疏。其中大致分为三类，包括亲戚关系、邻里关系和朋友关系。由亲戚介绍的占多数，邻居介绍的少数，其次是朋友介绍的。当地人是这样说的："选择亲戚介绍最重要的一个原因就是可靠。"还有种说法是："选择沾亲的，好比鸡蛋放在一个稳当的地方。"他们认为亲戚都是为自己好的，不可能害自己。所以对亲戚介绍的都较为满意。

表5.1　川都组15户男女双方与介绍人关系统计表

姓名（男）	介绍人类别	与介绍人具体关系	介绍人与女方的关系
黎克兵	朋友	给家里做瓦认识的	给女家做瓦认识的
廖辉和	邻里	一个院子住的	介绍人的女儿是过继的女方的姐姐
陈世兵	亲戚	自己的姐姐	介绍人夫家，与女方家是邻居
陈宜和	亲戚	自己父亲的三弟	介绍人媳妇认识的
陈宜海	邻里	一个院子住的	介绍人的女婿认识女方干亲家的媳妇
焦大民	朋友	一个生产队的	一个生产队的
谭	朋友	师兄弟（理发）	邻里
秦辉树	朋友	朋友	朋友
焦	亲戚	自己父亲的大舅女	邻里
张应琳	亲戚	自己大伯的女婿	介绍人和女方是一个煤厂
马建全	邻里	邻里	与介绍人同大队
卢伟	邻里	邻里	隔壁邻里
刘军	亲戚	自己的幺妈	与女方是一个队的，认识
刘华	邻里	邻里	介绍人是女方的保爷（干爹）
秦中川	亲戚	朋友	介绍人是女方的哥哥

（三）自由恋爱

直到今天，青年男女们开始逐渐追求自由恋爱，这种新的择偶方式被认为可以打破旧俗封建残余思想。可是对三河乡人民而言，由于交通不便，信息阻塞等因素，人们的婚姻观念仍然保守。直到 20 世纪 90 年代打工热潮的掀起，一批一批的三河乡人民为谋求更好的生活而纷纷外出打工。这不仅增长了三河乡人民的见识，传递了新时代的信息，也改变了人们的婚姻和家庭观念。据不完全统计，在川都组的调查中，因外出打工认识结婚的有 5 户。

在三河乡，以前种有很多麦子，乡里有几家面粉厂。面多，就经常有人背面出去卖。80 斤左右一背篓，走湖北有 170 里路左右，一年会去三四次。每次出去卖面可赚到 100~200 元。马银滋（女）就是这卖面人中的一位，她 17 岁左右的时候，就跟着周围的邻居去湖北卖面。因为每次卖完面，她们都不能当天返回家，就会在固定的一户姓卢的人家投宿一晚，第二天才返回。这样，卢家的儿子卢长明和马银滋便认识了，不久两个就相互看上，好上了。女方是看上男的"劳力好，会干活"，男的是看上女方"勤快"。当马银滋带卢长明回家看望父母时，父母就认为男方家稍远了。但是男方知道女方家就剩她一个女儿（其余两个姐姐已经出嫁），需要他入赘进来之后，他表示自己很愿意，而马银滋也坚持要和卢长明在一起，最后父母也不反对了。

上述的这一自由恋爱所结成的婚姻在当地算是较早的一例。在今天，自由恋爱已经成为最重要的择偶方式。

陈珍梅："我的女儿很不听话，把我们大人气死了的。她 15 岁跟着他的哥哥去温州打工，是个做皮鞋的小工。我女儿 1988 出生的，外出打工时，还未满 16 岁，没有身份证，还是他哥给人家借的一个。到满了 16 岁那年，她就回家办理了身份证。就在 17 岁左右，在外打工认识了一个湖南的小伙子，两人谈上。我们大人后面才知道，一直不赞同。因为太远了，怕女儿吃亏，可她完全不明白父母的想法。可是最后女儿坚持要同那个男子结婚，我们大人也就没办法。"

在近年来的结婚者中，我们可以发现其中大部分的青年男女的婚姻属于自由恋爱的成果。在人们的普遍的观念里，自由恋爱所结成的婚姻具有一种感情基础，而这种感情基础维系着男女双方的关系，以此而更好地组建属于他们两个人的家庭。但是，一些年长者并不认为自由恋爱这种方式有多么高明。一个年长者（自己是一名退休的教师）表明自己对自由恋爱的态度的时候宣称，他并不认为自由恋爱就是最好的，因为自由恋爱在很大程度上缺乏一种婚前控制的机制。而且，这种择偶方式越来越多的注重讲究"爱情"，而这个因素事实上是虚无的，有些人婚后的夫妻关系依然依靠这所谓的"爱情"，而这种情感的不稳定性使得家庭不稳定的情况常有发生。于是，在他看来，自由恋爱与传统的民俗事实上都是重要的，无论是通过介绍人认识的男女双方，还是通过自由恋爱结识的男女双方，他们都应该在一种控制中进行他们的交往。并且，他们的最终结婚，依然需要征得双方父母的同意和认可，因为一段婚姻连接着两个家庭的关系。他认为，结婚后的夫妻双方的稳定性很大程度上取决于他们先前所属的各自家庭之间的关系以及伦理规范，而不完全取决于他们之间的"爱情"。

二、择偶条件：综合考虑与标准的变迁

择偶方式只是男女两性交往的一个途径说明，而择偶条件就是确定男女两性结合的重要因素。当地人认为，三河乡地理条件优越，资源丰富，土地肥沃，他们比较满足当地的生活。所以，在男女择偶的选择时，一般遵循先本地找对象，没有合适的才在村外、乡外选择。在调查中笔者还发现，当地人普遍认为嫁往本地的婚姻较为幸福，家庭条件也还不错，相反嫁出去的人户（在当地"嫁出去"，包括嫁到乡里高山、外县、省、市等地），家庭条件还不太好。所以，在对川都组的不完全调查中，共35户家庭，有20户家庭认为择偶的首要条件是"就面"（就近之意）。原因除了之前所讲的认为地势好、不愿外嫁之外，还有一个重要因素就是当地人对土地的眷恋。外嫁女如果嫁不远，属于她自己的土地就仍然可以回来耕种。

其次，在人们看来最重要的择偶条件就是家庭的经济情况。在调查中我们发现，在70岁左右的几户老人家庭里，有两户家庭是因为20世纪50～60年代遇到灾荒，家庭贫困，无法生存，家破人亡，被人带到现在的夫家。

她姓秦，原住在远处，不是本村人，由于1958—1959年饥荒时期，家里亲人都饿死了，就还剩下她一人。后陈家的姐姐见她可怜，就带她到陈家来，那时她都没见过陈，只是知道他是个小会计。她在家等了三年后，他回来了。父母就把他们的事儿办了。现在陈丧失劳动力，但是每天可编织1～2双草鞋，赶集天去卖。陈每天还是会上山干点活儿，不多，主要是为了自己吃。生有三个子女，都已经成家立室。

再有，就是住房问题。从调查中我们可以看出，尤其是近些年来，当地人认为房子也是择偶的一个考虑因素。因为人们的分家、独立的意识越来越强烈，加之生育后人口的增多，空间的缩小，就让新婚夫妇对住房提出了要求。比如，村里的刘某，她的二儿子，刚离婚不久，她就请人给儿子再介绍对象，女方首先就提出要有房子才过来的要求。

表5.2　择偶条件统计表

户　主	性　别	择偶条件
陈宜海	男	女方勤快、家近
陈之艺	女	男方有本事，聪明
刘大姐	女	男的帅气，人不错，离家近
陈宜芬	女	男方家庭好，近面
冉大姐	女	男方劳动力好，身体好
秦中英	女	男方读书人、是会计，有饭吃
马世英	女	地势好，方便
陈宜海	男	方便、就近
郭　氏	女	男方地势条件好，外表还可以
郭世美	女	男方有共同语言，上进心，诚实
郭华英	女	有一技之长
郭华友	男	就面
郭华林	男	条件不错
曾启奉	男	女的勤快，会做事
陈世芳	女	男方近面，双方是否合得来
马培香	女	男方有劳动力

三、多样化的婚姻形式

我们在上文中说明过父母包办婚姻的择偶方式通常发生在两种婚姻类型之中："打奶亲家"和表亲婚两种。在1949年以前，这两种婚姻类型较为普遍。

（一）奶亲家

当地人称为"打奶亲家"，也叫"肚中亲家"者，与我们通常所说的"指腹为婚"相似。三河乡的"打奶亲家"主要有两种现象：一种是孩子还在腹中，双方父母就约定好，如果两家生一儿一女，就接为亲家；另一种是等孩子出生后，双方父母约定好，结为亲家的。

　　马世宣，男，79 岁；妻子黎万珍，79 岁。他们是同年生的，男的是 5 月出生，女的是 8 月出生。双方母亲的母亲（外婆）同在一个院子居住，关系可以。又正好各自的女儿都怀孕，于是两边大人就说好，"如果一边生个女儿，一边生个儿子，就成亲家。"（信物和细节内容无法回忆）。七八岁时，黎万珍就知道有这门亲事了。两人最后 17 岁时结婚。在 30 岁左右时，男方开了个面厂，两人闹过一次离婚，因为男的在外面搭上个女的，两夫妻闹得很僵，可是后面那个女的也有家庭，所以不了了之。现在老两口单独住一处，妻子有病，无法做事，由丈夫在照顾。

　　我们曾问过马世宣，"你认为这种'打奶亲'好吗?"他说："不好，但迫于父母、家庭的原因还是结婚了。那个时候结婚年龄也较早，也还不怎么懂事儿。"

　　假如从马世宣的婚姻中看到父母包办婚姻对于夫妻双反而言产生了极负面的影响（毕竟有过一次离婚不果的经历）的话，那么下面的一个案例或者说明了相反的情形。

　　有一户廖家，廖爷爷今年 80 岁，婆婆今年 81 岁。据廖爷爷回忆，他们就是两边大人关系好，在他出生后就订了婚，他们当地就叫"打奶亲家"。当时女方已经 1 岁了。之后每年过年都要去女方家拜年。他 15 岁时，两人就结婚了。女方给他生了三个儿子，两人感情一直很好。现在女方身体不好了，不能干活儿，耳朵听力也下降。每天就在家走走、坐坐。饮食、生活由他照顾。在他父母认为"不打亲家是二家人，打亲家就是一家人"，当时女方家的条件要比男方家的好，女方是自耕，有自己的田地和几担租子，男方是写（租）田做。

　　还有这样一户家庭，住在以前黎二扒公（地主）的地主房内。夫家姓陈，其妻子告诉我们她与丈夫的姻缘。因为陈氏与丈夫两家的父亲都是当时的理头匠，经常去附近的蚕溪、大河、石桥子等地赶场，给人理头发，所以两家相互认识。通过大人，子女也相互认识。到结婚年龄时，就通过请媒人来说亲，然后结婚。两人感情一直很不错。

（二）表亲婚

　　在三河乡，父母包办婚姻的另一种表现就是表亲婚。这在现在的婚姻制度中是禁止的，因为近亲结婚的遗传病率很大。但是在当地还存在一户在新中国成立前后结为表亲结婚的家庭。

　　男，秦世科，1932 年出生，今年 77 岁。在新中国成立后因为听说川主村要分房分田地给农民，同母亲、妹妹一同从高山搬到川主村居住，从小家庭生活艰苦。

秦氏，今年70岁。5岁左右就被"接出去"（抱养），家庭生活条件很差。8岁左右，被认领回家。

两家人关系是：女方是男方舅舅的女儿，男方是女方姑娘的儿子。女方的父亲和男方的母亲是兄妹。所以两人的关系是表兄妹，经常走动。女方喜欢到男方家玩。1958年、1959年期间，自然灾害严重，家里条件艰苦，没饭吃。男方家条件困难，不好讨老婆，女方家也穷，办不了赔礼。一次女方到男方家玩，男方母亲就叫侄女儿不要走了，两人就结婚了。秦氏说，"当时又闹灾荒，穷人家办不了赔礼，就只有穷人找穷人结婚了。"

秦世科说，"好像现在像我们这种关系的不允许结婚了吧"，"现在几乎没有了"。其实实质的影响他们并没认识到。从他们的儿女的状况我们也许可以看到国家禁止近亲结婚的原因。

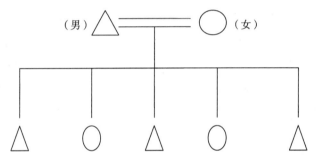

图5.1 秦世科的家庭结构

秦世科夫妇，共有五个子女。大儿，取名秦光强，但是1岁左右，因患病（全身抽搐，类似羊癫疯）夭折。二女儿正常，20岁左右被骗子骗走，嫁去了河北。三儿子秦光才，精神不正常，偶尔发疯，现仍跟着父母住在一起，40多岁没有娶亲。四女儿，精神也有点不正常，但已经嫁到丰都。幺儿，秦光发。1997年结婚，由秦世科的嫂嫂介绍，媳妇本地人，现有两个女儿。

父母包办婚，一直存在于1949年以后的很长一段时期，直到20世纪80年代，这种婚姻方式依然零星存在，至90年代后逐渐消失。

（三）"上门婚"

当我们讨论所谓"上门婚"的时候，并不是在讨论"入赘婚"。当地人将上门和入赘分开看待，所谓"上门"者，指的是一个男人娶一个丧夫的女子，并且这个男子要进入丧夫的女子原来的家庭，就像招赘的女婿一样。而所谓"入赘婚"，指的是未婚女子招纳女婿上门，它与上门婚的区别在于结婚者此前是未婚的。

周万英，女，现46岁，三店村周家坝人。1983年左右经娘家一个院子的女的婆家介绍，认识了马培海。两人结婚。在孩子四岁时，老公因患眼癌去世。一年左右，就又有介绍人给他介绍对象。她都不同意。主要考虑条件不好，孩子也小，如果再重新组织家庭，不合适。到1993年，同娘家有交情的一个叫马德香的女人，介绍了谭群户给周万英。男的是丰都人，未婚。他想周嫁过去，但是周万英考虑自己的小孩，带过去就是带寄，对孩子不好。于是没同意。半年左右，男方体贴周在家农活辛苦，就决定上门。据周万英说，刚开始时，村里是有些流言风语的，说我现任丈夫"没有用处，跟我"。"这也是给你说，我才这么讲，要是他在家我也不会说这些的。"我们两个当初结婚就是领了证就算结婚了。没有请客，一是因为家庭经济不好，二是我们两边亲人也没多少，就不麻烦了。

像周万英家的这种情况，在当地就称为"上门"。在我们所调查的185户家庭中，有2户家庭是上门婚。除了周万英以外，还有一个女子叫黎克容，但是她是丈夫去世后带着孩子搬回了娘家住，也是为了照顾生病的父亲。之后在娘家这里，经人介绍一个男人上门，现在丈夫在浙江打工，自己一人带三个孩子。

（四）"招驸马"

在上文中提到的卢长明与马银滋结婚，男方入住女方家，这种现象体现了又另一种婚姻类型，即"招婿婚"，当地人称"招驸马"。

表5.3　川都组185户结婚情况统计中招婿婚统计表❶　　　单位：户

	与本乡通婚	与本县通婚	与外地通婚	小　计
男（被招）	1	0	2	3
女	4	6	3	13
总　计	5	6	5	16

在统计中，我们发现，与外地通婚中，在重庆境内的有4例，分别是1户嫁去重庆，1户嫁去开县，2户来自丰都。重庆境外有1户，来自湖北。招婿

---

❶ 还有2户缺失男方信息，女方均为本组人，故招婿婚在本组共18例。

婚在当地较为普遍，因为几户家里没有儿子的家庭都会有一例招婿婚存在，主要是由于家里劳动力的缺乏。但是此地的招婿婚不同之处在于，它不过多地强调姓氏所属，一些人对此的解释是因为招婿婚产生最初的目的，即是家里没有儿子的，找个女婿到家，改与女家同姓，延续香火，而这在当地人已经不流行了。男方不需要改姓，但是所生小孩可跟母亲姓，也可跟父姓，因家族需要而定。而女婿在家中的地位也不因嫁娶的不同而有所降低，有的甚至还是家中的顶梁柱。男方在女方家中地位是平等的，不过父母的话当然也要听从。在我们所调查的家庭中，也有一户肖家比较例外。他家有两个女儿，无儿。但是他也没有招婿。

肖云安，男，1995 年从水田乡搬迁过来。家中有两个女儿，都已经嫁出。现在家中剩自己父母和他夫妻二人。肖云安说："我虽只有两个女儿，但也不想招女婿。我们的赡养到了老了，走不动了再说。现在不给女儿增添负担。"不过两个女儿都嫁得很近的，在同组内通婚。

像肖云安这样想的父母在三河乡会越来越多，因为以前招婿的一个重要原因是父母考虑到自己的赡养，而且在以前农民们只依靠土地生活，老了之后没有任何经济来源，所以招婿对于没有儿子赡养的家庭来说是一种很好的选择。但是现在不一样了，政策对独生女、对双女户都有养老补助（关于这些，我们会在后文中养老探讨中详加说明）。这些对当地人而言，至少在生活上就有了一定保障，加上自己的劳作，家里生活也就可以了。所以，招婿对他们而言变得无所谓。当然像肖家这样，也是因为两个女儿都嫁得近，有什么事儿方便找到。而如果出嫁太远的话，对老人的生活将难以照顾，我们在后文中进行养老探讨的时候，也会说明尽管今天的养老方式已经发生了某些变化，但是依然不能够缺少子女的照顾。

在我们集中调查的川都组，"招婿婚"既有自由恋爱而成的，也有经介绍人介绍而成的。

（五）其他婚姻类型

在前面讲述中，我们只是针对材料的描述说明了其中一些有针对性的婚姻类型。除了我们上述的几种婚姻类型之外，据当地老人告知，三河乡在新中国成立前后还有错房婚和抢婚（抢亲）。所谓抢婚，俗称抢亲，是指用强暴手段使对方服从的婚姻，这种婚姻类型在三河乡一直很少，在 1949 年以后就再没发生过。而所谓错房婚，是指兄（弟）殁后由弟（兄）娶嫂（弟妻）为妻的婚姻。多数是因为兄（弟）有子，为了保留其后代，故而采取这种婚姻类型。

秦世科："我本姓王，我的爹爹（爷爷）叫王中帝，去世后，我的奶奶就改嫁到秦家。我的大伯没有改姓叫王泽润，我的父亲由王泽继改成秦家玉。我大伯的一个儿子王本立与马美滋结婚生下王烈友，不久死去。1959 年时，马美滋就填房嫁给了我的亲大哥秦世安。孩子王烈友也随母亲改嫁过来改姓秦，叫秦光友，但是马美滋和我大哥之间无儿。现在我大哥也过世了，嫂嫂 88 岁了，住在三河乡街上。"

在当地，这种婚姻关系叫"走二出"（"走二出"，即是"再婚"，指一个人再次结婚），又称"填房"。1949 年以前，还有婆家把媳妇卖出去的，还有钱拿，地位很低贱。改嫁亲嫡堂弟兄，是人们觉得这样在家不会太受欺负，都是一家人，现在当地也没有这样的婚俗了。

在当地 20 世纪 80 年代初，还出现了不少的买卖婚。主要是当地的人贩子把少女骗出去，卖到湖北、河北、安徽等省外。据村支书介绍，村里的人贩子有很多，有还在逃的，从 20 世纪 80 年代初公安机关就在追捕，一直没有抓到人，也有一些坐了 7 年牢回来了的，还有的还在坐牢。对于买卖婚，当地人由于当时文化程度不高，与外界接触少，所以容易被欺骗。人贩子利用外出打工为借口，欺骗年轻女子。在当地，主要是卖出，没有花钱买媳妇的现象。

第二节　通婚圈：趋于扩大的社交范围

我们在这里主要说明的是通婚圈的问题。通婚圈即是婚姻的选择范围，指的是某一婚姻个体在择偶时可能选择的地域和群体范围。它反映了因两性婚姻关系缔结而形成的一个社会关系网络。我们可以通过对通婚圈范围大小的测定，来考察三河乡与外界的关系紧密程度；也可以通过对通婚年龄的分析，来看当地早婚、晚婚现象，以及人们对婚姻的认识等。我们对通婚圈的考察包括：通婚的地理距离、年龄群体和族群范围等。

一、地域上的通婚圈

下面是我们通过川都组组长对院子坝、川都坝、古文堡、老高子、粮水井和上谭家沟家庭联姻情况的介绍和我们的走访所统计的村里 179 桩婚姻的通婚情况。

表5.4　本村妇女中52人的通婚情况❶　　　　　　　　　　单位：人

	本村通婚	乡内通婚	县内通婚	外地通婚
嫁出	8	8	10	7
招女婿	1	5	8	5
总计	9	13	18	12

以下附对应图表，以做参考：

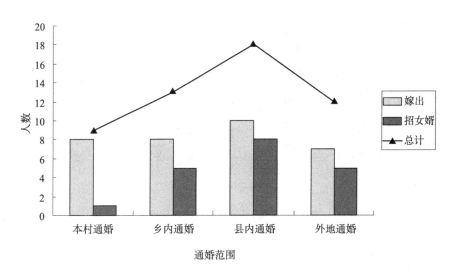

川都组女子通婚情况统计

图5.2　川都组女子通婚的地域范围

图中可以看出，在横向上，52 名女性中有 40 名女性选择嫁在县内。其中嫁本村的有 9 人，嫁到本乡的共有 22 人（包括本村的）。其中，乡内通婚主要包括以下行政村：蚕溪、鸭庄和三店。三店村距离川组村最近，蚕溪主要是高山上的村民，鸭庄最远，位于三河乡与大歇乡、石柱县城的交界处。而与乡外通婚的县内乡镇近的有桥头乡、沙子镇、大溪乡、城关镇（现南滨镇），远的主要来自西沱镇。本组与外地（即县外）通婚的女性共 12 人，（其中重庆地

---

❶ 此表内信息是由笔者调查以及川主村秦支书所讲统计的，仅川都组 185 户家庭父母及子女通婚情况。秦支书在当地工作 20 多年，对全村情况了如指掌。

109

区有 5 人，丰都 4 人，忠县 1 人），占此统计的 23%，其中有 5 人是从外地招的女婿。纵向上看，嫁出的女性有 33 人，招女婿的有 19 人，占总人数的 36.5%。

表5.5 本村男子127人的通婚情况   单位：人

	本村通婚	乡内通婚	县内通婚	外地通婚
娶进	36	67	15	7
被招女婿	0	0	0	2
总计	36	67	15	9

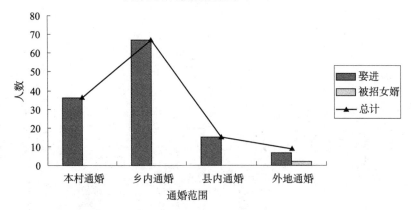

图5.3 川都组男子通婚的地域范围

本组统计的男性共 127 人，其中与本乡通婚的（包括本村通婚）共 103 人，占总人数的 81.1%。这与同组女性不同，这样看来，男性的通婚范围是以乡为重心。娶外地媳妇的就非常少，仅占 7% 左右。据当地人说，这主要是在村里发生了几桩外地媳妇嫁入本村后跑掉，或是被家人强行带回的事件。人们就觉得娶外地媳妇并不可靠。

通过将当地男性与女性统计的图表进行对比，我们可以看出：首先，当地男性就近结婚的多，娶外地媳妇的很少，仅有 2 人，而当地女性留下的也多，所以招女婿的现象较为普遍。其次，从通婚距离来看，女性通婚距离比男性的远，通婚范围也比男性广。

总的看来，三河乡的通婚圈范围普遍较小。由于本组范围较广，同组通婚的情况较多。当然较多的通婚范围还是在同村和邻村之间，即本乡内部通婚。当地的支书告诉我门这一现象的原因：

"我们这儿是这样的，因为地势好，方便，女的不愿意嫁出去。前些年年轻男女都14、15岁就开始相亲了，近些年才晚点，17、18岁才开始。在当地，一般嫁进来的条件都会变好，嫁出去的条件都没这好。所以，如果有本地的人选我们一般都会找本地的，实在没有才出去找。"

从村支书的话中我们可以看出，当地人多选择乡村内结婚，其中一个原因来自村民们自身的优越感，他们自己认为当地人杰地灵，办事便捷，适合居住，所以与外地通婚不多。

在统计中，笔者还发现，在与外地通婚的案例中，有几例妇女的外省通婚是因为20世纪80年代当地人贩子拐卖而卖去外省的，并非合法、自愿的婚姻。从侧面可以反映出，在20世纪80年代初，当地人生活还较为封闭，容易被骗。但是，近几年通婚范围有一定程度的扩张趋势。这与20世纪90年代以后外出务工人员的不断增多相关，人们的自我意识不断增长，并受到外界文化的传播与发展，对婚姻、社会有更清晰地认识。

农村的通婚圈从血缘、地缘、业缘关系逐渐向外扩散。地方外地媳妇逐年的增多也是婚姻资源的影响，同时，从家庭消费角度上看，娶外地媳妇的婚姻消费成本也比较低。

陈家媳妇说："我们这里娶媳妇现在都要5万元左右（家庭消费），花费太高。所以当地有些家庭就在外打工时，带个媳妇回来。男方家庭就准备一些新家具，办个'坐堂酒'就完事儿了。前面老胡家，两兄弟都是娶的贵州那边的媳妇。因为家里贫穷，没钱。在本地不好找媳妇。他们母亲70多岁也做不了什么。"

二、高速公路对通婚圈的影响

高速公路的修建，使得外地工人大批涌进，在川主村一段几公里的高速公路上，就有外来修路工人一百多人。由于雨水天气的影响，他们经常停工。停工后，他们就去周边村落玩，消磨自己的时间。这样，他们就渐渐地加强了与周边村落的交往。在交往中，他们偶尔会与当地的年轻女性谈恋爱。高速公路修了两年多，其间他们便有了很深的感情。村民们说这些外地工人平时看着很阔气，手里有现金，村子里面的人看到有钱自然对于婚恋就不加限制了。在高速公路竣工后，他们之中便有随外来高速公路修建工人远嫁他乡的人。在三河乡白玉村就有一位嫁给了外来高速公路修路工人的女子，远嫁到湖南岳阳。

川主村川都组是高速公路影响较严重的区域之一。通过和村民的访谈，我们了解到：外嫁女（指的是嫁到省外）现象在川主村越来越多，村民们也都逐渐习惯。在十几年前，村子里面出现过拐卖妇女的现象，一些妇女被拐卖到了山西、江西、江苏等地。法律在近些年对拐卖妇女的犯罪行为进行了严厉地打击，这种风潮才渐渐平息下去，不过外嫁女的现象在那时便开始逐渐发展起来。前些年，村里人兴起外出务工，外出务工的人在外面就没有了家庭的限制，他们的生活由他们自己安排，事情也有自己决定。他们中的一部分人在外面打工和外省的人在交往过程中自由恋爱，最后也有嫁到了外面的人。村子里面有很多家庭的女孩现在都在外省生活，越来越多的女子外嫁，村里面的人现在对外嫁的事情已经不再敏感反而感觉很正常了。现在川主村也有许多外来的媳妇，他们来自多个省市。在川主村新开组姓谭的一家中，他家有两个儿子，很早就外出务工，去了广东和福建。他们都在打工的工厂中娶了外地的媳妇，大儿子娶的是湖北的媳妇，二儿子娶的是福建的媳妇。这足见村子里面通婚的变化之大，村落与外界的交往已经很多了，所以高速公路的修建带来的外嫁女现象没有给沿线村落带来多少严重的影响。

对于外嫁女的现象，社区内的观点并不一致。也有一些人认为外嫁或外娶不是一件很好的事情。川都组的一位大叔这样评价：

以后儿子要找老婆怎么样也不能找外地的，还是本地的好。外省的人本身都不了解，你说也不知道她家的具体情况，怎么敢娶回来当儿媳妇啊。本地的人彼此都很了解，不用担心会娶回来过一段时间生完孩子就跑了，外地的就没有把握了。

此外，由于以前村子里面发生的逃跑媳妇的事情，也有人反对外娶（娶外地媳妇）。从村民那里了解到在过去，村子里的男子所娶来的外地媳妇中，他们在外面工作的时候，两个人感情都还很好，但是把老婆带回家后，媳妇发现家里面经济条件不好，一些外地媳妇生完孩子就跑了。村民对这种事情很反感，也害怕自己受到欺骗，所以对于外嫁村子里面的人还有一定的戒心。

高速公路造成的外嫁女与外出打工的外嫁女现象有一些不同。高速公路造成的外嫁女是男方到女方住地干活造成的外嫁，而外出务工造成的外嫁女则有很大一部分是两人流动到两人家乡以外的第三个区域打工，在工作生活中建立起来的感情，从而形成的外嫁。

第三节 结婚：过程性的事件

尽管今天的择偶方式发生了很大的变化，自由婚恋已经成为主要的择偶方式，但是恋爱并不算作是婚姻的一个过程，真正的婚姻的第一步是介绍人的出现。我们已经在上文中说明过介绍人在婚姻中的作用，不过我们那时候说明的是介绍人既要介绍男女双方认识，又要为他们的婚姻做出努力。当人们的择偶方式从依赖别人介绍到自由恋爱转变之后，人们依然在很长时间里需要介绍人推进婚姻的第一步。

一、介绍人"说亲"

我们认为，婚姻的缔结要先从"找介绍人"（大家约定俗成地把媒人称为介绍人）谈起，也称为"说亲"。因为尽管两个年轻人进行的是自由恋爱，但是只有到了介绍人出现之后才真正将两个人爱情转变为婚姻。而在自由恋爱以前，人们就连相互认识也要介绍人的介绍，就更不用说相互之间的婚姻推进了。

在介绍人介绍的婚姻中，一般来说，村里男子在 16～18 岁期间，父母一般就会请介绍人帮忙找对象。在更早的时期，男子的年龄还会更早。我们曾对一些农民做过相关的访谈，问及何以不自己为子女们介绍婚姻对象，而必须要找一个介绍人。他们的回答大致如下：

这是一个面子的问题，因为不是每一次的相亲或者介绍对象都能够成功的，事实上很多人经历过绝不仅仅一次的相亲，在这样的情况下，父母考虑到如果自己介绍的话，万一不成功，这会伤了自己的面子。但是如果请了一个介绍人，让他（她）代表自己出面，即便是失败，也并不伤大雅。

事实上还不止如此，我们已经说过，即便是在今天的自由恋爱中，一旦到了谈婚论嫁的时候，介绍人依然是不可或缺的。在这里，介绍人的工作也许并不是促成这对年轻人的婚姻的成功，因为他们本来已经自由恋爱一段时期，双方都有了婚姻的意愿，介绍人在这里依然存在的原因在于介绍人依然需要在这里协调男女双方各自的利益条件，这才是介绍人在今天依然存在的解释。在两个快要缔结为姻亲的家庭之间，在谈婚论嫁这个过程中变得颇为敏感，无论他们此前就具有一定的关系，还是因为婚姻才有了新的关系，均是如此。在这个过程中，这两个家庭表面上保持着友好的态度，而一切的条件由介绍人转达。人们认为这对姻亲双方都具有好处，因为这个介绍人避免了姻亲双方的正面利益之争，从而控制了这个过程（这个并不友善的过程）对今后姻亲关系的负面影响。

二、"看人户"

介绍人在收到男方父母（通常是男方找到介绍人为其说亲而不是女方）请求后，根据男方父母提出的条件就开始物色合适的女孩。当找到合适的女孩后，介绍人就会找时间让男女双方见面。在三河乡，当地人称之为"看人户"。（注释："看人户"，也称"看人家"，女方有了一定的意向后，由母亲带着女儿择一日期到男方详细考察男方家庭情况。男方也正式接待。转引自尹旦萍《当代土家族女性婚姻变迁——以埃山村为例》，社会科学文献出版社，2009 年版，第 117 页。）所谓"耳听为虚，眼见为实。"这一习俗在部分城市中也是有所体现的。"看"的目的主要是为考察。首先是看人，看男方的人品、长相；此外还要看男方家的家境，包括家庭结构，房屋大小，田地情况等。尤其男女双方不是本地的，相互不认识，或还不够了解的就会安排"看人户"这样一个过程，避免以前旧社会那种父母包办婚姻，男女双方完全不认识，不了解就结婚，造成"男的娶个麻子脸媳妇，女的嫁个瘸子丈夫"的情况。按照当地的习俗，这个时候，尽管已经启动了婚姻的程序，但是女方并没有答应，她的家庭还将对男方的各项条件做出严格的考察。所以，在女方到男方家里看人户的时候，并不仅仅只是女方自己单独进行，还会有女方的女性亲属（通常是长辈）跟随，因为这些长辈有着过日子的丰富经验，她们只需要通过对男方家庭的一般情况做出一天的考察，仿佛就能够看到女方将来在这个家庭中生活情况。但是，这个过程中，女方的父母并不在参与之列，他们将看人户的权利授予他们的女性亲戚，这也是避免男女双方的家庭直接参与利益之争的需要。如果男女双方的父母在行为上直接表现出对经济条件的要求的话，舆论便会对他们形成压力，人们甚至可以取笑这个家庭。

男方家庭为了保证婚姻的进程，在女方来看人户的这一天，一定做好充足的准备，这种准备也将是事无巨细的，因为那些陪同女方来看人户的女人们有着比他们想象中更细致的考察视角。房子是早已准备好的，看起来至少是足够的，女方及其家庭通常需要对男方的房子做出考察，他们并不希望结婚之后依然与男方的父母挤在同一个屋檐下，这容易使得长辈与晚辈之间产生不必要的冲突。除了房子之外，男方家庭的生活习惯也将是考察的重点，所以男方家庭在这一天会将家里打扫得干干净净，同时做出些考究的菜肴款待女方及其陪同的女性亲属。而更加重要的是，女方将对男方家庭的各成员的情况做出详细的考察，因为这关系到女方将来怎样与这些人相处，同时也关系到女方家庭将来与这个家庭的各个成员如何相处。于是，所有的男方的家庭成员都会在这一天拿出最友善的态度，尽量以最符合常规的礼仪待人接物。

看人户后，如果双方满意，就可以相互走动了。如果不满意，双方也不会当场说出，主要是顾及双方家庭相互之间的面子。

不过上述的对看人户的说明是较为原初的形式，在今天，看人户大部分情况下已经变成一种礼仪性的行为而很少涉及真正的考察了。在这一天，女方及其陪同的女性亲戚来到男方家里，带着些礼物（包括面条、白糖等）来赠送给男方家庭。女方父母依然不能够陪同。男方家庭做一顿丰富的午餐（通常是中午）招待来人，此外，还给女方一定的现金，被称作"压岁钱"。这当然与过年的时候长辈给年轻人和孩子的压岁钱不一样。这种"压岁钱"少则一两百元，多则上千。事实上，在看人户依然是女方考察男方家庭的真实行为的时候，给"压岁钱"才是极重要的一个行为。这个时候，女方及其女性亲戚已经对男方家庭做出一定的判断了，男方的父母将"压岁钱"给女方的时候，女方有两种选择：拒绝和接受。女方如果对男方父母给的"压岁钱"坚持不接受的话，那么证明女方对这个家庭并不满意，也就是拒绝了这桩婚姻。当然，即便是女方及其女性亲戚对男方家庭很满意的情况下，给"压岁钱"的过程也并不是很干脆，女方一方面表示出矜持的态度，同时也为了于被动中取得主动而礼仪性地拒绝，再三劝说之后才接受。我们在这里说女方会在接受"压岁钱"的时候会表现出"于被动中争取主动"的策略，事实上在婚姻缔结的很多程序中都会表现出来。在婚姻缔结的整过程中，我们从行为上看，男方总是处于一种较为主动的地位，是男方的家庭找到介绍人到女方的门上说亲，男方将为其后的一切婚姻程序做充足的准备。而女方，在这个过程中看起来较为被动。不过其实质是，当男方越加主动的时候，女方则有更大的条件空间。于是，我们会发现矜持作为传统女性的一种特质要求在这里表现出的是一种策略。

"看人户"这一习俗是在破除封建传统的旧婚俗的基础上实行的新的婚姻缔结的一个重要过程。但是，在过去，由于交通不便，经济条件限制等原因，不是家家户户都要求有这一个过程。现今，随着邻近乡村交通的便捷，村民与外村联系加强。乡土社会中的网络不断扩大，电视、广播、电脑、手机等新媒介技术和工具，更是增进了乡土社会中人与人之间的联系。村民们不仅更多地了解自己村里的情况，对邻村情况也有一些了解。"看人户"这一习俗在村内人通婚过程中逐渐被淡化或取消。

三、"取同意"与"约期"

在过去，"看人户"由于交通不便，经济条件限制等，不是家家户户都要求。

一旦男女双方开始交往，这就有一个相对较长的过程。可能是 1～2 年后结婚，也有 3～4 年，甚至更长时间结婚。为什么呢？在过去，村民们的思想还相对保守，一是青年男女年龄小；二是确定关系后，来往也并不密切，一年里男女双方只是逢年过节在介绍人的带领下相互拜见对方家长，了解不多；三是家庭经济条件等客观因素。这期间主要就是过节过年相互走动。（当地一年的传统节日主要有端午节、中秋节和春节三个节庆。未婚男女在过节期间就需要相互走动，送礼，拜见父母等。）如果双方家庭看人户后都比较满意，一般男方家庭就会主动提出"取同意"的仪式。"取"在这里的意思主要是"获取，得到"之意。所以"取同意"在当地就是需要男女双方向亲朋好友表明自己"是否同意与对方继续交往"的态度，主要是正式确定男女双方的恋爱关系。

"取同意"就是当地婚姻缔结过程的必要仪式，因为直到"取同意"这一仪式过程之前，这桩婚姻的成功与否都还难以判定。取同意的时候，女方的亲戚（如姑妈、姨娘、舅娘、姐妹等）都可以同去，但是父母不能去，我们已经说过，这个时候婚姻的成功与否还不十分明朗，正如上文中人们认为的那样，万一失败，父母会没有面子。过去由于路远、时间等原因，当地取同意时的习俗是一般女方及亲戚会在男方家住宿一晚，第二天早上离开。现在虽然交通便捷，但多数都还是保留着这一习俗。"取同意"的仪式一般当天下午举行。在吃过午饭后，由男方请人来主持仪式。主要就是要男女双方当场表明两人的态度，同时男女双方的父母也要表明对子女交往的态度，"同意"或"不同意"。"同意"之后，两人的关系就更近了一步，这可以算作严格意义上的"未婚夫妻"，男女双方就可以更频繁地交往。如果女方不满意男方，在取完同意回家后，可通过介绍人或者自己送还男方送给女方的礼物和打发钱，表示这门婚事就结束了。

川都坝的马世英告诉了我们她自己的"取同意"的经历：

我们夫妻结婚21年了，是由丈夫父亲的三弟陈世强介绍的。他同我父母谈过后，母亲就给我谈了此事，征求我的意见。我也是听父母的，赶场时父母就给介绍人答复。我们没有见面，就直接约期"取同意"了。取同意时我带了我的亲戚一同去。都是女性亲属，如我的姑妈、姨娘、舅娘、姐姐、妹妹等十人左右。但是母亲不能去。去的亲戚不需要送礼给男方，但是女方送了2斤面条给男方。中午大家吃完饭，就摆了两张桌子，各家亲戚坐一边。"取同意"仪式就开始。一般会有个主持人，由男方家派出。先是介绍人开场白，再是两边亲戚说各自看法，各抒己见。然后我们就交换了礼物。男方大人送给了我衣服和鞋子，男方自己送给我的是帕子，我自己送给他的是笔和本子。这个仪式完了之后，大家就相互玩，女方要住在那儿一晚，第二天早上吃了饭才走。走前男方给了打发钱（那个时候几元钱到几十元不等）。

以下是我们亲自参与过的一个取同意的全过程，详做下述：

秦泽，秦辉双的儿子。秦家在2009年3月，开始建房，6月入住新房。建房的原因之一就是为了建好后，给儿子"取同意"。所以房子建好了没有请客，考虑和后面儿子"取同意"一起操办。房子共三楼，底楼是地下室，吃饭和厨房在底楼。一楼大厅两旁各一间房。秦辉双夫妇就住在底楼，二楼就是留给儿子住的。7月14日（农历五月二十二日）就是秦家"取同意"的日子。时间是由男方邻居一位曾老师根据看命算卦的书来挑选的日子。7月13日，秦家人就忙起来了。下午时亲戚朋友就陆续过来帮忙了。由于他们家兄弟姐妹有7个，亲戚有很多。来帮忙的邻居也多是老粮站和凉水井（同是川都组）附近的村民。"今天主要是准备明天用的东西，搭灶，借东西什么的。"秦氏这样告诉我们。秦泽是个比较含蓄的小伙子，问他话，他不怎么回答我们，但是却很热情地招呼我们，还邀请我们参加他明天的宴席。他和他的女朋友是由别人介绍认识的，偶尔有些小吵小闹，但是母亲喜欢，秦氏说，"孩子还不是很懂，反正他说什么都听我的，所以给他介绍的一定要我喜欢的。"

7月14日，早上5点多秦家就开始忙碌起来。秦泽和平时一样，也没特意穿什么特别的衣服，就普通的一件黑色T恤衫，黑色运动裤。看起来很自然，没有很激动、很紧张的表情。天气很热，但是大家的兴致很高。等到了12点都不见女方来，做父母的就着急了。于是电话联系后，知道已经在路上了，大家才放心一些。女方家是走路来的，家住三河街上，两家相距也就1公里多，走路只需要20分钟左右。女方只要在12点左右到就行，没有特别严格的时间规定。

女方姓陈，叫陈秀梅。女方到了，男方要站在门口迎接，发糖、拿烟给女方亲戚。"虽然来的大多数是女的，也要发烟，这是礼数。"曾老师告诉我们。女方家是送白糖和鸡蛋，女方的母亲也来了。（母亲一般是不参与的。）女方来做客的亲戚每家送两斤白糖，也有送一袋鸡蛋的。女方统计好后，就送给男方。等到女方到了就马上要开席。这时男方家的老人，秦泽的爷爷，一个人拿着红纸和纸钱出去了。听曾老师说，在这种日子也还是要供奉祖先，告诉祖先这个喜讯。家里的正堂会摆放三碗菜，荤素皆有，三碗饭和三杯酒，烧上香烛。等烧了纸钱，送走了祖先才"讨席"（讨席，就是吃宴席）。

由于人多，地方小，当地的宴席多为"流水席"，即一桌吃了接下一桌。中午共摆了70桌左右。吃完饭后，待收拾得差不多了，下午3点过，就开始举行"取同意"的仪式。首先是主持人秦老师摆放桌椅，安排男女双方的亲戚朋友各坐一边。

秦泽的父母很含蓄，都站在男方亲友后，不入座。仪式正式开始。

在现在，"取同意"的仪式的过程主要有以下方面：

➢ 由介绍人介绍男女双方。

➢ 男女双方向亲朋好友介绍相互的认识过程，并向他们发烟，表示感谢。

➢ 男方亲戚（老辈子）发言，谈对女方的建议及希望。

➢ 女方亲戚（老辈子）发言，对男方的要求及意见。

➢ 男方父母发言。（首先是表明态度，其次是对男女双方以后提出一些要求。）

➢ 男方表示自己的观点。（主要是对此相亲是否同意？）

➢ 女方表示自己的观点。

➢ 男女双方交换各自为对方准备的礼物。

➢ 男方家送上彩礼（包括送女方的衣物、钱财）。

➢ 由介绍人清点后再交由女方亲戚代表清点。

➢ 用白布或是袋子将彩礼包裹好，交由男方负责保管，等女方走时再递交。

➢ 男女双方向在场所有亲朋好友散发糖果、瓜子和烟。（男女相互散发，为认识各家亲戚好友。）

➢ 请在场的大家吃包面。称为"过午"。

（注：图片为笔者 2009 年 7 月参加当地一户家庭"取同意"时的场景。）

　　由主持人的一句"天上无云不下雨，地下无媒不成双"引出了两人的媒人。首先就是"请媒人介绍两人是怎么搭的桥"。他们的媒人其实是一对夫妻。男方是女媒人的干弟弟，女方是男媒人的亲戚。最后由男媒人起来简单说了两句，就坐下了。接着就是由男女双方各自谈谈自己的恋爱史。但是由于双方都害羞，导致大家都七嘴八舌的，大厅一片混乱。主持人没办法，只有继续下一项。秦、陈两家亲戚发言。亲戚们都是祝福的多，秦泽的婆婆说，"只要两人好，孝敬父母，长辈……"女方也较含羞说了几句话就没人发言了。在大家评论时，男方的亲戚就给女方家发烟。接下来就论到男方父母发话了。也是表态，同意两人在一起。然后就到礼物交换环节了。秦泽送给小陈一条银项链，亲戚朋友们还起哄让他给小陈亲自戴上。为满足大家的要求，秦泽走到女方面前戴上了项链。小陈送给秦泽一本日记本，包装得很好。接下来就是男方父母送上给女方的礼品。有三套衣服，一双皮鞋，一双运动鞋，还有 1 万元礼金，用一个托盘摆放到女方面前。女方代表上前清点礼品。然后先用布包裹好，放在男方家，待明天走时，由女方拿走。最后主持人说了一句"不打亲是两家人，打了亲就是一家人。为便于三朋六亲的相互有个认识，秦泽和陈秀梅一个个给大家发糖，一个个给大家散烟。"大厅里一片热闹。仪式完后，还要吃一碗包面，村里人叫作"过午"，有"过屋"之意。人们都说不上是为什么原因，只知道这是一种习俗。晚上六点左右又开席。大家晚上也是一起玩牌，打麻将。女方有的亲戚回家，也有亲戚就住下了。15 日早上吃了汤圆，女方亲戚朋友才走。男方还要收拾场地，碗筷和归还借来的桌椅、冰柜等。中午再请帮忙的亲戚朋友吃个饭才算是结束了。

　　在男女年龄适当时，由介绍人陪同男方父母一起到女方家约定结婚时间。简称"约期"。我们在这里看到男方父母可以出现了，这是男女双方在婚姻缔结的过程中第一次仪式性地出现在准亲家的家里，事实上，这个时候已经很少存在婚姻不成功的情况了，因为在取同意的时候，这桩婚姻在很大程度上就已经确定了。约期也分为两种：一般家庭不迷信的，就选个双日即可，吉利；另一种，就是找当地懂得算命看卦的人看期，通过男女双方的生辰八字推算得出吉利的日期，单双日都可。

四、婚礼

时间约定好后，两家人就要忙碌着筹备婚礼了。女方前一天就要请客，主要是晚上和结婚当天早上。一般是亲戚和村里的邻居来祝贺。在新娘出嫁前还有给新娘梳头的习俗，一般会请命好的、结了婚的、有儿的 40～50 岁的妇女。她不一定是亲戚。当地人说，"请人梳头也是为了打扮得更好看。"另外，据一些年长者的回忆，在三河乡，女子出嫁时曾经有一种哭嫁的习俗，临出门时与其父母道别，无论是真情实感，还是礼节性的，出嫁的女子与其母亲都在这个过程中泣不成声。女子出门时，由家里的堂屋中后退而出，表示其将不忘家里对她的养育之恩情。女子出嫁时，会有一些她的亲戚朋友送她去男方家里，是为"送亲"。这些送亲者大概有十几个，为偶数。送亲者多为出嫁女子的母系长辈（如姨娘、舅娘等），与自己同辈的亲戚朋友（自己的兄长、姐姐、弟弟、妹妹、朋友、同学等），以及比自己辈分小的孩子（如自己的侄儿侄女、外侄儿、外侄女等）。

出嫁时，帮忙的人将所有的陪嫁品（这是之前已经为女子买好或做好的）装上车（如果有车的话），这车是男方的接亲人开过来的。在没有汽车作为交通工具的年代，就全凭人背、扛、提这些陪嫁品。所以当时送亲队伍的气势也不亚于现在送亲队伍的排场。一切就绪之后，女子才穿着红色旗袍从堂屋里退出来。女子与来接亲的丈夫跪别自己的父母之后上车，送亲队伍随着接亲队伍开始向男方家里进发。男方接亲队伍此时鞭炮响起。

在男方而言，结婚当天也要组建自己的接亲队伍，主要包括男方的同辈亲戚朋友及晚辈等，少有长辈，亦为偶数。男方通常雇佣或者向亲戚朋友借许多小车（如果女方有嫁妆则还要一辆货车）前去接亲，在今天看来，迎亲的规模和车的数量通常表现了这个家庭的能力和社会地位。迎亲时间一般较早，预算着接亲后 12 点以前能返回男方家中即可，为举办婚礼预留时间。到达女方家里，男方将其早已准备妥当的各种礼物（包括女方的衣服，女方家庭成员的礼物及女方的各种首饰等）及礼金悉数交给女方的负责人。女方在出嫁时就会穿着男方送来的衣服和首饰，决不允许穿戴着以前在娘家置办的各种衣物和首饰，正如一些年长者所说，"女方出嫁时穿着娘家的衣服，娘家就会被带穷了"。此外，一些人介绍说，如果女方不穿着男方送来的衣服出嫁，这便是对男方的不满或者挑衅。

启程时放鞭炮，到达女方家里时放鞭炮，从女方家里返回时放鞭炮，到达男方家里时放鞭炮。这一天，新郎穿着西装，其左前胸挂有一张红色纸片，其上标明"新郎"二字，这套西装是专门为结婚定制的。接亲队伍返回到男方家里之后，传统上还会让男方女性长辈搀扶新娘跨过火盆，但今天已经不存在这样的习俗了。女子直接由男方女性长辈（除男方的母亲之外）搀扶直接进入到新房中，送亲队伍跟随女子进入新房后自由活动，而接亲队伍则需要将各种嫁妆搬到新房安排好，此后也自由活动。等到了拜堂的时间（这个时间由专门看期的人决定），男方女性长辈将女子从新房里搀扶出来，带到男方堂屋里面，在众亲属和朋友之中，男女双方的拜堂仪式正式开始。拜堂由一个长者（通常是一个男子）主持，先拜天地，再拜父母，再拜亲朋，夫妻对拜。拜堂被认为是整个婚姻的终结，最后的确定。拜堂之后，新娘依然进入到新房中，婚礼结束，此间常有年轻人进入到新房调侃新郎新娘双方，是为闹洞房。

结婚当日所举办的会头与上述取同意时所举办的会头类似。

五、回门与谢媒

送亲的人通常会在男方家住一夜，直到第二天早晨回家。随着送亲者，新婚夫妇也跟随他们回到女方的父母家。他们带上一些礼物（如糖、酒、肉等），陪同女方父母吃一顿饭，此后则返回，有时候新婚妻子也可以在娘家多住几日，不过，这种情况一般不会发生，因为人们对这些礼仪性的行为经常较为敏感，这些事件也经常引起人们的关注和讨论，这就是农村的一般舆论。

"谢媒"也是重要的事件，在一段婚姻中，介绍人（也就是媒人）发挥了重要的作用，我们已经在上文中对此做过说明。对介绍人，结婚者并没有统一规定报酬。但是，结婚者还是要在适当的时候表达对介绍人的谢意。对介绍人的谢意在请求介绍人做媒的时候就已经开始了，那个时候男方的父母将会给介绍人带去一块肉和别的礼物，通常为吃的东西。从媒人开始做媒开始，男方在每年过年的时候都会带着如上的礼物去看望介绍人。在结婚之后的一年内，还有一个"谢媒人"的说法，新婚夫妇要感谢介绍人的帮忙，通常会请介绍人吃一顿饭，介绍人在男女双方两家里都是受到尊敬的。

第四节　家庭：关于其结构与功能

婚姻和家庭是紧密联系的。家庭是由夫妻关系和子女关系结成的最小的社会生产和生活的共同体。若干个血缘关系较近的家庭，谓之家族。我们在婚姻家庭的考察中，主要对川主村川都组的 39 户家庭做了详细的考察。在这些家庭中，男主人有劳动力的都在当地或外地打工挣钱，供给家庭的各项开支。女主人也有部分年轻的外出打工，中年妇女多在家做农活、带孩子、赡养老人，偶尔打点临工，挣点零用钱。在规模上，有些家庭男女老少加起来有十来人，这样的家庭通常是三代人共同生活。

家庭结构是指以婚姻和血缘关系为纽带而组合起来的家庭成员世代的构成形态，而家庭的规模通常是指家庭人口的容量，它是家庭结构的基础之一。在我们的考察中，假如我们想要描述人们的各项活动的时候，总是能够回归到家庭本身，而人们的各项活动事实上都围绕着家庭而进行。在这些各类型的活动与家庭这一社会单元之间，无论哪一方面是目的（即是各项活动维系了家庭的存在还是家庭的存在提供了这些活动的可能），我们在这里的描述通常都是将家庭作为一种功能实体来说明的。

一、作为结构体的家庭

通过调查，我们了解到，在三河乡，大多数家庭都属主干家庭（stem family），由父母和他们的一个已婚儿子建立的核心家庭组成的主干家庭。在当地，赡养老人是责任和义务，也是伦理的要求。家中儿子成亲后，多会选择分家，但总会有一个儿子留下同父母居住，承担赡养老人的义务，这就形成了主干家庭。关于分家，我们将会在后文中详细说明。老人一般会选择与最小的儿子一起居住，这样他们可以相互照顾。（我们说老人与年轻子女的家庭住在一起算得上是相互照顾而不单单是子女对老人的照顾，这种情况我们将会在养老的部分详加说明。）同样，也是由于分家的原因，儿子成亲后分家，独立门户，就组成了村里不少的核心家庭（nuclear family），由一对配偶（双亲）及其未婚子女所组成；配偶家庭，即是一对夫妻所组成的家庭，没有老人和小孩，在村里就主要表现为年老夫妇与年轻夫妇；几个兄弟结婚后没有分家而一直与父母住在一起的属于扩大家庭，也称组合家庭（extended or joint family），是由亲子关系或同胞兄弟关系数个核心家庭组成的扩展（扩大）家庭或联合（组合）家庭。在当地这种家庭结构很少，但也存在。还有一种就是独身家庭，因丧偶、离婚、分家等原因只剩一人居住的家庭，当然，这种家庭类型也是不多的。

表5.6　我们所走访的39户家庭的结构情况　　　　单位：户

	主干家庭	核心家庭	配偶家庭	扩大家庭	独身家庭	总计
户数	13	15	6	3	2	39

家庭结构图

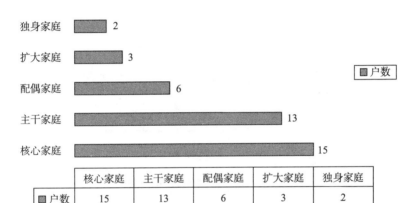

	核心家庭	主干家庭	配偶家庭	扩大家庭	独身家庭
户数	15	13	6	3	2

图5.4　川都组各家庭结构类型情况

从图中我们看出，在当地，核心家庭比主干家庭的比例大，说明人们通常选择核心家庭的结构形式。图5.4中的6户配偶家庭皆为老年夫妇，都是与子女分家后，自己单独吃、住。但是显然，这些老年人至少在生活上依然能够自理，不过生活来源已经不能够全部自给。尽管他们平日里都是单独生活，但是其子女也会经常来看望，因为在当地即使分家了，父母与子女所住地都不会太远。而扩大家庭和独身家庭所占比例甚少，这种家庭类型在当地存在，不多但也不为"0"。而其中独身家庭的两户均为老婆婆，老伴去世，女儿已经嫁出去了，分家的都有了各自的家庭，现在自己一人居住。

不同的家庭结构与家庭规模之间存在一定的联系，在通常的情况下，家庭结构较为复杂的，其规模也较大，尤其是在计划生育实行之后。家庭规模在某种程度上来说就是家庭人口统计的体现。在下图5.5我们可以看出，当地家庭人口规模在1~10人不等。其中，家庭成员4人的居多，通常，这种家庭由一对夫妻与及其 2 个（计划生育在石柱县对土家族允许生育连个孩子）未婚子女组成。其次就是居住 5 人的家庭较多，占总的家庭的 13% 左右，它们均为主干家庭的家庭结构类型。一家 10 人的人口规模确实较大，但是通过我们了解，在我们的调查之中，有一户这样的家庭，这一户家庭主要是招了两个上门女婿。但是这个家庭的家里条件很好，有足够的房子供大家居住。而扩大家庭构成的基础最主要的就是家庭关系很融洽，家庭关系的不融洽几乎是分家以及扩大家庭难以存在的重要原因之一。

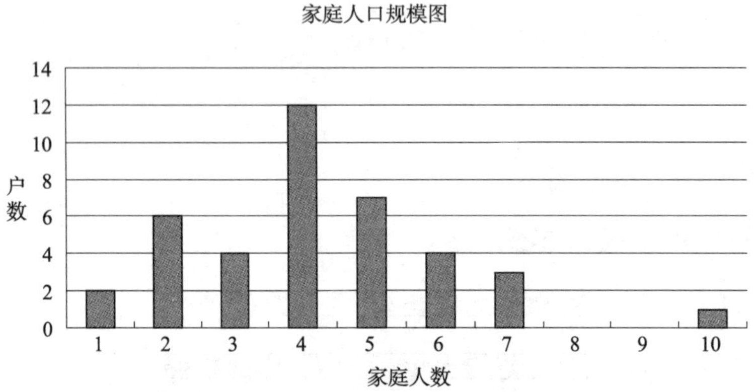

家庭人口规模图

图 5.5　川都组家庭人口规模图

所以，在家庭结构的表述中，我们将会更加关注家庭中各成员之间的关系情况，毕竟所谓家庭结构总是在各成员之间的关系中结成的。

（一）夫妻关系

夫妻关系是家庭中极重要的关系，夫妻关系的好坏对家庭环境质量的考核起关键性作用。在三河乡，一般的家庭是丈夫在外打工挣钱，妻子就在家照顾小孩和老人，负责田地的耕作。在农忙时，尤其是播种和收获的时节，丈夫还是会下地帮忙劳作。在我们调查期间，正是栽种苞谷、点花生和育谷苗的时节，村民们很是忙碌。我们还发现，一旦遇上下雨，家里男人外出打工的就少，很多就会趁雨停了去农作，或是请假几天回家帮忙。年轻的男人们偶尔参与农业生产，一是为了帮助妻子，为她减轻负担；二是在他们看来田地耕作也关系到家庭的消费和收入，尽管这不是家庭经济的最重要来源。

尽管当地"男主外，女主内"的家庭模式仍然普遍，但是家庭中男女地位的不平等现在已经发生了一些变化，很多在家务农的妇女，已不再依靠丈夫，而是主动在当地找临工或是做小生意，共同挣钱生活。而且，在我们的调查中，我们发现因为高速公路导致的拆迁，使得搬迁家庭更需要劳动力，于是我们许多男人留在家里处理搬迁事宜，而女子则大量外出打工。不过在拆迁逐渐结束、而新的居所已经建成的情况下，年轻男子在家务农的也逐渐减少。

我们在调查中看到农民陈五海两夫妻每逢赶场天就在街边与大姐家合租的门面里做补鞋生意，每场都忙个不停，平时农忙时就下地劳动。由于女方是本村人，还有小块田地可供耕种。农闲时，夫妻俩就经常和家中亲戚一起去帮附近的小厂"下水泥"，陈家和一两位经常给附近拉水泥的师傅建立了联系。只要有水泥拉来，就叫他们去。车拉的多，叫的人就多，车少，叫的人就少。一般一车水泥需要 2~3 人，1 小时左右搬运完，一人获得 35~40 元。有时他们夫妻俩一起去背水泥，挣双倍钱，有时一个在家看孩子，一个去背。陈家媳妇说，"没办法呀，有两个孩子要养，我们家两个孩子读书还不错，只要他们肯读，我和他爸爸再辛苦都愿意做。"

我们在对一些老人的访谈中知道，传统的夫妻关系经常会受到生育情况的影响，因为那个时候经常会有养儿防老的意识。但是现在的情况发生了一些变化，那种因为不能生育儿子而影响夫妻关系的情况并不被人们认可了，如果这对夫妻因为这种事情而发生了关系不和，那么其丈夫通常会受到舆论的压力。一个女人这样说道：

我丈夫对我可好了。我生了两个女儿，生完第二胎后，我丈夫也没怪我，他也很喜欢女孩。他还主动提出自己去结扎的要求，响应国家计划生育。但是我考虑他是家里的劳动力，要是结扎了身体不好怎么办，没同意。但是丈夫考虑我生了孩子，身体弱，还是坚持自己去做了结扎。人家医生都说像我丈夫这样的男人太少了。

从妇联和村里的计生专干的口中，我们了解到，村里对妇女的身体健康和男女之间正规的性行为等知识做了大量的宣传，保证已婚男女的身体健康。比如，对于刚生完小孩的妇女，30 天左右后，计生专干就会上门免费发放避孕套或药品，尤其是对于没有安环的妇女。而对其丈夫也会做一定宣传，注意妻子和孩子的身体健康。还有村里一年两次的妇检工作，以前有的丈夫不同意妻子来做妇检，认为没必要，浪费时间等，现在却已经有了很大的转变了。

夫妻关系的和谐，也能从侧面反映了女子在家庭中的地位。现在大多数夫妻家里有事都是相互商量决定，相互尊重。但是在我们走访时，我们也发现，当家里来客时，都是丈夫招呼客人，妻子做饭。吃饭时，妻子要么最后上桌吃，要么根本就不上桌，自己在一旁吃。当地人认为这是很寻常的习惯，家家都是这样做的。两夫妻能在一起休闲的时间可能也就是晚饭后，坐在一起看会儿电视了。由于白天的忙碌，和第二天的工作，村里人晚上休息也都很早，晚上十点左右村里就变得很安静了。当地的夫妻关系大多是比较和谐的，但是从调查的离婚率和再婚率我们也可以看出，还是存在一些不和谐的因素。

但是夫妻之间的关系并不如同我们想象的那样单纯，事实上，夫妻关系之所以在家庭内各成员之间的关系中显得十分重要，在于这种关系通常影响别的关系而且也受到别的关系的严重影响。譬如，婆婆与妻子之间的关系通常也会影响到丈夫与妻子之间的关系。

（二）婆媳关系

在对三河乡的整体调查中，婆媳关系存在矛盾的很少，大多还是相处融洽的。据我们调查了解，婆媳关系维系较好的原因主要是：一是当地大多数的婚姻都是经过父母审批了的，在选择儿媳时，父母已经有了个筛选，加之很多婚姻是亲上加亲，又或者是邻居、好友介绍，婆媳相互了解，相处起来也比较容易。二是当地分家制度盛行，也为婆媳关系的维系提供了一定的空间。很多家庭一旦儿子结婚后就分家，其中一个原因就是为了防止矛盾的发生。因为年代的不同，文化层次的不同等诸多因素，两代人看待事情、事物的角度、处理的方法也会不同。如果分开居住，就会避免很多矛盾冲突，也可以使夫妻关系较为宽松。

陈世芳给我们讲述了她的大儿媳妇。媳妇是儿子的幺妈介绍的，两人2003 年结的婚。结婚后就出去打工了。但是媳妇对两老都有孝心，过年、过节回家都会买衣服给他们。而且至今虽然给他们在附近几十米处盖有砖房，但是都没有提分家。婆婆喜欢媳妇，认为她能干、勤快。而且，丈夫生病回家，媳妇也辞了工作陪同回家，照顾丈夫。看到丈夫身体好点了，媳妇就在附近找临工做，没有怨言。他们要有钱，媳妇就会经常给我点儿，让我买菜、买吃的。

"我和婆婆关系不好，她偏心，喜欢小儿，所以对小儿家要好点。""我和那个媳妇和不来，这个媳妇有好吃的，过年过节都会想到老的。"婆媳关系相处也是很微妙的，尤其是在一个相比较的范畴，就更容易产生矛盾。而且，仿佛女人天性就有点小气、刀子嘴豆腐心等性格，由于误会而产生矛盾也就很容易。

周万英与前任丈夫的母亲关系就相处得不好。据她说，从她进入周家，母亲就很不喜欢她。因为儿子在结婚前因家中房子的修建就与家里有过争执，儿子认为父母偏心向着小儿子。但是母亲就以为是媳妇从中搬弄是非，所以婆媳关系，甚至母子关系紧张。儿子去世后，婆婆更是担心媳妇把小孩留给自己养育，从不看望，甚至连见着了也当不认识。

（三）亲子关系

父母与子女的关系，是家庭关系网中最核心的关系。父母的一言一行对子女的教育，包括子女的性格培养、子女的处事能力、思维能力等都会多少有影响。"天下没有狠心的父母"，但是因为生活所迫，在当地，很多父母都不能承担好一个父母应尽的责任。很多孩子生下来后，父母就外出打工了，把他们交给了爹爹（爷爷）、奶奶带。一年难见父母几次。父母认为，在外打工挣钱也是为了孩子，孩子应该理解。可是缺少父爱和母爱的童年是无法用金钱来弥补的。村里很多的父母文化程度也不高，没有给孩子过多学习上的交流，但是要让孩子读书是村里每位父母都坚定的，不论男孩、女孩。但是到孩子读到初中，就要么辍学，要么跟父母去打工，要么和当地不良少年一起玩。其中一点原因就是父母对孩子的管教少，沟通少，一位父亲曾很无奈地这样对我们说："那有什么办法？孩子他自己不想读，周围的孩子很多都不读了，他被我们劝去读了几天还是回来了。怎么都不去了。我就想干脆我不去打工了，回家带着孩子做点什么生意。没办法呀！"

在当地，一位妇女告诉我们，"儿女从小养到大，要把会头（结婚喜宴）办了，才算把他们交代了。孩子立了家了，才觉得完成了父母的责任。"她只是想说孩子结婚后，就表示成人了，作为父母养育孩子的责任已经完成了。但是事实上父母对子女的责任仿佛还不止如此，因为在当地，父母还有协调孩子夫妻关系、照顾孙子、孙女儿的责任等，父母的责任是要背一辈子的，是没有完的。

父母还有个重要的责任就是给孩子找到另一半，建立一个家庭。关于孩子的择偶，父母也有重要的影响力，这无论是在过去的父母包办婚姻中，还是现在的自由恋爱中都有存在。当然，现在孩子需要将自己的恋爱对象介绍给自己的父母认识已经在很大程度上表现为一种礼仪性的尊重。

作为子女，一辈子享受着父母对自己应尽的责任和义务，但是他们对父母的赡养也是极重要的责任。父母只要自己能活动，大多喜欢自己照顾自己，不过在生活来源上依然依赖子女的供给。当人们老了，身体无法劳动了，就只能靠儿女维持自己的基本生活，甚至需要子女照顾自己的日常生活。

　　子女对父母的孝道通常在节庆中表现得更加明显。在三河乡，当地人比较重视的节日主要有三个：春节、端午节和中秋节，人们在这些节日中的团聚可以看出当地人对家庭的重视。其中比较特别的是端午节，当地人要吃包面、喝雄黄酒（据说这样做的目的在于防止蚊虫叮咬，因为自端午之后，蚊虫滋生的季节就逐渐开始了）。端午节被分为小端午与大端午，其中所谓小端午是在阴历的五月初五，而大端午则是在五月十五。这种大小端午的区分是考虑到方便子女、女婿、媳妇分别回各自家过节。一般情况下，夫妻二人要是小端午在娘家过，大端午就会回婆家过，这样两家都有照顾。而且，在当地，女儿、女婿要是回娘家，娘家就要准备草帽、雨伞相送。端午过后，夏季来临，夏季的天气特征通常是雨水充足而气温升高。天气晴朗的时候，草帽派上用场，下雨的时候则雨伞派上用场。因为平时大家都在忙于打工、干农活，通过这样的节日聚会，也可以加强家庭成员之间的关系，使之更加融洽、亲密。

　　关于父母与子女的关系，我们还会在后文中不同的位置加以说明，如在我们探讨养老的时候以及探讨人们的教育情况的时候。

二、作为功能体的家庭

　　家庭的功能指的是家庭在人们生活和社会发展方面所起的作用和活动范围。在这里我们主要调查的家庭功能有：生育功能、组织生产功能、消费功能、抚养教育功能和赡养功能。

（一）生育

　　人类社会的延续，需要不断有新的社会成员来接替和延续，人类社会需要新的生命力的活力。家庭是目前社会所认可的生育子女、繁衍后代的合法的社会基本单位。在三河乡调查中得知，当地从1984年成立土家族自治县后，就准许土家族人可以生育两个孩子。所以，现在村里1980后组建的家庭大多是两个子女。而且随着社会的进步，当地人的生育观念也有了转变。村里人对生儿生女的要求并没有过去那么强烈，在调查中，人们普遍的观点是"生儿生女都无所谓，生女儿还更好，比儿子孝顺"，"现在双女户国家还有补助政策，一个月有钱发"，"生女儿家里条件不好的外嫁出去就好，生儿子还要负责给他盖房，娶媳妇"，"我们只能生两个，所以一样一个是最好的"。关于人们的生育观念，我们已经在说明三河乡的人口状况的时候说得较为清楚。在这里，只是表明家庭在生育或者说社会延续中所发挥的作用。当然，家庭对社会的延续的作用显然不仅仅在于将孩子生出来，孩子出生之后的整个教养过程也是极重要的。关于这点，我们将会在后文中详加说明。

（二）组织生产

组织生产和消费功能，也称经济功能，是家庭物质需要必不可少的条件，家庭通过组织生产，获得必要的生活资料，而使得家庭可以延续和发展。目前家庭作为社会的基本单位，也是一个基本的经济构成体。在我们说明三河乡的经济发展状况的章节，我们曾经对经济做过一些与家庭相关的分析。

家庭生产模式的总体情况是成年男性在外打工，成年女性则在家务农、养殖以及照顾孩子和老人。又因为当地高速公路的修建，提供了许多打临工的机会（下水泥、栽花种草等），当地很多中年妇女就利用平时闲暇时间再去打临工又可赚点零用钱。所以现在很多家庭采取一边种田地，一边打工的生产模式，在自给自足的基础上，挣钱储蓄，供孩子读书以及其他的消费。

（三）消费

当我们在考察人们的经济行为的时候，通常会发现几乎所有的经济行为都与人们的家庭相关，也就是说，人们的各项经济活动的最终目的或者说其活动的主体很少是个人，而是家庭。例如，当被问及为什么人们要努力赚钱时，没有人会告诉我们说他自己需要很大的开支，而是说他的家庭需要很大的开支。消费活动，事实上很大程度上是通过家庭来实现的，家庭是消费活动的最重要的主体。这些消费活动包括：①生活消费；②教育消费；③人情消费；④农业消费（农业投入）；⑤医药消费。关于这些消费，我们也已经在上文中说明人们的经济生活的时候交代过。

（四）抚养与教育

家庭的抚养教育功能不但是一种社会责任，也是家庭对未来的一种希望，是家庭发展、社会发展的条件。在农村，由于父母的受教育水平不高，所以我们这指的家庭教育主要是指对孩子的人生观、价值观、世界观的思想教育方面，真正的知识传授还是在学校。

在三河乡调查期间，我们经常看见几名青少年到处游走，没有上学，有时还骑着大摩托车在街道上跑。后来我们逐渐了解到，几名青少年都是初中没毕业就辍学在家，白天没事做，就瞎玩。有个别孩子还和当地的不良青年混在一起，形成一个小团体，帮人收账。父母表示已经拿孩子没办法了，经常教育但孩子不听话，父母也很无奈。像辍学在家，或是外出打工的孩子在当地也很多。据他们的父母介绍，主要还是当地风气不好，很多孩子看见别的孩子不读书了，加之自己成绩差，学校教育也有所不妥，所以孩子就自己放弃学习了。

其中辍学的大多数是男孩。

抚养教育是天下所有父母对子女应尽的义务和责任。而通常，这需要在一个家庭内部来进行。当我们在后文中描述到人们的教育状况的时候，我们还会将孩子的家庭教育做出详细地说明。

（五）赡养

赡养老人一直是家庭所承担的一大责任。我们本文的不同之处说过农民的生活总是围绕着两项重要的内容而展开：一是孩子的养育，二是老人的赡养。事实上正是如此，养老的重担几乎全部都还压在每一个有老人的家庭身上。尽管随着高速公路的修建，现代市场经济的影响以及退耕还林的发生对人们的生活方式造成了某些重大的改变，而养老在今天看来也发生着某些变迁，但是总体而言，家庭养老依然还是养老的最重要的方式。

家庭对于人们的意义当然并不仅仅只是这些，不过上述几点对于一个家庭而言事实上已经构成了极大的负担。

第六章　社会交往：从血缘走向血缘之外

第一节　家的延续：从分家说起

在当地有一句俗话是这样说的："树大要分叉，人大要分家。"这句话形象地表述了分家在乡村社会的必然性和常规性。"一般而言，分家指的是已婚兄弟间通过分生计和财产，从原来的大家庭中分离出去的状态和过程。"（麻国庆，《永远的家：传统惯性与社会结合》，北京大学出版社，第99页。）我们认为，分家的实质就是产权的明晰和进一步细分的过程。分家的结果就是家庭所有资源的一次细分和再重组。

在我们所主要考察的村子里，家庭的财产分配向来都是很正常的家庭活动。每一名男子在成婚之后都要面临着分家的过程，从原来的家庭中再拆分出一个或多个小的家庭。分家多是按照均等分配的原则，每一给儿子（很少有女儿参与分配的情况发生）都会分到均等的财产。而财产的构成主要是土地和房子，以及一些小的物件。高速公路的修建具有突然性，这种突然性也使村民的分家出现了很大的变动，也产生了一些纠纷，这是不可避免的。

一、分家的原因

在我们所调查的村子里，村民们对分家的初衷其实很朴实。不论父母，还是儿女，主要是为生活习惯的不同而考虑。川都组的田云兰老人在访谈中说道："老的与小的早迟不合，吃的软硬不合，所以分家好。""村里分家也是很正常的事儿。"即使小儿子通常被选作照顾老人，但是大部分的父母依然认为只要自己尚且能够劳动，就不要为子女增加过多的负担。所以，很多老人即使和一个儿子共同居住在一起，也有分开吃用的，这也算作分家。分家中没有女儿的份，因为在当地，女儿嫁出就不用管她了。父母也不需要女儿照顾，但是女儿如果有自己的田地（这里指的是那些在1982年以前出生的女性，在1982年土地下放时曾经从生产队那里分到过土地），在出嫁后，仍然可以回家耕作自己的那份。村里谭老师给我们归纳了当地分家的主要原因，共有三点：一是经济原因，大的孩子结婚后，不愿承担比自己小的弟弟、妹妹的费用；二是家庭人口因素，当地计划生育政策可以生育两个孩子，家里人口多，空间资源不足；三是婆媳关系通常不容易融洽，上一代与下一代的关系难以处理也是导致分家的一个重要因素。

秦家住在川主村川都组老高子附近。这是一个当地的大家族，三代人共居此处。

"我是秦泽金的媳妇，我叫田云兰。我丈夫一家共有七兄妹，三兄弟，四姐妹。我们一家也生了七个儿女，三儿四女。

"我是1958年嫁入秦家的，我丈夫是家中老大。在集体生活的大背景下，一大家子的人吃饭都是问题，吃饱就更是问题啦。我们跟了父母四年，是父母提出分家的，说孩子多了，立了门户，人情户也就自己去理。当时分家时我们已经有两个孩子了。二弟在1960年就结婚，1个月后，就提出了分家，比我们早分。父母当时见房子住不下，就在附近凉水井修建了一间房，分给二弟居住。还给了桌子、锅碗、火钳等东西。到我们分家时，就把当时住的房子的一间分给我们，40平方米左右，还有150斤谷子。当时的田地是集体的。到1969年，三弟秦泽玉结婚。两年后，他们也提出分家，儿子1岁多，三弟媳本想，孩子在家婆婆能照顾，也很好，但是婆婆还是闲不住，要干农活儿，还带着孙子，弟媳就认为分与不分没两样，就提出了分家。老人也欢喜，就分了一间房，500斤谷子给他们。1971年起，父母就单独住一处。但是由于我们几家都很近，无论子女，还是媳妇、女婿，都常去给父母帮忙，照顾。我们的三个儿子当时分家都是自己提出的。大儿子1985年结的婚，1986年分的家，当时儿子说：'大人活儿多，复杂，各自做也自由些。'二儿子提出分家主要是媳妇认为'大儿子都分出去了，父母还有这么多孩子，住一起不划算'。老三是去年（2008年）5月分的家。但是我们还是同老三住在一起的（指的是住在同一所房子里）。"

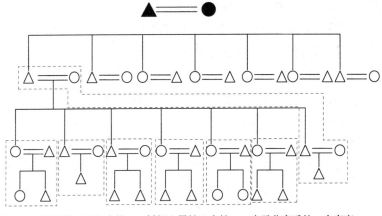

注：▲死亡男性●死亡女性══婚姻△男性○女性----表示分家后的一个家庭

图6.1　秦家家族结构图

二、分家的模式

在农村，一个大家族就是一个整体，它由若干小家庭组成，独立的小家庭形成就是分家的结果。在人们看来，分家已经在当地是一种约定俗成的现象。我们对当地的分家模式进行了了解，主要分为这样几类：

顺序式：是指在多子的家庭中，由于人口的不断增加，多采取依照结婚顺序分家的模式。在农村一般情况下是儿女依次结婚出嫁，所以，按照从大到小的顺序，结婚后就分家出去一个。等到最小的，或是最后结婚的儿子就照顾父母，因为那时候父母也已经老了，但是通常情况下也是分家的，不过与父母住在同一所房子里。这种模式在三河乡是最为普遍的。所以，在三河乡的主干家庭中，一对父母同小儿子居住在一起的家庭较多。

统一式：主要是指在少子的扩大家庭中，由于矛盾或各种原因，需要分家，全家人共同商议，统一划分财产，一般遵循平均分配的原则。这样的划分是为了表示公平。一般如果需要赡养父母的儿子家，就多得一些财产。如果父母也单独划分一个家庭的，就等父母过世后再将其拥有的剩余财产进行划分。

无序式：这种无序式是针对顺序式提出的，它表现在两方面。一是家庭中分家顺序的无序，二是家庭财产划分的无序。

三、分家的条件

然而，什么样的家庭才存在分家呢？我们通过对走访的 30 多户家庭进行分析后发现，分家也需要具备一定的条件：

第一，结婚是分家的一般基础。每个家庭中的父母，从孩子出生后就承担了对其教育、抚养的责任，等到孩子结婚后，就表明他有了独立生活、承担责任的能力。在农村，结婚后才分家，婚前单身是同父母居住。同时，由于家庭中核心家庭的增多，为避免产生诸多的不便，所以提出分家。

第二，经济是分家最重要的保障。分家最具代表性的就是父母要分一间房子给孩子。所以如果家里没有一定经济条件，没多余的房子，即使家庭内想要分家也无法满足。条件好的家庭会在别处或者自家旁边另建一所房子给儿子分家后住，表示自立门户；条件差的家庭就在自家现有的房屋中，划分一间房，由儿子一家单独住。

第三，家庭空间的缺乏，或说是家庭人口数量的增多也是分家的一个条件之一。而所谓的人口多主要是家中的儿子。女儿嫁出去了就不管了。而儿子娶了媳妇，媳妇生了孙子，孙子又娶媳妇……这样一代接一代，人口就多了，家里的空间就小了，自然就会有提出分家一说。一般情况下，那些没有儿子而全是女儿的家庭很少存在分家，因为要么女儿都嫁出，要么就是留一个女儿招婿。只有一个儿子的家庭也会存在分家，不过这个儿子通常在生活上也要对父母做出细致的照顾。在这里要说明的一点是，儿子对父母的赡养义务，并不会因为分家而不履行。所以分家和赡养老人是不冲突的。

四、分家的规则

分家就是家庭财产的细分和重组。三河乡分家的规则主要遵循：

土地的划分：一般遵循"分产到户"时所划分的每人田地的多少而分给子女。如果子女没有田地的，父母也会把自己的田地适当给予他们。

财物的划分：这里所指的财物主要是指房屋、粮食等。有的家庭还会有债务的分摊。这主要是在儿女成家前，家里所欠下的债务。父母认为这是作为家庭成员的一分子所应承担的义务。当然也有子女所欠的债务。

据陈家儿媳马世英讲，他们分家时，父亲就分了300元的债务给他们。那是以前父亲欠的债，分家时要求两个儿子各自负担一部分。儿子不同意，就与父亲吵起来，父亲还因此打了儿子。但是父亲后面自己去信用社把贷款的一部分转到了儿子的账户上。

秦泽金一家由于在"分产到户"时，全家两个大人，六个孩子，共计八个人的产。后来夫妻两人又生了个儿子。此后（具体的年份已经遗忘），地方实行"超生退产"的政策，秦家两个大人的产就被全部退还。而且当时退产的口号是"退好不退差，退近不退远。"退产后，剩下的六个人的产量不够家庭消费的，于是两夫妻租了别人的谷种来耕作，还有一个干儿子，给了他们一个人的田地耕作。他们租的谷种，是按 1 斤谷种换 7 斤谷子来计算，秦家那年收了 900 斤谷子，就上交给租赁者 600 斤，自己留了 300 斤吃。

到分家时，小儿子没有田地，"但是我的一个女儿嫁出去，因为太远，就没要她的田地，给了我们耕种。于是分家时，我们就把女儿的这份田地分给了小儿子。"

尽管父母在对自己的子女方面总是显得十分慷慨，但是当生活压迫下来的时候，情况总是显得较为复杂，尤其是那些并不仅仅只有一个儿子的父母在处理分家事务时更是头疼。

五、分家的过程

分家属于自家的事儿，一般就自家人在一起讨论，说定了就成。但是如果遇到不合理，子女不服，家庭矛盾时，就会请父系家属参与，较有权威的优先，也有请村里干部出席的，作为公证人和调解员。

陈世兵家在第二次分家时，就请了村长和支书两人做公证人。为什么说是第二次分家呢？因为之前第一次是两个儿子成婚后从这个大家庭分家出去，而这次是在已经分家的基础上，主要讨论的是陈家两位老人的赡养问题。一是两位老人现在没有房子住，老人今后的住宿问题需要分担。老人提出到每家住 5年，因为搬家很麻烦，所以时间隔长点好。于是两家就通过"拿号"的方法，来决定老人先住在哪一家。由村长写号，两家都叫了自己的儿子（即老人的孙子）去拿号。结果，二儿子拿的 1 号，大儿子拿的 2 号。所以现在陈世兵夫妇住在二儿子家，明年（2010 年）他们就要搬到距前面 100 米处的大儿子家了。二是分担其他的责任。在商议之后，决定两老在可以活动的前提下，还是自己照顾自己，等他们动不了，再由两个儿子一家负责一个。包括吃住、生病，以及后事的办理。家里人认为这样分就避免以后分摊费用等吵架。于是这又采用了拿号的方法决定，两个儿子谁负责父亲，谁负责母亲。还是由村长写，小孩去拿号。结果是大儿子负责父亲，小儿子负责母亲。整个分家过程仅花了十多分钟，后面还请了村长和支书吃午饭。

从上述访谈材料我们可以看出，分家的过程主要包括：召集全家，土地、房屋等家庭财产的划分，选择（分配）方式，财产获得。在划分财产的过程中，父母考虑到子女的想法，一般都会平等划分，要么就是全家人一起先把土地、房子如何分配的方式商定好，再由拿号（抓阄）的方法，来分给他们。这样做，即使子女获得不太好的土地、房屋，也难以相互抱怨，避免造成家庭内部矛盾。

六、财产继承

当地村民的主要的财产就是房子和土地。对现在的村民来说，土地依然还是很重要的。人们能清楚地记得自己的田地是几亩几分，不论老人还是年轻人。在我们调查的三河乡，由于当地规划建设的需要，在 2006 年前后开始征用了村民的部分田地。从他们的言语间我们可以很确切地感受到村民们对土地的依赖，和对土地的深厚情感。

家庭财产继承一般以男性为主。女儿嫁出就不能继承娘家的财产，也不需要赡养父母。在多子的家庭中，财产的继承与儿子的赡养有关。如果儿子多的，一般是由小儿子赡养，因为小儿子最后成家，前面的都已经分家出去。但是一般继承财产的也就是赡养父母的孩子。不过在当地，也有轮值赡养的情况，即两个或两个以上的儿子轮流照顾父母的生活。在这种情况下，家庭财产就平均分配给每家。家中全是女儿无儿子赡养的家庭通常存在招婿婚，由招婿的女儿来继承老人的全部财产。

我们马家是三姐妹，没有兄弟，我是最小的。前面两个姐姐都已经交代。我的父母就是想把我留到身边。而男方家是 5 兄弟，所以男方愿意嫁过来，他也明白我的父母需要照顾。所以我们一直跟我父母住在一起。姐姐嫁人后，也偶尔会回娘家，给父母买衣服，买吃的。父母病了，姐姐们也有给点钱，但是大部分还是我来负担。父母过世的丧事儿也都是由我来承担的，所以家里财产包括一套房子（共 5 间），2 个人的田地（田：3 分/人；地：6 分/人）都由我继承。姐姐们都没意见，我们三姐妹关系也一直很好。

财产继承和分家的过程大同小异。但是这里单独提出主要就是强调在父母过世后，家庭财产的再次划分。由于两老已过世，在一般情况下，划分家产都会在办完丧事后不久请父族中有威望的亲戚、乡里的干部（至少是个队长）作公证人。用当地人的话就是说要请"说话在口的人"，这样人们才会信服。

七、分家后的家庭关系

分家后，大家庭就变成了小家庭。这也就解释了为什么当地核心家庭居多的现象。那么分家后各家关系究竟如何呢？从我们观察所看到的，因为分家后的居住模式是邻近居住，一家人都分得不会太远。所以分家后，儿子一家与父母家，以及兄弟家之间的关系还是较为亲密。虽然分家后，大家吃、住各家顾各家的，但是要有事，如田地的农活人手不够，谁生病要照顾，去政府办理事情等，家中的兄弟姐妹、父母叔伯等大家都还是很乐意互相帮忙。而分家后，人情钱的送礼也是有一定规定的。在分家时，父母就会把礼金薄拿出来，如果有孩子家庭涉及结婚、建房、小孩满月酒请客等的礼金，只要涉及孩子家庭参与的，就将其划分出来，由自己保管。所有上面的亲戚朋友送了礼，以后就由夫妻二人自己去还礼。（在未分家前，礼金薄由家中老人负责保管，一般由家中年长的男性作代表去还礼。分家后，就各自保管各自的一份，这也是家庭独立的一种表现。）这种财礼上明确地划分，也是为了日后各家在钱财上互不相欠，免起纷争。一方面这是确定各兄弟之间的关系，同时，也算得上责任的分配过程。

谭老师，沙子镇人。由于工作调动来到三河乡小学任教，现在学校后勤工作。有一女一儿，大女儿在县城已嫁人，是一名教师，已生有一个儿子。小儿子在金竹乡任教，未婚。妻子经常去县城照顾女儿，所以经常一个人在家。

谭老师告诉我们说，他家有7个兄弟姐妹，其中4个儿子。他的父母是一年轮流去4个儿子家居住，每家住3个月。如果在谁家有生病需要花钱的，就由当家的先垫上，留下发票单据，待几家凑在一起时就将费用平摊。现在各家关系还是很好的，也经常走动。

八、分家的作用

当地分家现象的普遍存在，除了因为分家可以满足小家庭空间、生活的相对自由外，还因为它存在一些积极作用。

第一，可以缓解家庭矛盾。现在越来越多的新婚夫妇选择结婚后不久或者结婚直接就分家的。一个重要的因素就是怕和老一辈产生矛盾。在访谈的39户农家中，都表示分家对父母和自己的家庭都好，不会因家中琐事而产生冲突。

第二，重组家庭资源。这对一个家庭发展而言也是有促进作用的。这里的家庭资源包括人口资源、财产资源、土地资源。分家后，一个新的核心家庭建立，这对家庭人口资源是一个重新整合。父母的家庭中就会少了劳动力，但也减轻了家庭的人口压力。而在父母的家庭中还是孩子的他分家后就成了家中的家长，一家之长，没有父母的庇佑，逐渐锻炼出其承担责任的能力。分家需要分房、分地、分其他各种财物。有钱的就多分，没钱的家庭能分个房就很不错了。土地也是一样，各自分得一部分，一般而言，是平均分配的。所以分一次家，家庭资源就会损耗一次，但是重组的家庭资源又会产生更多的效益。

第三，扩大家庭交际网络。分家之后，就各自独立门户了。表现最突出的是在送人情上。我们看过村里黎家的人情簿，也听他给我们说了他们家是如何算自己的人情账的："我的父母亲去世后，办丧事都是我们三弟兄先各自拿出一份钱开支，等事情结束后钱有剩的我们就再平分拿回。公共的礼钱（包括邻里的、父母的亲朋好友等）就由最后结算后平均分配给我们三弟兄。最重要的就是要记好我们三弟兄各自来的亲朋好友所给的礼钱，由我们各自收取。"这就是分家后独立门户的表现。各有各的社交关系，各有各的人情礼。俗话说，"不当家不知柴米油盐贵。"以前生活在一个家庭，大小事儿都是由父母操心、办理。一旦分家后，这个新的家庭就要承担起各种家庭的职能了，而事实上，我们所能够看到的农民的各种社会关系都是在这些只能活动中确立和维系的。

第二节　家的扩展：亲属制度及扩大的亲属关系圈

一、亲属称谓

在我们的调查中发现，村里人对一些亲属的称呼同汉族相同，有一些又有别于汉族。我们将一些常规亲属的称谓方式项属于下。

（一）父母

（1）父亲：现在的小孩、年轻人都是叫"爸爸"，但在当地，有些地方还有叫"伯伯"（bai）、"幺叔""依"（yi）、"幺爸"等称呼的。听当地人讲，这样叫，主要是为了自己小孩命长，所以换个称呼。我们不妨认为，这与给小孩取个小名，"狗儿""虎子"之类的，表示好养，命长有相同之意。这种称呼通常是由一些专职算命的人告知这些孩子的父母的。此外，普遍的称呼就是"老汉"。

（2）母亲：由于汉化，现在大多数人都是叫"妈妈"，在以前当地人也有叫母亲"奶子"的称呼。

（3）干爹：指是在自己的父亲之外再"拜寄"（人们将认干亲的过程叫作拜寄）某人为父，村里人称"保爷"，取"保"，就是保命之意。这主要是为了孩子成长顺利。事实上，许多孩子认干亲都是在疾病的情况下实现的，经专职算命的人的建议，其父母会为其找干亲。

（4）干妈：指是在自己的母亲之外再拜寄某人为母，村里人称"保娘"，寓意与"保爷"相同。

（二）与父亲相关的亲属

（1）对父亲父母的称呼：父亲的父亲，称为"爹爹"（die）；父亲的母亲，称为"婆婆"或"奶奶"（nai）。

爹爹的兄弟，称为"大爹爹"，"二爹爹"（一般按排行称谓），他们的妻子也称为"奶奶"（按排行称呼）。

（2）对父亲兄弟姐妹的称谓：父亲的哥哥称其为"伯"，（大伯，二伯）其妻在后面加个"娘"字，称为"伯娘"；父亲的弟弟称其为"叔"（安排行），其妻于称为"嬢"（安排行）。

父亲的姐妹有称"姑娘"，也有称"嬢嬢"的。一般称姑娘的丈夫，为"姑爷"。

（三）与母亲相关的亲属

（1）对母亲的父亲的称谓：当地人有称其为"嘎公"（gagong）；"嘎公"的妻子，即母亲的母亲称为"嘎婆"。

（2）对母亲兄弟姐妹的称谓：母亲的兄弟和我们汉族称呼相同，称之为"舅舅"（按排行来称呼"大舅""二舅"等），有时也称为"舅爷"，舅舅的妻子就称为"舅妈""舅娘"。

母亲的姐妹，当地人称之为"姨娘"，其丈夫，就称为"姨爹"。

（四）其他称谓

"老挑"，在当地是形容姐妹的各自丈夫之间的关系。

其他亲属称谓和汉族基本相同。

在当地，我们还发现一个有意思的称呼，当地人有把三个字名字的人，简称两个字，就是把辈分那个字去掉了。如我们走访的马世英大姐，周围邻里就是叫她"马英",久而久之,当我们在当地提起马世英大姐时,还有的村民一时想不起是谁,当我说了她的具体住址后,大家才想起她。

而且,也有村民告诉我,当地也会给小孩取点小名之类的,寓意好带,能养活。另外,长辈对小辈统一称其为"仔仔"(或曰"崽儿""崽崽")。

在小辈与长辈的对话中,不会直接说"你",而是代之以"娘"(音同)。

二、家族关系

我们听当地的马世宣老人介绍,在1949年以前,当地以黎家、陶家两大家族为主,都是大地主。黎家几兄弟分别住在现在的川都组、古文堡和老高子三处地方,相距不远。房屋都是四合院式的建筑,有正堂、偏房等。陶家以陶定虎为首,住现在凉水井附近,其次还有陶定龙、陶定凤、陶定鼎。黎家一年要收4000多担租子,约500斤粮食左右。陶家稍微次之。黎家有权势也有土地,黎大"扒公"(对富少爷的一种称呼)是当时石柱县参议长,黎四扒公是当时的参议员,专管粮食的。而陶家又和当时的一些土匪关系甚好,如当地出名的土匪头黎克勤。黎、陶两家关系一直很好。黎、陶两家的联姻,更是拉近了两家的关系。其中大家常提及的就是黎二扒公的一个女儿嫁给了陶定龙。1949年以后,当地的黎、陶两家地主遭到了批斗、镇压,最后跑的都跑了,死的死了,房屋、土地及其他财产全部充公。落魄地主只能住在"崖青"(山洞)里。因为地主势力被瓦解,所以黎家和陶家现在在当地的人也不算多了。

1949年以后,此地土地、房屋多,政府欢迎外面的搬迁过来。秦世科老人说:"这好比现在投资一样,如果有人愿意搬迁来,说明别人看得起你这个地方,所以当地政府很是欢迎。"搬来的新人被人们称为"新得户",在查田平产时,就搬迁来了许多"新得户"。其中,焦家湾搬迁过来的有六七家。现在当地最大的姓氏是马姓。在石柱县马家族谱中,我就发现,三河乡马姓有6454人,排在石柱县第三。除此之外是谭姓、黎姓、焦姓、张姓等。各家族在当地相互协作,相互扶持,没有阶级、等级之分,大家相处融洽。从新户的搬入以及今天的各种现象看来,现在的家族现象事实上已经比较淡化了。事实上,在市场经济逐渐进入到当地影响到农民的生活之后,家族这种组织形式(无论其是否具有组织机构)事实上就已经难以对农民的生活造成多大的影响了。正如我们已经说过的,在今天看来,人们可以称得上是亲戚的人越来越少,每一种类型的亲属团体(父系亲属、母系亲属以及姻亲)的范围事实上都在缩小。父系亲属团体事实上很大程度上就是家族,但是真正对人们的生产生活造成实质性影响的也就是自己的父亲及其亲兄弟姐妹们，以及自己的兄弟姐妹们。再往外扩展，亲密程度就已经很弱了。我们可能可以在村落里看到许多带着一定亲属关系的人们之间的交往，但是这种交往与其说是以亲属关系为基础的，还不如说是以地缘或者业缘关系为基础的。

三、"认干亲"：虚拟的亲属关系

在三河乡的调查中，我们调查到这里的大多数村民家都有把自己的孩子"拜寄"给另一家的现象，当地人也称之为"认干亲"。在我们着重考察的村落里，认干亲的人很多。一个孩子通常不会寻找与自己已经存在较为亲密的亲属关系的人认干亲，而是寻找那种既存在一定的关系，但又不是亲属关系的人认为干亲。较为明显的限制是不能够拜寄给与自己同姓氏的人。当然，如果亲属关系已经很不明显（正如我们上文所说的，亲属关系越来越淡化），那么也是可以认为干亲的，通过认干亲，两家就更加亲密了，叫"双重亲"。

冉大姐给我讲述了她的子女认干亲的过程：

我儿子当时4岁多，一个人在乡上的铁桥玩，他翻桥边上的栏杆，不小心踩滑，差点掉河里，幸好他抓紧了栏杆，大声直哭。这时，被附近开商店的李重慧李大姐听到，她就跑去救起了我的孩子，随后还送他去了学校。下午，我在街上碰见了马春兰（她是街上开副食店的），是她告诉我儿子发生的事。马春兰还说："今天你的孩子差点儿出事儿，幸亏这边开商店的李重慧把他救了，你应该给人家报恩。""怎么报呀？""问她欢喜不欢喜，就把你儿子拜寄给她。"我当时有所顾虑，我和李大姐之前都不认识，况且她家又已经有两个儿子，所以我就请马春兰当"干媒"，帮我去问问李家的意思。第二天，马春兰就去李家问了话，回来给我说，李大姐高兴得不得了，说"我当少怀几个月，就多了个儿子"。于是下午，我和丈夫等儿子放学后，就带着他去了李大姐家。当时我们一家认为李家是开商店，就在她的店里买的东西（几斤糖，1瓶酒）送礼。这样既能表示心意，也能照顾她的生意。我们去了李家，让孩子跪在地上给李大姐磕了个头，喊了声"妈妈"，就拜寄完成了。当时是1992年，李大姐给了10元左右的打发钱。然后我们就回家了。

我们两家自从认了干亲，就像亲姐妹一样。逢赶场，我就去李家商店坐坐，闲聊会儿。过年我们两家也是一定会聚会的，平常过节是李家喊我们去，我们才去，不叫我们一般就不去。我在生我小女儿的时候，李大姐她们还给我买了许多东西，营养品等。这样我们相处了十年左右，由于李重慧的丈夫开四轮货车，翻车了，欠下贷款，为了还债，他们夫妻二人就外出打工了。一年后，我们通过他们的关系，也决定外出打工。我们两家人在一家铁厂一起工作了大半年，之后，铁厂效益不好，倒闭了。我们一家就决定去新疆看看，那边有妹妹在那儿。渐渐就与李家失去了联系，至今没有联系。

我的女儿生下来不到两岁，常生病，又出麻子（一种病），我的婆婆就说去给女儿拜寄个没有结婚的，在外面跑的。她是说没结婚的寓意可以守得住小孩的命，在外面跑的寓意是长路人（寿命长）。我考虑了一下，就想到了我舅舅家的儿子，秦建华。他没有结过婚，也一直在外打工。于是我就请我的父亲做"干媒"。父亲就打了电话给外面打工的表弟，他就答应了。2002年，表弟打工回家，就自己到我们家里来了。由于当时女儿不到两岁，就没有给他磕头。什么都没有做，表弟就在家坐了会儿，走时给了50元钱给女儿，饭都没有吃就走了。由于我们两家之后都在外打工，交往甚少。2008年，在三河乡街上，我女儿由他外公带领，碰见了表弟，当时他就给我女儿买了一套新衣服。9月份时，我回来了。在街上我也碰见到表弟，他就给了小女儿100元。小女儿虽然认干亲时很小，但我们有经常给她看照片，告诉她有个"干爸爸"（保爷），所以她对"干爸爸"也不陌生。

从上述案例我们可以看出，当地人"认干亲"的缘由主要有：

（1）孩子出生命不好，多生病，拜寄给命好的，家里孩子多的，能养活。有的还让干亲取个名字，换个名，寓意好带。

（2）拜寄给救命恩人，作为报答。

"拜寄"并非"寄养"或"收继"，它只是口头的、认同的一种干亲关系。拜寄的孩子还是由自己的亲生父母抚养，干亲不用承担任何责任与义务，但由于关系的认可，每年或节庆日干亲象征性地会给孩子一些礼物。而当孩子长大成家之后，也会在逢年过节的时候看望自己的保爷保娘。

"认干亲"的仪式很简单。但是这其中也需要一个关键人物，就是"干媒"。这个媒人与结婚时所请的媒人有一定不同，他没有太多条件要求，不分男女，就只是为两家牵线搭桥，捎个话。但是请媒人的目的是一样的，就是自家去说干亲，万一被拒绝觉得丢脸。这个"干媒"他可以是亲戚，也可以是邻居，还可以是朋友。说媒成功后，就直接上门认亲了。认干亲的一方需要带礼品送去给干亲家，认干亲的孩子还要给保爷、保娘磕头。但是孩子太小的，不能行礼的，当地人也没过多的要求。行礼完毕后，干亲家作为回礼就要给孩子打发钱。（贫困的家庭也可以给东西。东西和钱都是根据当时的历史情况和各家的家庭情况而定。）

认干亲使得两个家庭，甚至两个以上的家庭通过干亲关系联系在一起，尽管这种联系可以是紧密的，也可以是淡漠的。在我们所调查的干亲家庭中几乎没有吵架、闹矛盾的案例。我们认为这是因为认干亲的功能在村里人看来是对孩子的一种祝福，如果关系不好，可能会影响孩子。而更为重要的是，事实上干亲之间并没有很严格的权利与义务，所以之间并不存在利益冲突，尤其是干亲通常选择那些亲属关系较远的人甚至是陌生人。随着时间的流逝，交往的减少，尤其是孩子成家后，关系渐渐疏远了的情况也经常发生。在调查中我们还发现，在村里通过干亲关系介绍对象的而结婚的人还不少。例如我们所访问的廖家，他大儿子的婚事是由陈滋兰介绍的，这个陈滋兰又是廖家的干亲，廖家的二女儿是拜寄给了陈滋兰的。陈滋兰又与女方同姓，相互认识。他们就是利用这样的关系给廖家大儿子做的媒。而廖家二儿子的婚事，当时是邻居马桂滋介绍的，介绍的是他的干亲家的妹妹。马桂滋的女儿是拜寄给廖家儿媳妇的姐姐的。当地人把干亲认为是自己的亲戚。就是这种虚拟的血缘关系，扩大了乡土社会的亲属关系，也是形成我们所说的"熟人社会"的一种方式。包括我们在上面冉大姐家的个案中提到的，两家陌生的家庭通过认干亲联系在一起，最后还一起在外打工，这都体现了认干亲的联系功能和互助功能。

当然，正如我们已经说过的，干亲之间并没有严格的权利和义务关系，所以有时候干亲之间或者出于某种实际的目的，或者仅仅出于对孩子的喜爱而结下深厚的情谊是很正常的，但是相反，干亲之间的关系淡漠也是十分正常的事情。

在4月11日，我（访谈员张洁）对张家进行访谈，张家媳妇说了一句"干儿干女酒饭亲"，她进一步解释说："这就是说当保爷、保娘的有饭吃，干儿干女儿就和你亲，如果没有饭吃了，就不亲了，不认了。"所以张家没有给自己的孩子认干亲。这里所说的"酒饭"，事实上是家庭条件的一种象征性说法。

不过无论干亲之间的关系怎样，我们依然还需要强调，认干亲的原初目的大都在于一种心理慰藉，是为孩子的一种美好祝愿，希望身体健康、长寿。不过，这并不是绝对有效的方法。在我们调查的一户秦家，他们其中的一个儿子，取名秦光强。在他半岁左右时，即1963年，生了场病，症状是有抽搐现象（类似羊痫风）。算八字的人说要拜祭个"保爷"，保命。于是夫妻二人就找了当时同他们住在一个院子的曾启奉拜祭。其中还有个原因是秦家媳妇生了孩子缺奶，而曾家媳妇也正好刚生了个孩子，有奶。所以秦家就请的家里的嫂嫂马美滋做"干媒"，去给曾家说，并送了30个鸡蛋作为礼品，曾家答应了，就送了孩子一个碗，寓意是不生病苦，有饭吃。但是过了两三个月后，孩子还是死了。秦家人没有责怪过曾家。因为他们心里也明白，拜祭只是一种期望。

四、在亲属关系中的个体：以儿童为例

我们在上述说明了关于婚姻、家庭、亲属关系的一般道理之后，或者需要对亲属关系对于个体的作用做出一些说明。在这里，我们选择儿童作为我们所要说明的个体，通过他们而发现当前农民的亲属关系对个体所产生的影响，同时也可以据此看出世态在近些年来发生了重要的变化。

亲属关系当然不只是血浓于水所形容的血缘关系那么的单纯。除了血缘这一天然的纽带，亲属关系的维系离不开其他诸多方面能使当事人亲切的感受得到的联系。这种联系可能是父母与孩子形影不离的共同生活，也可能是亲戚之间的相互走动交往。尤其对于儿童来说，他们的社会化程度尚没有达到消化血浓于水的传统血缘观念的程度。对于他们而言，无论血缘上的关系怎样（事实上他们也没有能力去分析甚至也不能去想象血缘是怎样一回事），他们需要的是能够真切地感受得到的东西，譬如成人们对他们的一个吻，或是行路中的牵手、背，或者抱。孩子没有能力去考虑生活的来源，他们只能感受到与谁生活在一起。他们感受到的是谁在给他们喂奶或者谁在向他们递奶瓶，谁常背他们或者抱他们，谁在他们受到强者的欺负或者威胁时第一个出来保护他们或者替他们出头，谁辛苦的做好了饭菜然后抱着他们喂……这些，是儿童能够真切地感受得到的，直到他们的社会化程度已经达到理解人情世故的水平时，他们才能够去理解和分析他们所吃、所穿、所用、所玩总之一切生活的来源。但无论如何，孩子与同他们生活在一起的人的关系已经是坚不可摧了。如果与孩子同生活的人并非给孩子提供生活来源的人（如留守儿童，与他们生活在一起的人是祖父母或者外祖父母，而给他们提供是生活来源的则是他们外出的父母），那么孩子与同生活在一起的人的亲密关系是任何人即便是给他们提供生活来源的人也是无法撼动的。

所以，孩子究竟与谁在一起生活，是谁在他们的生活中提供最直接的帮

助，这毫无疑问是十分重要的问题。

我们曾对人们的分工做出过一些考察，在那里我们已经分析过，青壮年人口（这里指的是 16~40 岁的人口）的首选职业乃是外出务工。而现在，外出务工在这一地区已经越来越少涉及性别之差别了。20 世纪 90 年代前后存在男性外出务工，而女性在家照顾家庭生活和从事农业的职业分工，这是一种观念。但从 90 年代中后期开始，经济的发展态势（农业收入——对于该地区而言——远远低于外出务工的收入）将传统的职业分工观念彻底摧毁。直至 21 世纪的第一个 10 年的中期，三河乡的城镇化速度进一步加快，前述的高速公路的兴修，使得当地耕地面积大量减少，男女年轻人外出务工更已经成为普遍的情况。而这里面的年轻人包括大量的已婚或者婚后已有孩子的男女两性人口，这部分外出务工者的孩子又将怎样来安置呢？在我们的调查中，留守儿童大部分与祖父母（他们分别称呼"爹爹"和"奶奶"）生活在一起，另一部分则主要与外祖父母（他们分别称呼"嘎公"和"嘎嘎"——音译）。这就形成了普遍的隔代抚养关系。

而外，孩子的父母没有与孩子在一起生活，孩子与亲戚间的走动交往也受到了一定的影响。正如上文所说，留守儿童大部分与祖父母生活在一起，而与祖父母最常走动的亲戚一般是孩子的父系亲戚，如姑母。孩子在幼年阶段——如果亲戚的家离孩子的家比较远——是没有独立的走亲戚的自由的，一般由长辈带领，或者只成为长辈与亲戚间走动交往的附属部分。与外祖父母生活在一起的孩子也与此情况大致相当，与孩子的外祖父母走动比较频繁的是孩子的母系亲戚，如舅父、姨母等。这就出现了一种包括当地人也未必能够了解到的亲属关系情况，即孩子的亲属关系难免出现顾此失彼的情形。但如果孩子的父母与孩子生活在一起，父母便会带着孩子走不同的亲戚，母亲会领着孩子走孩子的母系亲戚，而同时父系亲戚也不会因此而淡漠，因为父系亲戚会主动来走访，就像孩子的母亲带着孩子走访孩子的母系亲戚一样。

概括以上两个方面，分别为：首先，留守儿童比较普遍；其次，孩子的亲戚关系网络有顾此失彼的状况。根据上文的分析，前一种状况即留守儿童的普遍存在对后一种状况即孩子的亲戚关系顾此失彼产生了重要影响。除此之外，儿童的留守也产生了其他诸多方面的效应。

川主村新开组磨角坝的马某（女）今年 27 岁，因为她要在福建打工，所以自己的大女儿在 8 个月大的时候开始由孩子的奶奶带。等到孩子 1 岁多的时候，马某第一次从福建回来看望自己的女儿。当时的女儿已经学会了一些简单的称呼了，譬如"爹爹"（即祖父）和"奶奶"，但不会叫妈妈，并且女儿也不让马某抱她，怎么也不肯与马某一起睡。马某如果想抱一下自己的女儿，都要拿一些东西（吃的或者玩的）哄逗才可以。马某不无感慨的解释道："其实孩子跟谁在一起的时间长，她跟谁的感情就会好一点。"

正如我们在上文中所提到的，儿童在生活当中能够亲切感受得到的仅仅是与他们生活在一起并且照顾他们生活的人。"爹爹""奶奶""妈妈""老汉"（即父亲）这样的称呼对于孩子而言根本毫无意义，他们只是借助这些成人教给他们的名词来分辨那些在他们的生活中扮演着不同的角色、对他们的生活起着不同作用的人，直到这样的经验累积到一定的厚度，他们才会将这些经验内容对应的列为以上那些不同称谓的实际意义。所以一个两岁大的幼儿园小班的孩子才会扯着嗓门对打饭给他们吃的杂勤人员喊"爸爸快点给我舀饭"！（我们将会在说明当地教育的时候提及这个案例）于是在某种程度上，孩子的祖父扮演的是父亲的角色，而祖母扮演的是母亲的角色。所以当孩子在猛然接触到真正的母亲时，他不知道这个别人教他喊"妈妈"的人在他的生活中将扮演什么样的角色，对他的生活又起的是什么作用。在毫无与母亲生活的经验的情况下，抵触和排斥当然是在所难免的，或者至少会表现得比较冷淡。

川主村新开组沙号的马某（男）今年50岁，带着一个孙子和孙女共同生活，孙子已经10岁，在大河小学上四年级。孙女现在才满两岁，尚未入学。孩子的父母在广州打工，两年才回来一次。"他们的妈妈老汉回来然后再出去的时候，他们的反应都很冷淡，不哭也不闹，既不要求父母带着他们去，也不要求父母留下来。反正就是你要来就来，你要走就走。"马某如是说。

这些，无不是隔代抚养的效应。因为父母外出务工，使得孩子在实际生活中没有父母。而隔代抚养又使得孩子的祖父母趋于（并不完全能够）扮演着父母的角色，所以孩子在实际生活中也缺失了祖父母。祖父母对于孩子来说，既是祖父母，又是父母，也可以反过来说，既不是祖父母，也不是父母。他们是祖父母与父母的角色综合，这样的综合使得他们成为一个特殊的群体。也许这样的表述显得复杂而枯燥，我们不妨再来看一下另一种情形以作对比。

假使孩子的父母均在家而且孩子的祖父母也都在世，孩子的生活又将是怎样的情形呢？在我们深处该社区（川主村新开组）一个月的经验中，至少可以感受到这样一种情形：孩子的父母对孩子的态度普遍比较严厉，管教相对严格；而孩子的祖父母对孩子的态度则是普遍的温和，甚至偶尔会站在孩子的立场袒护孩子并且跟孩子结成"联盟"与孩子的父母形成"对抗"，当然，这种所谓"联盟"和"对抗"通常只是祖父母做出的假象，但也时有假戏做真了的情形。

4月7日，我（访谈员刘应科）于下午17：00左右来到川主村新开组谭家沟的谭奇志（男）家。谭奇志及其妻子常年在家做面条生意，他们的小女儿谭澳模今年10岁，在三河小学读四年级。谭澳模在2008年的二三月份去石柱县城学了两个月的小提琴。在我与谭奇志闲谈的过程中，澳模的母亲终于说服澳模拿出她的小提琴给我拉一曲。我在这之前已经请求过至少不下三次，但每次均失败了，因为澳模对我的熟悉程度并不够。在演奏小提琴的过程中，出现了两三处失误。结束之后，谭奇志批评女儿没有勤加练习，整天就知道玩。结果自尊心极强的澳模哭了，并且拒绝笔者的劝慰（仿佛是我害她的）！直到澳模的祖母出现，批评儿子道："你那么有出息你自己怎么不来拉?"谭奇志装得很委屈地回答母亲说："我的专业是拉面条，又不是拉小提琴。"在场者均大笑。于是澳模的祖母又严厉的批评了儿子，这才劝住了澳模的哭泣。在哭泣的过程中，澳模明确表示，将来自己有出息在外面去工作了的时候，她只接爹爹和奶奶去住，不接爸爸和妈妈去住。

这是我们的一次简单的经验，这样的案例在谭家沟一处存在得还是比较多的。通过这个简单的案例，我们可以看到一个父母在家的孩子对家庭中不同成员的不同经验印象，而事实上这种经验印象来自于这些家庭成员在孩子的生活中扮演的不同角色的经验积累。那么相对的则是父母不在家的孩子对某些家庭成员的印象的缺失，或者至少会形成与前者（即父母在家的孩子）对家庭成员的不同印象。

上述正是儿童留守对孩子的亲属关系所产生的效应。对于这种效应，我们现在对它的或正面或负面的价值判断可能还显得为时过早或者至少不够谨慎。

在我们探讨儿童的亲属关系的时候，我们想要引入另一些显得稍微极端的例子，这个例子说明了一些特殊家庭的儿童的亲属关系和生活状态。

特殊家庭的儿童，在本文中是指单亲家庭儿童和孤儿。在川主村新开组这一社区，据我们的调查来看，单亲家庭一共两个，一个为父亲去世的家庭，另一个是离婚家庭；而只有一个儿童是父母双亡的孤儿，这也是我们将在下文中详细描述的孤儿。在这一部分，我们将从儿童的生活、教育的各方面进行描述，重点通过对一个孤儿的生活方式的详细描述来进行分析。我们所选择的案例就是那个父母双亡的孤儿，因为他的父亲先去世，所以他也曾经做过一段时间的单亲儿童，所以相对典型。具体情况在下面的访谈中有详细的描述。

前一日也就是星期六的下午五点多，我（访谈员刘应科）坐在谭奇志家的门前跟谭奇志夫妇及附近的三个儿童（谭澳模、谭念、马娜）闲聊，聊起孩子们最喜欢办"嘎嘎园儿"（一种儿童的角色扮演游戏）的处所，她们指向前面坎下的一块未耕的水田。我看过去，发现在水田当中，一个小伙子正在那儿专心的割草。在我一个月的印象中，很少有这样的画面：一个小男孩，拿起他的锋镰，孤独却很认真地从事着他割草的工作。我于是感到好奇，问起澳模的母亲关于这个男孩的情况。她告诉我，那是一个父母双亡的孤儿，在三河小学上六年级，11岁了。我想，对他的访谈也许是必要的，他可以告诉我这一社区的孤儿是怎样生活的，也可以告诉我他与其他的儿童相对比在生活和观念上的特殊性所在。然而当时却已经不可能进行访谈了，一来他正在劳动，二来时间似乎也不允许了。所以我决定，将这一个访谈留待第二天来进行。周末不上学，是一个很好的机会。

第二天，我来到谭家沟，经过当地一位叫作马培福的农民引导，来到谭超林家简陋的土屋前。遗憾的是，超林的祖父已经到砖厂去上班了，而她的祖母又因为耳朵听不清而难以跟我交流，但好在超林是一个活泼的孩子，他非常乐意跟我交流。超林意识到屋里光线昏暗，而我在访谈时偶尔要用笔记录，他端出两个凳子，请我到门前坐下，我们的交谈就是在这栋土屋的门前进行的。

"我是1998年农历的五月十四日出生的。2002年，好像是农历的二月初八，我爸爸就死了。（关于超林的父亲，谭奇志昨天给我做过介绍，他是谭奇志的族弟。大概是2000年左右，超林的父亲因为盗窃摩托车辆而被捕入狱，两年之后的2002年，病死狱中。）我那个时候四岁都不满，所以关于我的爸爸，我只能隐约记起他曾经的穿着，至于相貌，就完全没有印象了。2005年新历的9月5日（他只记得新历，因为那是他们每年的下学期开学后的第四天），我妈妈也死了，（谭奇志介绍说，超林的妈妈在丈夫死后不久，就改嫁到了白玉，那是紧邻川主村的另一个属于三河乡的行政村，嫁到那边将近一年左右，在一次酒席中因食物中毒而死，还怀有几个月的孩子，一尸两命。）因为我那个时候已经七岁多了，所以我妈妈的相貌我都还能记得。他（她）们其实都有照片留下来的，但是都花了，看不清了，很可惜。

"现在我在三河小学读六年级，学校每个学期给我1000元钱，作为对我的支助。我用这 1000 元钱去交学校里面的各种各样的杂费，大概每个学期 100 元，然后就是每个月要交 60 元的生活费，一个学期也就是 300 元左右了。所以这 1000 元钱我还没有把它全部用在学校里面，其他的都由我爹爹奶奶保管，反正他们现在挣的每一分钱都是为了我的（这句话使笔者颇为震惊，我们知道，他才 11 岁而已）。我在学校的学习成绩只能算中等，上个学期我考了我们班的 20 几名，我们班一共 52 个同学。主要是因为我偏科，平时测验的话，我的语文经常才能考到 70 多分，数学就要稍微好一点，能考 90 分以上。

"放学回家我就做作业，一般情况下老师也不会布置很多，一个小时差不多能做完了。但有一次我们语文老师发气（生气的意思）就给我们布置了好多作业，从回来一直做到天黑才做完，差不多做了三四个小时。不过有时候又没作业，我也会看一下书，最多一个小时，但也没看进去。（他坦诚地笑了）作业做完了就去割草，我们家育（喂养的意思）了两头牛，一头是大牛，另一头还很小。我割草就在这周围割，就是昨天你看到我的那个地方，很好割的，一会儿就割了一背篼。作业少的话就可以割两背篼，反正我家的牛草大部分时间都是由我来割的，爹爹在砖厂上班，奶奶身体不好，爹爹奶奶喊不喊我我都要去割的，都是习惯了，割完了就可以耍。

图 6.2 超林在割草（旁边拿着弹弓的是他的朋友）

"我也很喜欢耍，割完草我就可以耍了。约着他们去打乒乓球，打羽毛球，或者用橡皮枪打鸟，前几年还弹珠子、打豆腐干、滚铁环，现在觉得这些不好玩了，还是打乒乓球好玩。我们谭家沟的像我们那么大的仔仔都在一起打，和我经常一起玩的就是马世友和谭兴，我们平时都玩得好。

"每年过年我都到我外婆（他担心我听不懂"嘎嘎"，特意叫外婆）家过，这是他们要求的。我外婆家住在西坨，每年快要过年的时候，我二伯（父亲的二哥）从这里送我到石柱，舅爷（就是舅舅）从那边来接我。回来的时候我舅爷在西坨找个车让我坐到石柱，他们和我二伯联系好，我二伯就到石柱去接我。去年过完年回来的时候，我从西坨坐车到石柱，下车没看到我二伯，我就上了一辆开往沙子的车，因为去沙子的车时常要从我们谭家沟过，坐这个车肯定能坐到谭家沟。其实那天我二伯是去了的，但是晚了点，所以就没有接到我，把他担心惨了，大半夜才回来，差点打我了，因为我乱跑。去年在外婆家过年得了290多元钱的压岁钱（具体是多少他忘了，只是记得只差几块就是300元了），外公外婆给点，主要的还是舅爷舅母给我的。我回到家里来全部给了我的爹爹，爹爹又给了我20元，这是我回来之前外婆和舅爷要我这么做的，他们说仔仔不要揣那么多钱，拿给爹爹奶奶保管，以后慢慢给我用。

"但爹爹奶奶平时不给我零花钱的，我也不要，又不买什么，爹爹奶奶也没钱。不过有的时候弟弟（这里指的是他二伯的小儿子谭鹏）去跟二伯（他称呼二伯父的妻子也称为二伯）要的时候，二伯（二伯母）就会让他分给我一半，刚才二伯（二伯母）就给了弟弟一元钱，叫弟弟分我五角，不然以后就不给了。

"相比起来，我更喜欢在学校里面的生活，在学校里同龄人很多，在家里就要少点。我跟同学们的关系还是很好的，老师对我也很好，上次我们语文老师张瑜叫我们买一个笔记本来做笔记，他以为我没有买，所以就给我买了两个。我跟他说我已经买好了要还给他，但他还是没接，说给我留着慢慢用。

"我在心里面想的很多事情是不会跟爹爹奶奶说的，因为很多事情我知道说了是没有用的。我现在很想买一辆自行车，去学校和从学校回来的时候骑。但是我没有跟爹爹奶奶提起过，我说了他们也没办法给我买。

"爹爹跟我说，我读初中就在阵子坝（三河中学）读了，我也觉得最好还是在这边读。去石柱还不安全，我伯伯有个儿子在石柱读过，他回来说那边混社会的仔仔很多，有一次他还被别人打了，脊背上还有个刀疤，我亲眼看到过的。高中的事情就还没有想过。反正我就希望自己将来有一门能挣钱的技术，我可以生活，还可以好好养爹爹奶奶就行了。爹爹奶奶说过等我长大了让我去当兵。但我不想当兵，当兵一点也不安逸，白天不停地训练，晚上睡得又晚，艰苦得很。这些都是我斌斌哥哥——他妈妈是我奶奶的妹妹的女儿——跟我说的，他在外面当兵回来过。"

我们将会在下文中描述川主村新开组的儿童在学校以及在家庭及社区的学习和生活状况。通过对比，我们可以看到，一个孤儿与其他儿童在各方面的不同。

我们说过，因为儿童的留守比较普遍，伴随而来的又有儿童在亲戚关系上存在顾此失彼的情形。但在上面我们所描述的谭超林，却与其他的儿童颇不相同。我们可以看到，他与亲戚的关系在父系一方和在母系一方达到了一定的协调，尽管他父母双亡。在笔者的走访中，当地人对超林母亲生前的评价并不佳，认为她是一个只懂得收拾打扮并且懒散的人，就连超林的爷爷奶奶都不喜欢这个儿媳妇。但她死后，两个姻亲家族却走得很好，像上文中超林自己说到的，从外婆家里得到的压岁钱，事实上相当于母系亲属给父系亲属对儿童的抚育补偿，因为在母系亲戚给的290多元压岁钱中，超林真正得到自由花费的只有20元，其余的交给了祖父母，并且外祖母也是叫他这样做的。我们也能够看到，超林的伯父伯母似乎也在承担这样的责任，超林的零花钱无论多少，都来源于他的伯父伯母。他的亲戚关系相对紧密得多，在访谈中他曾经说到过一个"斌斌哥哥"，我问他这个人跟他是什么关系，他想了一会儿，给我的回答是："他妈妈是我奶奶的妹妹的女儿。"他家住在西坨，他在外面（他们也都不知道在什么地方）当兵，如果回来，都会到这边来看看这里的亲戚，尤其会来看望一下这个孤儿表弟。

另外，我们还可以看到，作为孤儿，超林的家庭及社区活动与其他儿童也颇不相同。我们在访谈背景中写道，访谈的前一天看到超林在那块女孩儿们常在里面办嘎嘎园儿的田地里面认真地割牛草。而在访谈中我们知道了，割牛草这项工作其实是他每天都要进行的。他自己都已经体验到了家庭中劳动力分工的经验，也已经形成了习惯。他认为自己割草是必然的，因为爷爷在砖厂上班，没时间割草，而奶奶身体不好，也割不了，所以自己割。于是他每一天的割草工作是正常进行的，不需要提醒，更不必催促。

超林是一个父母双亡的孤儿，但他表现出来的童真却与其他儿童相差无几。他同样喜欢耍，并且希望许多同龄人在一起耍。我曾经看到他带着比他小一岁的谭澳模（这是他的族妹）在谭家沟右侧的一块梯田里面采捞田螺，捞到一个稍大的他也会欣喜非常。我还与他打过一次羽毛球，他穿着一双凉鞋在烂泥地上卖力地与我对决。我也亲眼看到他在4月15日用弹弓射下了一只斑鸠，并向同龄人和我展示（可惜当时相机电池没电了）。而这一切，都是在他割草的工作完成之后才得以进行的。

第三节　血缘之外：社交的新拓展

　　血缘之外的交往是较为普遍的，正如我们在上文中所说的那样，人们虽然保持着血缘亲戚之间的社会交往，但是这些亲戚范围正在逐渐缩小，而相反，在血缘之外，人们则扩大了社会交往的空间。较为突出的，也算得上是具有更久的历史的，是地缘性的社会交往。此外，业缘性的社会交往也越来越多，这是现代生计的某种社会需求。需要指出的是，这两种社会交往当然不是决然独立的，他们之间经常具有一些重合的部分，而且，仿佛地域对于业缘具有一些限制作用。直到现在看来，农民的社会交往依然在很大程度上限定在一定的地域范围内。

　　邻里关系是社区人际氛围的一种表现形式，和谐的邻里关系会给社区带来良好的氛围，人们的生活状态也会比较好，如果在一个僵硬的社区氛围里生活，人们的心态就会受到压抑，快乐指数会比较低。在任何社区，邻里关系都会呈现出不同的趋势，和谐与矛盾总是形影不离，但是总体趋势会左右人们的心态，进而会形成一种社区心理。以长春组为例，这里的邻里关系是趋于和谐的，彼此之间闹矛盾的情况比较少。而相反，正如我们曾经说过的那样，在川主村的一些聚落里，邻里关系却并不十分和谐，一些村民之间经常闹些矛盾，很大程度上来源于高速公路所带来的征地拆迁工作。这项工作不仅对农民与政府之间的关系造成了重要影响，而且，对农民与农民之间的关系也产生了一些负面的效应。正如我们在上文做过的说明那样，一些兄弟之间因为利益之争而使得兄弟关系趋于恶化，不仅是兄弟之间，有时甚至是父子之间的。此外，征地过程中，一些原来土地毗邻的邻里之间也会因为地盘的界限问题发生争执和矛盾。而且，邻里之间的社交往往是通过一些简单的互助而实现的，而大部分的互助事实上是发生于日常生活中的，这对邻里之间的居住距离产生了一定的要求，那就是邻里之间不能够居住过远。在一定的距离中，一些家庭之间经过长期的零散的互助，建立起了某种较为稳定的邻里关系，但是，随着征地拆迁的发生，原来的村落格局便发生了某些变化，有些甚至迁出公里之外，这对原来的邻里关系造成了破坏，同时也对新的邻里关系产生了某种需求。

无论是邻里关系的构建，还是邻里关系的破坏，都是通过农民的一些活动来实现的，正如我们上文所说的高速公路的修建对此所造成的影响那样。不过，像高速公路那样的影响虽然巨大，但是这种影响不会经常发生，在农民的社区生活中，这种突然而且波及面十分广泛的活动除了某些国家的重大工程项目之外，很少会发生。相反，经常发生于农民之间的社会活动通常是零散的，诸如生产性互助、日常生活中的互助以及会头中的互助关系等等，而造成负面影响的社会事件则通常是些更加细微的事件，例如因为某些小事情而相互争执甚而至于动手打架也是会发生的，但是较大的冲突并不会在两个家庭之间产生，因为家庭毕竟是一个非常小的社会单位，而在农村，除家庭之外，几乎已经难以找到一种具有很强的凝聚力的社会组织或者社会团体了。

帮工（或者说换工）是人们在需要集体合作时的互助方式。在农忙季节，人们会轮流帮工，把一家的农活干完后又去帮助另一家，这种方式大大提高了效率，也避免了劳力不足带来的损失。长春组的康和海说："最忙的时候，犁田栽秧，一次性栽完好一些，忙不过来就请人帮忙，管你是邻居还是远处的，合得来的才请，一般都是请团转（周围）的多一些。亲戚隔远了帮不过来，他们也忙，邻居方便一些，你帮我，我帮你。收的时候也要一次性收完，黄了（成熟）没有收，过两天就会落，影响产量，赶紧那几天搞完，所以也要请人帮忙。"帮工不仅仅体现在农业生产上，还体现在会头、修建房屋等事件上。有会头时，人们会主动去帮忙，不需要主人家亲自上门去请；修建房屋时也是一样，只要主人家去请，在没有其他事件安排的情况下，人们都愿意去帮忙。

马万智平时是在高速公路上做工，在马江林的女儿马菊红生小孩办酸糟酒的时候，他停下手中的活去帮忙，他说："别个有会头应该去帮忙，大家都是一个组的，平时大家都是互相帮助，你有会头，别个也会来帮忙。在村民们的观念里，只要别人需要帮忙，这都应该去，那是一种义务，也是一种习惯。"

关于这种互助，我们还会在介绍三河乡农民的合作中进行详细的说明和分析。

一系列的社会关系所维系的一个群体，事实上并不能够被想象为十分稳定的团体，尤其在社会关系十分复杂的情况下更是如此。以一个农村社区为例，也许从表面上看起来这个社区的社会关系是较为简单的，而事实上在今天看来，一个农村社区的社会关系并不简单。如果从历史上来看的话，在1949年以前，人们普遍依据家族、宗族作为其背后的依靠，个体与家族、宗族之间具有一定的关系，而宗族与宗族之间又发生一些社会关系，整个社区的社会关系便清晰起来了。在生产队时期，因为基本上每一个社区都被统一的组织起来进行统一的劳动分工和生产，这看起来应该算是更加清晰的社会关系网络了。但是，今天的情况发生了很大的变化，家庭成为一个十分独立的生产生活单位，个体的命运与其家庭紧密联合起来，他们的社交对自己的家庭会产生很重要的影响，社会关系的构建以家庭为单位，事实上每一个家庭都是社区社会关系的一个节点，而每一个社区的家庭数量都至少有几十甚至上百，每两个家庭之间都能够找到一定的社会关系，而这种社会关系的稳定性通常由这两个家庭来把握，一些微小的事件都会对这种关系造成影响。在任何一个社区，都会有矛盾存在，偶尔的事故，在控制不了情绪的情况下会产生火花。村民们为小事争吵是经常发生的事情，但是这并不影响整体的氛围。人们的争吵情况主要体现在田地分界不明确、狗咬人、小孩打架等等。

谭文东家与任明连家只隔一道坎，任明连家里养了一条狗，任经常把狗拴在房屋边上的一颗树干上，谭的孙子范武僧只有 4 岁，常常与小伙伴们在自家房前屋后玩耍，有一次在任明连家门前玩耍时，不小心被任明连家的狗咬了，两家在这件事情上发生了争吵，至今还没有和好。

一个农民大致为我们描述了长春组村民之间所发生的那些矛盾：

为田边地角争吵打架，两块田之间的坎坎，用锄头铲进去了一点，就会发生争吵，讲道理的一般不会发生，闹矛盾的时间长了就会慢慢和好。当时发生冲突，邻居会劝，大队队长、村长会来劝。鸡去吃菜地里的菜，狗把人咬了，猪牛把别个地头的东西搞了，两个小娃娃打架等都会引起矛盾。如果两家都认为比较有势力，就会闹得很大，你杀我，我杀你，只是气势上这样，实际上也没发生过杀人的事情嘛。劝得好就行，劝不好，时间长了自然会和好。双方亲戚经常会参与到其中。前几年三四月份栽秧用水，发生过抢水问题，现在少了，高速路修了之后，田地少了，种田的人少了，这种情况发生得少了。但是别的情况又发生了，现在土地管钱了，因为征收嘛，家家都要看好自家的土地交界，经常会因为土地交界的问题吵架呀。两个家庭吵架，经常会说些话，譬如"谁也不会端锅到谁家的灶上去煮饭吃"。其实就算不吵架，谁又会这样做呢？这只是一种"我没什么求着你的事情"的另一种说法。但是你想想，那些关系广的人才有出息的呀，家家先期的人怎么能够和邻里处，不能够和邻里处，好多事情不好办。我们这里不存在这种没人搭理的人，但是我听说有个队上的一个家庭就是讨嫌得很，平时别个又会头也不去帮忙，后来他的老汉死在家里，帮忙的人都没有。

从康和海的描述中我们可以了解到，村民们会为一些小事情而发生争吵，但是世代延续仇恨的情况却是不多的。我们观察到两个相互之间有矛盾的家庭的子女之间通常也会有矛盾，或者说他们之间甚至被禁止做朋友在一起玩耍。这些人长大成人之后甚至还发生这种情况，但是并不多见，更多的是双方父母曾经有些矛盾，但是在子女一带就逐渐消除了这种敌对。两兄弟之间的矛盾也许对双方的孩子造成的影响更加明显，孩子的父母会禁止他们自己的孩子随便到其叔父家中或者与自己的嫡堂兄弟姐妹们一同玩耍，而这往往是难以禁止的，因为年龄尚小的孩子并不能够完全领会父母的用意。当然，并不排除一些开明的父母，我们在对川主村新开组的一户农民进行子女教育方面的调查时发现这样一个母亲，她与丈夫因为与丈夫的兄长家庭之间产生了继承财产方面的矛盾，所以经常将对方家庭当作是陌生人，遇到了也从来不大声招呼。正如这位她所说的：

以前有老人要养，什么事情都要几兄弟商量着来，所以不得不排除一些矛盾，忍着点，这样才能够商量好照顾父母，也让父母不要担心，父母还在世，几兄弟就开始吵来吵去的，这样老人难过。现在老人都不在了（去世了），我怕什么？大不了一辈子不交往，别人没有兄弟的过得还挺好，又不是缺了他就不行的。但是，只是我们大人不讲话（相互之间不谈话），仔仔们都还好，他们自己玩他们的，我经常教育仔仔，遇到他伯伯伯娘要主动喊他们。这是应该的嘛，不管怎么样，他们算是仔仔的长辈噻，这是为我自己仔仔着想，这是在教育他们嘛。所以，我们的仔仔现在遇到他们的伯伯伯娘都还是叫啊，他们的孩子遇到我们也都还是叫得很好的，我们对他们的孩子也没什么恨的，他们又没什么错。

总体而言，时间是最好的润滑剂，经过一定的时间后，矛盾的彼此就会和好如初。偶尔的争吵会拉近彼此之间的关系，人们就会更加珍惜邻里之间的友好关系。在大家都有空闲时间的时候，村民们会聚集在一起打牌、打麻将、斗地主、打四十张、摆龙门阵等，妇女之间会相互串门，交流刺绣的手艺。他们认为邻里之间应该多交流，把关系搞好。因为都在一个组，低头不见抬头见，见面的机会很多，关系闹僵了对大家都不好，所以人们都尽量避免争吵，维持良好的邻里关系。

图6.3　妇女们一边做鞋垫一边聊天

　　在地域性的交往中，各村组之间的交往也是常常发生的。我们曾对一个山上村落的农民给我们提供了山下某个村落中某户农民家里的准确信息而感到十分吃惊，因为这两个家庭之间甚至没有任何的亲戚关系。这种社会交往通常有以下几种实现方式：一种是学缘关系，它指的是两个人之间或者是同学，或者是师生，这种关系扩及他们各自的家庭；第二种是业缘关系，因为人们之间做着同一种职业而发生的相互联系，这种关系通过个人扩展至两个家庭之间；第三种是亲戚关系的延伸，通常，如果某个家庭在另一个村落里有一个重要的亲戚，那么这个家庭对这个村落里的其他家庭也具有较多地了解，并有相互走往。

　　学缘关系其实是极不稳定的，一方面是因为一般农民的受教育程度并不高，他们能够获得的学缘关系当然也就有限了，而另一方面则是因为学缘关系的维系事实上不仅需要关系双方确实通过学或者做过师生，而且还要依据这二者后期的发展状况而定。在我们的考察中发现，本身经济条件并不好的家庭，他们的社会关系主要是亲戚，而最少的则在学缘关系，尽管他们还能够记得自己与谁同学过，或者做过谁的学生，但是相互走往的情况却并不时常发生。相互走往的情况通常发生于会头之中，一些自认为自己的经济条件很差的农民一般不会对那些经济条件较好的同学或者老师发出会头的邀请，虽然有些同学会主动去参与会头，但是这只是很少的一部分。经济条件较好的家庭通常也不会轻易给他们经济条件较差的同学发出会头邀请，从他们的解释来看，主要是不想让老同学为难，原因是他们并不处于同一种经济地位，事实上礼金的数量业绩不相同，同学来送礼时必定不易把握，送少了不合时宜，送多了自己又负担不起。

学缘关系通常还与业缘关系紧密相连，一些昔日的同学在今后的工作中具有某些工作上的联系，这使得学缘关系与业缘关系结合起来，更加密切地联系了两个人及其家庭。而且，假如学缘关系能够与业缘关系联系起来，那么学缘关系也就更加稳定了，他们因为从事于相同或者具有一定联系的职业而大部分处于同一种经济地位，有着类似的生计方式和生活方式，这使得他们之间的交往也就会更多一些。这种情况在三河乡体现得最为明显的当然就是教师这一职业了，许多教师都是本地人（本乡镇），如果他们同龄的话，经常也可能是同学。并且，这些老师与曾经自己的老师也存在学缘关系，而且当他们当上了老师之后，又与自己的老师形成了业缘的关系。所以，如果一个教师家庭办会头的话，那么这个乡镇的其他教师大部分都会来参与，除此之外，其他公职人员也会来参与，这当然一方面与他们的工作相关，另一方面与他们的社会地位相关。

地缘性的社会交往还应该关注到另一点是通过亲戚关系扩展的地缘性交往。正如我们上文中所说的那样，一个家庭如果在另一个村落中有一个重要的亲戚生活在那里，通常，这个家庭对他们的亲戚所处的村落的许多家庭都有所了解。事实上，这是通过相互之间的不断走往而实现的。我们在关注每一个社区的时候，通常会感觉到这个社区不仅仅是一个地域共同体，事实上还是一个很广泛的亲戚网络。在同一个社区中，每一个人都会与另一个人形成一种象征性的亲戚关系，这种亲戚关系的象征性表现在一种虚拟的称呼上。虽然这些称呼在很多时候都是没有血缘根据的，但是这种称呼却使人们感受到一种亲密性。我们以一种较为普通的称呼为例吧，我们在上文中事实上已经对人们的相互称呼做出过大致的说明，但是有一种十分常见、使用范围相当广泛的称呼没有被说明，那就是"表亲称呼"，例如称呼"表叔"，这是所有那些辈分低的人称呼那些辈分比自己高出一辈的男性的称谓方式，对象的条件除了要比称呼者高出一个辈分和男性之外，还要求不与自己相同姓氏，而且不存在明显地亲戚关系（如果存在明显的亲戚关系的话就直接采用亲属称谓了）。一方面，这种虚拟的亲属称谓表明了同一个社区内个体之间存在一种亲密的关系，同时，一些人甚至认为这种称谓并不是空穴来风，事实上是有一定的根据的，他们认为在那些他们自己都无法记忆的历史时期，他们的这些"表亲"的祖先与他们自己的祖先应该有过通婚的现象，正是婚姻造成了表亲的现象。当然，别的解释方式是，这种以表亲称呼但是又不是真实的血缘表亲的人与称呼者之间有一种潜在的表亲关系，因为表亲是因为婚姻而来，所以甚至可以认为这种称呼表明了一种潜在的婚姻关系。无论怎样理解，总之，人们通过一些处理亲戚关系的手段来处理非亲戚而在同一个社区中居住的人们与自己的关系，这使得每一个社区看起来都是一个亲戚关系网络，这种亲戚关系网络终于在会头中发生了。几乎每一个会头都能够牵涉两个亲属集团：父系亲属集团和母系亲属集团，我们对这些会头大致做如下说明。

出生是人生的开始，但是出生分为一种生物学上的出生和另一种社会学上的出生，生物学上的出生是指人的分娩过程，而社会学上的出生则是指人的出生仪式。我们所关注的后一种生命的诞生形式，即出生的仪式过程。这一个仪式通过一个会头来展演，这个会头被称为"酸糟"（或"打酸糟"）。这是出生的孩子的家庭及其父系亲属为其举办的一种诞生礼，它向所有人宣告这个孩子的诞生。孩子的母系亲属将会在这个过程中发挥其重要的作用，他（或她）的外祖父母将会组织这个孩子的母系亲属集团一同来打酸糟，就是参与这个孩子的诞生礼，并且为孩子准备许多礼物，主要是抚育孩子的各种用具。这里，这个孩子的外祖父母所组织的这个孩子的母系亲属集团并不完全是其真正的母系亲属集团，其中包括一些与这个孩子的外祖父母同居于一个村落但是不存在明显亲戚关系的人，这些人也会参与到这个孩子的诞生礼中来，而且也会送上礼物或者礼金（今天已经主要是礼金了）。于是，我们发现两个通过婚姻搭建起联系的亲属集团因这个孩子的出生变得更加紧密和明显，而大多数的婚姻发生于社区之间而不是之内，所以，通过这样的方式，社区之间的交往便发生了。

此外，丧礼在这方面的表现也是极为明显的。每一个年长者离世之后，其子女都有义务为其办理一场隆重的仪式，这种会头被称作白会（与之相对应的是结婚仪式的会头叫作红会）。在白会中，死者出嫁了的女儿家有责任组织其村落的人随同其一起赶到死者的家里悼念死者，这叫作"坐大夜"或者"烧香"，通过这种方式，以婚姻联系的两个家庭之间表明了其相互之间的关系，同时，两个村落（如果这个女儿外嫁到另外一个村落的话）也因为这一婚姻而建立了社会联系。有些人并不只有一个女儿，而是有更多的女儿，而且出嫁到不同的社区，那么在丧礼中，来参与的人在地域上将表现得更加复杂。

而且，假如死者是一个女性，那么她的亲侄儿们的家庭也有来吊丧的义务，如果她的侄儿还尚未成家，则由她的兄弟们代替，同样也要组织同一个社区的人一同前往。

除了以上二者之外，建立新居也会举办一场仪式，这个会头被称为"短水"，大概是因为这一天将在建好的房屋上梁盖瓦以阻隔外面的雨水而如此称呼。在短水礼中，不仅仅本社区的人加入其中，建立新居家庭的女主人的兄弟们也将会在这一天送来各种礼物，如送来覆盖在中梁上的红布以及一种被称做"抛梁粑粑"的米饼，并组织其社区的人一同来参与短水礼。在这里，我们也看到了两个村落因为一段婚姻而发生的社会交往。

总结以上的内容，我们大致能够得出这样的结论：两个社区之间的成规模和结构性的交往通常是因为某一段婚姻而实现的，两个村落之间如果发生了一例婚姻，那么这两个社区将在此后的各种会头中发生社会交往，会头几乎成为两个社区之间进行交往的重要方式，同时，这种社区之间的交往通常又是以婚姻为其基础的。这几乎是在说，人们当前的社会交往在很大程度上依然依赖于传统的亲属关系。不过，在近些年来，排除亲属关系而建立的新的社会关系在逐渐形成，上述的学缘关系以及业缘关系正体现了这一点，但是我们还没有对业缘关系做出过详细的说明。

业缘关系变得重要起来是因为人们的生计方式所发生的变化。在传统的生计中，农民所从事的主要是农业生产，他们之间很少存在职业上的差别，没有形成专门的职业，也就难以谈得上业缘关系了。近些年来，打工经济的迅速发展改变了人们的生计，人们在这种新的生计方式中建立了一些凸显出业缘性的社会关系。例如，在打工经济刚刚发生的 20 世纪 90 年代中期，农民们甚至不敢轻易自己单独到城市里去谋生，他们需要组织起来，在城市里寻找自己的生存途径。这种组织不是十分正式的，通常只是有一个包工头在城市里承包一项工程，他再回到农村组织劳动力一起去那里完成它。于是，一种基于打工的非正式组织便产生了，这种组织的非正式性表现在这些劳动者之间并没有十分明确的权利和义务规范，但是它又可以成其为一个组织在于它对人们的打工生计具有重要的作用，至少在打工经济刚开始的时期是如此的。在这个组织中，包工头显然处于一种核心的位置，包工头一般对城市工作比较熟悉，他们大都是最开始到城市里谋生的探险者，通过他们在城市里的关系网络的建立以及城市经验来承包工程，然后组织劳动力完成这项工程。包工头旗下的劳动力通常与他经常保持着联系，因为一个工程结束之后，农民通常会歇息一段时间，而在这段时间内，他们与他们所认识的所有的包工头之间都会有联系，经常关注是否有了新的工作岗位。

但是，现在的情况却发生了一些变化，包工头的组织方式在逐渐消失。我们已经说过，包工头的组织方式在很大程度上是因为人们还不熟悉城市里的谋生方式而产生的需求，而且，那个时候的打工者通常从事的是一些零散的工程建设（或者一些房屋建设），包工的方式较为适合。但是，当人们熟悉了城市里的那套生存技巧之后，便逐渐放弃了包工头的带领，因为包工头在这个过程中赚取了一些回扣。而且，今天的打工者越来越多地进入到工厂当中，他们被归入了较为正式的组织，而不是原来的包工头了。即便如此，我们依然能够看到一些类似于包工头的人物，他们与高速公路的修建有关，因为他们与修路队建立了一些联系，修路队经常会将一些自己难以完成的工作交给他们，他们再组织一些农民来完成这些工作。我们已经在说明人们的生计的时候说过，许多人借助高速公路的修建而获得一些打零工的机会，这种零工通常就是由一两个包工头承包下来的。此外，一些依然在本土求生的建筑工也组成了一些小工程队，但是他们之中并没有一个真正的领头者，他们虽然形成了一个相对稳定的群体，但是也并不存在明确的组织制度。通常，其中一个农民找到了一个工程或者一栋要建的房屋的时候，他们将会共享这些工作岗位，也只有相互配合也才能够将这一工程完成。这样看来，业缘关系在新的求生方式中是常见的而且是必要的，我们曾经听到一个妇女骂她的某个亲戚，原因是他在高速公路上找了工作而不介绍她们去。

年轻人也许是社交关系更广泛的群体，其中就包括很大一部分的业缘交往。我们已经在上文中说明过一些年轻人因为外出务工而娶回来一个外地媳妇，他们就是在工作的过程中认识的。除此之外，这些年轻人经常与那些曾经与自己共同工作过的同事们保持着较长时期的工作联系，其联系的方式主要是电话、QQ 等。这种联系方式显然与传统具有很大的不同，他们之间的联系虽然不乏其情感交流的部分，但是很大程度上在于探讨生计问题，他们会在交流中大量地谈论工作的信息。但是我们已经看到，传统的社会交往联系主要是通过烦琐的、细碎的劳动互助以及会头参与，这些，在现代的业缘关系中并不十分突出，当然，这也是业缘关系不稳定的表现和原因之一。

总之，我们想要说明的是，在农民的社会交往中，基于血缘关系的社会交往依然是主要的部分，但是，随着人们的生计所发生的变迁，基于生计的业缘关系的建立以及与此相关的社会交往在逐渐以不同的方式进行着。

第七章 传统的生计：种植与养殖

石柱县是典型的山区农业县，农业发展正经历着从传统向现代农业的转轨。据《石柱地理》介绍，2001 年，全县总人口 484 713 人，农业人口达到了 438 129 人，占总人口的 90.4%。2000 年资料显示全县从事种植业 156 672 人，林业 429 人，牧业 35 824 人，副业及其他 62 006 人。可见种植业在农业生产中的重要性。

据 1998 年统计，全县粮经作物产量如下：

表 7.1 1998 年石柱县粮经作物产量情况 单位：吨

作物	粮食	烟叶	油菜	水果	黄连	兔毛	莼菜
产量	288000	6652	8844	3469	582	1008	400

三河乡同样是一个山区农业乡，农业发展有着自身的特色，鸭庄生姜、白玉阴米、四方长毛兔、大林西瓜、黄角大豆、红明油菜、玉岭牛肉、中药材、三店脆香甜柚、蚕溪烤烟、山羊、大河土烟等特色经济示范村已初步规划。三河乡的农业人口比重大，农业收入在全乡经济收入中所占比重也很大。除了农业的发展之外，其他产业也正借助交通以及区位优势逐渐发展起来。据三河乡政府统计，在我们对这里进行考察的时候，三河乡一共引进资金 450 万元，建成了以三河食品厂、三河红砖厂、忠石预制厂为龙头的食品加工和建筑建材企业 12 个。另外，我们在介绍三河乡的资源空间的延伸与收缩的时候曾经做过说明，三河乡优美的自然环境和历史久远的文化遗迹也正在成为重要的经济发展资源。

在这一章的内容当中，我们依然会围绕着高速公路的修建以及退耕还林工程而展开对三河乡人民经济生活的描述。

第一节 农耕：三河乡的生计传统

在我们描述三河乡的传统农耕经济的时候，我们以万寿寨村为例。万寿寨村是一个比较传统的农业社区，农业是该村最主要的经济部门。村里的农业以种植业为主，主要种植苞谷（玉米）、洋芋（土豆）、水稻、红薯、大豆等粮食作物，还种植花生、土烟、辣椒、菜籽等经济作物，以及种植胡豆、豌豆和蔬菜等。其中，苞谷、洋芋和水稻的种植最为普遍，村民们在土里主要种植苞谷和洋芋。对于田，只要条件满足，村民们总是愿意将其用于水稻种植，只有水源较差的田才改为旱作，也是多用于种植苞谷和洋芋。土烟是该村重要的经济作物，它得种在比较肥沃的地里，一般是将其种在旱田里。但是因为种植土烟需要较大的劳动力投入，为此村里种植土烟的人比较少，种植规模也很小。种植业在农民的农业生产中占有最重要的位置，农民把大量的劳动力和精力投入到了种植业，以求满足日常食物消费及发家致富。

一、传统种植业概述

我们所要说明的种植业之所以冠以传统二字，原因是农业的变迁也是显著的，我们在这里所要说明的是在高速公路的修建以及退耕还林的实施之前就已经为人们广泛从事的那种种植业。我们在说明三河乡的人口状况的时候已经对劳动力分工做过较为详细的说明，如今，依然保持着传统种植业的主要是四十岁以上农民。他们的土地被征用或者退耕还林从而在面积上减少了，但是还拥有一些剩余的土地，他们在这些土地上的劳作方式依旧，从事熟悉的农业生产，有些农户更是通过借其他承包户放弃的耕地来加大自己家庭的耕种面积，这种情况甚至是比较普遍的，一些年轻人家庭因为全家外出务工，所以他们的土地并无人种，于是便由那些无条件（可能因为照顾老人或者重视亲子教育）外出务工的人们耕种。但是这种土地的转借是一种借的关系，耕种的人一般不必向主家缴纳租金或者租粮，但是他们有义务经营好主家的土地，在一些情况下，因为土地的主家不在家，所以他们的土地往往会被临地的主家侵犯。奇怪的是，尽管人们已经在很大程度上忽视了农业生产（尤其是那些年轻人），但是他们还是十分注重保护自己的土地。除了通过转借别人的土地来耕种之外，我们还看到一些农民在一些荒地上开垦种植蔬菜和豆类。这些荒地原本并不属于某个家庭，所以在退耕还林的时候也没有责任主体。

马某（男，50岁）："现在我们还聘（转借之意）别人一些田，这里有一些人外出打工了，也有些老了干不了的。我们也就转借他们承包的土地，大部分的人不收任何补偿，因为有人种他们田地，以后想要种时可以直接种，如果田地都荒了，长满野草，以后他们回来重新种植的话那可就要费很多劳力了。土地嘛，经常是越种越肥的，荒不得。"

以下是三河乡1986—2002年农作物种植面积统计表：

表7.2　三河乡1986—2002年农作物种植面积统计表　　单位：亩

年度	三店			大河			永和			蚕溪			合计
	小计	大春	小春	小计	大春	小春	小计	大春	小春	小计	大春	小春	
1986	11356	7298	4058	12512	7345	5167	11320	7951	3369	6691	4151	2540	41879
1987	12507	7493	4564	12289	7202	5087	11481	7489	3992	6691	4151	2540	42968
1988	11931	7676	4255	13061	7451	5610	11655	7451	4204	6851	4185	2666	43498
1989	14029	9602	4427	11767	6936	4831	11833	7731	4102	6724	4151	2573	44353
1990	13096	8920	4176	12487	7560	4927	11919	7770	4149	6870	4070	2800	44372
1991	12875	8725	4150	12383	7623	4760	12367	8125	4242	6550	3950	2600	44175
1992	13678	8813	4865	12590	7810	4780	12928	8457	4471	6269	3469	2800	45465
1993	13702	8683	5019	12702	7590	5112	12839	8534	4305	7300	4200	3100	46543
1994	14230	8807	5423	12636	7599	5037	13826	8935	4891	8919	5223	3696	49611
1995	13838	8821	5017	13723	8844	4879	14683	9114	5569	9133	5283	3850	51377
1996	13640	8821	4819	13653	8811	4842	15181	9522	5659	9188	5188	4000	51662
1997	13487	8706	4781	13893	8836	5057	15496	9837	5659	11083	7083	4000	53959
1998	13790	8840	4950	13993	8836	5157	15519	9882	5637	11083	7083	4000	54385
1999	13521	8910	4611	13993	8836	5157	15450	9889	5561	10537	5887	4650	53501
2000	13840	9219	4621	13433	8866	4567	15418	10163	5255	10515	5887	4628	53206
2001													53172
2002													51382

我们看到，在2002年以前，三河乡（当时还是四个乡镇）的种植业主要分为两季作物（分别为大春和小春作物）。在种植面积上，2002年已经超过5万亩。但是当时高速公路还没有影响到种植业，而退耕还林工程也才刚刚起步。如今，虽然我们没有能够获取准确的数据，但是高速公路以及退耕还林的影响一定减少了种植业的耕地面积。而且，我们已经表明，在我们的考察中，

我们集中关注的是两个典型的行政村：万寿寨和川主村。这两个村受高速公路以及退耕还林的影响较为显著，我们已经在上文中分别说明过这两项工程所占耕地的情况了，如果将我们的关注点缩小到这两个村，那么这两个事件对传统农业所造成的影响也就是显而易见的了。

二、种植业的主要内容与变迁

当地种植的农作物❶主要有苞谷（玉米）、水稻（谷子）、油菜（菜籽）、花生、胡豆、豌豆、洋芋、红薯、黄豆、辣椒等，苞谷和水稻是最为主要的粮食作物，菜籽和辣椒是主要的经济作物。除了洋芋是一年两熟以外，其他的作物都是一年一熟。而且这里的农作物种植程序较为复杂，一般都先要育苗，待禾苗长到一定程度后再移栽，只有少部分的作物可直接播种，如豆类作物、花生等就可以直接点（播种）。先育苗，再移栽，在当地人看来，可以节约种子，"栽一颗是一颗，不坏种"，如果直接播种可能会使一些植株长势不等，需要补栽，最终会延长收割的时间段，甚至会影响到产量。

（一）主粮作物

1. 水稻种植

水稻种植是当地重要的传统农耕生产方式之一，大米是当地农民的主食。水稻种植在当地亩产 800～1000 斤，征地之前当地粮食产量高、总量大。至今，有的家庭还在吃 3～5 年前的存粮，尚不需购买粮食。一旦存粮食尽，以前的许多种粮户即将转变为购粮户，这都是高速公路的修建和退耕还林的结果。

农历三月份水稻开始育苗，一般需要育苗 45 天左右；四月份插秧；六月份施肥、薅秧，一般是用脚去薅秧，手杵木棍来支撑身体，用脚踩草使其折断以达到除草的效果；七月份是谷子成熟期；八月份收割谷子，把打斗（一种木制的用于打谷子的工具）背到田里，一边收割一边把谷子到打斗里面，打好之后背回家。收割谷子需要一次性收完，以防谷子过于成熟而落到田里，影响产量。这样，人力的需求量较大，一般都要请人帮忙，相互换用劳力，换工在十年前依然是十分盛行的，今天已经很少发生了，一方面土地减少，而且，现在的劳动力都以现金来计算，此外，我们相信技术的改进也具有一定的影响。当地生产的大米主要是自己食用，即使吃不完也很少出售，尤其是上了年

---

❶ 在对农作物种植的了解上，是笔者经过多位当地人的描述后，整理形成的文字综述。

纪的人，在他们心里总是有一种忧患意识，防止下一年的收成不好，或者是怕遇到饥荒年，有一些村民家里储存了几年以前的谷子，马安之家现在吃的就是七年以前的谷子。

图7.1　农民正在播种育苗

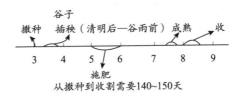

图7.2　水稻的生产周期

2. 苞谷种植

当地苞谷通常亩产 700 斤左右，苞谷成熟收获后晒干、脱粒、磨成粉用来做猪饲料。刚成熟的新鲜苞谷市场价每斤 0.65 元。农户耕种苞谷于旱地，耕种面积小，种植没有形成规模。土地减少后，有的农户也不再种苞谷了。苞谷的作用主要在于喂猪，这一点似乎是极重要的事情，因为一头猪对于农民的生活来说十分重要，人们每年在过年前都会宰杀一头肥猪作为下一年的肉食和食油的来源。如果并不宰杀这头猪的话，那么一个普通家庭将会在来年花费1500～2000 元甚至超过此数的人民币在市场上买肉、油等。可是养猪需要以种苞谷作为基础，如果购买苞谷作为养猪的饲料，据农民自己的计算，那是极不划算的。

苞谷在农历（农历）二月份开始播种育苗，需要用地膜（用竹条把地膜支撑起来，形成半圆形的封闭空间，而且地膜不能有任何磨损，否则会使得苞谷苗生长的温度降低，出现死苗），清明前后发芽；三月份中旬移栽，育苗的时间一般需要半个月，待苗有 10 厘米高时就可以移栽；四月份施肥，先施肥再锄草，一般施肥的时候还没长起来，施肥后一段时间，草长起来就比较容易除草；五月份锄第二次草；六月份开始长果实；七月份是果实成熟期；八月份收割苞谷。当地产出的苞谷基本上用于喂猪，人不食用，也不出售，如果自家的苞谷不够喂猪，还需要到市场上去购买。

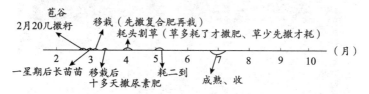

图 7.3　苞谷的生产周期

3. 洋芋种植

洋芋即土豆、马铃薯。洋芋在很大程度上也是用于喂猪的饲料，但是其用于食用的部分似乎比苞谷更多。洋芋在人们的生活中是很好的菜肴，我们经常可以看到洋芋被人们巧妙地做成各式菜肴。而且，洋芋虽然是一种根茎作物，但是它却比较容易保存。

当地的洋芋种植分为两季，即春洋芋和冬洋芋。春洋芋的播种时间段是冬月到正月，在这期间都可以播种，春洋芋发芽长苗的时间比较长，主要是受到天气的影响，冬天温度低，不容易生长。一般在三月份长苗，五月份收获。冬洋芋在七月底八月初播种，播种一星期后开始发芽，十月份收获。

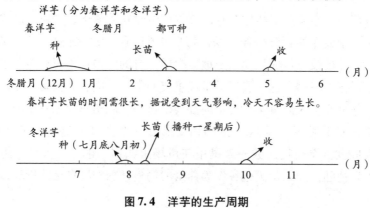

图 7.4　洋芋的生产周期

（二）菜蔬作物

1. 辣椒种植

当地人把辣椒称为海椒，曾经这种作物只是作为人们的食料而种植，种植的面积并不大。近些年来，由于政府的倡导，一种新型的政府—企业—农民的合作模式建立起来，大面积的海椒在这里开始种植，并且已然成为人们的重要经济来源。

辣椒的种植与收获都比较麻烦，需要耗费大量的劳力去经营管理，尤其是在收获的时候。农历三月二十几开始播种育苗，播种一星期后开始发芽；四月份移栽；六月份成熟，六月中旬开始收辣椒，每隔十天左右就要收一次。

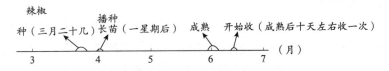

图7.5　辣椒的生产周期

2. 花生种植

花生的种植也并不占据很大的土地面积，但是几乎每家都要种植花生，因为花生既可以作为一般的菜肴，同时，这也是农民们日常生活中的零食。人们用花生来招待客人，自己闲暇的时候也搭着喝点酒。花生在三月份开始种植，点下去十来天开始发芽，六月份成熟，七月份收获。当地的土质不适于种植花生，所以花生在当地的产量很小。

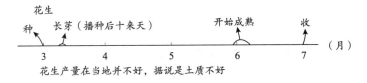

图7.6　花生的生产周期

3. 胡豆种植

胡豆在九月份播种，寒露后十天半月发芽，四月份成熟，这个时候可以生吃，五月份长成干胡豆，收获。胡豆的播种与收获，当地人用一个俗语来描述它的全过程，"点在寒露口，一楂打一斗"。

4. 黄豆种植

黄豆也是很重要的一种豆类作物，因为人们需要用黄豆来做豆腐，而且，豆腐是人们接待客人以及在节庆的时候经常不可或缺的一道菜肴。黄豆的种植方式分成两种，一种是套种于苞谷地里，另一种则是单独种植在一块地里，后者的收成稍高一些，但是就缺少了苞谷的收成。三月末（三月二十几）开始种植，不用施肥，施肥之后的黄豆不会结果实，六月份收获。

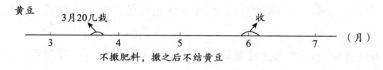

图7.7 黄豆的生产周期

5. 其他蔬菜种植

除了上述的各式蔬菜，人们还利用土地种植其他的蔬菜，如豇豆、四季豆、茄子等。他们的种植期和收获期基本相同，三月份播种，五月份可以食用。青菜、白菜、豌豆尖的生长周期相同，八月份播种，十月份可以食用，次年四月份结籽。村民们种植的蔬菜都是自家食用，一般不会拿到场上去卖。易召良是一个独居老人，丈夫过世，儿女成家在外居住，逢年过节才回来看望她。自己一个人种点庄稼和小菜，没有其他事情做的时候，她经常到菜园子里去转悠，她说："有时间在菜园地头种点小菜耍，一个人不种点小菜，要吃不得吃，要买不得钱，又不住在城头。平时坐不住，就到菜园子里种种小菜。"仿佛在菜园子里转转也算得上是闲暇似的。

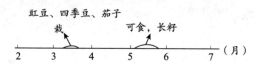

图7.8 豇豆、四季豆以及茄子的生产周期

（三）其他作物

1. 油菜种植

菜籽一般用于榨菜油，供自家食用。在正常情况下，一斤菜籽能榨二两到三两菜油，品质好的一斤可以榨三两菜油，品质差一点的一斤可以榨二两多菜油。亦因土地减少，油菜难以形成一定规模，农户基本不种油菜了。菜籽在农历七月份开始播种，八月份长成苗，九月份移栽，等苗生长稳定后就施肥，之后的几个月就是管理油菜的生长，次年三月末四月初收菜籽。

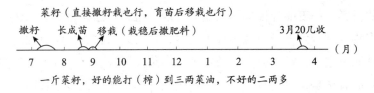

一斤菜籽，好的能打（榨）到三两菜油，不好的二两多

图 7.9　油菜籽的生产周期

2. 红苕种植

红苕也是主要作为猪的饲料而种植的。红苕是一种藤蔓根茎作物，它的成果主要是其根茎，红苕可以当作人们的食物，但是大部分被用于喂猪。另外，红苕的藤蔓也是猪饲料之一。红苕在三月份栽母种，四月份长成苗藤，把苗藤割下来，再进行剪枝作为移栽的禾苗，八月份收获。

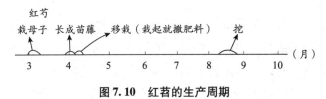

图 7.10　红苕的生产周期

3. 土烟种植

土烟是人们对一种烟草的称呼，人们种植这种烟草，而且自己也能够加工（事实上只需要用一根绳子将烟叶串起来晾晒干了就好了），抽这种烟的人主要集于老年人群体。种植土烟的人并不多，一般都是有抽土烟习惯的人才会种，而且种的数量不多，能够供自己抽就可以。抽土烟的人一般都是年纪大的男性，土烟的劲头很大，一般人受不了，只有烟瘾大的人才能承受。

王永和今年59岁，从小就抽烟，十几岁时就能抽土烟，当我们对他进行访谈时，烟斗一直没有离开过他的手，而且还不停地往烟斗里装土烟。他说："土烟都是自己种的，年纪大的抽，烟瘾大才抽，烟瘾小的着不住。做活路的时候抽得少，摆龙门阵的时候抽得多一些。"土烟对于年级大的人来说是一种交流的催化剂，在交流时抽烟，交流的效果会更好，"烟开口，酒引路"，王永和解释说，烟和酒是人情关系的敲门砖，请人帮忙离不开烟酒，他说："找人办点事，把烟拿来装啦，就开始摆起；喝了酒，这活路就得成了，不然就有点问题，不好找他（别人）办。"

此外，十年前人们在土地上种植过烤烟和小麦，现在都不种了。烤烟在当地的土地环境下生长情况不好，只种植了一年就不种了。小麦的种植已经是一个远去的身影，小麦的种植戛然而止的原因有很多。据易召良老人说，在石柱县有十多年没有看到麦子，认为找不到钱，没有人来收购，没有面坊了，面条都是从外面运进来，家里的麦子长虫虫，喂猪又不好，就不栽了。唐兴才的妻子谭显群的看法是，以前栽种小麦，由于当地的麻雀比较多，长出来的麦穗容易被麻雀吃掉，这样就使得小麦的收成受到影响，产量很低，栽了两年就不栽了。两种说法都有道理，综合两人的观点，小麦不能在当地存留下来，自然环境的影响应该是最大的。当地的土质、气候环境对小麦的生长作用是最显著的，直接反映在小麦的产量上，产量小，人们对它的期望就会很小，进而会放弃种植。产量是一个标尺，如果产量上不去，人们就会考虑是否继续种植，在投入与收获严重失衡的情况下，继续种植的价值就不大，放弃就是一种最好的选择。

在种植业上，村民们采取多种经营的方式，种植多种不同类型的农作物。这里面有其合理的成分，也有一些负面的影响。这种小而全的种植方式能比较好地满足农户自给自足，满足村民们对多类产品的消费需求。粮食作物能供给口粮；花生、黄豆等能补充一定的营养并改善生活；菜籽能提供食用油；洋芋、红苕等能养猪，为发展家庭副业提供了条件。而且这种小而全的经营方式还能比较好地规避风险，农户在决定怎样在有限的地里安排种植结构时，会考虑种植某类农作物的风险。今年村民们不愿意种植海椒而将去年种植海椒的地改种苞谷，便是一个规避风险的明证。而农户心里确实存在这样那样的考虑，如下例：

任大妈说："去年海椒（朝天红辣椒）价格低得很，才7角一斤。今年要还是那个价，种海椒就要赔本了，我是不敢再种了。还是种苞谷稳当些，所以我才在去年种海椒的地里种苞谷的。"

在这里，任大妈考虑到了种植海椒的市场风险，故而选择了种植风险相对更低的苞谷。多种经营自己的土地可以使农户得到多方面的满足，农户单独面对市场时的风险抵御能力是非常低的，而采用多种经营方式可以将风险降到较低的程度。今年农户减少了辣椒种植面积或根本就不种植，殊不知石柱县目前（2009年9月初）的海椒价格已经升高到2元一斤了，几乎是去年海椒价格的三倍，绝大多数农户心里又会为自己今年不种椒的决策后悔了。

通过上面的分析，从经济的角度看到为何农户们不愿意去种植经济效益更好的作物（花生），而采用小而全的种植方式。当然，这种方式还受到许多观念上的影响，受到我国两千多年来传统观念的影响，如《孟子》里说："五亩之宅，树之以桑，五十者可以衣帛矣。鸡豚狗彘之畜，无失其时，七十者可以食肉矣。百亩之田，勿夺其时，八口之家，可以无饥矣。"这是典型的多种经营的思想，这种思想对我国传统的小农经济影响深远。

第二节　生计传统的变迁：退耕还林后的传统种植业

与上述传统种植业相比，基于林地的种植业是较新近的事情。我们在石柱县内较高的地区知道了一种基于林地的种植业，那些地方所种植的林地作物乃是黄连，这是石柱县的一大特色产业之一，在许多地方甚至成为人们获得现金的极重要的途径之一，它在黄水镇一带种植极为普遍，但在地势稍低的地方却不多。三河乡也存在一小部分人种植黄连，他们也是那些居住于高山上的人们，但是这种林地种植业在三河乡发展规模很小。我们要说明的是，黄连虽然是一种林地作物，但却不是新近出现。石柱县种植黄连，据一些老年人的回忆，在 1949 年之前就已经存在了，只是当时还不如今天这样形成了产业。在这一节，我们将围绕着退耕还林来说明人们林地种植业的发展情形。我们已经在上文中说过了退耕还林所导致的耕地锐减，但是人们并没有彻底放弃种植业，只是对种植业做了一些改变。我们姑且以万寿寨村为例。

一、当传统种植业遭遇退耕还林

说这二者是遭遇，也许并不十分确切，因为大部分的人做了比较详细的计算，退耕还林与传统的粮食种植之间，在收益上似乎存在较大的差异，而且前者胜过了后者。这种计算方式及其结果几乎是退耕还林在这里能够得以顺利实施的一项重要条件。政府的宣传通常离不开这种计算方式，他们会不厌其烦地给各个村庄的人们解释和计算，农民自己私下再计算一番，觉得退耕还林似乎更具前途，于是关于退耕还林的倡导方（政府）和失地方（农民）之间的矛盾也就缓解了。

我们真正了解到农民关于退耕还林与传统种植业之间利害关系的想法是在一次与五个农民的交谈中实现的。一个村干部告知：

"植树造林的经济效益要大于在土里种庄稼的收入。就我家后面山上种植的那一亩白果树来说，那里有六七十棵（白果树）左右，长 10 年左右就可以砍来卖了，每棵树可以卖 300 元左右，十年后就可以卖到 20 000 元，而且还有国家 8 年的补助，10 年下来就是 22 000 多元了，在那片土里种苞谷是远远低于植树造林的经济效益的。农民光靠 245 元一亩的补助是无法生存的，所以还有少部分农民又在退耕地里种苞谷，我们做村干部的也是'睁一只眼，闭一只眼'的，就当作没看见。我们是知道的，他们那种做法是跟国家政策相违背的。"

接下来，他们精算了这笔账：

一亩土用来种苞谷的话需要很多的投入。下面以一亩土地的面积计算种植苞谷的投入与产出情况。（1）劳动力投入。一亩土地需要 5 个工（一个工是指五个劳动力做一天，而一个劳动力则要做五天）左右去挖土，扦土（把土挖碎）和栽苞谷要花 6 个工左右，管理（施肥、除草、打药）需要花 4 个工，收苞谷要花 2 个工，总共要花 17 个工左右。（2）直接的金钱投入与产出。一亩土地要花 2 斤苞谷种，现在价格是 10 元一斤，得花 20 元种子费。肥料要花 2 包，一包 100 元，花 200 元肥料钱。一亩基本上能收 700 斤苞谷，按现在的价格算，一亩的苞谷能卖：700 斤 × 0.65 元 = 455 元。除去成本，一亩的利润是 455 − 200 − 20 = 225 元，此外还没有除农药钱。每个工天❶只能得 225 元/17 天 = 15 元。

退耕还林后土里可以种花生和黄豆。而且，如果按照上述的计算方式，花生的种植所产生的收益甚至要大过苞谷许多。以下是几个农民对种植花生的收益的大致估算：

土质稍微好一点的土地，一亩土地种花生的话一年能收 250 斤左右，一斤卖 2 元钱，能管 500 元。需要 30 斤肥料和 40 斤花生种子，肥料花 30 元钱，种子是自己家里供给。一亩土地种黄豆能收 300 斤左右，卖 2 元一斤，能值 600 元，种子得花 20 斤左右，用农家肥就可以了。

但是，农民并不能就此计算而将自己的土地全都种上花生，至少暂时是不宜这样做的。就像一位农民说的："农民习惯了种植粮食，经济作物不愿意种

---

❶ 这是当地农民计算劳动量的一种方式，这种劳动计量单位实行计时制，每个劳动力劳动一天为一个工天。

植太多。农民的传统观念还是觉得多种粮食才好，粮食多些他们才觉得心里踏实。"

万寿寨村村民种植的农作物主要有水稻、苞谷、洋芋、花生、黄豆、豌豆、菜籽、胡豆、海椒、红苕等，我们认识的一户农民家去年便种植了上述农作物的所有种类。这个家庭的男主人说："在农村要每样品种都种一点，好供自己吃。光是种花生一样品种不行，你不可能一年四季就只吃花生嘛。花生主要都是种来自己吃，很少拿去卖。"

二、传统农产品结构的自发调整

退耕还林后，土地的用途发生改变，农户用于耕种的土地面积减少。而且，在退耕地里再不能种植苞谷等高秆作物。在此情况下，对于退耕户来说便面临着调整农作物种植结构的问题。

在我们的考察期间，见到退耕地里农户普遍种植的作物是洋芋，90%左右种植着农作物的退耕地都种植着洋芋，除此外就是胡豆。调查期间，农户们正准备在退耕地里种花生，各家各户都在开始剥花生，用花生粒做种，在下一场雨降落时开始播种。总体而言，农户在退耕地里种植得最普遍的作物是花生、洋芋、黄豆、胡豆（因为它们都不是高秆作物），而此前，这些土地里种植得最多的乃是苞谷。

退耕还林之后，田地的使用方式也发生了一些变化。在退耕还林之前，水田的用途主要是种植水稻，有时候偶尔套种些胡豆之类。那些水源条件极差的田曾经也有许多被改为旱地（这也是一个自然变迁的结果，某些地方曾经的水源丰富但是经过一定的历史时期之后却没有水源了，原因是多方面的），种植旱地作物。但是退耕还林后的今天，旱地大部分被退耕还林了，但是农民要喂猪，这头猪的重要性我们已在前文中不止一处提及，而喂猪需要苞谷，退耕后不能在退耕地里种植苞谷，土里就只有人均1分左右的自留地用于种菜（有的农户也用于种植苞谷）。一般而言，农户对苞谷的需求量至少要达到能满足一头猪从小喂到大的食量，村民们概略地估计，不大量喂饲料的话，一头猪得消耗900斤左右的苞谷才能养大。显然，哪怕是农户将自留地全部种苞谷，绝大多数农户的苞谷产量也是达不到900斤这个要求的（当地一亩土一般能产700斤左右的苞谷），即这些自留地里产出的苞谷，在总体上是不能满足一头猪的喂食所需的。于是农户就做出了将水田改为旱作的选择，以此来种植苞谷（假如又是上述的那种计算方式的话，那么这一转变无疑又使得农民走向了亏损）。当然，将水田旱作用来种植苞谷是由多种原因造成的，包括了水源的影响、劳动力投入等原因及退耕还林的实施。当农户现在种植苞谷的土地不够用，而改用水田种植苞谷时，退耕还林便产生了最主要的、最直接的影响。

马世林："要是没有搞退耕还林，两口子种地根本就忙不过来。没退前，把土地全部种庄稼，整天都没得休息的时间，一年四季都有做不完的农活。一年到头就没有几天耍的时间，现在退了好耍得多了。以前土地多，人力又有限，农忙的时候根本忙不过来，我们就只能做"毛庄稼"（种植方式粗放而收获不大）了，那个时候庄稼的收成比现在差多了，都是因为那个时候的庄稼做得差，没有现在的庄家做得那么好。退耕还林后，我的土地就没管了，反正土地里有国家的补助。重点是把田做好就是了，田里主要种苞谷、土烟和洋芋，没土地了，精力主要就放在田上了。"

对于像马世林这类土地较多而劳动力相对短缺的家庭来说，如果没有退耕还林的话依然还是做那么多的土地，那么就极易出现他所说的做"毛庄稼"的现象。可以说，马世林以前那种种植庄稼的做法一种是粗放式的经营，退耕还林之后他把时间和精力主要集中到田里，在田里用心种植土烟、苞谷、洋芋等农作物，在经营的方式上更为集约，更加的精耕细作。

向大叔："家里的土地全部退了，就只剩下3分自留地。我田里的水源条件还可以，水沟里的水可以流进去。2004年之前我是拿田来种的水稻，现在我都不拿田种水稻了，拿田来种苞谷。退了过后土地就不可以种苞谷了，就只好拿田来种了。种苞谷主要是为了喂猪，好有猪肉吃。自己家有猪肉方便些，随时想吃就可以去割一块来煮。农民没钱买猪肉吃，再说了，去买肉又麻烦。喂了猪，过年杀了之后，把肉存放起来，我们就一年四季都有猪肉吃了，多安逸的嘛。"

陈世群："自己家在退耕还林之前的田里主要是种水稻，水稻快收获的前半个月左右会把田里的水放干，收获水稻后就翻田种菜籽，菜籽在第二年收获后又接着种水稻。退之前的土地主要种苞谷和洋芋。退之后田就旱作了，主要种苞谷和洋芋，土地就种植豆子、花生、海椒那些或者干脆有些差的土地就不种了。"

陈世群家在退耕还林前后田土的种植情况如下表：

表 7.3　陈世群家在退耕还林前后田土的种植情况

土地分类	退之前（主要种植作物）	退之后（主要种植作物）
田	水稻、菜籽	苞谷、洋芋
土	苞谷、洋芋	豆子、花生、海椒或不种

万寿寨村的村民们如果要去买菜，最近的地方也得去三店（乡政府所在地）才行。距离有 5 公里远，从山脚步行到三店得花一个小时左右的时间。买肉确实"麻烦"。农户一定要种植苞谷，与他们的生计方式有关。种苞谷主要是为了养猪吃肉，自给自足，如果要买肉吃因受山区地形地貌的影响显得十分不便，这与当地自然地理的环境密切相关，也与农户养猪的传统和观念密切相关。但是环境的变迁始终还是影响了农民的生计方式。以下是万寿寨村的种植业结构所发生的变迁情况：

表 7.4　2001 年以来万寿寨村的种植业结构所发生的变迁情况

年度（年）	2001	2002	2004	2005	2006	2007	2008
苞谷播种面积（亩）	850	370	300	298	298	200	200
花生播种面积（亩）	70	120	435	442	442	450	450
大豆播种面积（亩）	60	210	195	201	201	201	201
水稻播种面积（亩）	610	590	570	565	565	565	565

李一发："家里有四个人的田土面积，退了 4 亩左右的面积。退之前土里全部拿来种苞谷，采用苞谷+洋芋间作或苞谷+红苕间作的方式。苞谷一般在农历三月的时候开始种植，苞谷栽植 20 天左右后，开始收获间作土里的洋芋。接着再在苞谷地里间种红苕，等在农历七月苞谷收获后，土里就只剩下红苕了，在农历十月底时开始收获红苕。打算今年在退耕地里种植一亩多的面积，现已用了五六分土种植洋芋，用了四五分土种红苕，准备用两分土种植花生，打算用四五分土种植黄豆。以前种植黄豆都是种植在地边地角，很少专门拿一块土来种植黄豆。现在家里还有两亩左右的田，一亩被用来种苞谷，一亩左右用来种水稻。那能收 800 斤左右的苞谷，水稻可以收获 1100 斤左右。退耕前，田是全部拿来种水稻，水稻产量要高些，又不用肥料（化学肥料用得很少，一般是家用肥）。退了过后，没地方种苞谷，就拿了一些田来种（苞谷）了。"

为了解退耕还林前后万寿寨村农作物的种植情况，乡政府给笔者提供了三河乡 2001—2008 年度（缺 2003 年度）经济年度统计表。在此，将其作为参考。（统计表的数据与实际情况存在一定的偏差。2001、2002 年万寿寨村还未合并，2001、2002 年数据由原长春村和原石峰村相加而得。）

表 7.5　2001 年以来万寿寨村粮食总产量情况

年度（年）	2001	2002	2004	2005	2006	2007	2008
粮食总产量（吨）	580	680	668	718	764	801	818

从表中我们可以看到这样的结果，退耕还林没有影响粮食的总产量，反而好像有逐渐增加的趋势。究其原因，主要有三方面。一是退耕后村民仍可以在退耕地里种植矮秆作物的庄稼，在退耕地里村民们种植得最多的作物便是洋芋。洋芋的种植面积在退耕后逐渐增多，从 2002 年退耕还林之后洋芋的种植面积便大幅度地得到了提高。二是近些年农作物新品种的推广使单位面积产量得到提高。三是肥料的投入增多，提高了农作物的产量。

表 7.6　2001 年以来洋芋播种情况表

年度（年）	2001	2002	2004	2005	2006	2007	2008
播种面积（亩）	710	660	1054	1254	1300	1300	1400
产量（吨）	120.9	125.9	158.1	206	215	230.6	240

表 7.7　2001 年以来苞谷生产情况表

年度（年）	2001	2002	2004	2005	2006	2007	2008
播种面积（亩）	850	370	300	298	298	200	200
产量（吨）	190	133	71	102	108	112	114

从表中可以看出，从 2002 年开始退耕后，苞谷的种植面积在当年就开始减少，2002 年与 2001 年相比，苞谷种植面积减少了 56.5%。而且，2001—2008 年苞谷种植面积呈逐年减少的趋势。其中，2007、2008 年政府倡导农户种植海椒，致使苞谷种植面积比 2006 年少。2009 年，大部分万寿寨村的农户基本都不种植海椒了，而是在 2008 年种海椒的地里种苞谷。

表 7.8　2001 年以来花生生产情况

年度（年）	2001	2002	2004	2005	2006	2007	2008
播种面积（亩）	70	120	435	442	442	450	450
产量（吨）	3	7	45	46	46	48	49

在调查期间，村民们正在准备播种花生。许多农户都在将带壳的花生剥

出来，先准备好花生仁，然后开始播种花生。村民们基本上是在满足了自家对花生的消费需求后，才将"吃不完"的花生拿到街上去卖。马世润告诉我们：

"记得没退之前，我屋头（家里）种的花生要少些。退了之后不可以在退耕地里种苞谷了，我们就种些花生、海椒、洋芋、大豆之类的。花生种来够自己家人吃一年就行了，吃不完的才拿去卖，基本上都是收获多少就吃多少。有个客人来家里的话好拿花生出来招待一下。我喜欢拿花生煮花生稀饭吃，还有就是用花生炒来下烧酒吃。"

我们专就花生的经营而了解了 10 来户农民，结果都是他们基本上不卖花生，主要用来自家消费。根据家里一年内对花生的消费需求而决定种植面积的多少，如果当年有剩的话才在赶场天的时候去街上卖掉。或是家里急需用一点钱的时候，也有一些农户背上一袋花生去街上卖一点现钱周转。但也并不好卖，因为大部分的农民自己家里都种植了，而街上的人们情愿选择外来的，看着质量更好。

由表 7.8 可以看出，2001 年未实施退耕还林时，全村花生产量只有 3 吨；退耕还林后，2004 年全村的花生产量就达到 45 吨。从 2004—2008 年花生的产量，呈现出稳步增长的态势。退耕还林后村民们种植花生的面积增大，收获的花生增多，农户对花生的消费也相应地增多，由此，笔者判断村民们因大量增加了对花生的消费在生活上而得到一定的改善。村民们对花生的吃法，主要包括用花生炖肉吃，煮花生稀饭喝，将带壳的花生炒熟后当零食吃，炒花生仁下烧酒或直接作为下饭的菜，或直接生吃等等。在村民们的饮食结构中，花生是营养价值相对比较高的。

表 7.9　2001 年以来水稻生产情况

年度（年）	2001	2002	2004	2005	2006	2007	2008
播种面积（亩）	610	590	570	565	565	565	565
产量（吨）	139	247	235	240	252	253	258

表 7.10　2001 年以来大豆生产情况

年度（年）	2001	2002	2004	2005	2006	2007	2008
播种面积（亩）	60	210	195	201	201	201	201
产量（吨）	6	28.6	20	25	26	25	26

从表 7.10 可以看出，2002 年退耕还林后，村民们当年就增加了对大豆的种植面积。这个面积的增加主要是因为没退之前村民们基本上是在土地边或田坎边上"附带"地种植一点大豆，很少专门用一块地去种植大豆，但是，退了之后村民们便开始用整块的退耕地去种植大豆。

从上面的叙述中，我们可以做出这样的判断：退耕还林后，农作物的种植结构及土地的利用结构得到了调整。这种调整是因为退了之后不可以在退耕地里种植苞谷了，村民们才退而求其次种植其他矮秆作物。用矮秆作物替换了苞谷，致使洋芋、花生、大豆的种植面积增加。而农户要种植苞谷来喂猪，便只能用自留地和田来种植，于是一部分水源条件较差的田便改种苞谷了。

第三节　退耕还林：作为一项新的生计探索

虽然退耕还林对传统的种植业产生了颇为明显的影响，使得传统的作物结构发生某些变化，而且，如我们上文所言，甚至田地结构也发生了某些变化。这些因素当然减少了人们生产中的粮食产量，事实上这也是农民们（并非全部，只是老年的那部分）颇为担忧的原因。然而，退耕还林终于没有遇到很大的阻碍，这倒并不全是因为这项工程的强制性，很大程度上也在于退耕还林事实上本身也可以被看作一项产业来经营。就像我们在上文中所说的那样，许多农民已经从退耕还林中看到了某些此前更多的益处，一些曾经对退耕还林持保守态度的农民甚至开始后悔了。这一节，我们集中描述退耕还林给人们带来了什么样的新的生存机会（相比于此前描述对传统种植业的负面影响）。

一、森林本身的经济价值

（一）树木的经济效益

政府早已意识到了退耕还林不仅仅是一项生态工程，在筹划这项工程的时候，政府就已经将这项工程不仅定向为生态工程，也将是一项改变传统产业结构的经济建设工程。以下是乡政府里的林业工作人员告诉我们的关于怎样利用退耕还林来增加农民经济收入的大体思路。

"万寿寨村退耕还林的所有树在长大后都可以砍伐，农户先向乡政府申请，经过乡里的批准后他们可以将树砍伐并出售，要发挥出林木的经济效益。

这里面有一个前提就是农户一定得合理砍伐，我们规定的是择伐和间伐，以免引起过度的滥砍滥伐。而且，我们要求的是砍伐后农户要立即补植新的树苗，必须得保证树木的总量不减少。比如白杨树，我们预计在栽植 16 年后就可以砍伐，按退耕还林的技术要求每亩是栽 140 棵左右的白杨，长大后以农户一年砍 15 棵左右白杨树计算，一亩白杨树就可以保证至少择伐 10 年。一亩白杨树每年预计产出 4 立方米左右的木材，按现在白杨树的价格计算，1 立方米可以卖到 300 元，4 立方米就可以赚 1200 元。农户每年就可以通过卖树获得一份可观的收入了。"

乡里考虑到今后农户可以通过卖树获得收入，但是农民们似乎对此并不很以为然，他们尽管大张旗鼓地在政府的鼓励下积极种树，但是并没有将未来生存与发展的希望全放在卖树这件事情上，在短期而言，人们关注的或许是国家对此的补助款，因为那是直接获得的现金，人们当前对现金的需要情况我们已经在上文中有过分析。

村里现在有向世源、马少华两位村民在做白果树（银杏）生意，他们不是专门做这行生意，而是属于兼业性质。现在渝沪高速公路正在搞绿化，白果树是该段公路绿化树种之一。据向世源说："修高速路要用白果树搞路边的绿化，自己就开始了做白果树的生意。白果树是去蚕溪、沙子买的，买价一般是三四百元一棵，每棵树的胸径在 20 厘米上下。卖给负责绿化高速路的老板是七八百元一棵。除去车运费、人工费那些成本每棵树能够纯赚 300 元左右。一般去蚕溪、沙子买一次树是 3 到 10 棵不等，主要是看老板需要多少才去买。这也不是一个长远的生意，现在绿化马上就要搞完了，生意也就没了，想都没想过砍退耕还林的树去卖钱，我们这些农户主要看重的还是国家每年的那几个补助款。"

我们已经看到人们所关注的关于退耕还林的经济收益在什么地方，人们尽管没有多少长期做木材生意的兴趣，但是如果现实的环境可以将林木换成现金，那么人们也是愿意这么做的。他们关于不愿长期做林木生意的表达倒并不是说将不涉及这个行业了，不过体现得稍微消极一点而已，我们将会在下文中分析到人们选择树种的意愿情况，事实上选择什么样的树种栽种，依然在很大程度上将经济效益纳入考虑的因素之中。也正是因为农民看到这些做白果树生意的人的效益，使得人们对白果树这一树种有了一定的预期，在人们选择种植何种树种的时候通常会考虑到这些经验，于是便形成了对白果树的偏爱。这事实上依然体现了人们对森林的现实经济效益的认识，不过如何经营却是一个问题，人们所表明的是尽量不去做这项生意，但是并不排斥别人做这项生意而使得自己从中获益。

（二）对各树种的喜好

我们已经在描述我们所考察地区生态的时候对人们改善当前生态环境时所选用的植物种类做过一些较详细的说明，但是，那些所有种植的树木并非全是农民自己的选择，这是政府与农民之间相互妥协的结果。我们还会在下文中说到这个过程，将这个事件作为社会管理（或者说公共管理）的一个案例性事件进行说明。这里所要说明的是农民的意愿问题，农民的意愿与经济效益相关，尽管他们并不将退耕还林作为一项产业来操作，但是他们依然希望从中获得一些经济效益。事实上我们已经在上文中说到过这样的情形，即农民们所从事的各种生产活动是极其复杂的，或者说他们缺乏的是一种专业化，我们如此表述的时候并没有对其非专业化的生产做出过负面的评价，事实上我们在上文中也说到过这种复杂的劳动意味着许多正面的效应。新的种植业依然如此，人们并没有准备将新的种植业纳入到专业化的生产当中来，而是广泛地种植各种作物，与其说他们是为了某种能够预期的经济效益，不如说是大众化的趋同，事实上能够真正创造出自己独特的生产劳动的人是很少的，在万寿寨村我们看到过一个制造纯净水卖到周围乡镇和县城的人，也看到一些抓住时机经营木材生意的人，但是他们都没有完全将自己的注意力和生产活动集中在一起。各种产业均要有所设计出于一种保障性的思考，这我们也已经在上文中做过说明。

这种情况在种树当中也表现出来了。举个例子说吧，绝大多数村民不喜欢栽桑树，因为他们觉得养蚕收益低，不愿意养蚕。但是人们还是种植了一些桑树，栽植桑树的土地大都是离农户家较近的。与桑树相反，农民们觉得杨树、柳杉、杉树的生长期虽然比较长，一般要十几年才能长大卖钱，但觉得那些树用途大，还是比较乐意接受。而更多的是喜欢栽白果、板栗（栗子）树，觉得那些树更值钱些，收益来得快，据说板栗栽上后三五年就可以结果卖钱。由于村里种植过黄柏和杜仲，村民们知道它们作为药材将来能卖到钱，对这两种树也是比较喜欢的。

农民们根据自己的喜好程度，普遍愿意在自己的退耕还林地多栽白果树、板栗树，然后就是杜仲树和黄檗树。总体情况是，农户们喜欢栽植经济效益好且近期收益较高的树种，相比银杏、板栗而言，杨树、柳杉、红椿、杉木那些树木受欢迎程度就不及了。我们访谈到的 15 位农民根据他们对各树种的满意（喜爱）程度，对这 9 类树种有自己不同程度的喜好，我们根据他们的喜好将这 9 类树做了一个从高到低的排列，如下表：

表 7.11　村民对各树种的满意程度

树　　种	满意程度
银杏、板栗	＊＊＊＊
杜仲、黄檗	＊＊＊
杨树、柳杉、红椿、杉木	＊＊
桑树	＊

（注：＊表示农户的满意程度，＊越多表示越满意）

事实上除了桑树之外，别的树种于农民而言都还是可以接受的。有三位农民是这样向我们解释的：

"栽桑树没用，又不养蚕，种植（桑树）只是把土地给占了，我们好拿国家的补助款。我们喜欢栽白果、板栗那些果树，那些树几年就可以结果卖钱了，白果树价格高，值钱些。栽杨树、杉树那些也还可以，可以拿来修房子、做家具、做层板，砍来拿去卖也能值几个钱，就是长得太慢了，等着那些树长大了卖钱，人都饿死了。"

上述观点是农户们普遍持有的想法，农户们更多的是看重树种的短期经济效益，偏好于能尽早创造经济价值的果树，各树种的用途和价值农户们有自己的认识和权衡。他们对桑树的期望值最低，栽上桑树觉得是毫无价值的，仅仅是为了得到国家的补助而已。退耕户从自身利益出发，重点关心的是自己的经济利益，很少去关心退耕还林的生态效益，而国家推行退耕还林的根本意图是希望发挥退耕还林的生态效益和社会效益。作为政策最终作用对象的农户，主要关注眼前的生计和今后的增收问题。农户在对待经济利益与生态利益之间的冲突方面，更多地关注于眼前的经济利益，很少有农民愿意为生态利益承担经济成本。由此，可以通过对不同树种的选择，来认知国家与退耕户之间的利益关系。关于这种关系，我们将会在后文中集中解释。

（三）木材加工

当然，需要指出的是，林木加工并不是在退耕还林之后才真正出现的，在退耕还林之前，人们对木材的需求就并不小。我们至今还能够在万寿寨村的高山村落里看到许多木制房屋，据年长者的回忆，木材是最传统的建筑材料。不仅于建筑，事实上生产生活中所用到的各种工具都需要以木料作为原料。

在实施退耕还林工程中，国家《退耕还林条例》规定：资金和粮食补助期满后，在不破坏整体生态功能的前提下，经有关主管部门批准，退耕还林者可以依法对其所有的林木进行采伐。当树木进入成熟期后，对林木进行合法、合理的采伐，可发挥林木的经济效益。同时满足退耕户期望的经济效益与国家所要的生态效益。石柱县政府为了调整产业结构，培育相关后续产业的发展，增加农户的收入，做了相应的工作。据 2006 年《石柱土家族自治县退耕还林工程调研报告》指出：

（全县）后续产业基地规模达 15.5 万亩，石柱县长源林业发展有限公司、石柱县胶合板厂、石柱县中药材公司、石柱县医药公司、重庆德馨香料植物开发有限公司等龙头企业除建立了一批基地外，在基地产品利用、加工上已形成一定的生产能力。

而除此之外，农民自己的小型经营业零星地出现。

村里有一名叫马世兵（35 岁）的木匠，有精湛的木工手艺，专门进行木材加工和家具制作。由于他拥有木匠的职业身份，他现已从农事生产中解脱出来，专门做家具售卖。他告诉我们，1996 年时就开始跟老挑（对他妻子姐妹的老公的称呼）学习木工技术，主要学习家具制作，到 2003 年完整地掌握好了木工手艺，便在 2004 年时花 3 万多元购买了木材加工与家具制作的设备，开始了在家专门做木匠的职业生活。制作家具的木材主要是松树和柏树，从本村或附近的村子购得。制作的家具主要包括木床、茶几、长木沙发、单木沙发、长条高板凳、小背靠凳、衣柜、木门及写字台等适合农村居民消费特点的家具。我们在他家里看到，他已制作好正待买家上门购买的家具已堆了半堂屋（堂屋是家庭的公共活动的场所，曾经也是祭祀的场所——现已少了祭祀的内容——以及放置各种家庭常用具的所在，同时还是接待客人的地方，一般的房屋——房屋总体上具有相差无几的面积规格——60 平方米左右）。加工制作的产品，是根据村民们的需求而制作的，村民需要什么就制作什么，也包括做风车等农业用具。经营销售的范围主要限于本乡。平时做一些家具存放在家，谁家要购买直接到家里选购即可。也可以由客户自己出木材，马木匠给按客户要求进行加工，制作出客户需要的家具，他从中收取加工费。他自己透露每个月平均能赚到 3000 元左右。

二、林下种植：中药材种植的探索

中药材的种植在万寿寨村有一定的历史，20世纪80年代就有农户种植杜仲和黄檗。该村谭宏文家在20世纪90年代，租了村里几户农家共20亩地用于种植杜仲，将其卖到县中药材公司。村民马世银也是在1985年左右买了100株厚朴回家种植，目前家里还有2株厚朴树，最近有人以300元一株的价格向他买厚朴树，但是他觉得价格低了而没卖。村民们比较喜爱杜仲和黄檗，因为人们对这些树种的种植已经具有一定的历史，他们已经从固有的经验中发现了中药的价值所在。一方面是对中药的依赖（有些时候人们更愿意使用中药治病）使得人们偏爱于中药的种植，另一方面则是因为中药的实际价格确实也不菲，所以人们更倾向于选择中药在林下种植。人们贩卖中药也不完全是自己种植的，许多中药事实上是在山上野生的，人们花费大量的时间和精力在农闲的时候去挖掘野生中药也是传统的一种虽然并不主要但是也具有一些影响的求生方式。当地有一种野生药材，村民们叫作"黄连笋"。考察期间，我们在一户农民家里看到三位农妇正在堂屋里清理前一天从山上挖来的黄连笋，她们告诉笔者：

> 黄连笋是一种药材，具体用途是做啥子就不清楚了。昨天，我们三个花了一天的时间去对面的梅子山上挖的这些东西，大概有600斤左右。每斤黄连笋卖二毛五分，卖给在石柱县收药材的人，我们要下次再去挖一些才卖，凑齐了1000多斤就包一个车去县里卖，那样车费要划算些。

在没有条件种植中药的年代，人们已经开始广泛对中药进行采集，那么在退耕还林之后，当政府或者别的农民引进了某种中药，也就比较容易在农民之间普及了。森林里已经禁止种植高秆作物了，人们只能在里面种植一些诸如洋芋、豆子一类的农作物，而这还是在树木还小的时候，一旦树木生长到覆盖地面的程度，那么几乎所有的粮食作物都不易于在这样的环境生长了，于是就为中药材的种植腾出了空间。农户对中药材的普遍认识是：药材长大了可以卖钱，可以在比较短的时间内发挥经济效益，获得收入。药材不像树木，一旦砍伐后，重新种植所要花费的时间较长，而中药的生产周期一般不会过长，至少不会像树本身那样经历很长的生长期。

（一）青蒿种植

青蒿的种植是作为万寿寨村退耕还林的后续配套措施的一环。一个村民小组长介绍说：

2004 年集市上有人卖野青蒿给县里的中药材公司，卖 3 元一斤。2005 年，乡里要求组里在退耕还林地里种植青蒿。当时说的是保回收，3 元/斤。青蒿的种植面积按退耕还林面积的多少摊派，我们组摊派了 7 包青蒿种。每包有 5 钱左右重，38 元一袋，跟卖海洛因一样贵，农户还要自己出钱买。

根据农户的种植情况，一包青蒿种能播种半亩左右的面积，收获 100 斤左右的青蒿。青蒿成熟后，撕下青蒿的叶子，将其晒干，再把晒干的叶子捣碎，用口袋装好，拿到乡政府去卖。但是，当青蒿收获后，农户却卖不掉，因为没有人收购。一位当年种植青蒿的农户说道：

自己种了一包青蒿种，收了 100 斤左右，用肥料口袋装了 5 袋，全部拿到乡里去卖，但收购的老板不要。没有人收购，青蒿值不了钱，我就把那些青蒿全部倒在乡政府出来的河沟头（蚕溪河）了。当时有好多人都把青蒿倒在河沟里了。我们种的时候，政府说 3 元/斤收购我们的青蒿，结果是 3 分钱 1 斤都没有人要。我认为是政府和卖青蒿种子的老板勾结，骗我们农民的种子钱。

上述的村民小组长也说：

青蒿把农民整够了，农民种出青蒿后，没有人买，政府也不出来收购。好多农民气惨了，就把青蒿倒在河里了。

农户辛辛苦苦种出了青蒿，为何没人收购使得农户一气之下把青蒿倒进了河里？乡里的工作人员解释说：

2005 年农户种植的青蒿质量不过关，含量不达标，中药材公司不收购。质量不达标与当地的气候有关，三河乡不适合种青蒿。

当然，这其中的原因或许并不是农户所认为的"政府和卖青蒿种子的老板勾结，骗农民的种子钱"，但在青蒿的售卖过程中直接损害到了农户的切身利益。青蒿种植作为退耕还林的配套措施，在当地的推行结果是不成功的，群众是非常不满的。种植青蒿不仅没给农户增加收入，扩大增收渠道，反而给农户造成了直接的经济损失，使农户对政府失去一定的信任。

但是这相当于一次新的求生方式的探索，这项探索是在农民对中药材种植具有某些预期的情况下进行的。不可否认的是，这次的探索归于失败，这也许可以被认为是一种新的合作化模式建立的教训。我们还会在后文中集中探讨新的农村合作方式的途径问题，并且还有别的相关的例证说明，事实上，并非所有的与政府相关的合作模式均告失败，但是在成功的内部也不乏失败的细节，综合而言，这是个十分复杂的过程。

（二）何首乌种植

万寿寨村退耕还林后，有 10 户人家在退耕还林的地里种植过何首乌，但都没有栽活，具体的情况用下面的三个案例来说明。

谭显华："2004 年的时候乡政府引导农户在退耕还林的地里种植何首乌，要求我们村干部先示范。2004 年 5 月我在屋后退耕还桑的地里种了何首乌，都没有栽活。苗子是 5 月份到的，那时太阳太大了，全部被晒死了，何首乌栽得不是时候。"

谭千宏："何首乌的苗子太嫩了，5 月才到，那个时候太阳大，农民栽的苗子全部都死了，根本就没有栽活。"

南文生："张支书在 2004 年的时候给我们宣传在退耕还林的地里种何首乌，他送苗子到家里，我就买了 1000 根苗子，五分钱一根，花了 50 元的苗子钱。栽了大概一亩的面积，可惜全部都没有栽活。那是 5 月份（新历）的时候栽的，那个时候太阳太狠了，把苗子晒干了，全部都被干死了。"

在退耕地里种植何首乌是林药间作的方式之一，是一个很好的后续配套措施。但是，如上述案例所述因为栽植时间的不合时宜及种苗太嫩，导致了何首乌的成活率为零。这样看来，这种林下种植的探索似乎依然存在许多需要注意的地方，因为所进行的一系列探索都走向了失败。这些失败使得农民退而求其次，他们依然在林下种植一些矮秆作物，或者在实在没有光合作用的条件下什么也不种植。

这些失败都给政府与农民之间的合作造成了诸多障碍，不得不说，政府善意的思路与农民的渴望同时化为灰烬，这于农民和政府而言都是重大的打击。但是这种合作模式并不应该在这样的失败下而彻底走向"无为"，正如我们将会在后文中分析的一样，类似的合作在其他领域已经走上了较为正常的轨迹。但是，退耕还林之后继续维持种植业（与传统种植业大为不同的）显得十分重要和急迫，我们已经在上文中说明过失地以及种植业的难以产业化所带来的流动人口的情况，我们还会在后文中说明这种人口流动所造成的诸多麻烦（养老以及教育将会在后文中详加说明）。另外，生计的探索，除了政府的引导之外，整个农村似乎缺少另一些合作化的模式。

第四节　困境：种植业的限制性因素探讨

我们无意突出种植业在人们生产生活中的弊端，事实上极为明显的是种植业（传统的种植业）在人们的生产生活中发挥过长时期的作用，在没有打工经济之前，人们已经依靠这种方式生存了无数代人。然而现在，人们已经明显地意识到了变化，我们从那些荒土地（一些农民外出打工之后放弃耕种土地）就可以看出农民已经意识到了时代的变迁。我们所要探讨的所谓种植业的限制性因素，事实上也只是在这一时段所说的这一时段的话，这些限制性因素是随着时代的变迁而发生、放大的。这一切，似乎又不可避免地回到市场经济的探讨上来。但是，我们此时先放弃对其加以探讨，我们在上文中已经探讨过这种资源配置方式于农村、农民的威力所在，我们现在所要探讨的是这一时段看来种植业存在哪些限制性因素。

如下的想法虽并非全部农民赞同但也显然是普遍的：

土地够不够的问题单说吧，种土地也仅能维持自给自足，不能为家庭增加收入。农产品的价格普遍低廉，种子肥料又贵，卖粮食的收入除去种子肥料的开支已经所剩无几了。另外，土地在很大程度上还是靠天吃饭，没有保障，如果天时（一年的雨水、日照等气候的综合因素）不好，种土地甚至连自给都不能保证——不只是在外出务工人员的眼中，在老人的眼中也是如此。而且，这一传统的生计方式突然被认为是极为劳累的工作，于是年轻人更愿意出去打工，留守老人在观念中也仿佛跃跃欲试，纷纷表示如果他们能年轻一点，外面的厂矿愿意录用他们的话，他们也宁愿外出打工而不想留在家里种地，就算是打工也累，但是用不着像种土地一样需要日晒雨淋的。

我们可以引入两个在家务工的老人的话作为例证。

田云波："在屋头做活路（种田）阴倒苦（非常苦的意思），天麻咕咕亮就出门，擦黑才回来，热起来了还要遭太阳晒，雨小点披了蓑衣继续做，活路一来饭都刨不了几口，磨得死人。还不稳定，水稻就怕天干，天一干就只有得把草草了，一点谷子都没得，有虫子那几天还要专门记得去照看，没去的话就啥子都不剩了。苞谷也是怕天干，长苞谷米米那段时间，天一干不落雨，苞谷就只有死了，焦人得很。种田哪里比得上做活路（指的是打工），做活路的话做了一天还可以得一天的钱，反正做了就稳收就行了，种田没得多大个做头，种下去还要看天时。"

陶林清："跟在屋头种田比起来，我肯定是想出去打工啊。在外头我觉得自由些，轻松些，反正只用做 8 个小时，8 个小时一过，下了班就没得事了。在屋头就不一样，要一天忙到黑。在外头都不养家畜家禽，在屋头一天土地种累了，回来还要管家务，喂猪啊、喂牛啊、喂兔啊，辛苦得很，养多了累，养少了又赚不到钱，不像打工，下了班饭一吃完就各自休息了，不需要做啥子了。"

假如我们可以通过上面的描述做些总结的话，人们感受到举家从事农业的限制性问题包括：（1）所谓经济价值（大多时候是指现金了）的问题；（2）专业劳动与杂务的关系问题；（3）天时（自然条件）的问题。除此之外，我们可以在观察中发现；（4）生产技艺的问题。而这些因素之间如果非要找出一种逻辑关系的话，我们可以做这样的表述：市场经济下的农民生存越来越依赖于货币，但是因为当地现有的自然条件影响了生产技术的推广，消耗了大量的劳动力，而这些劳动力如果被放置在市场经济中来计价的话，其成果远远超出农业生产的成果，但是人们不得不兼顾到农业，因为他们需要在家里处理家庭的诸多事务，其中农业生产甚至也是这些庞杂事务中的一种。

（一）自然条件的限制

万寿寨村的土地多数为坡耕地，土层较薄、土壤肥力较差。灌溉用水严重依赖雨水补给，田里的水只有等天上下雨或山顶流下的山谷水经水沟到达才有，只有在离蚕溪河近的（不超过 100 米左右的）那些水田利用河里细细的水流灌溉，但从比例上讲仅仅是一小部分农田分布在蚕溪河沿岸。该区的自然地理条件限制了当地的农田水利基础设施建设，农田灌溉水源缺乏，加剧了粮食产量低而不稳的局面。

该村粮食的产量很受气候的影响，尤其是在农作物生长过程中，降水量对农作物的收成状况产生了至关重要的影响。农田灌溉条件较差，村里的水沟和池塘在 20 世纪 90 年代就毁了很大一部分。粮食产量不稳定，村民们基本上是靠天吃饭，农民做的是"望天田"，遇到干旱年景，大部分的土地（除了那些距离水源近的土地之外）会减产，有些甚至会颗粒无收。一遇到夏季的大雨，很容易把地里的庄稼给冲毁了，让农民的收成大大降低，直接影响到农民的生产积极性。雨水把地理表层的土壤冲走后，导致土壤肥力下降，在同等条件下，农户要想保证与前些年同样的产出就得增加肥料的使用量以提高土壤的肥力，肥料使用量的增加会使农户的生产成本上升。因水土流失使土壤肥力不断下降，导致肥料（化工肥料对土地的肥力会有负面的影响）使用量的逐年升高，土壤肥力却越来越差，从而形成了一个恶性循环。在这样的一个恶性循环过程中，土地自身的生产能力越来越低，而农户对土地增加的投入却越来越大，同等情形下，土地增加的报酬也会越来越少。

（二）生产工具与技术限制

1. 生产工具

我们所描述的地区是一种复杂的山区构造，田土大都呈块状阶梯分布。受地形的影响，现代化的农用工具在这里几乎没有用武之地。牛耕、人挖是当地的主要农业生产手段，犁地犁田普遍使用畜力，挖地锄草则主要依靠人力。我们对农民的农耕用具做了一个全面的统计，主要包括锄头、香锄、挖锄、薅锄、爬梳、犁头、耖等，前五种用人力，后两种用牛力，它们的基本用途、材质以及使用方式如下：

（1）锄头：统称，用于挖地，铁木结构，人力；

（2）香锄：用于扦地，打平打碎土块，栽苞谷，铁木结构，人力；

（3）挖锄：用于挖地，如锄头的使用方式，它主要用于挖生硬的泥土，铁木结构，人力；

（4）薅锄：用于薅草、锄草，背（填高）田坎，把田坎推平使其不漏水，铁木结构，人力，铁木结构；

（5）爬梳：用于打田坎，夯实田坎，木质结构，人力；

砂刀　　　　　　　　　　爬梳　　　　　　　　　　犁头

图 7.11　组图：传统的农业生产工具（1）

（6）犁头：用于犁田、犁地，主要是犁田，铁木结构或者全铁结构，使用畜力；

（7）耖：犁田之后用于抹平田，铁木结构，使用畜力；

（8）点锄：点东西，播种苞谷、豆子等作物时，把土刨开，再把作物苗栽进土里，铁木结构，人力。

锄头　　　　　　　　　长背架　　　　　　　　　短背架

图7.12　组图：传统的农业生产工具（2）

当地的锄头主体部位较宽，锄把有长有短，长度在四尺到五尺五，约1.2～1.5米。人握着锄把挖地锄草时不用使劲弯腰，就可以达到效果，这样比较省力。

除了以上生产工具之外，在人们的生产中，我们还能够看到各式各样的辅助性生产工具。辅助生产工具包括背架、背篼、链盖、大斗等。背架分为长背架和短背架两种，背篼分为齐背、半篮背篼、小背篼、花篮背篼，它们的用途、材质及使用方式如下：

（1）长背架：用于背体积较大的物品，如大斗、枯草等，木篾质绳索结构，人力；

（2）短背架：用于背木柴、袋装粮食、肥料等，木篾质绳索结构，人力；

（3）齐背：由于背稻谷、牛粪等，载重量大，一般适用于男人，适合背重东西，蔑织绳索结构，人力；

（4）半篮背篼：用于背稻谷（少量），背着去割草，载重量小，一般适用于女人，适合背轻东西，蔑织绳索结构，人力；

（5）小背篼：背着去赶场、走亲戚等，适合背小样物品，蔑织绳索结构，人力；

（6）花篮背篼：用于背洋芋、红苕、苞谷等，蔑织绳索结构，人力；

（7）链盖：用于打豆子，去壳，甩起打（一杆固定，另一杆前后摆动，砸在豆堆上），木制绳索结构，人力；

（8）大斗：用于打谷子，盛放打掉的谷穗，一般是在田里用，木质结构，人力；

（9）抬筛：用于筛谷子，篾织结构，人力；

（10）耙耙：晾晒谷子时，把谷物耙平，扩大晾晒面积，便其晾晒均匀，木质结构或者木篾织结构，人力；

（11）筛子：用于筛米等，篾织结构，人力；

（12）探筛：筛草草，谷子打回来后，筛掉谷草，篾织结构，人力；

（13）插刀：用于插萝卜，使其成块，铁木结构，人力；

（14）镰刀：半月形，用于割草，铁木结构，人力；

（15）砂刀：用于砍伐荆棘、刺草等，铁木结构，人力；

（16）撮箕（又叫"烟斗"）：用于撮家伙、灰渣等，篾织结构、人力；

（17）风车：用于车米、苞谷、麦子等，利用风力来分隔粮食和杂质，木质结构（手柄为铁），人力。

插刀　　　　　　　半篮背篾　　　　　　探筛

图7.13　组图：传统的农民生活用具

我们从上述的介绍中看出，农民所使用的生产生活用具大都比较传统，其材质多为就地取材，而其使用方式多为人力，少量为畜力。生产工具的变迁事实上也是存在的，我们当然也可以看到一些小型的打谷机、耕地机等现代机械，但是这些机械的使用受到当地自然地理的严重影响，其变迁的速度十分缓慢。

除了工具的改进速度缓慢之外，一些较为专业的生产技术也没有能够很好地在当地推广开来。所谓专业的生产技术，在人们看来，事实上是并不十分需要的，因为农业本身已经具有十分久远的历史，这种惯性为技术的推广造成了一定的障碍。另外，随着种植业本身的变迁，一些新的作物被引进，或者一些新的品种被引进（这是政府经常以一种理想的方式所进行的农业结构调整的方式），但是相关的生产技术却没有能够很好地配套好。例如辣椒的种植，虽然人们种植辣椒也已经有很长的历史了，因为这是人们生活中不可或缺的重要调味料。但是当辣椒种植由政府提倡转而为一种产业化经营的时候，新的品种大量引进，然而却缺乏专门的技术人员随时进行技术推广，也没有系统的技术宣传活动，村民们掌握的耕作种植技术大部分是上辈人流传下来的经验，或者是彼此间的相互学习。种植每一种农作物都需要用肥料，一般是农家肥和化学肥料一起用，农家肥主要是粪便及草木灰，化学肥料主要用磷肥和尿素肥。当地的农作物种植属于粗放型，技术含量不高。新的作物的种植更是需要配套的技术，我们已经在上文中看到何以青蒿和何首乌没有在当地种植成功的原因。

图 7.14　老人们正在使用锄头移栽苞谷

图 7.15　老人正在使用耕牛犁田

（三）农业生产的经济效益

我们需要再做一点强调，在人们现有的观念里，经济效益要与现金（或者说货币）紧密地联系起来。在这样的兑换方式之中，农业生产的经济效益就可想而知了。山区的种植业与平原地区所不同者，在于其不能利用器械化生产，一是这里本来的地形不宜使用机器，二是每户所具有的土地也十分有限，机器的使用不免有浪费之嫌。当然，已经有人在政府的支持下尝试着使用小型耕地机、收割机等机器了，但是许多农民终于又回归到原来的劳作方式，许多劳动依然回归到畜力。而更重要的在于，农业的产出在兑换为现金的过程中似乎难以与生产这些产出的劳动成正比，而且，产出仅能够维持人们的生存。这样，农业在市场经济的背景下显示出了一种颓势，许多农民经营农业已经成为不得不做的选择。

刘光云和陈世会夫妇的两个儿子均是初中毕业就外出打工，夫妻俩留在家里种田。2008 年由于陈世会的姨侄媳妇在高速路上当管工，安排陈世会去为高速公路栽树。陈世会去年八月开始为高速路栽树，工资每天 35 元。陈世会说，自己宁愿给高速路栽树也不愿意种庄稼，因为高速路的收入高于种庄稼的收入。他们做出了如下计算：

在高速路上栽树，一天 35 元钱，一个月做得了二十多天，就有 700 多元钱，六个月算起来就有 4200 多元钱。在农村种苞谷的话，种得好屋头可以收 100 背，一背算 50 斤（苞谷米），一共 5000 斤，一斤 6 角钱，全部都卖完，种六个月的苞谷下来也只有 3000 元多一点。种谷子就算收 4000 斤，90 元钱一百斤，也才 3600 元钱，从 4 月就开始犁田搭田坎，5 月间栽秧，八九月间才收得了，也要四五个月的时间，还要把种子钱肥料钱除去，算起来剩都剩不到个啥子。

（四）专业劳动与杂务的关系

在所有期望外出务工而本身又无条件外出务工的人的思想里，打工相对于农业生产而言纯属一种闲差。那些无条件（或因年龄或因养老或因孩子的教育）外出的农民对外出务工者的想象是并不深入的，他们认为自己的务农工作劳累得多，这种想法甚至在一个家庭内部也存在，我们甚至听说一对夫妻在决定谁外出务工的问题上也会产生矛盾。事实上这样的想象多少来源于打工者在返乡时候的光鲜华丽，这是多少有些值得注意的现象。我们曾经在上文中说过，一个男青年是否外出务工甚至影响到他的声誉问题，多少也与此有关。我们看到大部分的打工者在返乡的时候总是穿得十分整齐，并且似乎也极喜欢保持自己的美感。一个长期在外务工和一个长期在家务农的同龄人在过年的时候同时出现在村落里的娱乐场合，人们明显地看出他们之间的不同。

但是，这种差异也并不完全来源于想象，事实与想象之间没有形成很大的差距。打过工而今在家务农的人会做出相应的对比，从对比之中得出了更想外出打工的期望，这就是对比的结果。如我们上述所举的案例中所说的，打工者在城市里的劳动乃是一种专业化的劳动，他们在现代经济的极为精致的分工中做着自己的那点工作，全不需要理会别的事情，需要对工厂的各种事情进行把握的不是他们，而且他们也不能够。如果我们做一个稍显突兀但也不乏合理的类比，将家庭类比为一个既考虑生产又考虑生产成果的工厂的话，事情也许就明了起来了。一个人当了家（结婚生子分家之后），他将为家庭的一切进行考虑，而一个家庭的运作（经济的、社会的、养老、教子等）是极其复杂的，但是这一复杂的过程事实上并没有形成一个很明确的分工（假如有分工的话不过是一种非正式的分工）。于是，谁在家里维持家庭的正常运转（当然不全然依靠这个人，在外务工者的收入是这个家庭运转的重要力量），谁就更需要具备统筹协调的能力，同时要花费更多的精力来照顾家庭的各个方面。然而，那位打工的人无论其多么辛苦，却悄然在家庭这一难以分工的组织中分工了，因为非但这样不能使其成为一个合格的农民工。

也许，专业化生产是当前农民发展的一条重要的路径，我们已经看到某些个体在这条路上走出了些脚印，但是所形成的规模显然是微小的。

第五节　养殖：主要作为副业的生计途径

除了较为专业的养殖户之外，养殖业事实上也可以被视作农业生产的一部分。但是三河乡（或者说石柱县）的情况稍显特殊，因为在人们的生产生活中，养殖业不仅仅是作为人们日常生活的直接所需而产生的。譬如养猪，如果只养殖一头猪，事实上都还算不上真正的养殖业，不过是附属于农业的一种经营方式而已。但是我们可以看到这里虽然养殖大部分还是基于家庭的，但是至少在曾经，部分的动物养殖是为直接增加农民的经济收入而进行的。所以我们看到《三河乡志》将畜牧业看作是三河乡农村经济的重要支柱，也是解决农民温饱的重要力量。2002 年，全乡实现圈存长毛兔 22.49 万只，圈养 100 只以上的大户达 503 家；肉牛存栏的有 3331 头，出栏的有 1250 头；生猪圈养共 8893 头；家禽出栏的有 42890 只，畜牧业总收入达 1554 万元。（《三河乡志》

1988—2002 年）我们在介绍当地养殖业的时候，主要以万寿寨村为例，原因在于我们已经在川主村的许多家庭看不到养殖业了，他们的许多土地被征收，苞谷种植也少了，而苞谷事实上是养殖的最主要的饲料。万寿寨则稍微不同，虽然退耕还林已经占用了很大一部分旱地，但是正如我们上文所说的，农民们将自己的一些质量较差的水田改为旱地种植苞谷。而且，一些动物的饲料是山上的野草及灌木叶等（如羊），在我们所考察的川都坝以及新开组等地方是没有这方面条件的，那里要么已经被开发为公路，要么被种植了各种庄稼。

在万寿寨村，养殖的对象主要有猪、蚕、长毛兔和鸡。养猪主要是为了满足自己一年四季对猪肉的消费，一般一户养一两头猪，过年时杀一头猪（村民们叫作过年猪），除过年猪外的就把剩余的猪给卖掉。村民们把过年猪的猪肉做成腊肉保存，供给自己家下一年一整年的猪肉食品。长毛兔的养殖是石柱县养殖业中的支柱产业，长毛兔养殖也是村子里重要的养殖项目。但是由于近五年来长毛兔兔毛价格低迷，长毛兔在万寿寨的养殖数量和规模呈现出逐年下降的趋势，养殖的户数减少，规模也下降，目前全村大概还有 40% 的农户在养殖长毛兔。村民们已不愿或不再养殖长毛兔，村里养殖长毛兔的农户已越来越少。而在 2004 年之前，全村几乎是所有人家都养殖长毛兔。从 20 世纪 70 年代开始，村里开始了养蚕并一直延续到现在。但是近年来，蚕茧价格偏低，农户也不愿意养蚕，这两三年里全村养蚕的农户有 20 户左右。对于家禽家畜的养殖，基本上每家每户都养鸡，现在该村有一户养鸡专业户，现养鸡 13 000 多只。有三户养猪专业户，目前各户养殖头数都在 80 头以上。

一、作为副业的养殖

虽然三河乡的养殖业所具有的地位是重要的，但是并非所有的养殖业都形成一种较大规模的产业。事实上，人们所养殖的许多牲畜只是生产或生活的直接所需。在我们的考察中，发现集中为人们的生产和生活直接所需的牲畜养殖，如猪、牛、鸡、鸭等。

生猪的养殖当然也不免投入到市场中进行贩卖，但是家庭内部自己养猪贩卖的话并不十分划算（如果规模太小的话），而许多的农民之所以要养殖生猪，原因在于农民们利用自己的种植业所得投入到养殖上，换回人们在下一年生活中的肉食来源。村民养猪目的主要是食用，较少出售。但是"养一头是养，养两头也是养"（养一头和养两三头在消耗劳动力方面的差别不大），在饲料充足的情况下多作为商品投入到市场上也是极正常的。农民首先要从市场上购买 1～2 个月大体重 20～40 斤的小猪（一般情况下不会自己育乳猪），喂养 10～14 个月，到春节时宰杀，大部分制作成腊肉，一直可以吃到 6～7 月份。村民养猪的饲料都是自己承包土地所生产出来的洋芋、苞谷、红薯、萝卜、米糠等，养猪数量与土地关系非常密切。一般的家庭养猪 1～2 头，有的养 4～5 头。下表是三河乡 1986～2002 年养猪的数量统计：

表 7.12　三河乡 1986—2002 年生猪统计表　　　　　　　　　单位：头

年　度	三　店	大　河	永　和	蚕　溪	合　计
1986	2298	1505	2017	1325	7145
1987	2899	2319	2392	1275	8885
1988	3196	2825	2867	1455	10343
1989	2573	3883	2571	1443	10470
1990	2892	3707	2570	1426	10595
1991	2768	3514	2491	1484	10257
1992	2141	3169	1935	1536	8781
1993	2275	2825	1373	923	7396
1994	2523	2610	1689	1689	8511
1995	2471	3039	1936	1787	9233
1996	2634	2808	2119	1401	8962
1997	2124	2561	2057	1160	7902
1998	2711	2336	1976	1270	8293
1999	3575	2196	2027	1253	9051
2000	3450	2195	1997	1328	8970
2001					9001
2002					8893

　　土地减少或全部被征用后，土地所提供的猪饲料也少了，养猪的头数跟着减少，甚至有的村民也不养猪了。这也意味着农民的生活结构发生了变化，许多失地农民少了吃腊肉的机会，增多了以猪肉作为日常之需的购买。

　　与生猪的养殖颇为相似的是鸡鸭等家禽的养殖。这些家禽的作用也并不在很大程度上用于换回现金，而是作为人们直接的生活使用。鸡鸭的喂养在很大程度上是为了获得鸡蛋和鸭蛋，这些鸡蛋、鸭蛋很大程度上也被自己食用，有时候作为礼物送出去（为别人的生孩子而道喜的时候经常伴随着送鸡蛋的行为）。当然，当人们认为真正的"土鸡蛋"与市场上大宗贩卖的鸡蛋具有很大差异之后，农民看到所谓"土鸡蛋"具有很好的价格之后，也经常将鸡蛋拿到市场上卖。鸡也是如此，人们在日常生活中不会宰杀一只鸡作为日常菜肴，通常只用于待客或者节庆的时节。不过，在人们将"土鸡"与"外地鸡"分开论价之后，农民们也倾向于将自己养殖的土鸡拿到市场上贩卖了。

而与上述两种情况不同的是，养牛在很大程度上是为了生产的目的。我们在上文中已经说过，当地的农业在很大程度上难以进行机械化生产，在农作中，诸如翻土耙地的繁重工作主要是由畜力完成的，人们因为使用了牛耕种，减轻了自己的很多负担。但是，如果每家每户都养一头牛，那么就不难发现，牛的生活将是如何的安闲自得，因为一个家庭的土地本身有限，而且诸如翻土耙地的工作具有很严格的季节性，每家养殖一头牛的成本未免较大。于是，我们发现一个村落里总有那么固定的几家长期养牛，他们在繁忙的季节先将自己家的土地翻耕之后，又投入到别的家庭的劳动中去，这时候需要以时计价或者以工计价，将这些劳动（人的和牛的）折换回现金。当然，也有一些家庭因为本身具有充足的粮草而养殖一两头母牛，以便培育牛犊而纳入市场上贩卖。耕牛主要分为两种：黄牛和水牛。在我们所考察的时期，当地农民所养的主要为黄牛，但是我们没有获得具体的养殖数量，水牛在三河乡从1986—2002年之间的养殖状况可由下表显示。

表7.13 三河乡1986—2002年水牛统计表　　单位：头

年　度	三　店	大　河	永　和	蚕　溪	合　计
1986	83	180	163	12	438
1987	85	192	153	15	445
1988	87	181	147	9	424
1989	80	177	133	12	402
1990	71	205	124	5	405
1991	63	204	83	4	354
1992	60	230	79	7	376
1993	39	237	50	5	331
1994	28	225	42		295
1995	27	227	48		302
1996	26	107	49		182
1997	25	214	38	1	278
1998	15	202	37	2	256

年　度	三　店	大　河	永　和	蚕　溪	合　计
1999	15	197	33		245
2000	10	197	28		235
2001					281
2002					226

我们之所以要将养殖业中作为副业的部分单独说明，原因在于这部分养殖业的发展情况与农民的农业生产具有很大的相关性，尤其以失地相关。土地面积减少后，农户家庭生计结构亦跟着变化，我们已经在上文中稍加提及过，作为副业的养殖业在农民缺乏粮食（苞谷）的情况下购买粮食养殖是不划算的，并且作为农业生产之重要工具的耕牛，在农业本身发生变化之后，其养殖业也必定受到重要影响。

二、不成功的桑蚕养殖

正如我们上文中所说的，养蚕在万寿寨村已经于 20 世纪六七十年代就试验过了。那个时候的养蚕业还颇具规模，一方面是生产队的调动力较强，另一方面则是因为养蚕在那个时候确实可以获得一定的经济效益。然而 20 世纪 90 年代以后，蚕桑业突然在万寿山上衰落下去了，当时衰落的原因是多方面的，有蚕种太老（没有更新）而致使病毒横行的原因，也有桑树老化的原因，更有市场不景气的原因。于是在最近几年中，整个万寿山上养蚕的人家已经寥寥无几。

然而，当政府推行退耕还林的时候，考虑到借退耕还林的机会而调整农村产业结构，于是又有了在万寿山上发展蚕桑养殖业的想法，一场不成功的产业结构调整的尝试就这样展开了。万寿寨村退耕还林的面积中，栽植桑树的面积是最大的，有 697.9 亩的面积，占总退耕面积的 30% 左右。为此村组干部说万寿寨村的退耕还林分为"退耕还桑"和"退耕还林"两类。在退耕还林的树种中，桑树本属于兼用林，其保持水土的作用和纯生态林相比存在一定的差距。之所以规划在万寿寨村大面积栽植桑树，政府认为："在万寿寨村搞退耕还桑主要是出于乡政府的政策考虑，乡政府是为了重点发展万寿寨村的蚕桑业，发挥兼用林的多重效益，促进退耕户增收，调整农业内部的结构做出这一决定的。"

而实际效果与政府的预期大异其趣。万寿寨村的马世金是乡里的育蚕员，他给我们介绍了养蚕的情况。具体如下：

我们这里一张蚕平均能产 20 公斤左右的蚕茧。蚕茧的价格从 1993 年起到现在基本上就没有变过，基本上就是稳定在 13 元/公斤左右。2008 年全乡总共才养了 30 多张蚕，在 1992 年、1993 年左右光是我们村（那时是长春村）就养了 400 多张蚕。现在的蚕茧价格太低了，大家都不愿意养，养蚕需要技术，许多老年人在家养不了蚕，他们不适合养蚕。

在当地，养蚕一年可以养三季，分为春蚕、夏蚕和秋蚕，冬季桑树已无桑叶，所以冬季不养蚕。下表是农户自己对各季节所养育的蚕的一些认识。

表 7.14　蚕子生长和特质情况表

蚕类	成长时期（新历）	特　　质
春蚕	5.10 ~ 6.10（约 30 天）	质量最好，价格最高，蚕茧重，蚕长得慢
夏蚕	7.15 ~ 8.10（约 25 天）	气温高，价格中等，长得最快，质量稍差
秋蚕	9.1 ~ 9.27（约 27 天）	气温高，价格最差，长得一般快，质量最差

农民自己的思考十分清楚，他们又通过精细的计算得出养蚕的不可行性。一个农民向我们展示了他的计算结果：

养一张蚕种要花 20 元的蚕种钱，如果养得好，一个月左右的时间能产 20 公斤左右的蚕茧，现在蚕茧价格大概是 13 元/公斤，一季蚕只能管 20 公斤 × 13 元/公斤 =260 元，平均每天收入（260 - 20）/30 =8 元。还不如在山下的高速公路工地上打工，一天就能得 50 元，一个月就有 1500 元，养一个季的蚕才 200 多元，不划算而且又麻烦。

更有农民根据自己的经验而说明养蚕的不可行性：一个 60 多岁的老人以其自己的养殖经验来说明自己不养蚕的理由：

去年夏天家里养了一张蚕，养到 20 几天快结茧的时候，蚕就死了。蚕刚开始得病的两天自己也没发现，结果第二天早上起床就看见死了一堆的蚕。我估计那是得了脓病，使蚕在不到两天时间内就全部死完了。本来再过几天就可以出蚕茧了，结果白养了那么久，今后不想再喂蚕了。蚕子太容易得病了，自己年纪大了，眼睛又看不太清楚，耐不何了呀。

此外，一位 40 多岁的妇女则表示养蚕业太耗费劳动力，以至于他们在养蚕活动中的消磨而使得劳动力价值大为降低，同时也表明了一种对蚕子的娇贵的担忧：

养蚕太麻烦了，工序复杂得很，很耽搁人，每天要去摘桑叶。蚕茧的价格又低，养一季的蚕子还不如到高速路上打几天工挣的钱多，打工还要单纯得多（工序要少得多），农村活路繁琐得很。蚕又容易得病，死了就更划不来了。

农民各种各样的原因驳斥了政府的想法，政府则在这个过程中也意识到了养蚕在这里的不可行性。一位乡里主管蚕桑养殖的负责人说道：

我们每年往县里上报的蚕桑养殖的数量都是虚报的，是多报了指标的，实际上我们乡远远没有养那么多蚕。农户不愿意养蚕，我们乡是桑树多，养蚕的人越来越少。蚕茧的效益不好，价格低，养蚕需要技术，要很细心，要有耐心和恒心。还有就是我们乡好多年轻人都出去打工了，在家的多数是老年人和小孩。从技术上来说，老年人是不适合养蚕的，年轻人更适合，因为养蚕特别需要眼力好。天气一热蚕就很容易得病，得了病没及时处理好的话就会全部死掉，这需要眼力好才可以看出来蚕有病还是没得病。我是觉得群众对养蚕有种恐慌心理，他们害怕蚕死，那样就白白费了力气。蚕茧也是很讲究的，蚕茧必须及时卖掉，结成蚕茧之后在半天之内就要卖掉，蚕茧卖迟了要变颜色甚至是破裂，影响农户的卖价。现在是市场经济，群众的经济思想转变了，哪个效益好就去发展哪个，不是你政府叫他发展啥子农户就去搞啥子了。

在这里，我们明白了养蚕的活更需要眼力较好的年轻人去做，需要一定的养殖技术和经验，但是村里的年轻人基本上都外出打工去了。据三河乡政府2008年的统计资料，2007年万寿寨村有人口1062人，劳务输出共418人。具体情况如下表所示：

表7.15　2007年万寿寨村外出务工劳动力的年龄、

受教育程度以及流入城市 单位：人

小组名	转移就业人数			转移就业人员年龄结构					转移就业人员文化结构			转移至市外人数			
	小计	男	女	16~30岁	31~40岁	41~50岁	51~59岁	60岁以上	初中及以下	中专、高中及相等学历	大专及以上	广东	福建	浙江	其他省份
长春组	131	71	60	35	58	29	6	3	121	8	2	26	8	46	12
万寿组	155	103	52	50	63	28	14	0	149	6	0	23	1	95	8
石峰组	132	84	48	56	47	19	10	0	122	9	1	42	14	40	18
全村	418	258	160	141	168	76	30	3	392	23	3	91	23	181	38

从上表可以看出，2007 年万寿寨村外出打工人口占总人口的 39.4%，而且这一部分人中绝大多数是青年人，只有 33 名 50 岁以上的人。大批青年人外出务工，影响到了村里蚕桑养殖的发展。

从上述内容中可总结出村民们普遍不愿意养蚕的原因：蚕茧价格低，蚕子很容易得病而且不能得到及时、有效的控制，极容易死去。因患病率高，农户对养蚕有一种恐慌心理，缺乏信心，价格低迷更加削弱了他们养蚕的积极性。同时，大多数中青年人不太愿意的原因还在于不想从事于养殖，觉得养蚕的工序繁琐，花时间和精力，而是更愿意到外面或附近打工，找一些"纯粹"一点的活干，与养蚕相比经济收入也会高很多。而老年人养蚕一般会遇到一个很大的问题——眼力不太好（这事实上是说明技术性的问题）。老年人更多的是依靠自己习得的那一套经验养蚕，对养殖来说经验固然非常重要，但因蚕很容易得病，因此对养蚕技术的推广和掌握就显得尤为重要。老年人因眼力欠佳，不能准确判断蚕子的健康情况。而年轻人因观念上的原因和现实的经济比较更愿意选择出去打工，不愿意养蚕。当然，其中最重要的原因还是在于蚕茧价格过低。

因为养蚕的人很少，桑树基本没发挥其预期的经济效应。于是，政府考虑是否要实行"改桑"，即是将原来的桑树改换成别的更具有现实经济效益的树种。但是在我们的考察期间，这一计划甚至还只是某些人的想法。

三、山上的波尔山羊

（一）又一次的失败尝试

波尔山羊被称为世界"肉用山羊之王"，是世界上著名的生产高品质瘦肉的山羊，是一个优秀的肉用山羊品种。现在，我们在万寿山上看到了这样的山羊品种，它们由一个村民饲养，这个饲养者是全村唯一的养羊专业户。关于波尔山羊在该村的养殖，还得从退耕还林说起。

万寿寨村的文书如是告诉我们：

退耕还林时是有配套措施的，县林业局的规划是"退耕还林，林下种草，用草养畜，畜粪建沼气"。当时县、乡政府要求我们村组干部和党员率先发展这些（退耕还林）后续的实施项目，起带头示范作用。我和村里的 9 位村组干部和党员就先试验了一下，这些配套措施包括了养波尔山羊、在退耕还林地里种植何首乌那些，但是都失败了。

以下是他家养殖波尔山羊的具体情况：

2003 年乡里免费给我们养殖山羊的农户提供了草种，我在屋后的退耕地里种上了那些草，用来养殖从成都买来的波尔山羊。养波尔山羊是县畜牧局安排与规划的，要我们村组干部先示范。2003 年的 6 月我就买了 20 只山羊，每只 300 元，加上建羊圈共花了 10 000 元左右，政府对每只山羊补贴 20 元，共补贴了我 400 元。

刚买回山羊不久，它们就生病了，断断续续地就死了 8 只。县里还从成都请来了畜牧专家，但还是没医好，那 8 只山羊还是死了，刚买回羊的半个月里给羊看病的钱就花了我 1000 多元。这个（羊死掉的原因）可能与长途运输和天气热有关。

养波尔山羊主要是为了下小羊羔卖钱，繁殖多了才赚钱。配种的话还要用专门的公羊来配种才行，那个时候一只配种的公羊就要花 6000 元左右，自己是买不起的。县畜牧局起初是承诺来收购小羊羔，收购价每只 300 元。波尔山羊要喂饲料（包括苞谷、米糠、麦麸子等）。我喂了半年左右就把剩下的 12 只羊全部买了，卖给了蚕溪村的养羊大户。卖的时候，每只羊有 70 斤左右，那时的羊卖二三元一斤，一只羊我才卖了 150 元左右，比买价还便宜 150 元。养羊我是亏了本，我们几个"做实验"的人基本上都是赔了钱的，就都没养了，现在就只有马世银一个人还在养。不愿意养是因为当时市场价格太低了，波尔山羊又容易得病；还有就是草场的结构不好，种的草不够羊吃，就只好把羊赶到山上去放，放羊太麻烦了，自己又没时间去放羊。

据文书和部分村民回忆，2003 年村里养殖波尔山羊的农户有 9 户。具体情况见下表：

表 7.16　2003 年 9 户波尔山羊养殖户情况

姓　名	马世银	张应强	谭显华	陈振兵	陈世江	谭明才	刘成仁	马万昌	马世良
数量（只）	21	20	20	20	10	10	10	10	10

2003 年时村子里有 9 户人家养殖波尔山羊，而且养殖的只数都在 10 头以上，已经形成了一定的规模，而现在就只有马世银一人在养殖。曾经养过羊而如今早已不养的马世良的儿媳向我们说明其不养的原因所在：

"当时（2003 年），张应强支书告诉我公公养波尔山羊能赚钱，很有利润，公公他就心动了，向乡里报了名要养波尔山羊。结果他就买了 10 只，300 元一只。刚买回家不到一个月，羊就病了，山羊嘴巴里长疮，不能吃草。家里请乡兽医站的人来医了，花掉了六七百元的医疗费。结果还是死了3只，我们家养了半年左右就没再养了，剩下的7只卖给了蚕溪村的养羊大户，卖价好象是150元一只。我是觉得我们这里的养羊条件不好，荒山少、土少，羊的草不够吃。养羊耽搁人，效益又不好，还倒贴本。羊子卖了之后，我就和老公一起出去打工了。"

波尔山羊的养殖是与退耕还林相配套的，退耕还林后养羊的农户林下种草，发展养殖业。但是该村村民买回山羊后因山羊得病死掉了一部分，给农户造成了直接的经济损失，刚开始起步便挫伤了农户对养羊的期望。当时，这些农户之所以养羊主要是政府的倡导和要求，以及对波尔山羊在经济收益上的预期过于看好。对单家独户的农户来说，对习惯于传统种植业的退耕户而言，一次性养一二十头山羊，已经是具有一定的规模了。这种规模化养殖导致了养羊缺草，需要花大量的时间和精力去照料山羊，更重要的是山羊的实际价格远远低于其预期价格，这些原因综合在一起使养羊户（除马世银外）纷纷做出了决定，放弃养羊。因为，当时养殖波尔山羊的农户全部亏损（除马世银没卖外），这种示范的不成功，直接导致此后没有另外的农户愿意去养波尔山羊了。难怪谭显华文书会说："养羊全部失败了，退耕还林的后续措施都没有成功。"

图7.16 波尔山羊

（二）唯一的坚守者

然而我们却看到了一户比较坚定的养羊者，也就是现在还在养殖的那户农民马世银。在此，我们来看看全村唯一的养羊专业户养羊的情况。

2003 年 6 月我就开始养波尔山羊，一直养到现在。现在我总共养了200 来只羊，自己在家里养了35 只，另外还有160 多只羊在（石柱县）南滨镇花果村请别人给我养。帮我在花果村放羊的那个人有自己的种羊，那边的草场比较好，他帮我放养，我们俩互相合作。我的那160 多只羊下的小羊羔归他所有，大羊就全部归我所有了。现在的200 来只羊全部是由以前自己养的羊繁殖起来的，我养殖的山羊中每只成年的山羊在两年里能够产羊5 次，每次能下4 只左右。当时（2003 年）我买了21 只回家，每只花了300 元。乡政府对我们每只羊补助了20 元，共补助了我420 元。买回来波尔山羊后，自己就从县畜牧局买了一只配种的种羊回家，那只种羊就花了我6000 元钱。我那时是想的要好好地养殖山羊，打算今后专门养殖山羊，所以才花了那么多钱买种羊。

当时乡政府给我们养羊的户头免费发草种，是黑麦草，我们把草种撒在退耕还林的地里种植。但是波尔山羊不喜欢吃种植的草，喜欢吃山上的那些野草。2004 年那个时候波尔山羊的卖价很低，才卖二三元一斤，当时他们把羊养大就卖了，肯定要亏本哦。我那时没有卖，要留它们来下小羊羔。2005 年之后山羊的价格就开始变高了，变成了5 元左右一斤，现在我们基本上卖8 元一斤。

当我们问及他为什么村子里的其他人养羊不成功、没赚到钱时，他给出了自己如下的一些看法：

养羊需要耐心、细心，要天天去山头上放羊，还需要经验和一些基本的技术。当时我们村里有10 来个人都买了波尔山羊回来养，他们养的羊得病死了些，都只养了约半年就卖了，都亏了本的。我对养羊是有点经验技术的，我的羊得病了，我自己会处理，把它们搞好（恢复健康），我买回来的第一批羊一只都没死。我觉得养羊成功的地方就是我做事很细心、有耐心，有些养羊的经验。我认为那些养殖不成功的人家，是因为他们缺乏养殖的技术，羊得病了，他们不知道咋个处理，还有就是他们没耐心，没耐心的人做啥子事都不会成功的。

马世银养羊的另外一个比较好的客观条件还在于全村就只有他一个人养羊，没有其他人和他争草场，只要哪里的空地上有草，他就可以把羊赶到那里去放牧。而且牛栏坪在山顶上，山坡面积多，退耕还林的面积也多，长草的地方较多，可以放羊的地方要比住在山脚和山中间的人家多一些。也就是说，离家的周围有充足的草场来满足他放牧的需要。而且，退耕后许多以前耕种的土地现在都已经停耕，退耕地里长出的杂草为山羊提供了充分的食料。

四、渐趋没落的长毛兔养殖

相对于上述集中养殖业而言，长毛兔的养殖算得上是成功的，我们至今依然能够看到长毛兔的养殖在三河乡还占据着一定的地位，那些具有劳动力的家庭依然愿意在种植业之外养殖一些长毛兔。下表展示了三河乡自1986—2002年间长毛兔的养殖情况：

表7.17　三河乡1986—2002年长毛兔统计表　　　　单位：只

年　度	三　店	大　河	永　和	蚕　溪	合　计
1986	12145	17059	22550	6951	58705
1987	10599	18173	13935	6099	48806
1988	8362	24038	15180	5991	53571
1989	11390	31630	16264	5910	65194
1990	19133	40193	21176	7783	88285
1991	30718	57219	44283	13800	146020
1992	54618	65358	136635	15210	271821
1993	62046	75865	69646	19633	227190
1994	62736	72929	49369	22955	207989
1995	62423	73614	47944	20392	204373
1996	25180	61726	52011	19069	157986
1997	57425	63446	63654	21685	206210
1998	15770	47675	58386	19398	141229
1999	75710	41285	55392	16990	189377
2000	91135	62790	45945	17369	217239
2001					210900
2002					224900

石柱土家族自治县从1983年开始大力发展长毛兔，到现在已经走过了26个年头了，关于石柱的长毛兔，笔者引用了石柱县畜牧局熊宜强在《畜牧市场》2005年第8期的文章做一个简单介绍：

"长毛兔是一种小型食草型动物，具有生长快、繁殖力强、耗粮少的特点，利于家庭养殖，滚动发展。石柱县位于四川盆地周边山区，本地劳动力资源丰富、廉价，气候温和，雨量充沛，草山草坡多，饲料资源丰富，具有发展长毛兔的资源优势。石柱县县委、县政府于20世纪80年代初充分认识到了长毛兔生长特点和本县资源优势，果断决定在全县大力发展长毛兔生产。全县长毛兔养殖量位居全国前列，保持在200万只左右，年产兔毛1200吨以上，年产值 1.2 亿元以上。"

因为石柱县长毛兔饲养规模大，兔毛质量好，享有"长毛兔之乡"和中国长毛兔第一大县的美誉。石柱县也把长毛兔养殖业作为重点发展和扶持对象，作为一个支柱产业来抓，对石柱的经济发展和带动农民增收起到了很大的促进作用。

在养兔的农民中，我们找到一位较早养殖长毛兔的农民，他对自己养殖长毛兔的回忆能够从某种角度了解万寿寨村发展长毛兔养殖业的历史。

我是 1987 年开始喂养长毛兔的，那时候县上已经有人喂养了，我们村（当时为蚕溪乡石峰村）还没有人养，我第一个吃螃蟹。那年我到附近的沙子镇买了第一批 2 只长毛兔，那个时候卖得很贵，要 100 元钱一对，隔了几个月又去买了第二批 6 只，一起就是 8 只，花了 400 元钱。半年之内那 8 只长毛兔就开始繁殖兔仔儿了，我那个时候看到长毛兔开始饲养起来了，价格这么贵，就专门繁殖兔仔儿卖，卖 80 元钱一对，好卖得很，很多人来买，不卖兔毛，到了 1988 年，我的兔就繁殖到了 200 多只，光卖兔仔儿就挣了近 1 万元钱。兔仔儿后来价格降到了 60 多元一对，没有刚开始的时候那么挣钱了。1990 年，就开始卖兔毛了，兔毛价格比较高，一般在 100 元一斤左右，最便宜的时候都在 80 元一斤，我那时候养了 150 只左右长毛兔，是我们村的"养殖冠军"。那时候养兔真的很挣钱，我还收购长毛兔兔毛，等到价格涨上去了赚利差，那个时候我真的挣了点钱，到了 1992 年以后村里面就开始大规模的养殖了，几乎家家户户都养兔，每年存栏的长毛兔在 2 万多只左右，正是因为养的人多了价格就开始下跌了，正所谓"多则贱"，1992 年开始到 1995 年左右兔毛价格就下滑到 80 元一斤了；1996 年后继续下降，到 2005 年，价格维持在 60～80 元一斤；2005 年至今几乎一直就在 40 元左右一斤这个水平了。正是由于这个价格的原因，我也在 2000 年的时候退出了养长毛兔的行列了，挣钱没有以前那么多了，就转行做粮食收购生意了。现在的市场经济条件下，价格起得快，垮得也快，市场经济的规律就是"多则贱，贱则少，少则贵"，从长毛兔兔毛价格下跌到现在这个水平后，我们村养兔的人就越来越少了，以前基本上是家家户户都养长毛兔，现在村里面养兔的怕只有几十家人了哦！

长毛兔是关在兔笼里圈养的，一兔一圈，绝大多数是三层兔圈，也有少部分是四层兔圈。农户自己买水泥钢筋制作成水泥预制板来建兔圈，兔圈的尺寸一般为长 70 厘米左右、宽 60 厘米左右、高 45 厘米左右。各户根据自己的具体情况和需要，少则建20个圈，多则达一两百个兔圈。按现在的价格计算，一个兔圈的造价大概在30元左右。笼门用木架的铁丝网制成，笼底用竹片搭建，笼底承粪板也用水泥板制作，以使其不漏粪尿。这样的兔圈比较干净、通风、散气。

图 7.17　废弃的兔圈

　　成年的长毛兔一般在70天左右可以剪一次毛，每只每次能剪二两左右兔毛。长毛兔一般每天喂三次，早上和傍晚各喂一次饲料（饲料包括米糠、麦麸子、苞谷、洋芋、红苕等），产毛的成年兔平均每天每只兔需要三毛钱的饲料，中午主要是喂草。按现在的兔毛价格计算一只兔剪一次毛能卖 $0.2 \times 48 = 9.6$ 元，但是每只兔在生产那二两兔毛的同时却耗掉了 $0.3 \times 70 = 21$ 元的成本。

图 7.18　一位老人正在为长毛兔剪毛

现在该村养殖长毛兔的户数大大减少，究其原因最主要的在于**兔毛价格低**，农户不愿意养殖，故许多长毛兔圈空在了房前屋后。养殖长毛兔的刘兴成算了一笔账：

他家养了70只长毛兔，每只可以在70天左右剪一次毛。上个月（3月）他就把所有的兔都剪了毛，剪了12斤，卖价48元/斤，总共卖了576元。他说：

大家都不愿意养兔了，兔毛价格低得很，自己年纪大了，养兔轻巧些。那些兔每天要吃很多粮食，饲料钱都不得了，饲料那些折算成钱的话，一只兔大概每天要摊3角钱的喂食。根本不赚钱，还要亏本。只是苞谷、洋芋那些粮食是自己种的，就把它当成卖粮食了。

长毛兔的养殖在当地是呈衰败、凋敝状态，在笔者统计到曾经养过长毛兔并且至今保留着兔圈的24户农户中，已有12户没再养殖。这24户的养殖情况如下表。

表7.18 万寿寨村（部分）养殖长毛兔户统计　　　单位：只

序号	户主	现有圈数	现养殖兔数	序号	户主	现有圈数	现养殖兔数
1	谭明科	74	47	13	张刚元	201	64
2	马世金	105	72	14	马财兹	32	0
3	向世源	30	0	15	马江平	27	0
4	谭明春	84	15	16	刘兴成	112	70
5	马世彪	32	0	17	李英发	24	5
6	向世金	102	0	18	马世常	204	0
7	向大田	50	20	19	马世林	108	50
8	向大强	60	0	20	马泽勇	32	12
9	向大斌	40	0	21	陈珍有	70	50
10	刘光华	122	0	22	刘成兰	20	6
11	马强荣	270	0	23	马培强	50	20
12	马培金	40	0	24	马培良	20	0

在这24户中现有的兔圈可养1909只，实际养殖的兔数为431只。实际养兔的数量与现存圈的数量比例为：431/1909≈22.58%。也就是说有近77%的兔圈都没有养兔，而是空着被搁弃掉了。而且刘光华、马世常、马强荣、

向世金等有 100 只以上兔圈的大户，现在是一只未养。现在养着长毛兔的农户，也是没有将其兔圈全部利用上，12 户养殖户中养兔的数量与现存兔圈的总的比例是 431/930≈46.34%，这个比例还不到 50%。其中，有 50% 的户数已经不养兔，将兔圈空置在兔房里或房屋周围。

在这里，我们看到了市场经济所发挥的作用，农户不愿养兔的最主要因素是兔毛价格过低致使农户放弃养殖长毛兔。

一位养殖长毛兔的农民谈道：

养兔不赚钱，价格太低了。兔子要喂饲料才肯长毛，每天一只兔的饲料就要花 3 毛。一只兔剪一次毛有二两左右，现在只能得到 10 元左右，饲料钱都抵不过。只不过粮食是自己种的，不花钱买，就当卖粮食。天天要去割草，麻烦得很。

从中可以看出，长毛兔价格过低，直接影响农户养兔的意愿。经济账一算下来，其实农户是亏本的，他们只是不专门用资金购买喂食，把自家种植的粮食用来喂兔子，对他们来说卖兔毛就是相当于卖粮食。其中多了一道工序——养殖、照料兔子，当养兔效益太低或没有效益乃至是负效益时，农户选择放弃便是情理之中的事了。

该村的马世林从 1985 年开始养殖长毛兔直到 2007 年，他把从他开始养殖长毛兔时到现在的兔毛价格细细回忆了一下，如下表。

表 7.19　1990 年以来兔毛价格变化情况

年 份	1990 年之前	1990 年左右	1992 年左右	1995 年左右	2003—2004 年	2005 年到现在
单价（元/斤）	70~80	120	18	80	80	48

据重庆市政府系统（2008—2009）公开信箱的资料所示：

（石柱县）长毛兔产业正在经历最困难时期。由于我县没有兔毛加工企业，所有兔毛靠外销到山东、江苏、浙江进行初加工，90% 进入当地混纺企业加工，10% 靠出口到日本、韩国、意大利。由于全球变暖和人们服装消费观念向超薄变化，2007 年全国出口兔毛仅 1000 吨，相当于 2000—2004 年平均出口量的 10%。近三年时间的持续低迷，全国长毛兔养殖都呈现下降趋势。随着兔毛纺织技术的不断成熟，供求关系将发生变化，兔毛价格将回归到本来价值。县委、县政府高度重视兔业的发展，出台了《关于 2008 年兔业生产工作的意见》（石柱府发〔2008〕84 号），文中明确了兔业工作的重点和鼓励扶持政策。工作重点：一是良繁体系建设，二是规模户建设，三是标准化养殖示范小区建设，四是长毛兔专业合作社建设。鼓励扶持政策是：切实解决规模养殖户用地、环境污染治理、金融贷款等问题。按先建后补原则，凡经主管部门备案，新建标准化兔圈舍（兔笼）300 个、饲养成年优质长毛兔 300 只以上或新建标准化兔圈舍（兔笼）500 个、饲养成年优质皮肉种兔 500 只以上，年出栏皮肉兔 2000 只以上，且养殖户档案记录齐全，经县上检查、验收合格，每户补助圈舍和引种资金 8000 元。兔毛纱厂的招商引资工作正在积极开展。目前与山东蒙阴的一家企业达成初步意见，待其 11 月到石柱签订合同后，即可到工业园区进行设备安装，3~6 个月可以进行兔毛纺纱。

这一段资料已经较为概括性地总结了石柱县长毛兔养殖的现实状况，而三河乡甚而至于万寿寨村，也同样是这样的状况。至于这条信息中关于长毛兔养殖业的进一步发展策略，我们尚且没有能够在万寿寨看到端倪。不过，合作化是一个十分重要的途径，而问题的关键却在于：如何实现合作，这不仅是一种纯粹的引导，而事实上探索合作化之路是诸多细节的集合。

第八章　作为工人与商人的农民：
农民生计方式的现代变迁

第一节　农民工：作为工人的农民

我们于分析人口的章节描述了人口的结构，基于此，我们也说明了人口的分工问题。假如我们已经在本章的上文中说明了留守于家中的那部分劳动力所从事的经济活动的话，那么对于那些流动于外的以及从事着非农产业的那些人口所从事的经济活动我们需要在这儿再一次说明。我们所要描述的变迁在人们身上的体现，正好要通过这部分人才能够看得出来。变化中最大的应该是农民身份的转变，这一身份转变并未使其真正脱离农民的本色，但是他们却已然不是此前的农民了，在职业上，甚至在生活方式上都发生了重大的变迁。这是新的职业的要求，而并非其他的力量。然而无论怎样，在农民的这一身份转化过程中，他们面临的是选择以及适应。

一、职业选择与适应

农民们选择职业的主要标准是能够多挣钱，外出打工与在家干农活之间人们大多会选择出门打工。在他们看来，打工比种植庄稼划算，而且还有赚头，在家做农活，吃是不用愁的，就是没钱用。留在家里做农活照顾小孩的妇女想要外出打工的想法更强烈，他们认为在家里待着没有意思，粮食又卖不了多少钱，赚不到钱。负担重的家庭，比如有孩子上学，尤其是上大学的人家，在家务农是维持不了孩子的学习费用和家庭基本开销的。

康和海家就是这种情况，所以他希望趁还年轻多出去打工，多赚钱来供孩子读书，以后年纪大了就出不去了。他认为在外面打工比在家里好得多，如果在家里，不管是干农活，还是打零工，遇到下雨天就干不了活。在外面工厂打工，每天都有活可做，而且下雨也不影响，就算一天能赚 50 元，一个月就有1500 元，两个人一年就能挣到 3 万多，除开吃住，也还有 2 万，要是留在家里，怎么挣也没有这么多。

这样的情况还有许多，无论是征地修建高速公路，还是退耕还林，这使得人们不得不面对新的选择。可是，正如我们在上文中已经说明的那样，已经不是选择的问题了，因为传统的那条路已经截断了。征地前，绝大多数农户农业生产达到自给自足，甚至可以卖一些富余的农产品。随着市场经济的引入以及征地、退耕还林，自给自足的生计方式被打破，农民日常生活开支如同城镇市民，生活用品都得购买。

谭某（男，40 岁）："田地多时，我们守着田地粮食就够吃了，有时候还可卖些，也常常结余些来喂猪、鸡等。现在土地少了，而且样样都要买，就必需出去干活才可以糊口，如今粮食也得买，油也要买，哪里有活路就往哪里去。"

谭某观点反映了土地减少后，川都人现在单靠务农已经难以维持家庭生活了，打工成为必需的生活手段的现状。

村民们在职业选择上都要尽量考虑家庭的整体生活能力，职业与家庭要相互对应，职业的发展是基于家庭发展之内的。关于这一点，我们在说明农民的专业化劳动以及杂务劳动的关系时就已经说明了。于是，我们便将看到各式各样的生存选择，然而总体而言，农民所能够选择的，事实上也不过一些狭窄的渠道。如我们所发现的，打工与经商成为人们转业的方向，而农民在职业层面上的身份转型，其方向即是工人与小商业主。但是我们这里只说明作为工人的农民，而作为商业主的农民，我们会在谈及人们的商业活动中加以说明。我们已经在前文中以新开组为案例说明了川主村的打工者了，下表所展示的是万寿寨村的打工者情况。

表8.1　万寿寨打工者情况　　　　　　　　　　　　　　单位：人

小组名	转移就业人数			转移就业人员年龄结构					转移就业人员文化结构			转移至市外人数				
	小计	男	女	16～30岁	31～40岁	41～50岁	51～59岁	60岁以上	初中及以下	中专、高中及相等学历	大专及以上	小计	广东	福建	浙江	其他省份
长春组	131	71	60	35	58	29	6	3	121	8	2	92	26	8	46	12
万寿组	155	103	52	50	63	28	14	0	149	6	0	127	23	1	95	8
石峰组	132	84	48	56	47	19	10	0	122	9	1	114	42	14	40	18
万寿村	418	258	160	141	168	76	30	3	392	23	3	333	91	23	181	38

　　根据此表可以看出，万寿寨村约计40%的人外出打工了，而且外出打工的人基本都是中壮年，留下的都是些年纪较大的老年人或者还在读书的孩子。然而，那些在家里的人也并非不做着打工的行当。事实上，在人们看来，劳动的差别所在也许并非劳动本身，而是劳动目的的实现。当人们尚且能够自足的时候，传统的劳动方式对人们所产生的生存意义十分重要，可是在现在的处境下，人们的生活依赖于现金的开支，传统的劳作已然不能够满足生存的需求，他们需要从这劳动中赚出点现金来，于是便有了那些在家的周围的零散的修路工、搬运工以及建筑工等，我们称这样的打工方式为临工。

二、临工

　　所谓临工，就是那些在家里临时找些工作而做的农民，这是一种工作地点距离自己的家相对较近而使工作者便于往返家庭以照顾自己的食宿也照顾家庭的劳动方式。近处打工的农民通常都还在耕种一些农活，他们利用农闲时间打些临工，通过劳动获得报酬——现金，以维持家庭生活开支。

　　陈氏（女，42岁）："我现在到处打临工，像运水泥、给高速公路种树之类的活我都做过。到外面也难找活干哦，我现在42岁了，打工又进不了厂，因为我们这些人不识字，很多事干不了。"

　　陈氏反映出了近处打工者的特点之一，即年龄40岁以上，受教育程度相当低（多为初中以下，小学文化或文盲为主）。近处打工者所参与的劳动以体力活为主，技术相对要求不高。受教育水平限制，他们只能从事这部分工作。工作不稳定，收入也就没保障。此外，这部分人也难以适应外出打工者在另一个环境的生活。有些人说，他们自小吃惯了家中的辣椒，外出打工之后很长一段时间难以适应外地清淡的饮食。

近处打工的另一个特点是工作地方离家相对不远，劳休较为灵活，同时可以照顾田地里的农活，这样能充分利用农闲时间，又可以不耽误农活以及处理家庭相关事宜。此外，近处打工，便于照顾亲人。马某告诉我们："因为家里的母亲有 80 多岁了，我不打算外出了，要在家照顾她"，类似的情况也反映在下面的案例中。

谭某（男，40 岁）："我也曾经外出打工过，也没有赚多少钱。但不论怎样，现在必须在家了，我母亲年老了，又经常生病，孩子还小，在上学，如果打工离家太远了就照顾不过来。"

打临工的常见类型包括公路修建工、高速公路种树工、建筑工等。

（一）修路工人

高速公路的修建承包给湖南的一位私企老板做，老板来的时候带来一批自己的工人，多是湖南岳阳一带的，同时也招收当地的一些人来干活。在川都组一位姓杨的大叔向我们描述了当时高速公路修路的一些情况：

当时，高速公路修的时候我在家，我从外面回来等赔偿款可是赔偿款发放一直没结束，拖了很长时间，我就一直没有出去打工，在家也想找活干，地没有了我就去高速公路找活干了。我到那问那个姓张的老板："老板，有活路做吗？"那个老板说："有啊，你会干撒子？"就这样我就去干了。当时工地上的本地人很多，有不少都是我叫去的。在高速公路上搬石头、打钻、挖土都很赚钱，一天工钱有 50 元。当时那个老板给的工钱很低，对外地工人很好，干的活轻，给的工资还比我们高十元。我们看不惯，就联合一些工人不去干活，逼他加薪。我们不去干他们也没办法开工，工期有限制他不能停工啊，他们没办法就给我们加薪了。这才提到现在这样。

从杨大叔的话中我了解到，高速公路修建这几年招用了不少本地工人，而且在工地起着重要的作用，所以才有罢工提薪的故事。高速公路的修建给的工资相对于种田算是比较丰厚的。并且，明显的是，并不仅仅是失地的农民才到高速公路上谋差事，那些有田有地的人也期望在高速公路的工地上获得一份临时的工作，以增加其农业生产难以企及的现金收入。

川主村川都组李姓人家，他家距离高速公路有一段距离，不过是后迁来的。高速公路征了村子里邻居的房子，不过没有征他家的房子。家里面还有一亩多的田。以前家里面儿女都在外打工，老两口都是靠种田来养活自己的，每年都是围绕着田地生活，到了年底还要卖粮食赚点钱。可能我们会想他还会继续种田维持生活，毕竟田没有征去，可是现在的情况已经大不一样了。自从高速公路村子附近那段开始修建，他便在高速公路上的板砖厂工作，一天工资有50元。种田已经不是家里的主要收入了。在高速公路上的板砖厂工作有很严格的工时限制，他们每天早上7：30就开始工作，一直要工作到中午12：00，中午时间很短暂，只能在那里吃顿午饭休息一下，下午1：30又开始工作一直到晚上5：30。一天的时间基本上都要在工厂里度过。言外之意，一天基本上没有时间去忙农活。他说，只有晚上回到家天气好时再去田里忙一下，平时不去干农活了。家里的田就种一些水稻，产出来也不拿出去买了，都是自己家吃。

李某虽然家里面没有被征地，但是随着高速公路的到来也改行做起了工人的活路。显然，粮食生产已经不再是家里的主要经济来源，相反，它仅成为家庭经济生活的附属物，只不过供给家庭粮食而已。高速公路给修路工人带来的不只是家庭收入结构的变化，也有时间安排上的影响。征地前的生活是可以自行安排的，"田地需要治理的时候就去田间做一下，不想去做就可以休息一下"。而现在的修路工作不去干活就没有工钱，在工地上干活又比种田赚得多一些，他们也自然选择到工地上干活了，但是去干活还有很严格的工时限制，这是极重要的劳作方式的变迁。

但高速公路的修路毕竟是一个暂时性的工作，高速公路迟早会竣工的，竣工后农村的劳动力们又要对自己的未来重新做打算了。现在这些高速公路的修路工们也正在为自己以后的道路而发愁。在高速公路修建时，曾一度大量招工，随着公路结束，高速公路用工也结束。我们从网络上也可了解到高速公路修建时期招工情况：

……施工队伍的生产生活拉大了内需。全乡房屋租赁价格普遍上涨30%以上，新增餐馆10家，农民的蔬菜、水果畅销。高速公路建设也为全乡富余劳动力提供了就业机会，据统计，在高速公路建设工程中的农民工已达400～500人，月工资在800～1200元……（三河乡政府网，录入时间：2005－11－24 9：37：30）

高速公路修通后，还需招一小部分民工在公路两旁种树，种树工多为本路段的当地民工。

陈某（男，59岁）："现在我家属（妻子）到高速公路去种树了，35元一天。从上午7点干到12点，吃好午饭后，下午2点又开始一直到7点才收工。"

种树工主要在高速公路两旁种植某些特定品种的树苗，树苗2~3米高，根据主管部门的要求，在距离公路一定距离，树与树之间有一定距离的标准进行种植，主要作用在于美化公路环境。陈某还告诉我们，种树工主要为女性。之所以选择女工，一方面是人们的求工需求使然，另一方面则是用工单位的策略，在种树这项工作上，男工与女工的差异并不大，然而他们之间的工资差异确实十分明显的。

谭氏（女，48岁）："现在是35元钱一天，什么树都种。车子运树苗来了，我们就将树苗运下车。还做的工是清理公路两旁树丛中的白色垃圾，也就是相关高速路的绿化和卫生工作。今年一部分人给退了，现在只有发'马甲'（安全工作服）的才能继续做。因为活少了，我们是最先参加种树的人才有活做，后面来参加的就不要了。这活也没有多少，再过两个月也就完工了。"

随着高速公路修建完工，公路的绿化也完成了之后，人们的工作岗位便又失去了。在这样的时候，建筑于是成为人们的另一种获得现金的重要方式。

（二）建筑工

建筑工看似和高速公路没有多大关系，实则从表面上便可以看出其关系来。我们已经在上文中说过，高速公路的修建征用了许多土地，同时也影响了一些农民的居住环境，这就是拆迁。高速公路的修建拆除了不少农民的房屋，他们搬迁后大多数需要重新盖房子，建筑工就可以大展身手。据三河乡政府汇总的新建房屋资料统计，仅川主村2008年就有16户重新盖了或改了房子。另一方面，高速公路修完，推动了沿线小城镇的发展，三河乡也是如此的情况，我们已经在上文中介绍过三河乡的开发情况，这些新的开发在很大程度上体现在建筑上。有些场镇逐渐向着高速公路靠近，正如我们上文中所说的川都坝，那里的建设逐渐将三河乡场镇与高速路互通口连接起来了。这些建设给建筑工带来了足够的生意，他们或者组成一个团队，或者单个进行，在周围寻找些建筑的机会。建筑工中有一些是老建筑工，也有一些以前种地转业过来的农民。他们有的经验丰富，于是就赚得多一点，就像那些会砌墙体的工人一样，他们在建筑行业里是极重要的人才（并不是所有的人都能够砌墙的）。不会做建筑活的就只能卖体力搬材料，赚的少一点，那些年老些的不能上架子砌墙，便只能够做些搬砖送沙灰的活。不仅仅那些留乡的人在那里干活，也有一些是返乡农民工充实进来的。

在川主村新开组我们找到一位返乡回家做建筑工的年轻人，他给我们介绍了有关当地建筑的一些事情。

他是跟着他的三舅一起干的，他的三舅是包工（大工），他们组成一个较为稳定的工程队。工程队的人数不定，根据房屋要求，人数会有变动，少时有四五个人，多时会达到十一二个人。乡下这种小的包工队有很多，但是他们都大多数给私人建房。大的工程一般不去做，大的工程都是层层批下的包工模式，要做就只能做其中的某一项，像刮白、砌墙等，根本不可能都干完，这样的钱赚不到。在农村个人建房的设计与规模比较宽松的，很容易做。所以一般会点建筑活的都可以转行做建筑，不会的也可以去干完全靠体力的工作，如搬砖、和沙灰。

像他们这样的小工去给别人做工时多数是在完工后结账。不过可以在其间预支一部分工资，到完工再结算。像他这样的小工，在进场之前就学过点手艺，回来搞建筑优势就大一点。

有时包下一个活可以赚工钱 10 000 多元，但是要四五个人分。不过一年好一点可以接十几个盖房子的活。"这几年生意还可以，以后也不用愁，高速公路修完铁路又来了，城镇建设也开始了，够建几年的。"

当下招工需求最大的是住房建设，高速公路开通后，当地政府进行场镇建设，其中主要为住房建设。于是，建筑工成为时下近处打工的主要工种。建筑工大概可以分成两类工，另一种为民工称为"大工"的技术工，另一种为民工称为"小工"的体力工。

谭某（23岁，男）："高速路开工以前，我在福建打工两年，2006年回家来。因为家里房子要拆迁。拆迁费年前才给，原来房子是土房，让高速路给弄好几条裂缝。房子拆迁要干干净净的才可以领钱，我家在年前（2008年）腊月才领到手。地基是在自己的承包田。修建房子请的是当地的师傅。贷款两三万，去年还清了。在外打工要3~4年才可能有钱，只有混熟了，工资高些，节约些才可能给家里寄一些。

"我是在自己家修房子时学会修房的，也就是砌砖，粉刷，一直都有活，只是担心身体吃不消。这里的房子拆了又修，私人建房很多。都是包工头包下工程，他请人做饭，给大工70～80元，小工45～50元。只要不下雨，天天都去，直到身体受不了了才休息。建筑工没有人买什么保险，也很少出事，只要小心些。完成一个工地7～8个人做1～2个月就可以了。这里的房子都是用空心板，现浇的'板'成本大，修不起。现在跟我三叔做，他是包工头，都是包私人活。大工地的活不好拿，包工头太多了。修建农村房子不用框架结构，城里的房子复杂，设备多，要承包还需'建筑证'。砌砖技术不难，但是也总有误差。意外保险一年100元，很少有人买。"

修建房屋不需要很高程度的教育，他是通过参与修建房屋学会修房技能的。农村民房楼层多在5层以下，这些农民建筑师也多能自己设计，也是非常实用，受当地房主的欢迎。

熟练的建筑工，属于有技术的农民工，有的可以自己设计民房、承包建设，他们得到的利润大，收入相对较高。

马某（36岁，男）："我已经修房子10多年了，修一个房子可以赚3000～5000元，修了这么久也碰上几个上万的，主要是当地的农民的房子，他们也没有几个钱，我在这里口碑好，电话找我的人就多，今年一直没有停过工。一个接一个，有时弄不过来就叫舅子去承包。修房子大工70～80元一天，小工40～50元一天，每承包一个工程有几千上万的利润，一年可以接7～8个工程。"

马某告诉我们，建筑工收入相对较高，大工（技术工）80～100元一天，小工（体力工）40～60元一天。当地人有的在农闲时做工，有的完全脱离农业生产做工，有的既是包工头又是技术工。他认为这样劳动方式使得家庭和劳动都能顾及，妇女也可以参加。

谭某（男，40岁）："从7年前修建自己房子时我就学会了砌砖建房，像农村平房的采光设计、粉刷之类的活，我都会做。只要不下雨，每天都会有活做的，下雨了要停工，搞建筑的下雨危险。我想未来10年这里80%的土墙房将会被砖房平房代替。而砖房也会在10年之内继续流行，20年不敢说，土墙房也是原来流行的房子。现在活有的是，只要不生病。老人也会有活干，给别人带孩子、扫地等。"

谭某的观点表明，土地减少后打工已经成为川都组农户必需的生活手段。对他这类有技术的民工来说，高速公路开通以及其带来住房建设的需求无疑增加更多的机会，但像谭某这样的民工毕竟占少数。有技术的建筑工多集中在

25~38岁这个年龄段，此外的多数人群主要从事"小工"，以体力活为主，也有些小工通过不断练习慢慢变成"大工"，但对于年龄偏大如50岁以上的人来说，他们学习技能不如年轻人，且体力逐年下降。

借此说明建筑业的机会，我们还要提及一下建材业的发展情况。建材业在三店的分布较为集中，在通桥头的路旁分布着几家木工店和预制板店。这些店在高速公路修建这几年得到了很快的发展，村民搬迁后盖房子的材料基本上都是在这些建材店买的。新开组附近的砖厂也为当地的建筑业提供了重要的原料，农民家中盖房子的砖基本上都是从那里购买的。

高速公路的修建不仅仅使得农民向工人方向转移，也使得他们中的一部分人转向小商业。后者抓住了高速公路修建带来的巨大消费群体，在村里或场镇里做起商业买卖，依靠这批修路工人也发了一笔财。这其中最突出的还要属商店和麻将馆。它们的开设也使得农民们的生活发生了某些改变。不过，对于商贩的探讨，我们不妨将其放在对交易与商业的讨论时再进行分析吧。

（三）搬运工

一些老人既不能外出务工，也不能到高速公路上去谋职，但是有时候他们却能够摊到一些机会去做搬运工。这种搬运工也与高速路的修建极为相关，因为人们作为搬运工所从事的工作往往都是在高速公路上进行的。修建高速公路时，一些修路材料通过货车运往施工的地点，这些材料需要通过人力卸车，有时候还需要通过人力搬运一段距离。但是，真正从事修路工作的工人不会因为搬运而耽搁了当时的工作，而且修建高速公路的工人工资过高，而搬运工不需要特别的技术，同时，体力上似乎也没有很高的要求，因为这一工作是断断续续的，如果是连续的工作，那么即使那些年轻力壮者也不一定能够很好地应付。通常，一辆载运建筑材料的货车来到修路的地方，施工方才会临时寻找临时工来进行搬运。正是因为这种工作的临时性，也使得施工方在村里难以找到青壮年劳动力进行搬运，因为青壮年要么外出打工，要么从事着别的较为稳定的职业，多不会在家里等着这种临时工的机会。所以，真正去从事搬运工工作的人大都是那些较为稳定地在家里从事农业的劳动力，他们以务农为主，同时也希望能够通过这些机会获得一些现金补给。

马某（男，50岁）："自从元月份开始我就到（'渝—利'铁路）沙子镇（路段）去'下水泥'，工钱是5元一吨，通常4~5个人下一车，一车可以得120元钱，活不是太重，只是灰尘较多些，将水泥从车子搬到4~5米远的仓库堆起来就行了。水泥是从南滨运来的，老板给我们打电话通知，在高速公路上等车子，坐半个小时的车子就到下车的地方了。修铁路的活儿还有很多，至少 3 年铁路才完工。"

杨某（男，50 岁）："高速公路开始征地那年，我和我老婆在浙江打工。我岳父打电话叫我们回家解决征地补偿的事情，我就回来了，回来后就不出去了，因为这里也有活干。高速公路修建时活也多了。我抽空到工地干活，同时也在照看田地。在工地干了几年活，也收入 1 万~2 万元。高速公路完工了，那里活也少了，但我又可以到建房工地去干下力活，今天上午也在工地运沙。"

范某（男，46 岁）："高速公路开始时，我参加铺路，挖沟画线，工钱 35 元一天，中午吃一餐饭。现在公路建好了，活路也少了。前几天还在给公路种树，工钱也是 35 元一天。有时也到建房工地去打混凝土、扎钢筋，60 元一天。包工头收入多些，每天 100 元以上。现在的工都是苦力活，我自己没有文化没有技术。往往轻松的活包工头都是带自己的人来做，像开车、监工之类的都是老板的朋友、亲戚来负责。危险的'活'老板也不要当地的人来做，因为如果出事了当地人会闹事，像赔钱少了、阻碍工程进度等。于是那些老板往往带有一批外地人，他们签好协议，像'死了赔多少钱'之类都说得很清楚了。去年 9 月份，附近的天桥建工时摔死一个人，尸体半夜就被拖走了，连血迹也擦得干干净净。老板不带本地人干危险工，这些我在 4 年前到附近建设的'藤子沟电站'找工时，老板不要我，当时他就那么说的，现在无论哪种工程都有事故的！"

但是，毕竟搬运也是一种体力活，所以即便主要由居家的老年群体来进行，也必须是那些身体健康甚至较为壮硕的老人。相反，一些老人（尤其是女性老人）的体质已经衰弱，甚至本身的身体就带有某些病痛，那么这些人便只能够安心地留守于家中，或为下一代照顾一下他们的下一代，或者对那点留存下来的土地进行更加细致的耕作。

陈氏（女，42 岁）："现在田地都少了，除非这里开办工厂，这样才能解决劳动人口的工作，像我这样年龄渐渐变大的人，干体力活吃不消。都在这个小地方做生意也没有什么活头，你卖衣服，我卖裤子，你卖面条，我卖大米，你卖鞋子，我卖袜子……都在卖，也没几个人来买。现在到外面打工，年龄大了，工厂也不要，自己又没有什么技术，到哪里都难找活干。原来在高速公路旁栽树一天工钱 40 元，现在就改为 35 元，而且还是吃自己的，计算下来一天劳动也没有几个钱，如果再改每天 20 元，也有人会去做，这也没有办法，都没活干了！"

马某（男，42岁）："征地以前，每年收800斤稻谷，现在仅仅收200斤，家里养一头猪。除了种地，我老婆到高速公路两旁种树。我的眼睛看不好，到建筑工地干活时老板总不要我，他们说我看不见会出安全问题。我只有在天气好，出太阳时跟我的弟弟去搞建筑，50元一天。"

马某是一个患白内障的农民，他仅在天晴天气适宜时才可以出工，时下他还供养两个孩子读书。他除了家庭生活压力大，还面临随时没事可做的风险，因为患病，他的劳动机会受到很大的限制。

以上案例反映了老、病的失地农民工作状况，因为受教育水平低，他们往往限于从事体力活，而因老、病体质下降，他们就失去工作机会。这部分人是失地后情况最为严峻的一群。

三、外出务工

（一）外出选择

川都组有不少人在高速公路征地之前已有外出打工经历。我们于前文中说过，不宜将打工归因于高速公路的修建和退耕还林，这两个事件只是加速了这一趋势。事实上，打工的真正兴起，首先是人们的生活离不开现金，而农民想要获得现金，最现实和稳妥的途径乃是外出务工，而且，外部的环境确实能够满足农民的这些要求。于是这些农民纷纷走出村子，进入到本省或者更多的则是外省尤其是沿海城市打工，在那里，他们与来自于全国各地的农村地区的农民共同组成了劳动力市场。这些，就像我们已经说过的，事实上应该归因于市场经济的引入。按照当地人自己的说法是传统务农家庭生计方式落后了，种田不划算。于是，我们又听到了那些无休无止的计算方式和计算结果：

陶某（男，48岁）："种田也没多少收入，只是乡政府做房地产买卖赚去了。如果真能够招商引资给我们解决就业，我家土地一分钱不要也可以。因为种地的确不划算，假设一亩田年产稻谷800斤，按9角计算，折合720元，现在要一年花200元工钱，120元肥料，60元农药，80元请人帮忙，10元引水灌溉，仅剩250元。你说划得来不？现在我只有偶尔帮生病的老婆种地，主要的时间开摩的在'三店'（三河乡乡政府所在地，笔者注）和石柱之间往返，走一次5元钱，每天能赚50~60元。"

陶某给我们计算了一年种田的账，他认为一亩田一年的收成还不如他"跑摩的"（摩托车载人）一个月的工钱，而"跑摩的"却不如外出打工。后者对于年轻人而言更具有诱惑力，我们在此之前已经做过一些说明。他们走到外面去，才发现在外面劳动的工种更多一点，收入也相对较高。他们认为找到合适工作后收入也稳定，也不必像在家务农那样经受风吹日晒，亦可见识外面的世界。

王某（男，35岁）："2003年我到广州进厂打工，生产台球，产品是出口的，老板是台湾人，到这边办厂材料都是从台湾带来的，如果在那边（台湾）生产开支就要大得多，那边一个工人月工资至少3000元，这边（大陆）搞管理的才要2000多元，普通员工才1000元左右。打工比种田要轻松些，钱也多些。现在在家还是捡些地来种，等把房子建好了再出去打工。"

王某告诉我们，尽管中国民工的劳动力相对廉价，但比起在川主村务农来说，收入要高得多，也稳定得多。外出打工仍是他最近几年主要的劳动就业取向。

（二）工作特点

1. 农民工主要聚集于东部沿海城市，但是也少量散布在全国其他各省市。以川都组为例，川都组外出农民工主要集中到广东、福建等沿海一带进厂打工，也有些农民在中西部大中城市当建筑工、搬运工、酒店宾馆服务员等，或者到河北、新疆、山西等地挖煤。

2. 打工者通常是由自己的亲戚朋友一个带一个地带出去的。

杨某（男，35岁）："政府组织的就业培训？没什么培训，我们都是自己联系到外面去找工作，一般都是他带我，我带你，现在都有电话嘛，大家联系方便，哪里有好活路往哪里去。他（当地政府）给你说的那些工资低活路又不好，没人听他那个，就算有几个不知情况去了，最后也会换地方……"

杨某反映的是民工外出打工主要通过熟人带熟人的方式，他们认为熟人提供的就业信息比政府部门提供信息及时可信。

3. 打工者虽然常年在外地打工，但是他们经常处于工作的不稳定状态中。

曾氏（女，43岁）："我老公在高速路刚开始修建那年去广东打工两年多，去年回家过年，年后不久，亲戚介绍他到石柱县拘留所去当协警，月工资600元。我在征地后（2007年）到广东做皮箱扣子，按完成的量发工资，月1000多元，一年也可以给家里寄3000~4000元。女儿今年19岁，在广州打工。她原来初中毕业后读职高半年，然后去苏州某餐厅上班，接着去上海，后来到广州一直干到现在，我在广州时女儿总共给我 2000 元，但是从去年到现在也没有钱寄回家。我这段时间在家闲着，但也要去打工，因为没有地了，必须出去才行。"

曾氏一家都有打工经历，她告诉笔者像她们这样的家庭在川都亦很普遍，除了小孩和老人，年轻人和中年人几乎都有打工经历，只是有的"运气好"找到好工作，能挣些钱。多数人出去 3~5 个月或 1~2 年又回来呆 1~3 个月，又出去，不断在"碰运气"，总之，外出打工是不稳定但又是多数人认为比务农要好的选择。

4. 由于大多数失地农民的文化素质和劳动技能普遍较低，在土地以外的其他工作岗位竞争中处于劣势，难以找到新的就业机会。而且农民工的生活方式以及受教育程度低使得他们不能适应一些雇主的要求，找工作时也受歧视。

杨某（男，20 岁）："我每年都回家 3 个月，这次要在家待久些，因为没有技术，体力活又干不来，以后打电话联系看情况好再定。找活路也要看熟人。"

陈氏（女，42 岁）："我现在 42 岁了，打工又进不了厂，因为我们这些人不识字，很多事干不了。而且城里人老是看不起我们农村来的，今年元月份我到县城去给饭店洗碗，老板就骂我洗不好，嫌我洗得慢又不干净。去年十二月也到石柱（县城）去当保姆，他们（雇主）说我不干净，不会做饭，不会用洗衣机。城里人要求很苛刻，如擦窗子，要用湿帕子擦一遍后再用干帕子擦，如果只用湿帕子擦一次，干了就见印迹，老板就生气，就扣钱。难得很哦！"

掌握一门技术对于农民而言似乎不是一件容易的事情，我们在当地发现一些家庭将孩子送到省内或省外的一些中职中专学校学习，这是孩子的成绩考不上高中之后的另一种选择，人们以为，这些孩子年龄尚小，不忍让他们出去打工，而且自身没有一定的技术，打工也没有多大的前途，于是将孩子送到中专学校，目的在于使其能够学到一定的技术。但是农民的目的很少得到实现，因为这些孩子在被送到学校后几乎只在学校里读一年的书，接着便是许多实习，他们被学校安排到各种工厂打工。这些孩子毕业后，随着打工的大流再一次流向城市，而据他们自己说，他们与其他的农民工并无别的什么差异，而且几乎所有孩子在后来的打工中并未从事其在学校时所学的专业。

杨某（男，20 岁）："我初中毕业后在涪林读一年中专，就被老师安排到广东打工了，在印刷厂做事。其实我们在学校也没学到什么，到外面工厂也和那些没进学校的人一样。在那里吃不惯没有辣椒的饭菜，我干了半年就回家来了。"

（三）外出打工风险

有过打工经历的返乡农民对我们说过他们极少与雇主签订劳动合同，自身利益常受侵犯，工作也没有保障。如果在劳动中出现意外，有安全工伤事故之类的事情发生，雇主们往往推卸责任。

马某（男，53岁）："12年前我老婆嫌我穷，跟外地人跑了，留下我养两个儿子。大儿子今年31岁，现在和儿媳到福建进厂打工去了，每个月800多元钱的工资，外面开销也大，他们外出两年也没有给我寄钱。小儿子今年21，在湛江'打飞机'（流浪、无所事事）。我现在看管孙子，他有一岁多一点。十年前，我先后到过山西、青海、安徽等地进煤窑挖煤，刚开始时每小时5元，每天工作8小时。最近4年在河北挖煤，每天80元，月工资2400元。这是一种玩命的工作，非常危险，经常有事故发生，但是也不得不做，因为生活需要钱。我家的田地只有3分多，不够吃。估计6月份我还要到河北挖煤，到时候老板给我电话，现在还没开工，据说检查很严，老板不敢开工。如果出了事故的话，据说死一个人赔32万。老板给每个人投保150元一年。如果不投保他麻烦更大，我们的煤厂30个人，当地没有人跟我去，都是外省的民工……"

马某告诉我们，在煤窑挖煤的农民工所签的劳动合同，经常附加有"生死协定"。农民工的就业岗位劳动条件都差，劳动中伤害事故保险意识和职业病防范意识都极为薄弱，有时为了工作，明知有险有难也还是会冒风险去做。

由于他们所从事的主要是繁重的体力活，当年龄增大、体力衰弱时也就不能够出力创造财富了。由于常年的超负荷劳作，当年老之后，身体素质下降，健康状况同样容易出现问题。

外出打工（尤其在这个趋势刚刚开始的那段时期）的另一个危险是受骗上当、工钱难讨、加班频繁、超负荷等等。有的农民因外出受过挫折也就不愿外出，对土地有了更多的依赖。

秦某（男，48岁）："1996年在香港回归之前，我跟几个我们这里的人到广东的一个砖厂打工，感觉打工如坐牢，又累又没有钱，上当受骗最后不得不借钱回家，从此以后再也不出去了。现在已经48岁了。有时也到当地建筑工地去干下力活，抬沙子、拌水泥之类。打工一年挣1万元也不如种粮食。如果每个人都外出打工了，没有人种粮10元钱一斤也没有人来卖，种粮就是保护自己，饿了时'一堆钱也不如一碗饭，手中有粮心不慌'。种田和挣钱两方面结合才行。"

另外，农民工所从事的工作岗位容易被替代（因为各地的农民工实在太多，而自己所做的工作又没有什么专业性可言），收入低，工作时间长，收入不稳定。

第二节 商业与部分作为商人的农民

上文中我们已经说过，那些失地的农民在失去了农业生产条件后，纷纷寻求新的生存方式，于是那些曾经已经存在的职业现在变得更多起来，甚至一些以前没有的职业也成为失地农民的选择。这些农民的选择，从总体上而言，被我们分为两类：打工与经商。这一节我们主要介绍三河乡人们的商业活动，当然，商业活动在很大程度上也受到了高速公路修建的影响。譬如如下的案例：

陈某（男，59岁）："我现在街上租个门面理发，也只有在3、6、9日赶场天才开门，平时也没有人来，多时60元一天，少的时候30多元，门面800元一年。自从搞集体时我就开始理发了。以前也是赶场天到街上理发，平常天就种田地，去年租个小棚365元一年。到我这里'刮脑壳'（理发）的主要是40岁以上的农民，刮光头的多。那些调皮的年轻人就不到我这里，前年理一个头2元，去年就收3元了，别的地方都收5元了，现在物价也高东西都贵了嘛……"

陈某告诉我们，土地被征用之前，他平时照看田地的农活，他的理发店只在赶场天人流多才开门，平日很少有人光顾，现在土地被征用了，除了赶场天他没事可干了，所以经常守在门面里，但是除了赶场的日子，别的时候却很少有生意。

一、村落商业

（一）村落里的小商店

高速公路的修建带来了大批的外地工人。这些工人的居住问题，采取的是就地解决的方式。他们没有搭建工棚，为了方便工作，他们中的大多数是在沿线村庄租房子住的。这些工人在租借房屋的同时，很多时候也与当地的农民结下了深厚的友谊。我们曾经访问过一个家庭，这个家庭素来有热情待人的传统，据说曾经有一个修路工人在他家里居住，后来走了，至今还经常联系。一开始，这些外来工人引发人们的好奇，这是许多农民很好地了解外地人的一个绝好的方式，农民们关注这些工人在闲暇的时候做什么，并逐渐与这些外地工人交流起来，这些工人很快就很容易地在村子里生活下来，并对当地农民们的生活产生了一些重要的影响，仅从经济发展方面来说吧，这些工人的需求带动了村子里小商店和麻将馆的发展。川主村川都组一位姓黎的老人就是一个小商店的店主，他给我们描述了一下当高速公路修建前后商店销售情况所发生的变化。

我以前也开过一段时间的商店，因为销路不好，2005 年修路时我就把店关了，去高速公路上做活路。干了一年后感觉很累，就又回到家中把商店开起来了。那时候开店可是有好处的，当时搬迁时我家距离高速公路很近，但是没有搬，家中还有两间空房，所以高速公路上的工人来我家租了房子，当时房租是 350 元一个月。工人们一到，商店生意马上火了起来。当时，村子里有六七家人都把房子租给工人，村子里外地工人就多了。高速公路上 200 多人来买东西，你说生意能不好吗？

那时竞争也大啊，村子就那么大，开了四五家商店。他们买的最多的是烟、酒、小吃等。当时，每次去赶场我就去三店买回十几斤猪肉，把它切成小块放到冰箱里冻上，每天早上他们去工地时就买一两块拿到工地上吃。因为生意火，我还买了冰箱冰柜，冻一些雪糕和肉。那时，电费最高时一个月就要240 元，不过当时生意也好啊，有时候一天的毛收入就有几百元。

现在生意不行了，自从那段公路竣工，工人们都去别的地方了。商店的东西就没人买了。现在买东西的就只是村子里的人了，一天只能卖几十元，少的时候就十几元。

在万寿寨村，小商店也零星地发展着。高速路修建的几年间，修路工人很多，万寿寨村（长春组）有五家小卖部，而且生意都很好。2008 年下半年以后高速路的修建接近尾声，修路工人大量撤离，只余下一部分，小卖部的生意自然就走下坡路，有三家经营不好的小卖部被迫关门，只剩下两家还在经营。两家出售的货物基本上没有什么差别，主要为烟酒、油盐酱醋、洗衣粉、卫生纸等日常生活用品以及小孩子的各种零食，都是从石柱县城进货。

图8.1 万寿寨村的一家小卖部

以任明书家的小卖部为例，经营时间已经有10年了，是由最初的地摊发展而来的。其妻子康兴来以前在万寿小学摆地摊，主要是针对学生，摆了两年的地摊后，由于学校不允许，就搬回家里，以自家的房屋作为固定店面，结束了以前的流动摊位。搬回家以后，客户群体得到扩大，开始以全组村民的需求为标准来扩大经营范围，调整货物种类。在高速路期间，任明书还抓住机遇，扩大经营项目，在2005年至2008年开了一个茶馆，与小卖部相融合，专门为高速路工人提供休闲场所，在茶馆里可以打麻将、打牌、喝茶、吃饭等。在2005年下半年到2007年上半年期间工人是最多的，茶馆的生意在这个时候是最好的，小卖部的生意也很好，尤其是在2006年，一天能卖出七八百元钱的货物。2008年下半年，高速路工人陆续撤离，生意开始下滑，茶馆停业。小卖部仍然在经营，客户群又回到本组，高速路工人有事也会来购买东西，只是没有以前那么频繁。

经历了大起大落，任明书把自己的小卖部能够存活下来的原因总结为三点：第一，经济基础要强，他在万寿小学教书，每个月有2000元的工资收入，这笔钱可以作为小卖部的周转资金；第二，服务态度好，照顾客户的需要，以礼待人；第三，不要太看重利益，薄利多销，保证有回头客。

就现在的情况来看，他家的小卖部经营得比较好，呈现周期性的变化，在赶场天来买东西的人比较少，因为大部分村民都去场上买了。另外，由于许多家庭都有摩托车，有些需要购买东西，骑着车直接到乡里去买，因为价格要便宜一些。这给小卖部的生意造成了一定的影响，但还是有很多人不愿跑那么远，仍然在小卖部买。整体来看，小卖部的客源是比较稳定的，一个星期进一次货就是见证。

商店的变迁反映了一个靠高速公路带起来的商品经济的发展轨迹。高速公路的修建给当地的商店带来了巨大的消费群体，刺激了村民转向商品流通的动力。有田的农民期望从中赚取更多的钱，而没田的农民就要靠商店的收入来维持生计。但商店在高速公路竣工后的销售情况开始直线下降，由以前的每天收入百元以上下降到现在的几十元甚至十几元。显然，这更加表明了高速公路对地方商业的影响，但是也说明了高速公路所带来的商业发展是暂时的。不过，需要说明的是，这些工人在村里的生活同时影响到了当地农民的生活方式，所以地方商业在工人离去之后也并未完全消失。关于此情况，我们在下文中说到麻将馆的时候就体现得更加明显。当然，小商店没有迅速消失的原因还在于人们需要更彻底地利用劳动力，在我访谈的三个村民组中有四家商店里，每一家商店的主人都是年过六旬的老人。老年人已经不再作为家里经济收入的支撑，用他们的话：赚点油盐钱。儿孙辈已经逐步成为家庭经济的主要贡献者，他们只是勉强地开着商店，作为生活的一些辅助收入。

（二）新兴的麻将馆

麻将馆是在高速公路修建后变化最大的娱乐行业之一，在所调查的三个村民组中都有小型的麻将馆。它或是在商店里面开办，或是直接单纯开办麻将馆。麻将馆的收入也是很丰厚的，它面对的人群也有不同，麻将馆一方面面向附近的村民，另一方面面向高速公路上修路工人。

在万寿村长春组，麻将馆的老板马大爷给我介绍了一下麻将馆的情况：

马大爷是今年买的麻将机，说起买麻将机还要说起他的女儿。马大爷的女儿就是开麻将馆的，离村子不远，在高速公路旁边。马大爷说，她女儿的麻将馆主要顾客是高速公路上的外地修路工人。这些人或者平时有空了就去麻将馆打一会麻将，或者为了讨好老板，老板不便直接收钱，他们就叫老板去麻将馆玩麻将输钱给他。人多所以麻将馆的生意也很红火。他女儿在去年过年时劝马大爷买一台家里人过年玩,大爷就这样花 2300 元到石柱县城买了一台麻将机。年后,家里人都走了,麻将机就空下了。马大爷想了一下,就试着给村里人开放,没想到村子里的人把麻将馆围得爆满。马大叔看到利润了就决定把麻将馆开下去。每个人半天收费 5 元,一天就可赚 40 元,但是有一点特殊的要求,在麻将桌上的人走一个就要重新收费,一台麻将机的本钱两个月就收回来了。看一台麻将机不够马大爷又去石柱买了一台。

麻将馆的顾客大多是村子里的老年人、还没出去打工的年轻人和一些留家的妇女。他们每天都会有几个人在麻将馆度日。今年的生意最好,马大爷解释说:这一段高速公路竣工了,村子里的人又没活干了,就只能耍了。

从马大爷的介绍中大概可以了解到,高速公路修建给麻将馆带来了发财的机遇。一方面,高速公路带来了一大批外来工人,他们没有活干时就会光顾麻将馆,打发时间。"有事情时"也会去光顾麻将馆。另一方面,村子里自从征地后出现了许多空闲的人。这些人或是年轻人没有活路干,或是中年人暂时失业,或是老年人空闲很多都会去麻将馆打发时间。这些人共同构成了麻将馆的财源,也共同反映了村民的现状——空闲与无奈。值得注意的是,高速公路的修建使这些工人打牌的习惯形成了。高速公路的修建是间断性的工作,受天气影响很大,同时搅拌机一类的机器工作也不是很稳定,经常会出故障,这样工人们就只有停工。没有了田地的他们这时就处于空闲状态,几个同伴就会聚到一起打牌。高速公路竣工后工人走了,但是打牌的习惯确保流了下来,变化就在于,现在他们每天都没有工作,一直空闲,打牌就一天天地进行下去了,这也为麻将馆的兴旺奠定了一定的基础。

村子里面的这些小商贩事实上都是些非正式的小商业主,这些业主的营业方式都是约定俗成的,也没有齐全的执照,但是在农村却有着很广阔的市场。

我们如此说明村落里商业的发展,并不是要说明村子里的商业完全由高速公路的修建而使然。事实上,在高速公路尚未修建之前,不同发展程度的小商业就在村落里开始形成了。一个远离场镇的村落经常会有一两个小商店供农民日常消费,它们主要经营一些零散的日用品或者小吃。除此之外,我们甚至也看到一些农民早就从事较为专业的商业活动,我们以川主村新开组的一户农民为例。

这户农民在十几年前就开始做生意,其生意包括两个领域:一是做面条,二是做扫帚。这两项工作看起来并无多大的关联,但是对于农民而言,最好地利用了时间并获得金钱才是重要的。这户农民从外县购买了面粉(据说这些面粉是从我国东北诸省流入这里的），在家里装了机器做成面条，将这些面条拿到周围乡镇的场镇上去卖，有时候还会拿到石柱县城去卖。这户农民从面条生意中获得了生存，四口之家的生活境况为周围农民所不能企及，他们正是看到了当地不种植小麦而人们依然对面条具有很强的需求之间的差额所带来的商机。但是他们并不安于此，他们发现做面条也对天气有重要的要求，而且在寒冬时节做的面条也很少，于是他们又想到了一种无论在晴天还是下雨天都能够从事的商业活动，这回找到的项目乃是做扫帚卖。当地人所使用的扫帚通常由高粱秆做成，尽管做扫帚的技术并不难（手工），但是要将一把扫帚做得结实同时又美观，则不是一件十分容易的事情，不过这个家庭的男主人却是做扫帚的一把好手。这样，他们在天晴的日子赶做面条，而下雨的日子则在家里编制扫帚。到了赶场的日子，他们将面条卖出去，同时有机会也收取一些高粱秆。扫帚的销路就更加广泛了，很多时候直接批发给一些更加专业的商人拖运到别的地区贩卖。

除了这种情况之外，耕牛租赁也是一种较为传统的商业活动。耕牛在村子里面有着很重要的地位，由于这些村子有着很长的农业发展历史，他们的生活中耕牛是必不可少的，它的使用可以很快地提高耕作效率。虽然耕牛的作用也仅是耕地，没有他用，以前村子里面每家每户都至少有一头耕牛，村子里面的很多公共品也都是围绕着耕牛展开的。高速公路的修建征去了村子里面很多人家的土地，村民们或没有了土地，或只剩下少部分土地。没有了大量的土地可以耕作，耕牛的价值大大缩水，很多人家养牛的费用根本赚不回来，许多人家索性就把牛卖掉了。村子里面耕牛的数量大大减少，但是地还是要耕的，村子里面耕牛多的人家就把牛拿出来进行出租，这正符合了村民的需求。

耕牛使用最频繁的时期是四月份，田地开耕的时候。这时村民们就会到租牛的村民家中把耕牛租回家，耕牛一般使用时间也就是一天，耕牛的食物都是由租牛方自己去割的草。但是价钱还是比较昂贵的，前两年租一天牛要给租金60元，这租金的算法是这样的：按家里的田产算，一个人的产要60元，家里有几个人的产就算几个人的钱，两个人就要交纳120元。这两年租牛的价格又有了提升，现在一般租一头牛一天耕一个人的产要100元的租赁费。

除了上面所说的几种职业的变化，村子里面也出现了其他职业的变化，也有人从事起商品倒卖的工作。在石柱赶场是分日期的，例如，南滨镇（石柱县的所在）是每月逢二号、逢五号、逢八号，沙子镇是每月逢一号、逢四号、逢九号，而三河乡的赶场日则在每月的逢三日、逢六日、逢九日。村子里面的人被征去了田地之后为了维持生活选择倒卖商品赚钱，他们一般都是在一个赶场日在一个场镇中批发一些商品，第二天再到其他的场镇去卖，从中赚取差价。

二、场镇市场交易：场镇贸易调查

我们已经在上文中说过了三河乡场镇建设的情况了，我们说明了三店是如何从一个老太太在那里卖鸡蛋而逐渐发展到今天这种状况的。这里，我们所要关注的并不是场镇的整体情况了，我们更加关注到场镇上的商业活动，尤其是那些固定于街道上的各种类型的商铺。

（一）场镇上的商铺

农民的传统生活在很大程度上是自给半自给的经济生活，农民自己家中土地的产出足以满足村民生活所需的粮食和蔬菜需求，不必与市场经济相挂钩。但是商业总是已经发展起来了，人们通过与市场的商品沟通来满足自己的需要，另外，农村的生活条件也决定他们的生活需求不会很高，因而市场对他们的控制能力很有限。但是随着市场经济的引入，尤其是高速公路的修建以及退耕还林实施之后，情况发生了巨大的变化。高速公路修建后村民们失掉大片的土地，没有了土地的产出，他们也就没有了足够的可以自给的粮食和蔬菜，只好到场镇赶场时买一些维持日常生活。市场的作用对他们日益加强，他们的生活也因此悄悄改变。一如我们上文所说的，这正好对农民的现金提出了要求，也对农民提出了面对新环境的要求。

三河乡的场镇有着很早的历史，三河乡在没有撤乡并镇之前是四个独立的乡，距离现在政府最近的场镇是大河老街，这条街是清朝就建成的，我们已经于前文中做过一些说明。由于它位于龙河河畔，有一个码头，交通较为便利，因而一直到1987年都是附近乡镇的商业中心。每到赶场时，村民们就成群结队地乘船去大河老街买东西，现在大河老街仍然保留着原来的样子，路面上仍然是清朝时期即已铺就的原始石板。1987年后由于交通的改善，场镇由大河老街搬迁到了交通条件更为便利的三店村，三店村也是在龙河的岸上，从20世纪90年代以后，这里的交通道路网络便已逐渐成为三河乡的最优越的位置，从这里出发，分别有道路通向石柱县城、沙子镇和桥头乡。现在，从三店去石柱县城的道路条件得到了极大的改善，通沙子的车每天多班。每个月的阳历逢三日、逢六日、逢九日是三店的赶场日，全乡各村的大部分村民都会去三店赶场，场景甚为壮观。农民们分散着背着背篓在去三店的路上来来往往。三店场镇的行业齐全，有固定店铺与流动摊位之分，固定店铺多卖一些日用品或家具、建材等，还有一些餐馆和旅店；而流动摊位多是卖青菜和小食品以及种子的小商贩，而这些小商贩也都是附近乡镇的村民，他们中也有一些因为高速公路征地而不再卖菜，或转投他业。

不得不说高速公路的修建也使得场镇商业发生了重大变化。首先，一些行业增加了，如理发店。在川都组就有一位大叔，他从事理发已经有40年了，以前他只是偶尔到三店场镇摆流动摊位，其余大部分时间是在坡上干农活的。高速公路的修建征去了他家的土地，没有土地他只能把理发作为自己的主业了。去年，他在三店租下了一个门面做起了理发的生意。现在赶场时他一天可以理十几个人的发，一天可以赚40多元钱，但是房租一年就要800元，这些收入也就仅够自己生活。不过，他说："这样怎么也比没有事做强。"其次，一些行业减少了，这些行业主要是与农产品有关的行业。高速公路的修建，征地成为必然，没有了土地，农业产出也逐渐减少。农民自己的生活需求尚且不一定能够完全满足，就更不必说要将农产品投入市场了。征去部分土地的人家，虽然家中仍然能种田但是其产量已经大不如前了。产出的农产品也多留自己家用了，不会再拿去卖，因而场镇内卖农产品的人少了，最明显的是青菜类。但是从另一方面而言，如果农民自身的农业生产已经难以满足自己的需求，那么这也正好为地方商业的发展提供了一种需求背景。

高速公路的修建对商业的发展也可以通过每年新增加的商人数量变化以及商人原来的职业情况得以说明。高速公路就通过这样一些细微的变化对三店的场镇产生了一些明显的影响。如下两表所示：

表 8.2 2000 年以来三河乡场镇店铺发展情况

年　份	开店时间			
	增加数量	增加百分比	有效百分比	累积百分比
2000	1	1.6	1.8	1.8
2001	2	1.2	3.5	5.3
2002	3	1.8	5.3	10.5
2003	3	1.8	5.3	15.8
2004	8	4.8	14.0	29.8
2005	6	3.6	10.5	40.4
2006	3	1.8	5.3	45.6
2007	7	4.2	12.3	57.9
2008	11	6.6	19.3	77.2
2009	13	7.8	22.8	100.0
总计	57	34.1	100.0	

注：在以上统计中，有110名商人没有详细地统计到，所以没有纳入到分析中。

表8.3　新增店铺店主原职业情况

原 职 业	新增数量	新增百分比
（未统计）	52	31.1
工人	5	3.0
经商	5	3.0
其他	21	12.6
打工	24	14.4
务农	60	35.9
总　　计	167	100.0

注：本表格中有52人并未统计其原来的职业情况。

　　以上两个表格是三河乡三店场镇2000—2009年专业人员原职业构成表及店面开班时间分布表，从上述表格中可以看到，2005年后随着高速公路的开工以及三店场镇的建设，店面发展加速，但是到了2006年出现了低谷，这时三店附近的村庄由于受到高速公路的影响，很多人家虽然被征去了土地，但是高速公路把他们吸收到了工地上干活，因而他们很少去开店。2008年后三店场镇店面发展出现了一个高潮，有11家开店，2009又达到了13家。究其原因有二：一是全球经济危机的影响，一些外出打工人员被迫返乡，在家乡创业；二是高速公路在2008年开始逐步竣工，高速公路的修建不再需要太多的劳动力，因而许多村民失业。在农村没有太多的就业岗位，仅剩下三店场镇可以暂谋生计，因而就选择了在场镇开店。2009年开店的人中40岁以下的有7人，40岁以上60岁以下的有6人。尽管商业与其他行业相比其劳动量似乎更小，但是并不是所有的人都有能力从事这一行业的，他们一般具有一定的手艺（如理发）或者受教育程度较高。更为重要的是，这些人首先要有一定的成本，而这些是一般农民难以达到的条件。

　　一方面，高速公路修建带来了大批外地劳动工人，成了场镇有潜力的消费群体，促使一批人选择到场镇开店来赚取利润，这时场镇开店达到了一个高潮。这促使农民主动去从事商业活动，但是后来随着高速公路的竣工，大批曾经在高速公路上谋职的农民从工作岗位上下来，没有了工作，于是面临着职业转换，商业是其选择的一种重要职业，这使得他们向场镇发展，谋求新的生计方式。

（二）两种案例

1. 大米批发店的变化

三店大米批发店共有四家，其中一家是开了20多年的老店，而另外几家是最近几年开的，准确地说是高速公路修建后开的。在调查期间我们对这家20多年的大米批发店的老板进行了访谈。据这家老店的老板介绍：

三店在高速公路修建后米粮行业发生了一些变化。一方面，米粮价格发生了变化。高速公路的修建征去了大量土地，粮食产量骤减。高速公路的修建带来了许多外地工人，这些人是很大的消费群体，他们在三店的消费直接影响到了三店粮食的价格。另一方面，米店数量增长了。现在的四家粮店有两家都是高速公路修建后开的。另外，这些粮店收购的谷子量变少了。这些粮店的生产模式是从附近地区收购农民的谷子，他们家中都有碾谷机，加工后的大米装袋即卖。现在由于高速公路征地，许多农民家中或者没有了田地或者只有少量的田地，他们的谷子基本上都留在家中自己食用，不再出售。还有许多家虽然没有被征地但是原来种水稻的田地因为高速公路而改变了作物品种。在川主村川都组有一片粮田修路前有河流经过，粮田灌溉没有多大问题。高速公路的修建不仅影响到了原来道路，也影响到了河道。高速公路把河道拦腰截断，河水流不过去，高速公路另一边的田地无法灌溉。这片粮田没有办法就只能改种其他作物。上面的几点直接导致粮食收购量的减少。而且，粮店的生意也发生了变化。高速公路修建前，老店的生意主要是面向湖北的收购商。由于当时湖北粮食质量不好，产量不高，湖北的商贩就到这里进米运回湖北去卖。那时，附近各村土地还没有被征所以买米的人很少。高速公路修建时期，老店的生意达到了顶峰。一方面，高速公路上的工人需要买米，100多人的工程队是很大的消费群体。老店的老板计算，当时一个月可以卖出三四万斤米。一斤大米可以赚八分钱，那么一个月就能净赚2400～3200元。而高速公路修建后又是另外一种情况，高速公路竣工后，外来工人纷纷离开，不再买米。湖北这几年农业发展快，不再到这里倒卖大米。买大米的只是那些家里没有田地的人。这样生意就冷淡多了，"现在一个月只能卖出万八千斤米，和以前相比差得远了"。

大米批发店的变化总结起来有这些：第一，高速公路修建之后，场镇大米批发店的数量有了一定的增长。高速公路工人的增多刺激了米店生意的红火，米店数量再次增加。第二，大米批发店的收购量发生了很大变化。由于水稻种植面积的减少，粮食产量下降，收购的稻谷少了很多。第三，购买者的成分发生了变化。本地购买大米的人多了，而外地的少了。第四，大米的价格上涨了很多。村民们的说法是："原来大米一斤几角钱，现在都涨到一块五了。"涨价的幅度似乎还不小，不过随着高速公路竣工，消费人群的规模缩小，粮价又有了一定的回落。

2. 卖菜的生意

人们卖菜通常是随地置一小摊，将其小菜放在小摊上贩卖。卖菜的人虽然做的是小本生意，但是也可以赚一点钱。4 月 13 号，在三店赶场访谈了一位卖菜的大娘，从她那里得到了一些场镇青菜生意变化的信息。

赶场时卖菜的人少了，买菜的人多了。

卖菜的人少了，主要原因是：附近高速公路修建，征去了很大一片田地。这些人家都很少种田了，种田也只是去邻居家借过来的田地，这样家里的蔬菜都要去三店赶场买。以前有一部分人还会种一点菜，有时也会去买，现在从卖菜直接变成了买菜。另外，有些人家虽然没有被征地，但是家里人手不够也就很少种菜了。家里的年轻人都外出打工了，中年人虽然没有外出，但是在家也在打零工去高速公路上做活路。家里面就剩下老年人还在种一点青菜。种的青菜多数就拿来自己吃，也就那些家里没有多大变化的人家还在种菜来卖。因此，卖菜的人少了。

买菜的人多了，上面已经说明卖菜人少的原因，同时它也是买菜人多的原因。家里面不种田直接导致他们自给自足经济的破坏，他们只能靠买菜来吃。

买菜的人多了，卖菜的人少了，这又直接导致了青菜价格的上涨。青菜价格的上涨与高速公路的修建有很大的关系，现在仍然在三店卖菜的菜农从中也得到了一定的实惠，毕竟买菜的人多了起来。

三、上涨中的物价

高速公路修建这几年，三河乡的农产品价格发生了较大变化。物价变动很大程度上在于高速公路的影响。一方面，高速公路征调了相当一部分农田，如在川主村的川都组、新开组以及万寿寸的长春组征地前大部分种植着水稻。他们种的稻谷很多都是卖到三店集镇里，所以他们产量的变化直接影响着三店大米批发店的粮食供应。然而高速公路征地后，很多种水稻的田地被征用了，此外，一部分剩余的稻田也因高速公路的修建把河道改了，没有了水源而改成旱地，种油菜等经济作物了，水稻种植受到很大影响，粮食供给自然减少了。但是农民与稻谷的关系并没有结束，现在他们自己家吃的米很多都是在三店买的，粮食消费人群的增加又使市场上粮食的需求增加了。另一方面，粮食的需求不仅仅在于农民，还有高速公路上的外来修路工人。高速公路修的这几年，外来修路工人有100多人。他们形成了较大的消费群体（他们在这里的生活完全现金消费），为了方便，即使三店农产品价格贵一点，他们也在三店采购，以前一些农民家中所吃的蔬菜也是自己家种的，日常生活不用去买蔬菜，可是高速公路修建后他们家中没有了直接的蔬菜供给，许多人家蔬菜都要去买了，这直接导致了三店农产品需求量的增长。上述是这几年粮、菜价格变动的主要原因。但是，非农产品的价格也在上升，这对农民而言又算得上一重压力了。农民越来越难以自给，而市场的变幻莫测是他们所不熟知的，尤其是物价的问题。随着物价上涨，人们越来越依赖于现金来维持自己的生存，于是如上文我们所说的那些能够更快、更有效率赚取现金的职业很快成为他们首选的生存途径。

第三节　家庭经济：现代生计的传统运作

当我们分析上述经济活动的时候，事实上一直还很少将经济活动纳入到家庭的层面上来考虑。或者说我们已经在有的部分稍加说明过，譬如在分析人们在外务工与留守居家之间的差异以及各自所产生的效果的时候，其实也就将经济活动与农民的家庭紧密地结合起来了。但是这还不够，经济活动与家庭之间如此重要，以至于我们无法不将其集中进行分析。我们会发现，家庭在作为一个经济体的时候，虽然不那么严格，但是一些分工却是很明确的，像我们上述已经举过的一些案例中所表现的那样。同时，一个家庭需要在不断的家庭收入与家庭消费之间寻求平衡。它们正是我们将要从家庭层面分析经济活动的重要内容。

一、基于家庭的生产

在我们的考察中很容易发现一种重要的情况：年轻力壮的而又尚且没有娶妻生子的年轻人在外务工，他们因为较年轻，很多时候其工资往往超越年龄更大的那些人，但是，当我们提及对家庭的经济贡献的时候，几乎没有一个尚未结婚的男子成为这个家庭的经济支柱，无论他在外地的工厂中如何努力地打工，相反，他们的父母则永远是对这个家庭贡献最大的人，从经济上或者其他方面来说均是这样的状况。然而，当这些年轻人结婚生子之后，他们也变得和曾经他们的父母一样，开始经营自己的家庭，于是，他们的经济活动开始围绕着这个家庭而进行。事实上，这是一个过程：其经济活动从以自己为中心到以家庭为中心的转变。

我们会在下文中表明一个家庭何以需要现金来维持，这里我们所要探讨的是人们怎样组织自己的家庭从事生产活动以达到最大的利益。我们曾经在上文中表明过人口的分工状况，那个时候事实上已经略微提及了分工的问题，但是，我们在那时并不是以家庭为分工基础进行分析，而是总括性地分析了村落人口的分工问题。在一个家庭内部，事情显得更加复杂一些，每一个家庭都有其不同的特点，根据这些特点，他们有效地组织其经济生活。在传统的生产生活状态下，人们普遍不会离开自己的家庭太远，他们所从事的工作也不过是农业以及其他附属于农业的一些产业。在这样的时候，人们的生存主要依靠农业尤其是种植业。然而，尽管只是农业及其附属产业的劳动，一个家庭的内部还是具有一些明显的分工合作，尽管不是那么严格。成年的夫妻是家庭中最重要的劳动力，他们主要负责生产，他们的孩子的年龄还没有达到能够自理的时候，这些孩子通常就由他们的爷爷奶奶在家里照顾，而成年夫妻则要整天在田地里做活。当然，这需要年老的父母与年轻的家庭之间维持着一种较为稳定的关系，我们也听到过一些如今早已经成为公婆的人回忆他们的过去，那个时候他们的公婆迷信而又呆板，他们对年轻人的许多作为看不入眼（其实也就像今天的很多老年人将自己的子孙的行为看不入眼一样），所以婆婆经常与媳妇产生矛盾，甚而至于吵嘴也是会发生的事情。在这样的情况下，年轻的夫妻在上山做活的时候便只能由妻子背着孩子上山，一边背着孩子一边做农活，或者将孩子放在地里自己玩。所以当我们在后文中介绍人们对孩子的养育方式的时候会发现，妇女背孩子的工具至少有两种，其中一种适合于闲暇的时候背，而另一种则适合于做农活的时候背。

等到孩子稍微长大开始入学的时候，这对夫妻要考虑孩子的教育问题。他们需要提供足够的资金使自己的孩子受到好的教育，希望通过教育的方式而使下一代跳出农民生活的循环圈，彻底与农村脱离，尤其当人们看到一些年轻人通过教育而改变了命运之后更加具有这方面的渴望。正是由于这种渴望，使得年轻的夫妻在生下孩子之后就开始做各种让孩子受教育的准备了，其中最重要的一项便是具有足够的物质基础。在孩子到了受教育的年龄的时候，事实上孩子们已经是一个家庭里的劳动力了，尽管他们还不能够像他们的父母那样对家庭作出重大的贡献。他们于放学回家之后，或者在家里做家务，或者拿起工具参与到农业劳动当中，或者照顾家里喂养的牲口，总之也以各种方式对家庭作出自己的贡献。

一些孩子确实因为教育而走出了农村，或者说走出了农业，因为一些人尽管已经脱离了农业生产，但是本身还居住在农村（如一些小学教师）。但是绝大多数的孩子并不能这样，一如人们所说的，那也许不与父母或者孩子本身的努力程度相关，而是一种纯粹的命运使然。总之，那些没有能够通过教育脱离农业生产的年轻人很快便成为家庭里的劳动力，参与到父母的劳动之中。那些孩子考上了学校的父母，在高兴之余也开始为孩子的教育费用而发愁，他们需要更加努力地工作。而那些没有能够考上学校的孩子的父母也不能够休息，尽管他们的孩子已经不再花费许多钱去上学了，但是现在要为这些孩子的结婚而努力了。结婚，尤其是男方，意味着要新的房屋（或者至少要足够），我们在上文中说过女方是怎样挑剔男方家的住房条件的。除此之外，结婚还会花费许多资金，包括办会头以及聘礼，等等。这些都要有男方的父母来操办，这是他们的义务，正如当初他们的父母对他们所做的那样。而那些已经考上了学校的孩子父母，他们对孩子的义务在于将其抚养毕业，此后则由孩子自己打拼了。

孩子们结婚生子了，父母尚不能够稍事休息，他们还需要继续劳动以供养自己，直到他们年老或者因为其他的原因自己已经做不动农活的时候，他们才脱离主要的农业生产活动，到那个时候，他们的子女的子女都差不多能够自立了，他们的子女从对下一代的抚养进入到对上一代的赡养义务中来了。但是，老年人只有在70多岁以后才会真正脱离农业生产的，尽管有时候他们到了60岁以后就将田地全部分给他们的儿子了，但是他们依然为自己的儿子做农活，在今天看来，甚至是由他们主要承担农活。

对人们在农村生活一生的周期做如上简短的说明也许看来较为草率，但是这已经足以表明一个农民的家庭是如何需要组织家庭生产的了，而且也大致说明了传统的农村社会是怎样组织其生产生活的，这些生产生活的组织极大程度上乃是建立在一种责任和自尊上（农民在许多时候不甘落后而相互之间互相攀比），有时候不得不惊叹农村的社会生活中也具有强大的社会舆论支撑，这些舆论为人们带来压力，以至于人们羞于放弃它甚至力求将其做得最好。

不过上述的这些情况在近20年来发生了较为重大的变化。首先，人们虽然依然重视农业的发展，但是农业的发展已经不能够达到人们的生存需求了；

其次，孩子受教育的准备过程现在主要的是资金的准备过程；再次，房子的建设需要花费更大量的现金，结婚以及其他礼仪性开支越来越大。这些变化几乎打乱了人们此前的分工情况，一个在读书的孩子很大程度上将其大部分时间花费在学习上，他们在脱离学校教育之前很少接受劳动的训练，他们的父母对他们走出农村的渴求更加强烈，因为农村的生活现在显得更加不容易，尤其是在高速公路以及退耕还林之后，人们在农村已经难以依靠农业而生存了。家庭的劳动方式所发生的变迁更加突出，农业生产难以实现现金收入，在这样的情况下，打工兴起，人们便涌入了打工的大潮。劳动变迁还发生在性别之间，我们已经明显地发现近年来妇女已经很大程度上参与到了经济以及社会生活当中。

妇女在农村担当着多种角色，在家中她要履行一个妻子的义务，照顾家里的丈夫、孩子和老人，在外她又担当着一名劳动者的角色，为家庭的经济做出贡献，为社会履行责任。每天她们都处于不同角色的轮换之中，忙碌着。近几年，外出打工的兴起，以及社会经济形势的改变，促使她们加入外出打工的大潮，到外面去赚钱。农村妇女的生活轨迹多是这样的：她们年轻时也都在家跟随父母上坡种地，到了一定年龄后就跟随朋友或自己独自到外面闯荡，为了家里的经济改善终日在工厂中劳动。到了三四十岁时，她们的身体已经经不起高强度的劳动，另外，家里面孩子的成长需要他们引导照顾，老人们年龄越来越大也同样需要她们回家照顾。这样他们就返乡重新担当起一个母亲、妻子、儿媳的角色，每天在家与土地之间来来往往。高速公路的修建给妇女也带来了一定的影响。在万寿村长春组，我们访谈过一位年近40岁的妇女，她的经历说明了这样的情况。

王阿姨是长春组的人，同她这个年龄的大多数妇女一样，她的青年时代也是与土地紧密相连的，她同父母一起在田地里耕作了几年，读完初中后她便随着民工潮一起到福建打工，在福建的一家玩具厂工作。23岁的时候她便与村里的李叔结婚，跟丈夫一起去广东打工，26岁时她生下了一个儿子，为了维持家里的生活，他们把孩子托付给奶奶照顾，他们仍然在外面打工。在她30岁时，孩子马上就要上小学了，为了把孩子的教育抓上来，同时照顾老人，于是决定返乡了。在家中每天就在家和田地间来往。仅过了一年，高速公路修来了，把她家的田地征掉了，没有了田地的她也找不到一个适合自己的工作，她的生活发生了很大改变。现在的她每天做的最多事情就是做饭，给儿子辅导功课，给女儿打点生活，照顾生病在家的母亲。除此之外，她没有其他事情可做。

受影响的妇女都是留在农村的妇女，高速公路使她们出现了两种方向的分离：一部分妇女家里没有过多担忧便找到了临时的工作，每天都忙于工作；另一部分妇女则家中负担很重，没有办法脱身，成了专职的家庭主妇，空闲时间就在聊天与打牌中度过。

妇女生活在高速公路修建后也发生了一些变化。

经济方面，在家的妇女一部分从原来的农业生产中转移出来，正逐步向零工的方向发展。高速公路的修建需要大量的劳动力，虽然修路需要的只是体力劳动者，对于女性的需求很低，但是，也有一些工作对体力并没有严格的要求，如栽树、种花。栽树种花的队伍吸收了很多的女性劳动者，她们和男性拥有一样的工资收入。她们一个人一天35元。在高速公路川都组那段有69名栽树工人中有55人以上是女性劳动者。这样一方面可以充分利用农村闲置的女性劳动力，又可以充分地利用项目资金。这样在家庭的收入构成中，女性的贡献得到了很好的量化，这也对她们家庭中地位的提升产生了影响。另一方面，一部分妇女的生活也受到高速公路的影响。这批妇女主要是返乡的农民工，她们很多是这种情况：她们与丈夫外出务工，由于孩子出生需要照顾，外面生活水平又很高很难支付得起，家中的老人也需要照顾，她们便回到家中照顾儿女和老人。在家中，高速公路征地使她们与田地分离，而家中的负担又使她们无法在家打零工。他们的生活就改变了许多。

这是我们在万寿寨长春组观察到的情景：

在长春组的麻将馆里，在两台麻将机前围坐着很多村民。他们有还没有外出的年轻人，也有没有出去打零工的中年人，还有空闲下来的老年人。在人群中也有一些妇女，她们或是在旁边观看，或是在麻将机旁"拼杀"。有一个妇女正坐在麻将机旁打着牌，她的儿子就在她的腿上仰头酣睡，偶尔会有点小动作，她却在麻将机旁很有兴致地打着麻将。据麻将馆的老板马大爷介绍：麻将馆里打麻将的妇女一般都是早上八九点钟就来，到下午五六点钟才回去。

在麻将馆对面的商店里，八个妇女围坐在一个火炉旁一边扒着花生一边闲聊。

妇女们就这样消磨在家的时间，这一批妇女在家中很少会去干活。又回到了男主外女主内的生活状态。男人在外面打工赚钱，妇女的主要职责就是照顾家人，操持家务。这一批妇女家庭的分工逐步与经济分离。

从妇女的生活变化中我看到了家庭分工的变化。一部分妇女逐步承担起更多的经济职责，处理家务的时间少了很多；另一部分妇女则又从经济人物中分离出来，又逐步加大了家务的职责。

二、家庭收入

我们相信家庭的经济生活在很大程度上取决于消费的状况，甚至家庭的收入有时候也要关注家庭的开支情况，正是先有了消费才有了生产的观念，农民也正是先有了消费的需求也才有了扩展其求生渠道的需求。不过为了我们的叙述方便，我们还是先说明家庭的收入问题，再探讨家庭的开支情况。

（一）万寿寨：退耕还林与家庭收入

显然，家庭的收入从曾经到现在及未来都不可能单纯依靠某种单独的途径。只是，退耕还林在万寿寨而言对人们的家庭收入确实产生了某些影响。万寿寨村共退了 2358.3 亩的面积，补助期内国家每年给全村的补助有 577 783.5 元。就退耕还林的补助这一项来说，在补助期内全村人均纯收入就有 488 元。对于整体上尚比较贫困的万寿寨村，这笔钱对于村民来说是个不小的数目。

马世林（40 岁）："家住石家坪，包产到户时，他家分到了 9 个人的田土。家里现有四个人，一儿一女及妻子。儿子 19 岁，在外面打工。女儿 12 岁，在上小学。在退耕还林中他家退了 31 亩左右的土地面积，是村里退耕面积最多的农户。每年光是退耕还林的补助就能得到 7500 元左右，为此，村里的好多农户都羡慕他。目前他家退耕地里已经全部没有耕作，只种了田，部分水田改为旱地用来种植苞谷和土烟。据他说，家里一年能收入两万多元，这些收入主要由退耕还林的补助及土烟、苞谷、长毛兔、小猪仔的出售构成，而退耕还林的收入就占到他家年总收入的 30% 左右。2005 年公路修通后，自己买了辆摩托车，农闲时还去跑摩托车生意。今年年初刚买了一台农用微型耕作机，用于耕田或翻土，同时他还出租（自己用微耕机去给租方耕田），费用大概是每天 100 元。在我们的考察期间，就见到马世林给向世源耕田一天，向世源说给了他 100 元的费用。"

不过即使是这样，人们还是从事着农业、养殖业、小商业以及手工业等其他的劳动。以万寿寨村的长春组为例，从长春组的地理环境来看，在村落的周围都是田地，农作物种植仍然占据着主要的位置，这里的经济生活是以农业生产为背景的。此外，还有其他副业，如小卖部、木材加工厂、豆腐作坊、长毛兔养殖、养猪等，但是没有形成规模。职业分化是存在的，单一从事一个职业的人很少，大多数人的职业分化不明确，都扮演了多种职业角色。外出打工人员很多，有很多家庭的主要收入来源就是打工。他们的经济生活方式影响了他们的物质生活水平，不同的家庭由于自身条件不同，收支状况存在很大差异。

总结起来说，在万寿寨村，村民们的收入主要由三个大的方面组成：一是外出务工收入，二是退耕还林的补助，三是种农业方面的收入。就全村而言，外出务工收入是农户纯收入中重要的组成部分；退耕还林的补助是农户最直接的纯收入，在农户的纯收入中占了较大的比例；靠农业本身所取得的收入占村民总收入的比例是最低的。农户种植的作物主要是为了供自己消费和用于养猪、养兔等。即使有用于出售，出售的数量也并不多，只是在满足了自己家的消费后，才将剩余的农产品拿到市场上出售。

（二）川主村：高速公路与家庭收入

高速公路修建前，沿线村落的经济收入主要集中于农业收入和外出务工收入。

沿线村落的农业多种植水稻和苞谷（玉米），农业收入近几年由于市场行情不稳定，相对少了很多。而且，正如我们上文已经做过的分析，农业一直以来也没有真正成为人们获得现金收入的可靠门道，例如川主村的新开组村民种植的水稻和苞谷多是自用。水稻碾成大米，家中自用，余粮拿去卖。家中除了种植业外，还有养殖业的收入。大约 30 年前，三河乡就开始了长毛兔的养殖产业，长毛兔的兔毛价格最好的时候达到了 80 ~ 90 元一斤。村民们对长毛兔养殖的积极性很高，但是由于近几年长毛兔的兔毛价格直线下降，已经降到了现在的 47 ~ 48 元一斤，村民们已经逐渐减少长毛兔的养殖，现在村子里面每家每户都还保留着兔箱，但是这些兔箱都已经废弃了，村子里面养兔的人已经很少了。除了养兔，村子里面每家每户还都养着猪，一般村民家里都养着一头或两头猪，但是这些人家养的猪多是自己家里食用，每年逢年或结婚杀一头吃。虽然没有现金收入，但是一定程度上减少了家里的现金支出。现在村子里面的苞谷多用来喂猪、喂兔，多余的苞谷拿去卖。不搞养殖的家庭，苞谷就多拿来卖。

外出务工经济这些年逐渐成为家庭的主要收入来源。新开组的多数年轻人和还有能力出去的中年人大多数都选择外出务工了。流入地集中于福建、浙江、广东和重庆，他们在外面的收入比家中高得多。农民在家中种了一季的水稻拿到市场去买，按一斤一元论价（而事实上许多时候还不能达到这样的水平），一亩稻田产出稻谷 1000 斤计算（这也是较高的估算），一亩稻谷收入也仅有 1000 元。三河乡海拔较高，一年就只能种一季水稻，也就意味着，一年一亩稻田的水稻能赚 1000 元，在外面打工有的一个月的收入就可以有 1000 元。可见，农村打工收入对于农民经济收入的贡献之大。

川主村新开组马大哥家给我算了一笔细账。他在福建打工，一个月有 1500 元左右的收入。家中有 2 亩多田地，按都种稻谷计算，一年稻谷收入除去成本有 2000 元左右。家中养了一头猪，卖掉可以赚 1400 元。养长毛兔 15 只，按一只一年收入 60 元，那么 15 只就是 900 元。

这样农业收入也有 4300 元，家中一年的收入共有 22 300 元。

从马大哥的计算中可以发现：农业收入一年仅有几千元，仅占到了家庭收入的 20% 不到。也足以说明，外出打工收入在家庭收入中占到了主要地位。

高速公路修建后，村子里面的经济收入情况发生了很大变化。一方面，高速公路征地后，种田的人少了。农业经济收入已经不再是家庭收入的重要部分，对家庭收入的贡献进一步减少。农业产出多用做家中使用，不再出卖。在家中打零工的人增多了，他们的收入成了家中的主要收入来源。外出务工的收入没有减少，但是所占份额也相应有所减少。

以川都组杨大叔家庭为例。他家儿子重庆打工，做广告装潢，一个月有 1500 元收入。杨大叔在家中打零工，在高速公路上干活，一天工资有 50 元。在高速公路上做活路不是每天都干得，下雨天就干不了。按他说的一年能干 10 个月计算，一年收入也有 15 000 元。这样家中收入共计 33 000 元。其中打零工收入占了 45%。

（三）家庭的特殊性

由上面的分析我们也许就能够明白，所谓家庭收入，对农民来说是一个不那么明确的概念，他们没有做过详细的计算，更别说做过记录，很少有人能够把自己每年的收入计算清楚，尤其是在农业收入上。另外，每一个家庭都有其不同的特殊性，这些家庭不得不按照自己的家庭情况安排自己的经济活动。譬如一个家庭需要养老，他们的父母都已经无法自理，而他们又没有别的兄弟姐妹与他们共同承担养老的责任，那么他们就必须至少留下一个成年劳动力在家中，照顾家庭尤其是照顾老人。相同的情况发生在子女的养育方面，许多人也是因为孩子的养育问题而不得不留守于家中，当然，我们也经常看到一些夫妻在孩子不满一岁的时候就外出务工了，将孩子留给上一代人照顾。这样看来，每个家庭的经济活动都会有很大的差异，尤其是在人们的求生之道逐渐扩展的时候更是如此。以下是我们对万寿寨村四个家庭收入情况的统计，我们于其中可以大致看出其不同之处来。

表8.4 万寿寨四户农民的年收入来源结构表　　　　单位：元

收入结构	任明书	康兴武	范岳忠	田宇旭
农业收入	—	—	1000～1300	2000～2600
养殖收入	—	—	1600～2400	3000～3300
工作收入	32 000～33 000	25 000～28 000	5000～7000	3000～4000
其他收入	12 000左右	—	12 000～13 000	3000～5000

备注：工作收入包括固定工作的收入和做临时工的收入。

任明书家的经济收入情况较为乐观，在长春组这算是比较富裕的家庭，而且也是最稳定的。他家里基本上没有种地，三个女儿已经外嫁，现在只有夫妻二人过生活。任明书是万寿小学的一名教师，每个月的固定收入就有2700元，家里面还开了一个小卖部，生意也不错，每年的收入颇丰。

康兴武家的主要经济来源主要依靠卖豆腐。这个家庭从1999年开始从事豆腐制作，自产自销，品种有豆腐、豆花、豆干、豆皮等，不管晴天落雨，基本上每天都要去三店卖豆腐。

范岳忠家只有约一亩土地，每年收获的苞谷、洋芋等都不会出售，基本上都是用于喂牲口，每年喂两三头猪，一个用于自家吃，其余的出售。他每年都会到附近的工地上去打临时工来填补家用，其妻子一般就是在家里做农活。小儿子和儿媳出去打工，留下两个小孩，他们一个月寄1000元回家。

田宇旭家在高速路修建以后，除开被征用的一亩八分田，还有一亩三分水田，每年能产1000多斤水稻。退耕还林的土地有八亩五分，按照五口人来分配，一人一亩七分地。政府一亩地每年补贴245元，一家人算下来一年有2000多元的补贴。田宇旭每年有三四个月的时间去做零时工，农忙的时候不去。儿子儿媳在外打工，每年给他们一两千元。

整体来看，村民们的经济收入可以从农业生产、家禽养殖、工作（稳定工作、打工或者临工）等几个方面来看待，农业生产只是一个小部分，主要是靠其他手段来增加收入。

（四）家庭收入之不稳定性

如上文所分析的，农村社区的经济收入不太稳定，收入来源呈现多元化，除了农业生产以外，他们还从事其他的副业，比如家禽养殖、做临时工、开小卖部等。这些行业的发展都受到许多外在的不稳定因素的影响，譬如农业需要靠天时，临工需要靠建设，小卖部则需要稳定的消费群体。

我们可以养殖业对农民家庭收入的贡献为例来说明家庭收入的不稳定性。以谭千文家为例，他在2008年正月十八买了三头母猪，那时毛猪价格是8元一斤，有一头花了1000元；其他两头，每头花了1700元；另外还花了200元的运费。此后不久，他又继续扩大规模，又买了两头母猪，花了2000元，在繁殖的过程中，由于瘟疫死了几头猪。到目前为止，他家已经有17头猪，7头大猪（其中包括4头母猪，3头肥猪），10头小猪。他告诉我们，专业的养殖对家庭的投资来说存在一定的风险，如果发生瘟疫或者其他的疑难病症，则很可能血本无归。与之类似的是另一个农户的养兔，任明连在1996年就开始养殖长毛兔，那时的兔毛价格是60多元一斤，他养了90多只，在价格走低的时候，他仍然坚持养殖。由于疾病的原因，现在仅剩下60只，他说现在兔毛的市场价格是46～47元一斤。这样看来，人们的收入状况不仅仅受到生产环节的限制，同时也要受到流通环节的限制，如果行情不如意，那么长期的生产成果最终却卖不出好的价钱。于是，作为"新型农民"（他们不得不在农业生产之外寻求别的生存方式），人们不仅要有生产的能力，同时也要有将生产成果成功转变为货币的能力，不但作为生产者，而且还要是一个精明的小商人，这种快速的身份转换有点让农民们措手不及，他们中的大部分选择更简单的方式，以劳动力换取较为稳定的工资。但是当人们感到打工或许没有更远的前途（譬如说超过了打工者的年龄之后怎么办）的时候，他们继而通过打工获得一定的资金，然后又寻求一种没有那么多限制条件的职业转换。于是，职业不稳定使得收入情况也不稳定，而收入情况的不稳定也使得职业不稳定。下面正是一个这方面的案例。

长春组有一部分人脱离土地去从事其他职业，任兴云就是其中之一。任兴云在外面打了十几年的工，回家以后，在三店租了一个门面卖桶装纯净水，从石柱县城运到三河乡卖，每桶卖7元，每桶可赚2元。5年前买了一辆长安小皮卡，包括上户等共花了5万元。在赶场时经常帮别人运货，伙食费和油钱除外，每场可赚几十元。他认为农业种植赚不了钱，所以外出打工，但是打工又不是长久之计，所以要慢慢建立起适合于自己的职业。

由于当地的土地拥有状况在几年之间出现很大的变化，人们生活的外部环境也发生着急速的变迁，求生方式发生了多方面的转变，而收支情况随着也发生了很大的变化。收入水平影响人们的消费能力，消费观念影响消费方式。

三、消费

在社会变迁过程中，农村社会发生了巨大变化。新生事物的引进、流动人口的传播、政府的政策性导向等等，都为农村社会的变革起到了极大的推动作用。乡土社会的消费情况受到地理环境和社会背景的影响，形成了特殊的消费方式和消费体系，并反映了乡土社会的变迁及农民生活水平的变化。

消费，作为经济活动过程中的一个环节，是人类生存的必要条件，人类创造一切物质文化和精神文化的最终目的也是为了消费，正是通过消费，人们才实现了自身存在与发展的各种可能。这就是消费被视为一切经济活动之唯一目的、唯一对象的缘由。然而，在人类学家、社会学家看来，消费也是个体进行群体认同和外部区别的重要手段，消费中的差异也是社会分化的表现之一。人们消费行为的选择，构建了他们对所属社会群体的认同。[1]

人们的收入水平很大程度上影响了他们的消费能力，收入越高消费能力越强，反之越低。显然，这种影响方式倒不是决定意义上的，如果说收入可以直接决定消费的情况，那么也许人们就不会经常改变自己的生存策略而创造更多的财富了。这样的思考，正说明消费对收入的反向影响问题，这二者之间的关系是相互的。具体的消费受到消费环境的影响，农村社区的消费与城市社区的消费不同，农村物资供应不及城市，整体的消费活力也不如城市。但是农村的消费体系比较繁杂，而且消费的氛围也很特殊，个人消费上以节俭消费为主，然而在集体消费上，炫耀性消费[2]就会占据上风。

（一）消费结构

收入状况是影响农村居民消费结构的主要因素。消费结构包括消费品本身的质量、生活消费中各种消费品的相互协调状况、消费环境和消费者本人享受各种消费品的能力，也包括直接反映生活消费过程中的舒适和便利程度，以及人们在心理上、精神上所得到的享受和乐趣。消费结构是各种消费对象的实物量和价值量的统一，是人们在生活消费过程中所耗费的各种消费对象的构成及

---

❶ 姚建平. 消费认同［M］. 北京：社会科学文献出版社，2006.
❷ 尼古拉·埃尔潘. 消费社会学［M］. 孙沛东，译. 北京：社会科学文献出版社，2005.

其协调程度。❶

村民们的消费体系没有根本性差异，每家的消费项目基本上是相同的。日常消费、婚丧嫁娶消费、节日消费、娱乐消费等在社区生活中是必不可少的，具体体现在房屋、营养、农事、教育、服装、烟酒、医疗、能源、人情、通信等方面。我们以部分家庭的消费状况为例，进一步分析农民的整体消费体系及其心理。

表8.5　长春组的年日常消费结构表　　　　　　　　单位：元

家庭类型	康和海	范岳忠	任明书	谭寸强	刘成仁	田宇旭	康兴武
教育消费	10000左右	—	—	—	—	—	4500左右
烟酒消费	1300左右	2000左右	4200左右	400左右	—	900左右	—
能源消费	300～500	800～900	900～1100	—	300～400	500～600	—
农事消费	—	250～300	—	120～200	400～500	450～500	—
营养消费	2000～2500	2300～2500	2500左右	1600～1800	400～600	1000～1100	—
医疗消费	800～1000	2000左右	—	1000左右	—	400～500	—
通讯消费	700左右	—	850左右	150左右	—	—	—
人情消费	2000～3000	1000～2000	6000～7000	1500～2000	1000左右	2000左右	—
服装消费	500～800	300～400	—	100～200	100～200	700左右	—

备注：均以2008年为参照值。

从上表可以看出，每个家庭的消费项目基本相同，只是在具体的消费项目上，不同的家庭由于自身条件不同呈现出消费差异。这种状况，也正如我们上

❶ 尹晓玲，等. 简析农村居民收入对消费结构的影响 [J]. 河海大学学报（哲学社会科学版）. 2004（6）.

文所说的那样，基于不同家庭的不同特点，不仅收入状况颇不相同，消费状况也有明显的差异。

康和海有两个孩子在读书，儿子 2008 年高中毕业去重庆市读职业技术学校，女儿在万寿小学读六年级。儿子三年的学费一手交了将近 6000 元，其他的学杂费将近 800 元，刚开始的几个月生活费要花 800 元/月，后来有所缩减，现在是 600 元/月。女儿一学期的学杂费要花 300 元左右，一星期要用 7 元的零花钱，两个孩子一年总共要花 1 万多元。在人情消费上，每年就要 2000 多元。再加上一家人其他的开销，一年的总开销在 2 万元左右。

范岳忠家一个月要吃 50 斤米、20 斤油，每年在油盐酱醋等方面要花费 2000 多元；他的妻子患有胃病，每年的医药费就要 2000 元左右；两个月的电费要 80 元左右，家里有电视机、电磁炉、粉碎机等家用电器，平均一年要用三罐液化气，每罐 95 元，平时烧柴，忙时用煤气；一年要用两包磷肥、两包尿素肥，总共要花费 200 多元；一天抽两包烟，一般是抽 2 元一包的五牛牌烟，一年要在抽烟上花 2000 多元。2008 年买了一辆大阳牌摩托车，花了 4200 元。一年的消费总计有 1 万多元。

田宇旭的母亲已经 90 多岁，体弱多病，每年的医药费要四五百（这是十分平常的医药维护而不是生大病的时候）；他家一年种庄稼要用 5 包肥料、4 斤苞谷种、2 斤谷种，每年在农事上的花销约 500 元；每年的人情送礼接近 2000 元。田宇旭家一年的总开销约 1 万元。

相对而言，教育消费和人情消费在日常消费中所占的比例比较大。有孩子在上学的家庭负担较重，尤其是有孩子在上大学的家庭，每年的开销大部分是花在孩子的教育上。如康和海家有两个孩子在上学，儿子在读大学，女儿在读小学，每年他家在孩子身上要花 1 万多元。人情消费是农村不可避免的，它牵涉到与亲戚邻里的来往，每家每年在人情上开销至少都要 1000~2000 元。社会关系越广泛的家庭花销越多，任明书家每年在人情上的开销就要 6000~7000 元。周安群家 2008 年的人情消费就有 2000 多元，一年之内她就有两个侄女办会头，一个侄女生小孩"打酸糟"，另一个侄女结婚，参加这两个会头就送了 1000 多元的礼金，而且还有其他的会头需要送礼。

房屋消费在日常消费中属于一种低频率消费，房屋修建的次数很少。但是，一般情况下，修房屋的费用往往高于其他方面的消费。马培智家的房屋是在 20 世纪 80 年代修建的土瓦房，当时只需要花一点工匠钱，瓦是自己烧制的，木材是自己到山上去砍的，所以那时的房屋修建花不了多少钱。然而现在却完全不一样了，修房屋需要一次性修好，否则花费就会超出原来的预算。康和海家的砖房是在 2002 年修建的，当初花了 5 万元左右，如果按照现在的消费水平，就需要 8 万元左右。康和海说："一次性修起要少花点钱，你一次修一点，工价要涨，物价要涨，修的方法、样子也在变，肯定是要跟着走，要修新样式的房子，搞下来就要多花一笔钱。"谭显文家的房子是 2005 年修建的，总共花了 8 万元左右。康兴武家准备修一栋三层楼的砖房，占地面积 80 多平方米，他估算了一下费用，"把架子修起不装修要花将近 7 万元，装修要对砍，也要花个 6 万元左右，加起来总共要花 13 万元左右"。

可见，房屋修建是所有消费中耗费最大的，随着物价的上涨，这种消费也在逐年上升。就现在的消费水平来看，在农村随便修建一所房屋就需要几万元，甚至十几万元。现在长春组拥有砖房的家庭只有 26 户，其余的家庭要么是土瓦房，要么是土砖混合的房屋。在所有的砖房中，有超过一半的砖房是在高速路修建以后，因为田土或者房屋被征用得到赔偿后才新修的。

马世宾家以前的房屋和绝大部分田地都被高速路占用，房屋获得 4.1 万元的赔偿，田地获得 4 万元的赔偿。2005 年马世宾重新买了一个约 600 平方米的地基，花了 9100 元，房屋修建占用了 430 平方米，其余的部分就用来修建厂房。地基和房屋修建总共花了 12 万元左右。

谭显文家的砖房就是在高速路动工以后才修建的，他的父亲谭云吉对修房子的感慨是："修高速路赔房子、赔田地、打工赚的钱，把房子修起。没得房子住，憋起修，修完了又不得钱了，得个空壳子，又出去弄钱。钢材、砖、水泥要花大钱，以前水泥只要十二三元一包，现在 24 元。工匠钱是 20 多元一方，现在是 40 多元一方砖，以前是 0.17 元一块，现在拖拢家是 0.41 元一块，一栋房子要 5 万~6 万块砖，预制板从 70 多元涨到 100 多元，钢筋从 2000 多元一吨涨到 4000 多元一吨。现在这个社会啥子都要钱。"

如果没有这笔赔偿金，还有很多家庭修不起砖房，短期内要修一栋三层楼的砖房对任何一个家庭来说都是一笔不小的开支。当然也有一部分家庭是靠打工挣钱来修房子，如果完全靠农业发展来积累资金修建砖房，这种可能性很小，用村民们的话说就是"种庄稼根本赚不到钱"，想修砖房就更困难。

在娱乐消费上，村民们的平时娱乐中，斗地主、打麻将和打四十张是需要用钱来支撑的。在这些娱乐活动中，输赢是未知数，钱具有很大的流动性。经常参与的人，娱乐消费对他们来说是没有必要去计较的，因为"你今天输了，明天就有可能赢，每天（经常）都来打，输赢差别不大"。输赢对于他们而言并不重要，而是对休闲过程的享受。村民们的休闲娱乐活动在一定程度上能反映他们的经济状况，没有闲钱的人一般不会参与其中，只能是旁观者。

（二）生活用品之消费

绝大部分家庭都有电视机（多为彩电）、卫星电视接收器、VCD 播放机等家用电器，只有 4 户家庭没有电视机。有的家庭还有电冰箱，谭明才家 2008 年就买了一台电冰箱。康和海家的电视机和 VCD 播放机是 1999 年买的，电视机花了 1000 多元，VCD 播放机花了 600 多元，2000 年买了卫星电视接收器，接收器和锅盖总共花了 500 元。他说，买电视机主要是为了在休息的时候看一下，平时看点新闻和电视剧，认为家里面有个电视机要热闹一点。长春组有 15 户家庭拥有摩托车，很多家庭都有手机。任兴云家有一辆小货车。如上这些，都算得上是农民对耐用品的消费，这些消费对人们的生活方式产生了很大的影响。

在收入与消费上，相对于没有收到高速公路征地影响的村组而言，那些受到征地影响的村组在农业生产上的创收能力显然要弱一些。但是他们的消费生活依然没有很大的差异，一些日常生活用品都是他们所需要的。

万寿山上的龙大爷今年 64 岁，是万寿寨村石丰组的村民，他家的收入与消费状况大概如下：

每年收获 3000 ~ 4000 斤红苕和洋芋（基本上是用于喂猪喂牛），三年卖两头小牛，大牛不卖，一头牛 1000 元左右，2007 年以前约 500 元每头，价格波动性很大。一年卖一头猪，1500 元左右。每年产 2500 斤谷子，2000 斤苞谷每年两样约能卖掉四五百斤，1000 元左右。

平均一个月赶一次场，买点洗衣粉（一包用半年），买点水果，买点玩具给孙孙，一场要花费 50 ~ 100 元。每年肥料钱要五六百元，一年三包苞谷种，20 元一包，两苞谷子种，25 元一包，还有薄膜、农药等，一年在农事上总共要花 800 元左右。礼尚往来，一般是送 20 元，关系好点的送 50 元以上。一年买一两套衣服，三四双鞋。

（三）消费心理

1. 日常消费心理

在日常消费中，村民们处处体现出节俭。人们不经常赶场，因为他们认为赶场就要花钱，所以他们尽量减小赶场的频率。而且他们一般都是走路去赶场，就是为了节省五元钱的车费。人们每年很少购买衣服，他们认为在农村穿衣服并不需要讲究，一套衣服可以穿两三年，甚至更久。"大家都是一样，装什么呢?"

2. 办会头的消费心理

最近几年人们在会头上的开销越来越多，条件好的家庭排场就比较大。与日常消费相对，在办理会头时，节俭就显得苍白无力，体面是会头办理的主旋律。在他们的观念里，会头就应该办得隆重，一个家庭若是有会头，都会倾全家之力去办理，因为会头的好坏关系到家庭的名誉。马德意说:"过寿一般都是60岁、80岁、90岁办，这叫作'泡生酒'，大泡排场大，人多热闹，小泡排场小，人少。结婚、死人必须办，办得很隆重，不搞隆重绝对不行，女方的嫁妆要抬回来，要请人帮忙，亲自去喊。老人过世，要请人抬出去。办得体面免得别人说。"

康和海对会头消费的总结是:

结婚和死人办得隆重，办得体面点，外人不说，办得好一点，人家是送情吃你的东西，要让人家心里面满意，条件好与条件差有区别，与自家条件相符合，别人不会说。死人，岁数大的死了就办得大，子孙满堂，人多，岁数越大越隆重。人死后，找人看期，测看哪一天抬出去，哪一天埋，看阴地，准备棺材，修坟，办酒席，也要两三万才搞得下来。结婚，是喜事，儿子结婚，第一次，要办隆重。

婚姻是男女双方及家庭关系的缔结。结婚所需的费用不是一蹴而就的，而是一个逐渐累积的过程。通过介绍后，女方来男方家看人户的时候，男方要给女方一千或者两千，同意则给女方一万，不过要看女方讲不讲究，拿结婚证的时候要给一两万，结婚时给一两万。女方家的嫁妆有铺盖、盆钵、电视机、洗衣机、家具，也要好几万。但算下来，男方还是要花得多些。准备酒席要花万把块，一头猪也要几千，菜啊、鱼啊、鸡啊，算下来将近万把块，再少也要五六千。

由此可见，办理一次会头，需要处理的事务繁多，而且很花钱，即使可以获得一定数额的礼金，终究还是要还的。一个家庭若要办理会头，没有一定经济实力，是无法支撑的，礼金就担当了一种流动的资助桥梁，让资金的紧张情况得以过渡。

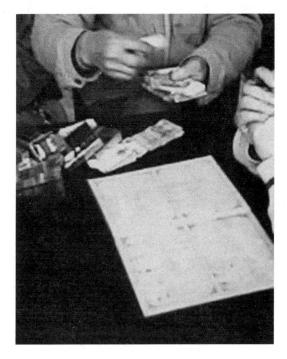

图 8.2　会头送礼

人们在办会头的消费上开支都很大，一次会头保守估计至少也要花销五六千元。他们认为办得体面一些，自己有面子，别人也不会说什么。他们很注重别人的看法，依据外界的标准来办理会头，当然也会考虑自身的经济条件。2005 年马泽林嫁女儿时就花了 6 万多元，嫁妆有家具、摩托车、电视机、洗衣机、冰箱等。2007 年他的女儿打酸糟的时候，又送了 2 万元的礼金。如此体面的仪式性开支，直到今天还为人们津津乐道。

一个家庭若是有会头，一般都会选择在自己家里办理，这样花费相对要少一些。但是会头的时间一般需要时间准备，这样一家人都会很劳累，耽搁许多时间。也有的家庭不愿意在家里办会头，他们认为在家里办理很麻烦，所以选择在乡里或者是县里找一个饭店来承办，虽然花费较多，但是没那么多的麻烦事，一次性就可以把会头办好。马世波家打酸糟的时候就是在乡里面找了一个饭店来承办的，他自己不用那么操心。

3. 礼来礼往的消费心理

一个家庭举办会头，那些与这个家庭具有一定关系的家庭需要来参与这个会头，在这个会头上送礼。"人情无利，照簿还钱"是一种约定俗成的规矩，礼金对等，"别人送自己多少，就还别人多少"是人们送礼的普遍看法，当然随着物价的上涨，也会相应地增加。20世纪90年代初，10元钱就算是大人情，一般的礼金就是几元钱。随着人们经济条件变好，90年代末，人情开始水涨船高，翻了好几倍，最低的礼金就是10元。现在的礼金一般是20元、30元、50元、100元不等，也有高达几百上千的。具体要依据送礼者的经济状况及其与主人家的关系情况而定，多还多，少还少。

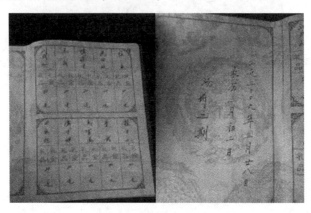

图8.3 礼金簿

王学林："别人送你多少，你就送别人多少，有时候还加点水（增加礼金的数额），亲戚关系好的添个百把元钱。像现在的行情要涨点水，跟到物价长。亲戚送百把两百，千把的也有，还有一些人送一万元的，那是关系很好的，又有钱的。现在送人情，要看有没有钱，没有钱，送啥子？现在讲的是礼尚往来，你来我去。团转办会头，全家人都要去，去要，重情。一个会头没有人去要，那就不行，那就说明你这个人不行。不过这种情况一般不会出现，不管哪家有会头，整个生产队的人都会去帮忙。"

一般情况下，礼金的多少体现出了人际关系的亲疏，关系越亲密，所送的礼金就越多。

任兴楠："亲得不得了的是送大礼，大人情的会头有亲家、兄弟姐妹、姨娘、叔子伯父、嘎公舅爷等，一般都是要上百。团转的二三十元就行，人亲的要送千百元。"

任兴云："一般团转的送20元、30元，亲戚送几百，老挑（作为娶了两个姐妹的两个男子之间的称呼）送四五百元。"

谭云吉："一般是20元起头，关系好的100元、200元，1000元、2000元，万数的都有。有钱的送得多，不得钱，打肿脸借来也要送，这人皮子不好披啊！人到中年万事休，挣钱挣不到，用钱不得了。会头送礼送得凶是从 1998 年、1999 年那个时候开始的，最近几年还要凶一些。1995 年的时候 10 元都是大人情。依据现在的行情，人情翻好几倍甚至十几倍。"

　　送礼金是相互的，礼尚往来，在礼来礼往的流动过程中构建一种稳定的人际交往关系。礼金的逐渐增加，说明人们的收入也在上升，如果没有稳定坚固且在不断提高的收入作为基准，礼金也不会上升。反过来，人们正是难以抗拒这种趋势，所以又不得不寻求生存的各种突破，以获得更多的财富。近年来，人们从事其他职业的途径在增多，获取经济收入的机会也会随之增加，收入水平的提高也是不言而喻的。

　　综合而言，创造收入并不容易，所以村民们在消费上始终保持着与自身收入相符合的消费水平，处处节俭，炫耀性消费只会出现在集体消费的情况下，因为那是社会名誉的一种体现。乡土社会中的消费活动主要体现于生产生活上，如住房、交通运输、服饰、食物营养、娱乐、礼仪开支、农业生产、副业等方面的消费占据了绝大部分。为了满足基本居住条件的消费活动，房屋的规模和大小因家庭的异质性而有所差别，但是整体上相差不大。一所房屋包括堂屋、厨房、卧室等，此外还有专门为牲畜修建的小屋。从房屋的开始修建到使用过程中的修缮，以及相关的仪式都要花费相当多的资金。在日常的交通运输上的消费因地理情况而异，也会随着水陆交通工具的不同而有所差别。在衣食上的消费是为了满足最基本的生活需求，穿着因季节的变化而变换，同时也会受到年龄、性别、社会地位等因素的不同而有所差异。食物营养上，柴米油盐酱醋茶少不了，而且受到天气的影响，食物的品种也会有差异。娱乐消费为人们提供了一个休闲的机会，同时也加强了人们社会关系的交流。礼仪开支是巩固社会关系的一种重要手段，礼尚往来让亲朋好友间的距离拉得更近。出生、结婚、死亡等人生大事贯穿于礼仪开支之中，是家庭消费中不可缺少的一个部分。在农业及副业生产上的消费，是为了维持基本的劳作活动，生产工具的更新、农作物品种的选取等为进一步的生产提供了条件。

　　从农民们整体的消费活动来看，村民的全部生产活动中，除了用来进行生产劳动、职业活动和必要的生理活动外，其余时间的主要活动内容是用来进行物质和精神文化上的消费活动。

　　消费活动是基于家庭群体而产生的，这样的群体消费在乡土社会消费中占据着主要的地位，无论是群体消费还是个体消费都是在一定的消费需求的驱使下进行的，人们的消费心理指导他们选择不同的消费方式，在消费过程中生产出不同的社会关系，消费品不仅具有使用价值，而且还具有其他社会价值，物品经过人的使用后就会具有社会意义。消费品本身凝聚了社会意义，反映了各种社会阶层的社会关系和社会身份，物品的社会意义是通过物化过程将社会意义附着在物品上的。在农村社会阶层中，消费同样反映着各种各样的乡土人情，个人与家庭和群体的关系在消费活动中得以塑造。乡土社会体系中，个体层次与群体层次的消费关系相互交织，形成了具有乡土气息的社会关系。

村民们在消费生活中，一直操守勤俭节约的思维。节俭消费是人们达成的共识，无论是穿着还是饮食方面，人们都很节俭，当然这种观念与当时的社会物质条件是相对应的。父母纵容孩子挑食或是让孩子穿上昂贵的衣服都会遭到外界舆论的谴责，即使是富裕的家庭也不例外。他们对盘中餐的来之不易深有体会，因此，节俭就成为一种习惯。在日常生活中，任何挥霍浪费、炫耀性的消费行为是会受到责备的。在乡土社会中，由于农业生产活动可能受到自然灾害的威胁，居安思危的想法根植于人们的消费思维中，因此，知足和节俭成了消费准则，并注重消费的实际意义。但是，在个体消费和群体消费上，人们对节俭的理解是截然相反的，例如在婚丧礼仪场合，节俭的行为是不被看好的。

村民们在消费活动中扮演了双重身份，既是生产者，也是消费者。由自给自足到相互交换，在生产与消费上互换，都是社会性活动。有生产就有消费，消费是人类社会一个不可或缺的组成元素，社会生活的延续离不开人们的消费活动。随着人类社会的发展，消费已经不再是对物质的简单消耗，在现代化浪潮的推动下，消费逐渐变成了多元化的复合性活动。消费活动不仅是单一的经济活动，更是不折不扣的社会活动。消费在消耗与生产上的界限并不明显，消耗与生产具有互通性，反过来思考，消耗就是生产。因此，消费是一种生产性活动，是整个社会层面上的生产活动。

消费的生产性，是与消费的社会性紧密联系在一起的。兼有私人性活动和社会性活动，个体的消费行为受到社会的影响，消费活动影响着人们的生活状态。从社会功能上看，人们的社会参与离不开消费体验。人们对消费品的消费，是生产一种社会参与体验，缺乏这种社会参与体验，意味着我们遭遇了某种形式的社会排斥，并因此而陷入某种形式的社会孤立。所以，这种社会参与体验直接影响到人们的自我认同感和社会认同感，影响到我们对自我与群体或社会关系的认知和态度。从这个意义上看，消费活动乃是一种社会语言、一种特定的社会成员身份感的确认方式。任何消费都不是纯粹的生物性活动，而是文化的活动，总是遵循了某种社会合法性的逻辑。因此，消费不但受到社会合法性的约束和制裁，而且我们的每一次消费也在再生产着这种社会合法性。在一定程度上，看待社会变迁不能忽视消费的影响力。

消费影响着人们的社会地位，人们不仅消费物品和服务，而且在消费过程中产生着人们在社会中的地位。在社会地位的生产和再生产中，消费起着不可或缺的作用。正是由于这种功能，消费成为各阶层相互争夺的一个符号资源。这就刺激了人们的消费观念，彼此之间的消费模仿造成了不同程度的社会地位错位。消费具有整合社会的功能，不同的消费类型生产出不同的社会整合状态。各层次的社会关系在消费过程中得以整合和延续，当然，不可避免地会出现走向极端的现象。在不同的社会层次中，消费活动有所不同，消费需求也会出现各种差异。就农村与城市的差异而言，由于多种因素的影响，农村消费与城市消费差异很大，集中体现在生活水平上。

农村非农群体逐渐增多，这一群体介于市民和农民之间，既有城市化的特征，又有乡土味道，他们的思维沿着现代社会的方向转变，开始从多种视角去看待和分析问题。相应地，他们的消费观念趋向于城市化，消费方式相对而言具有超前性。乡土社会的变迁伴随着现代化的步伐继续向前迈进，消费活动也在变化中逐渐得到调整。

第九章　从非正式到正式：
社会合作和社会组织的变迁

人们为了更有效地生产生活，于是结成某种合作，这是很显然的事情。在我们所考察的农村社会，社会合作的方式更是多种多样的，其中，我们不仅仅能够看到各种非正式的合作关系，同时也可以看到一些具有明确规则的合作组织。而且，合作的目的也是不尽相同的，某些合作是为了更好的生产，而另一些合作乃是为了对抗别的有害因素，譬如医疗合作就是专门针对人们对抗其不可避免的疾病的。合作的主体也是十分复杂的，在我们的考察中，有农民自己的非正式合作，如生产合作，相互之间的换工；也有政府、企业及农民之间的生产性合作，这种合作方式事实上我们在上文中已经说到过几次，不过都还在不断地探索当中，过去所发生的那些合作在很大程度上没有形成经验，有的似乎只是教训，然而这种合作毕竟在不断地进步，我们也可以看出某些成功之处。

社会合作之附载体是某些社会组织，这些组织根据其组织方式可以分为非正式组织和正式组织。农民自己之间的合作通常不需要正式组织，不过是一种稳定的邻里关系或者亲属关系，这种合作的目的几乎可以算是最广泛的，无论是民间借贷还是生产合作，这些目的都能够通过非正式的农民之间的合作来完成。但是，这种方式显然已经不能够满足农民的需求了，一些新型的合作方式便应运而生了，这种合作方式发生于农民、政府与企业之间，主要目的在于生产。

这一章我们主要探讨社会合作与社会组织，这是农民们寻求生存所需要借助的重要手段，在我们探讨了农民们的经济活动之后，再探讨人们如何合作以对抗现实困境显得十分必要。

第一节　传统合作：邻里之间的互助文化

我们现在所能够看到的几乎每一个村落，在 20 世纪 50 年代末期的公社化之后，直到 1982 年分产到户之前，一直被叫作"生产队"。如今，当我们在说明某个社区时，当地人的介绍总是"第几队"，这里所说的"队"即是生产队之意，这也许可以算作是历史上最极端的农民合作吧，因为整个生产队被视为、被组织为基本的生产单位，所有的社员被统一于一个生产体系之内，统一组织生产。不过，这显然又不是通常的邻里之间的合作了，这在很大程度上基于政治压力，而所谓合作，事实上需要考虑到农民的自愿问题。但是，社区的合作倒并不因为生产队的撤销而丧失，而是在很久之后依然存留下来。

农村是一个熟人社会，正是这样的熟人社会对每一家每一户都是一种无形的社会保障。首先，它是一种经济上的互助，一户农民在其经济困难的时期，他们往往所考虑的是通过他们的亲友借贷，而不是向国家银行借贷。而这种救济的形式也是多种多样的，有的是即时性的直接帮助，有的是礼节性的帮助。农民的生产生活在某种程度上是稳定的，但是其不稳定性显然是存在的，一如我们上文所说的那样，农民的生产生活在一些特殊的时期并不稳定，例如家庭里举办会头的时候、疾病发生的时候以及需要大量劳动力的时候。

农民的生产互助在几年前依然经常发生，这些互助主要体现在劳动方面。劳动互助在农民那里叫作"换工"，农民的生产活动主要集中于一段时期，在相对固定的时期下种，在相对固定的时期收拾，再在相对固定的时间进行收获。所谓不误农时，即是要求农民在特定的时间内做完该做的农活。但是，某些家庭的劳动力难以在较短的时间内完成所有家庭的农活，在这样的时候，多家庭之间的合作就开始发生了，人们集中起来先做某家的农活，接下来则是做另一家的。一个家庭一旦接受过别人的劳动帮助，那么他也就要在适当的时候还回去，而且如果想要在将来容易与别人换工，一旦接受过帮助，就必须遵守信誉尽快还回去。人们相互之间达成的换工比较稳定，以一个家庭为中心，形成了一个关系网络，这个关系网络由别的什么方式所维系，维系这些关系是一个较为复杂而又潜移默化的过程，而这些关系的目的显然也是较为复杂的，其中之一项就是劳动互助。对于这种生产互助，我们可以这样来理解：每一个家庭自己组建了一个换工体系，这个家庭作为这个换工体系的中心；同时，每一个家庭都会成为一个或多个换工体系中的一员，除了以自己为中心的这个换工体系之外，他们处于其他换工体系的边缘，一个家庭以自己为中心形成的换工体系越大，那么它参与的换工体系相应地也越多。正是这个缘故，我们经常会发现换工大量发生时，有些家庭中的成年劳动力全部被换出去了，因为他们需要换工的不止一个家庭。这事实上是一个较为复杂的事情，而且，在人们的生活中，经常有许多偶然的事情发生，有时候会对换工的问题造成一定的障碍，假如一个家庭接受了别人的劳动帮助而最终无论因为什么不可避免的原因而没有还回去，这不仅使得这个家庭的名誉受到影响，而且最终将难以建立起自己的换工体系，由此引出的社区成员之间的矛盾对其他方面的合作也产生不利的影响。近些年来，由于市场经济的引入，打工经济兴起，人们将其剩余的劳动力输出外地，以劳动力换取自己生存所需之现金，而农业生产在人们的生存中所占据的地位又发生了一些显著的变化，人们之间的劳动合作逐渐呈现消失的趋势。

现在依然十分明显的换工合作发生于"会头"之中，我们曾在上文中几次提及"会头"这种活动，它是为农村的各种红白喜事而存在的。农村的各种红白喜事每次都很隆重，这种隆重的活动另一方面也反映了村民之间的劳动互助关系，而他们的礼金流动也可以从另一个层面反映农民之间的资金互助。"会头"是由一个家庭组织举办的，每一个家庭都会在一定的时期举办"会头"，而与其存在一定社会关系的家庭都将参与到这个"会头"当中来，而直到别的家庭举办"会头"的时候，又要去参与别人所举办的"会头"。每一个"会头"几乎可以被看作是一个家庭甚至具体的一个人的生长的里程碑，一个人的出生将会伴随着一种类似于诞生礼的"会头"仪式，人们称此类"会头"为"打酸糟"；待此人长大之后，如果他在学业上已经有某些成就，在他考上大学的那一年，家庭将会因此而举办一次"会头"，名曰"状元酒"，这种成就学业的人在结婚时所举办的"会头"很多将不会由其父母筹办，主要由自己在外筹办；如果这个人长大了之后学无所成，他结婚的时候父母则为其举办"会头"；这个人结婚之后有了自己的孩子，通常由他们的父母（如果他结婚的时候并未分家）或者自己为这个孩子举办"会头"，从仪式上赋予这个孩子以社会生命；这对夫妻如果所生的是儿子，他们则需要为其儿子修建一所像样的房屋，为他们的儿子在将来的生存奠定基础（我们说过，房子甚至会影响到孩子的婚姻），房子建成之后，将会有一个房屋落成仪式，这一仪式也将伴随着一次"会头"，此为所谓"短水"；男子的父母去世时，他的家庭需要承担起为自己的父母举办丧礼的义务，而这一仪式也伴随着一次大的"会头"；除了这些，一些人也会举办一些庆生的"会头"，但这并不是常规的，尤其这些年看来更是越来越少，人们称此为"生酒"。关于各种会头及其仪式，我们还会在后文中详加说明，我们当下所关注的是"会头"中的社会关系及互助问题。当社区（通常为一个自然村落）中一个家庭举办"会头"时，其他家庭都需要对其加以劳动上的帮助，无论别的家庭手里边有多么繁忙的活路要做，凡是在家的劳动力，都有义务帮助举办"会头"的家庭，以赢得其自己将来举办"会头"时别人的帮助。在"会头"中，几乎整个村落的劳动力全被纳入到一个分工体系之中，由举办会头的家庭所请的"总管"统一分配其工作。我们看到"会头"中的互助不仅仅体现于劳动上，那些来帮忙的人总是从家里带上一些用具借给举办会头的家庭使用，多为炊具。除此之外，人们还会从家中带来一些蔬菜及豆子等，这也是一种互助方式，因为在"会头"中会消耗大量的蔬菜和豆子等，可是一个家庭很少因为办"会头"而在这一年用大量的土地种植蔬菜和豆子。当然，礼金的流动有时也可以被看作是一种资金互助，尤其是在办"状元酒"的时候，但是在大多数的情况下，举办"会头"并不是为了获得别人的资金帮助，因为在很多时候，举办"会头"的成本略大于收获的礼金，而且，礼金是需要返还的，在别人举办"会头"的时候。

比较明显的农民之间的互助就是上述的两种，这是常规性的，或者说这几乎是一种有一定非正式制度的互助规则。我们已经说过，农民的生活空间也受到舆论的压力，这些舆论对一个家庭而言十分重要，他们倘若不小心违背了某种社会道德规则，舆论就会给予其巨大压力，而且最终会影响这个家庭的生活环境。除了这种习惯性规则的互助之外，农民之间的互助经常发生于日常生活中，有时候帮助别人照顾一下孩子，有时候将自己的用具借给别的家庭使用，有时候拿出去的资金借给别人而并不要求利息。这些都是很正常的农民之间的互助，这种互助既发生于邻里之间，也会发生于亲属之间。即便在很困难的时期，人们之间的互助也并不曾间断过，或者说正是由于这些无数的困难将人们编织起来，成为一张具有无数节点的网络，使得每一个家庭都离不开别的家庭的帮助以及对别人的帮助。新开组的马某回忆起一段往事，正好说明了农民之间的互助是怎样直接而又有效。

以前我们的邻居就只有一家人，我们两家人与别的人家住得相距比较远点。邻居家里有什么事情我们都当作自己家里的事情来做，他们也这样对我们，一直保持着。我父亲和我说在 1958 年大饥荒的时候，我们的邻居家家里没有粮食了，家里的人都快饿死了。我家当时也很困难，那个时候其实大家都差不多一个样，但是我父亲仍然凑出了 20 斤粮食给他们送去，也没叫他们还。其实当时 20 斤粮食很重要，但是你让他怎么还得起呢，过了那几年，20 斤粮食也不值什么，所以我们也没要。当时都是这种情况，村民们都会互相帮助的，否则死的人就不知多少了。有些家庭虽然不能够借粮食给别人，但是吃的时候要是有小孩在门前，多少都会给他点吃。后来我们的邻居搬到了石柱县里面做生意去了，一直也没有什么联系，大概都是因为忙。没想到他们还记得我们，那年我家盖房子没钱了，也不知道他从哪里得来的消息，不久就会到这里，给我家送来了两万多元钱。还问我们说，钱够不够，不够他就算砸锅卖铁也要把钱给我们凑齐。他和我们说起了 1958 年的事情的时候还一直感谢我们，我们都很感动，后来我们很长时间才慢慢把钱还了。现在我们这几家也还是跟一家人一样，彼此相互照顾，相互帮助。

但是近些年来却发生了不小的变化。我们于上文中说过，因为剩余劳动力已经基本外出务工而直接换取现金收入，这样看来劳动力的价值大大提升，而相反的是传统的农业生产在人们生活中的地位已经渐趋下降。这样，劳动力的互换现在渐趋没落，"工钱"已经成为获得别人的劳动基础，而且，工钱现在越来越高，以至于人们非在迫不得已的时候不请劳动力。不过，"会头"中的互助依然存在，而且似乎还很稳定，直到现在，人们依然很重视举办"会头"，而且办得越来越隆重，人们还是放下手中的事情而投入到帮助当中，但是现在已经越来越少的人带蔬菜去送给举办"会头"的家庭了，我们看到现在举办"会头"的家庭不仅需要从市场上购买那些本地不生产的产品，而且也要购买本地生产的但是自己家里所产不够的产品。不过其中还是发生了某些变化，在我们的考察期间，我们曾经看到三河乡一位有地位的地方文人在三河乡的一个餐馆里举办了一次隆重的"会头"。事实上，越来越多的家庭已经选择在餐馆里举办"会头"了，尽管人们以为那样对于加强人们之间的情感联系来说很不利，因为在这样的场合，人们送了礼金吃了饭就走。

高速公路的修建对邻里关系造成了一定改变，这种改变对邻里之间的合作造成了一定的影响。这种改变是以改变邻里结构为核心的，高速公路造成了大范围的居民搬迁，搬迁也并不是统一管理的，因而新的居住分布较为分散。有些家庭之间的邻里关系也并没有太大的改变，由于以前邻居家的田地与自己家的田地相连，所以他们商量之后，将新居建到这相邻的两块地中，最终还是邻居关系，但是这显然是很少的一部分，大部分搬迁户的邻里结构都发生了很大的变动。搬迁了的农民们面临着邻里关系的重构，许多村民在搬迁之后形成了新的邻里关系，他们需要彼此更进一步认识。在下古坟堡（川主村的一个小聚落）一带，高速公路的修建使一批人搬离原来的居住地。以前他们和现住地的居民交往相对很少，现在成了邻居，彼此在三年多更深的交往中又重新建立起了新的较稳定的邻里关系。

但是，在彼此的交往过程中出现摩擦也是必然的，这使得邻里关系的建构产生了一定的困难。因为搬迁，村民之间会产生一些小摩擦，甚至相互敌对的情绪。我们曾在上文中说过，搬迁中因为牵涉到利益问题，邻里之间、临地之间甚至兄弟之间、夫妻之间的关系都会受到一定的影响。在川主村新开组，马某的家里就遇到了这样的情况：新开组这一带都是后搬迁来的居民，他们的房子也是这两年新盖的。马某家的房子盖得高了一些，把路对面的邻居家房子挡住了。邻居家找了他们好几次，就因为他们的房子挡光的事情。一直没解决，以致最后两家反目成仇，马某在与我们的谈话中直接使用"敌对"一词来说明现在自己与对面邻居家之间的关系。邻里关系就在这个过程中变得紧张起来，而正如我们上文分析的那样，这种紧张的关系又何止限于邻居之间呢。

第二节　合作医疗：政府与农民合作的典型案例

以上我们说明了农民与农民之间的传统合作情况，这种合作至今依然存在，不过作用力及其方式发生了某些变迁。如今，农民的生存更重要的也许是需要政府的加入了，政府因其公共性而为一方百姓谋取利益，二者（政府与农民）之间必须能够合作，这种合作是政府与农民真正能够达到互惠的基本前提。但是，政府与农民之间的地位显然难以平衡，政府在与农民的合作中经常处于较为主导的地位，没有很全面地考虑农民的需要。当然，这似乎又与政府及农民二者的目的相联系，政府是一个公共机构，其职责直接面向于整体的人民，但是农民却显然是活生生的个体，他们的责任最直接地面向自己的家庭。所以，发生于政府与农民之间的合作经常因为一些不利因素而效果不佳，甚而影响到农民与政府之间的和谐关系。在这一节，我们将以新型农村合作医疗为例说明政府与农民之间的合作问题，这一合作的主要目的是增加农民抵抗疾病风险。

目前，新型农村合作医疗已经在整个石柱县普遍开展，新型农村合作医疗是由政府组织、引导、支持，农民自愿参加，政府、个人和集体多方筹资，以大病统筹为主的农民医疗互助共济制度。调查中发现，新型农村合作医疗在一定程度上解决了农民看病难的问题，同时也有很多尚待完善的地方。相关政策措施放在附录部分，在此我们主要关注当地人的参合情况以及人们对此的认识。

以下是石柱县人民政府网提供的信息：

2005 年 12 月 4 日—12 月 5 日三河乡发动新型农村合作医疗宣传，该乡 13 个村以组为单位召开了群众大会，共发放宣传资料 7000 余份。同时用宣传车、广播在场镇和公路沿线进行广泛宣传，并书写标语 70 余幅，使新型农村合作医疗这项惠民政策做到了家喻户晓，营造了浓厚氛围……

一、参合意愿

川都组村民参加合作医疗表现出不同的意愿，但是其中大部分都是参合的。

（一）主动积极参合

这部分农民认识到合作医疗的重要性，参合积极性高，主动缴费参合。一些农户有家庭成员生病住院经历，通过自身体验，认为参加合作医疗能从一定程度减缓医疗费带来的经济压力。

马氏（女，50 岁）："我相信国家政策是好的，只有真正生过病、住过院的人才明白其中的道理，他们也愿意交钱。交钱参加合作医疗不怕什么，'生也不生我一个，死也不死我一个'，反正大家都在这么做。对于生病少的人家，也是好事，不生病就是好事啊。人或多或少都会生病，或病轻病重，生老病死谁都不可避免。如果年年交钱不生病我也愿意交，也愿永远交，即使一分钱的药都不买我也不觉得亏。参加合作医疗之后，你一年都可以放心了，才交一二十元钱，也不算高。"

黎某（男，59 岁）："交钱参加合作医疗有好处，有小病无所谓，生大病就有保护。有大病时花昂贵的医疗费时，有国家报销，家庭就不会因为生病而承担更大的压力了。"

王某（男，36 岁）："合作医疗的好处在于生病住院可以报销。2005 年腊月二十五我老婆生孩子在乡医院住院 4 天，交 200 元押金，出院时补 40 元。最终花了近1000元，政府帮助700多元，如果是以前（没实施合作医疗时）要花600元……"

焦某（男，27岁）："自从合作医疗刚开始实行时我家就参加了，去年缴今年的参合费，我家人口五人，本来要交100元，但是三个人有低保，所以只交70元，低保户一个人10元。我老婆是外县人，原来没有办合作医疗，去年农历九月二十八在石柱县医院生儿子时花了1300多元，住院3天，当天上午8点到医院，8：30就生了，是顺产，到医院生下小孩要安全些，那里的医生技术相对来说要高些。可以在家里生小孩，也可以在乡卫生院生，万一难产或者要"剖宫产"就很危险的，石柱县医院是县里最贵的医院（他也选择到那里，不在乎钱）。出院时，医院退给我100元，说是第一胎娃，国家补助。

"我父亲在福建打工有2年了，在福州一个工地，今年过年也不回家，在看守工地，今年大年三十在跟别人打麻将时突然手脚不灵活了，接着开始发抖了，像中风一样，一边身体瘫了。第二天他就起不来床了，同在那里的人叫医生来输液，第三天到福州某医院进行CT照，发现是高血压引起的脑干梗塞，住院一个星期，出院时花了4000多元，回到石柱卫生局报了1000多元，有1600多元是医药器材和检查以及营养药、病床费等不能报，剩余200多元属于可以报的部分，按50%补偿，给了1000多元，只要手续齐全，外地的医药费也可以报。"

（二）为了支持村干部工作

这些人也积极参合，但是其参合的目的倒不是说能够在生病时获得国家的支持，而是为了与村组干部调节好关系。他们中的许多人认为每年参合的费用事实上也不十分高，如果不交，事实上那一两百元钱（而事实上需要交纳那么多的家庭也很少）也干不了别的什么事情，但是以后当自己需要村组干部帮助的时候，就会因为没有积极参合而难以与村组干部沟通。他们将这种目的说成配合政府和干部的工作，也只有如此，今后才能够很好地得到政府和干部的服务。

陈某（男，59岁）："合作医疗人人都要办，大队村长强制要办，你如果不办，以后你有困难求他时他也不给你办，他们也懒得理你。我家有五口人——我、我老婆、儿子、儿媳，还有孙子。因为我家的田地毁了，正在弄'低保'，大队（乡政府）也知道我家的情况，所以参加合作医疗就只要一个人10元，个别要20元一个人……"

这些农民本身并不认为参合有多大的重要性，但是自己又不愿违背村组干部的意愿，参合主要目的是为了配合他们的工作。有的家庭仅部分成员参合，以此来应对村干的工作。

范某（男，58岁）："我家只有我老婆一人参加合作医疗，她病多些。我们就写她一个人的名字参加合作医疗，免得干部老是来找。我不参加合作医疗，因为小毛病医生总要乱收费，有时也治不好，如果生大病了，谁也没办法，只有等死。"

谭某（男，48岁）："我家有五口人，年年参加这个，以前10元钱一个人，现在20元钱了，我老婆常年患病，今年办个残疾人证，现在还没有领到手，没有减免，但我家今年只参加五个人一共80元，除了我。我身体好，不用买药，也不会生病，少保一个人少出20元。合作医疗证写不写我的名字也没有关系，反正用买药时都照样可以买。"

以上反映出部分农户家庭中只有部分人员参加合作医疗，一方面是为了应对村干部的工作，另一方面是认为自己不会有病的心理。

（三）从众参与

显然，从中参与的这部分农民本身也并不认为合作医疗于他们而言究竟有多大的作用。但是，别人都在缴纳费用参合，而自己不缴纳，则又颇为不安。当他们意识到大家都在缴纳费用参合之后，自己则觉得别人都交那自己就也交吧，至少是个保障，要是吃亏的话，大家都吃亏，也不是自己单独吃亏。

马某（男，45岁）："我家四口人，本来应缴80元，但是属于低保户就减了每人5元。其实办理那个也不用花几个钱，反正我也不在乎那点，如果不交就有人说你'不合大众'了。"

马某认为参加合作医疗的费用不高，看到众人都参与，他觉得也应该参与。

卢某（男，57岁）："别人参加医疗我也参加，我愿意交钱，但是不愿意得病。电视上（四川电视台）说参加合作医疗有好处，我就参加，你想想全国都在交，单靠我们自己吗？乡村医院怎么搞，那又由他们自己的了……"

卢某并不相信乡村医院的医疗公正，他认为众人参加他也参加，参合同时也受电视宣传的影响。

（四）"参合白费钱"

有的农户认识不到参合重要性，不相信参加合作医疗的保障功能，认为参加合作医疗没有意义，是自找麻烦。

马氏（女，71岁）："不愿意参加合作医疗，我眼睛看不清楚，又不识字，不参加合作医疗还少些麻烦，买药时，要填写名字，或者写别的什么，这些都很麻烦的嘛。"

马氏认为合作医疗手续繁多，参加合作医疗是"多余的，自找麻烦"，她极不情愿交钱参加合作医疗。有的农户认为，小病自己能用土方法治疗，如遇到大病医院同样治疗不了，"人的命运是由天定的"。

范某（男，58岁）："我家只有我老婆一人参加合作医疗。她病多些。她得'凉痛'，就是年老了，发关节炎，这种病有钱就医没钱就算。医院也没有办法，土医生的药还能管几天，但也不能彻底解决。山上岩石上长的山角枫、温连新、八角草之类的草药拿来洗，比那些虎骨膏还管用。在乡卫生院花了几十元也医不好，县医院远虽然没去，但想也是没办法的。像支气管炎这样的病，任何医院都没有办法。"

范某认为，生病到医院治疗只能缓解病痛，有的病医院也无能为力，一般小病土方法也能治疗。事实上，这部分人很少上医院看病，他们买药吃都是不常见的，主要依靠一些比较传统的治病方式。在农村，我们会经常了解到一些中草药医生，这些人一般不以这项本事作为谋生的手段，通常是给自己找点药看看病，别人请到自己时，则也帮助别人一下。因为这些人并不进行商业牟利，甚至完全不收取任何费用（大家都是周围人），使得人们更愿意找他们。另外，我们经常听到一些故事桥段，这专门是为提高中草药及土医生影响力的故事，说某某人曾经生过某种疑难病症，已在医院被医生判了"死刑"，回家等死了。但是机缘巧合之下或者是家人抱着试一试的态度根据某土医生的指示找来中草药吃过之后却奇迹般地痊愈了。这种故事我们最终并未证实，但是农民们尤其是那些年老的农民们颇为相信。

马某（男，34岁）："我们家在合作医疗开始那年就参加了。去年我妈妈劳动时，树枝刺入右手指，残屑留在肉里，没有及时挑出，后来两个手指结出'硬疤'，花了280元到石柱医院治疗，报销减了80元，只弄好一只手指，回家后找土医生花了10多元就治好另一只手指。"

"今年我们就不参加合作医疗了，那个没有用，如果有小毛病我自己也是个土医生能治好，我现在身体很好，2002年以来一分钱的药也没有买过，从没有到过乡卫生院的门槛，如果每个人都像我这样，医院、派出所、计生站都得关门了。因为我不生病、不犯法、没结婚不生孩子。"

"至于我父母，我也能靠自己的办法让他们保平安，普通的病我也能治好，如果有什么大病，像癌症那样，医院也没有办法。今年春节后，我爸爸有一次到地里干活，闪了脚（扭伤踝关节），当时就不能走路了，肿得很大，村里邻居背他回家来。我那天在外地干活，第三天才回到家，父亲的脚肿得很大，在家也走路不了，这是脚闪了后，脚的细小血管筋断了，踝关节积留大量的瘀血，气不通了，只要把瘀血取出来，血气流通就会好起来。我用自己做的手术刀，就是竹条上绑一个玻璃碎片，很尖的，用酒精消毒，然后用这个去点刺那个肿胀的脚皮，然后用自制火罐一点点地吸出血，再用酒精擦洗伤口，这样反复15天肿也消了，就可以走路了。这种情况如果在医院治疗少说也得50元，现在一分钱也不用花。"

"2004年，我在福建左田打工时，一个20多岁的老乡脚上长疮，吃了一年的西药也没有好，药吃完了，又发病，脚上长出一点点小斑，发痒，然后肌肉就开始烂了。我叫他按我说的办法一个星期就好了，叫他把脓挤掉，用一种叫'侯疗止'的野草煮水洗脚就好了，一分钱都不用花。"

马某连续告诉我们四个他身边的伤病故事：第一件事是他母亲因同样病因的两个手指，一只到医院治疗比另一只找土医生治疗费用高出20倍，他视医院治疗为高消费。第二件事为他自己身体好，从没生过病，参加合作医疗白费钱。在第三件事中，他说他能运用土方法治疗一些病痛，这样可以解除家人的一般病痛，如果是大病，医院同样没有办法。第四件事，他讲的是打工的经历，他运用土方法治疗一个打工朋友的病，比医院治疗见效。通过自身经历的故事，马某告诉我们，小病自己能治疗，遇到大病医院同样没办法治疗，于是他认为参加合作医疗显得多余，而且医院收费太高。

二、缴费方式

以下信息显示了三河乡在2005年年底已经开始推行新型农村合作医疗制度。现行的合作医疗制度依据《石柱土家族自治县新型农村合作医疗实施细则》于2008年7月1日起实施。该文第二十条记述：

"2008年，参合农民人均筹资标准为90元/人·年，其中农民个人缴费10元/人·年，中央财政补助40元/人·年，市财政补助36元/人·年，县财政补助 4 元/人·年；从 2009 年起参合农民人均筹资标准提高到 100 元/人·年，农民个人缴费为 20 元/人·年。"

农民们在其正常的情况下所做的缴费形式如上所述，但是对于一些特殊的农民群体，合作医疗的费用由政府、集体集资缴纳，这是由《石柱土家族自治县新型农村合作医疗实施细则》所规定的，该文对农民的合作医疗规定："农民个人参合资金筹集方式，每年定期由各乡镇政府组织干部、村组干部入户收取。"而对于符合下述条款的农民则免收农民自己所缴纳的那部分资金：

（1）经确认的农村低保对象、农村五保户和享受抚恤补助的优抚对象（享受实报实销的伤残军人除外）参加新型农村合作医疗，根据县政府《关于印发石柱土家族自治县城乡医疗救助办法（试行)》的规定，由县民政局在城乡医疗救助基金中代其缴纳个人缴费部分。

（2）经确认的农村残疾人参加新型农村合作医疗，由县残联代其缴纳个人缴费部分。

（3）经确认的享受市农村独生子女死亡残疾扶助的对象及其子女，个人参合资金由市财政全额缴纳，享受国家农村部分计划生育家庭奖励扶助政策的本人，个人参合资金由市财政缴纳 80%。

但是，以上的缴纳方式只是在农民们愿意缴纳的情况下如此。事实上，在我们的调查中，一些农民不愿意缴纳参合费用。但是这些人的参合费用最终还是通过其他的方式缴纳了，这就是上级将那些下发给农民的各项补助扣下参合费用之后再发给农民，这样，无论愿意还是不愿意，农民都交了参合费用。

冉某（男，46 岁）："如果不交钱参加合作医疗，上面（村干部）就扣'种粮直补、退耕还林'的钱。"

陈氏（女，46 岁）："参加合作医疗每人每年扣 20 元，但是从退耕还林的钱扣，你都不知道，这是大队（村干）弄上去的，不过退耕还林的钱还够扣。"

冉某、陈氏告诉我们，村干部也是为了完成上级安排的任务，参合人数要达到一定比例，如果参合人数少了，他们就动员，还不够人数他们就从"种粮直补""退耕还林"这些国家补偿农户的款项中扣费代缴。

马氏（女，50 岁）："我们参加合作医疗头年（第一年 2006）是大队干部（村干部）扣退耕还林的钱来弄的，那时候钱先扣了，然后就发本本（合作医疗证），说是要统一办这个，对农民有好处。第二年、第三年（2007、2008）都是村干部来'讲道理'，说有这个以后弄药少花些钱，愿意就交钱，不交不勉强。今年的钱是扣洋芋钱来缴的。去年5月份村里实行种洋芋'丰产片'，一角五一斤订购洋芋种，后来村干说这里的种植总面积面积小不够规格，也就没有发洋芋种子下来了，然后就说退订购洋芋种的钱。村干部就组织用那个钱来缴合作医疗费，多退少补，绝大多数人都参加，不参加的也可以退钱。"

马氏向我们介绍了她家参加合作医疗的缴费方式，她认为村民对参加合作医疗的重要性的认识逐年加深，参合的人数越来越多。川都组农民个人参加合作医疗资金筹集主要方式是以家庭为单位，由村干入户收取。开始时，村民积极性不高，村干部为了完成指标，当时以扣"种粮直补"或"退耕还林"等方式代缴。实行几年之后，通过干部宣传、电视宣传、村民讲解，特别是生病住院过的讲述，对这个政策有更深的了解了，自愿参合人员逐渐增多，村民在村干部上门收取参合费用时积极配合的相对增多，有的认为参合缴费合理也主动去找村干部缴费，除了自愿以外，为了完成指标，扣"退耕还林"款和"种粮直补"仍是一种缴费手段。

三、新农合的实施困境

从我们在上文中的描述中已经可以看出，农民的参合意愿以及缴费方式中都体现出了新型农村合作医疗存在一定的实施困境。我们对这些困境总结如下：

（一）缺乏有效监督

有的农户表示，自己受教育的程度低，合作医疗条规较多，手续繁杂，生病住院、买药全靠医生的良心和职业道德去实施。因为缺乏有效监督，容易出现医生开搭车药、串换药品，为了追求利益，想方设法让病人多花药费。有的农民反映参加合作医疗后，到医院治疗往往会出现小病大治、大病长治、乱检查、提高药品价格等问题，给病人家庭增加经济压力。

冉某（男，46岁）："合作医疗没什么好处，就拿买药来说，医生在收钱时问你，有没有带医疗证，如果你有医疗证他就把药价提高些，没有带证他就说钱少些，反正你都要出那么多的钱。上午是一个价，下午换班了另一个人卖的又是另一个价。现在我的两只眼睛都长肉刺，走路都看不清楚，如果到医院去动手术，少说也上千，本来说住院按70%报销，医院会把1000元变为4000

元，你也还是要花 1000 元，该出的就免不了要出那个钱。"

再某认为，参加合作医疗后，因为医生可以随意抬高药价，与参加合作医疗之前同类病所需花费的药费一样。

卢某（男，57 岁）："乡村医生容易弄虚作假，随意提高药价乱搭卖药，例如，感冒了本来 3 元钱买一盒药，医生给你开三盒，每盒 30 元，怎么报销你也吃亏。好像病重一点住院了可以得多些实惠，因为医院经常有人来检查，医院也怕检查，所以不敢乱来。但是医院也可以加一些可要可不要的药，没有加的药药单上也说给你加了，谁也看不出来，反正很难看得懂。我老婆得子宫癌，去年到石柱县医院住院一个星期，花了 1 万多元钱，后来说报销 50%，退来 3000 多元，到医院了就由他说了算。医生要交多少我就交多少，随他怎么说。"

卢某告诉我们，参加合作医疗后医院巧立名目收费。用药不对症、用药过度、病历书写不规范、故意延长住院时间等等是常见的医院追求经济利益做法。

（二）对医疗报销制度不理解

合作医疗在当地开展了四年，村民对合作医疗有了更深的认识，也知道参加合作医疗后生病住院有减免补偿，但并不完全理解医院的有些做法，其中也看到合作医疗的弊端。

谭某（男，39 岁）："参加合作医疗好处在于看病不难了，但是不明白有些药不能报销。前年我女儿读小学三年级时，三店小学校长和老师组织学生请卫生院的打预防针，预防麻疹，头天打针，第二天就发烧。我们赶紧带女儿到石柱县医院检查治疗，得了大叶片肺炎。治疗时候医生问：用贵药还是便宜药，贵药效果好见效快，便宜药就慢些，但是贵药不报销。我就问医生为什么贵药不报销呢？如果贵药也报销，那医院就要亏本了。因为担心女儿，我们选贵药。住院三天花了 2000 多元。但是医院门诊部只报 130 多元。我女儿在学校参加意外伤害保险，保险公司报了 500 多元。那时打针发病的孩子有十多个，轻些就在乡卫生院治疗，重的下石柱医院，老师说，发麻疹是迟早的事。但不至于第二天就发病，这样说不合道理。对于买药，指定购买药的定点机构在价格上做得不光明，买药人常问你有没有带《合作医疗证》，如果你带来要报销他就把价格弄高些，不报销价钱就低些，结果都一样。我家有四口人，如果用完 80 元的报销费（每人参保费 20 元，全家可用 80 元）就不给报销了，既然说要按比例降低药费就不必设这个限度，这样农民才能真正得到实惠，现在医院像保险一样，'稳赚不赔'，用农民来做生意，让医院赚钱。"

杨某（男，20岁）："今天（4月7号）上午带母亲到石柱县医院抓药，母亲得'胆炎'，觉得背痛，开了9.8元西药，48.8元中草药，1.50元中成药，没有一分减免，这些都是医生说了算，只有熟人才好办，医生说不能报就不能报，谁也没办法。"

有的农民认为合作医疗宣传方式多为书面形式和官方化，不怎么贴近农民生活，没有宣传得通俗易懂，因为农民文化水平有限，他们不大关心合作医疗制度是什么重要手段，是什么重要内容，只关心与自己息息相关的事情，关心能否给他们带来怎样的切身利益。如果在宣传中没有让农户真正了解它能够带来什么好处，那参加合作医疗积极性自然不够高，反而容易认为政府又是在以什么名义敛财，容易产生抵触心理。不少农民目前还不清楚这种制度的内容以及具体如何操作，在符合报销的情况下，由于不懂得具体如果操作，导致医疗费报销不了，这也引起农民对合作医疗制度的不满。

杨某（男，20岁）："2008年我在重庆回龙坝帮老板做广告牌（打工），感觉不舒服，就到西南医院检查，得了肺结核。后来回石柱县疾病防疫站治疗，吃了几天药，感觉恶心，觉得那里的药不起作用，要求转到外地治疗，但防疫站的人不给我结账报销，他们要我治疗好了才可以结账报销，我说他们的药不好，然后我们就争吵起来，我走了医生也没有给我办理什么手续。后来（2008年10月19日）我到重庆九龙坡区卫生局疾控科那里'弄药'（买药）。因为我没有当地的户口，在那里吃药治疗也报销不了。因为只有拿《医疗证》和《户口簿》在所属区域的医疗定点机构住院，才能享受国家减免政策。"

"在重庆治疗期间，每月花100元租最差（便宜）的房子，也就是一个单间，在那里做饭。一边上班一边治疗，有时工作忙了，药也忘记吃了，很辛苦。在重庆吃药有半年，加上在石柱待三个月，整整吃了九个月的药，前后花了2000多元，但没能报一分钱，我在2009年初回到县卫生局报销药费时，那里的人说跨年的账不能报。即使报也只能报30%，但不在本县治疗就报不了。到现在我也不再去找他们报医疗费了，一是很麻烦，二是不认识人也是白跑一趟。"

杨某认为医疗报销补偿过程手续繁琐，条例很复杂，而且相关工作人员工作方式很不妥当。

杨某（男，58岁）："前两个星期，我老婆因为肾里有水珠到乡卫生院检查治疗，本该花1800元给报了1200多元，刚进医院时交600元押金，出院时补40元。据说按70%比例报销，如果有低保证、残疾人证有80%报销治疗。我老婆在乡卫生院住院一个星期，后来又到县医院，3月26、27号又到中医院，这都是大儿子带去的，在医院检查吃药花去200多元，但是没有报销，这些都是临时用药，只有住院才报销，住院要求在病床睡觉才算。在乡卫生院有时乡政府还派人来查看病床。现在我老婆还在吃中医院开的中药，医生说这个药比西药好。"

"2006年我老婆得了更严重的病，是急性胆肝炎，住在石柱县医院10天没有结果。我们家人要求转院，后来到重庆治好了，在石柱住院10天花了3800多元，医院在解放碑附近的一家大的妇儿医院，是经过熟人介绍，先坐车、坐船，后打电话叫医院的人到渡口来接，再坐公交车才到那家医院。治好了前后花7600多元，后来报了550多元，具体怎么样报的不知道。因为有些药不能报，车费伙食费还是自己出，当时儿子在重庆回龙坝，全家都跟病人去。"

"乡卫生院不如县医院好，乡卫生院只有上午才可以提供开水，在医院总要些水喝，吃药、洗脸都要水。县医院上午、下午、晚上都有水。厕所也方便，还可以在里面洗热水澡。但生病了要住院才报销，这种强制性不好，我家离卫生院很近，家里也比医院方便，但乡里要检查住院情况。"

"到医院去，只有那里有熟人才好，我老婆有个姐姐在石柱县医院当护士，10多年前，我老婆到医院去引产，同在一个病房有别个村的妇女也引产，我老婆得到很好的照顾，因为有熟人，只花7.5元钱，她们（别村人），除了送给医生10多个鸡蛋，还得交20元钱。"

杨某告诉我们，医院是个讲关系的"场所"，生病住院了，如果有熟人在相关单位工作，医疗费用就低些，得到的报销比例就高些，反之则相反。

（三）外出民工的缴费问题

参加合作医疗农民个人筹资是村干扣退耕还林直补等政府下发的补贴代缴，从而保证参合面，带有强制措施，在未达到指标情况下村干部要反复催缴，指标完成了，或有村民外出不在家时，也就没有缴费，农户也就错过了参合的机会。

调查中我们遇到一对返乡农民工，他们夫妇二人坐在门前的台阶上，门是紧闭的，他们疲惫、无奈地述说他们的故事："我们刚从石柱县医院做检查回来，我妻子冉氏被医生怀疑有子宫癌，现在医生说石柱不能治疗，要到重庆去，估计要花2万~3万元动手术。我们前天刚从福州回到家（4月12号晚上到）。福建那里的医生怀疑我老婆患子宫癌，我就带老婆回家来再看看。今年2月21号我带我老婆在福州＊＊医院检查，后来我不小心从租住房子的楼梯上摔下来，伤了后腰，走不了路了，还靠生病的老婆照顾。我老婆是个文盲，不识字，也不知道去医院的路怎么走。直到我伤病好了，到4月11号才去医院要检查结果。现在没有钱了，医药费也不知道到哪里去找，高速公路征地后我的房子一直没有修建，1.5万元的房屋补偿费还贷款1万元，弟弟在2005年建房时他给了3000，从那以后就一直在福建＊＊玩具厂打工，很少回家，去年妻弟的妻子死了，6月回家一次，办完丧事后，6月下旬又去打工了。临走前交代三娘（叔父的妻子叫娘）帮忙处理家里面的事物。前年参加合作医疗我不在家也没有用那个去买药。三娘家里困难，交费时交不起钱，后来事情多了也就忘记了，其实合作医疗也是为自己好，懊悔的是出现这样的情况。现在我打算贷款给老婆治病，不知道能不能搞得。"

上述的所有案例都反映了新型农村合作医疗的实施困境，而事实上，我们在案例中也当能够看出，许多问题显然也不仅仅是医疗合作的问题，它们甚至还包括农村公共管理存在的问题，以及农民与医院之间的医患关系问题。

第三节　农民、企业与政府：新型生产合作的探索

在合作的领域，除了那些传统的合作方式之外，新型的合作发生于农民、企业与政府之间。这一合作方式直接服务于生产的目的，由政府引导，并从中搭建农民与企业之间的合作平台。自20世纪80年代以后，生产队解散，农民的生产逐渐分散于家庭内部，所有的劳动基于家庭内部而进行分工，所有的劳动目的直接面向家庭。这种分散的劳动当然提高了人们的积极性，但是，基于家庭的生产在很大程度上又回到了一种小农生产的状态。小农生产所面临的困境很多，它的面对和抵抗外部压力的能力比较弱，而对农村公共设施的维护以及新建都是十分困难的。近些年来，政府越来越倾向于想要在农民的生产领域作出贡献，实现新的农村生产合作。我们在上文中事实上已经说明过几种这样的生产合作方式了，那个时候我们主要将其理解为政府所实施的退耕还林的配

套设施，其中包括种植业结构的调整以及新的养殖业的发展。不过那个时候我们并没有详细说明农民、政府以及企业之间是如何达成合作的，这是这一节我们所要详加说明的内容。

关于农业生产的新合作，我们选择万寿寨村作为典型案例。在万寿寨村，人们的种植业以及养殖业都还很大程度上占据着重要地位，尽管万寿寨是退耕还林比较集中的村，但是退耕还林并没有彻底排除农业生产，只是做出了种植以及养殖结构的调整。另外，万寿寨村作为一个社会主义新农村示范村，其生活基础设施建设以及生产基础建设都相对较为领先。在没有进行新农村建设以前，万寿寨村的经济状况与其他村相比较发展缓慢，各项基础设施很不完善。我们在其他村组走访的时候，提到万寿寨村时，别的村的农民便说：从前的万寿寨村山高路陡，非常难走，那儿的生活扎实得很（用当地人的话来说"扎实"就是指生活条件比较艰苦，也广泛用于各种比较困难的事情，如工作、走路等各方面）。2006 年，万寿寨村的新农村建设正式开始。万寿寨村村民在自身薄弱的基础上，通过国家拨款和自己各种集资开展了全村性的合作，通过合作和村民们的努力先后修建起了本村村道、旅游公路，进行了农网改造，让村民们用上了稳定的电，不必再担心因为电压过低而引起电器不能用的情况。在农田水利建设方面，通过国家资金支持与本村村民的合作，对长期困扰本村的人畜饮水进行了修建和扩建，基本上解决了本村的饮水问题，还扩建和改建了堰沟，一定程度缓解了万寿村灌溉水源不足的不利情况，为农业生产提供了便利。另外，这里还改建了中低产田，位于万寿山上的万寿寨村中低产田的占有量较大，通过村民的集体协作，利用三年时间对全村 2400 亩耕地进行了改造，在所规划改造的耕地范围内旱地坡改梯、梯田实施沟、渠、路（耕作路及院落主要人行便道）等综合配套治理，同时配合水利部门适当维修塘、库、渠堰设施，基本达到旱能灌、涝能排的高产稳产基本农田标准。人行便道得以广泛的修建，农户之间的走动更加方便，而且不会因为下雨天沾湿裤脚。为了改善卫生条件，政府倡导农民对厕所进行改建，实行统一标准的安全卫生厕所。政府还倡导和支持农民进行能源改造，全村现有 18 户已经用上了清洁能源——沼气，在节省燃料费用的同时，还在农村推行了新能源建设。

这些基础条件的改善，为农民的进一步发展奠定了基础，而新农村建设事实上也是政府与农民合作的一个具体事件。不过，在新农村建设中，农民与政府的合作是一种政府提供大量资金并对农村建设做出总体规划，而农民被组织起来提供劳动力进行具体的建设工作，这种合作不仅是生产目的的，而且也是生活目的的。这一建设为农民与政府、企业的进一步合作提供了基础条件，企业在选择发展基地的时候在很大程度上考虑其基础设施状况，而这些在万寿寨村已经通过新农村建设在一定程度上实现了。

一、辣椒的合作生产

石柱县政府把辣椒产业作为该县的支柱产业，从 2005 年开始，三河乡政府鼓励并扶持村民们积极地种植辣椒，农户开始大面积地种植辣椒。辣椒种植主要由乡政府牵头并负责辣椒的销售，辣椒成熟时乡政府委托村组干部在村子里以市场价或保护价（辣椒的收购有市场价和保护价两种价格，当市场价低于保护价时，就采取保护价收购，当市场价高于保护价时，就采取市场价收购）来统一收购。2005 年至 2007 年辣椒的市场行情较好，2007 年时辣椒的市场价为每斤 1.2 元左右，椒农们也尝到了一些甜头。但是到了 2008 年，受市场行情的影响，全县范围内辣椒价格开始下滑，政府采用保护价，保护价规定为 0.7 元每斤收购农户的辣椒，使得种植辣椒的绝大多数农户经济上受到一定的损失。正所谓谷贱伤农，因为去年（2008 年）辣椒价格过低，今年（2009年）大多数村民都不再愿意种植辣椒，而大面积地改种苞谷。2009 年有两个主要因素使农户种植的辣椒面积减少：一是一部分农户因去年辣椒价格低迷而不再愿意种植辣椒；二是 2009 年 3 月份在培育椒苗时，石柱县受绵雨天气的影响，许多辣椒苗没有培育成功。正因为 2009 年该县辣椒种植的面积较少，与去年相比，辣椒市场的供需情况发生了变化，到今年 9 月初，石柱全县范围内的辣椒收购价已经提升到 2 元/斤了。

退耕还林之后再不允许在林地中种植高秆作物，因为这些高秆作物对树苗的生长造成很大的负面影响。所以，2004 年村里开始有部分人开始种植辣椒，2005 年万寿寨村全村大面积推广种植辣椒。万寿寨村的辣椒种植情况：根据《重庆石柱土家族自治县三河乡万寿寨村社会主义新农村建设村级规划》2006年 6 月版，2005 年全村辣椒种植 320 亩，产值 17.1 万元。

万寿寨村大规模种植辣椒不是村民自发的种植，仅有少部分村民是自己愿意种的，而大部分则是三河乡政府辣椒办公室（简称"辣椒办"）在本村搞的行政摊派。三河乡这几年大力发展辣椒种植业，在全乡各村都种辣椒，根据三河乡人民政府《关于 2009 年无公害辣椒生产意见》（三河府〔2009〕2 号），我们看到了 2009 年全乡各村的辣椒种植任务表，其中万寿寨村一栏，规划种植面积 1080 亩，预计产量 990 吨。乡里面给万寿寨村下达的任务就是 1080

亩，产量 990 吨，其中县调种 400 亩，自留种 680 亩；专用复合肥种植面积 196 亩，合计 7.86 吨复合肥；地膜调供 70 亩，共 0.14 吨。

关于万寿寨村的辣椒种植具体情况，我们进行了各方面的调查，了解到的大致情况是：三河乡政府给万寿寨村的村民们摊派的任务是每两个包产人口一包辣椒种子，每包种子 5 元钱，同时还要配发辣椒专用复合肥，每个包产人口 30 斤左右，辣椒专用复合肥的价格是 109 元一包，一包 80 斤，30 斤就是 40 元左右，这个钱或者交现钱，或者通过退耕还林款扣除，"而且是你种也要给种子钱，不种也要给种子钱"。去年在万寿组的李子坪规划了一个 50 亩的示范片，在长春组的大桩坝规划了一个 20 亩的示范片，全村几乎家家户户都种植了辣椒。但是由于去年的效益不好，种的辣椒没有卖出去，今年很多农户都不愿意种了。

万寿寨村万寿组涡磐石、李子坪紧密相连，是万寿寨村的辣椒种植 50 亩示范片。2008 年，当地村民在村组干部的动员下都种了辣椒，要求必须成片，这个片区的土地主要是连成片的水田，村民们就只好把水田拿来种辣椒了（水田改成旱地），采用的是地膜种植技术，当年辣椒大丰收，收成相当不错，但是农民们却没有丰收后的喜悦，原因就是辣椒滞销，价格不好，比起往年种水稻收益低了不少。农户们觉得受骗了，上当了，都纷纷不种了。

陈益莲（万寿组李子坪）："去年要准备开始种海椒（当地人称辣椒为海椒）的时候，那是农历四月间，村里面的干部来发动群众说要种海椒，我们当时不想种，但村干部来发动了几次，说是乡里面压下来的任务，没得办法我们就种了。那时候说的是按谷子（水稻）的价格约 1 元/斤收购，有专门的老板来收购。于是我就种了 2 亩田的海椒，两包种子给了 10 元钱，直接通过退耕还林款扣的，还配了包海椒复合肥 109 元钱，80 斤一包肥料还不够用，后来我还买了包 80 元钱的尿素肥。"

"到了七月间，海椒收成还是很不错的，我家在两亩田上种植海椒，大约收了 2500 斤左右。结果卖的时候才晓得不好卖，我的海椒才卖了 800 多斤，这还算好的，其他好多人都没有卖出去多少，每斤才 6 角钱，比当初来发展的时候价格低了好多，关键是还卖不出去。由于是老板来发展的，只有卖给来发展的老板，其他的老板就不准来收了，说是与乡政府签了合同的，也不准私人收，我们万寿寨村的只有在关门岩张应强那儿有收购点。收海椒的时候要求还严格得很，青海椒不要，没剪蒂蒂的不要，蒂蒂没剪干净也不要，反正花样儿多得很，很多人的海椒都没有卖出去，有的人干脆就倒在关门岩张应强家门前的蚕溪河里头了，好多人卖海椒都卖哭了。我的海椒卖了的就卖了，没有卖的就做了些干海椒，做1斤干海椒大概需要6斤左右的青海椒，而1斤干海椒才值1.5元，还要自己晒干，这样就更不划算了。所以我晒了点干海椒自己吃，但这个海椒又不比其他的作物，不能拿这个当顿吃（指经常吃、顿顿吃），最后干脆就不收了，海椒全部烂在田头了，那几天都不敢去辣椒田，全是烂了的海椒，不敢下脚进去，真的是太可惜了。"

"今年我不准备再种那么多了，种1分多地就可以了，自己吃，不种多了，去年被吓怕了，不种了，不好卖。当初主要是考虑到前两年的收益不错还可以种得多一点，没想到几年的海椒比起谷子差远了，一亩田种谷子可以收个1000斤左右，接近1000元钱。我2亩辣椒才卖800斤，每斤6角钱，合起来才480元钱，还花了接近200元钱的肥料钱，得不偿失呀。另外，如果自己不种的话害怕遭村里面报复，我们老百姓没得办法的。"

马培象（万寿组涡磐石）："我今年都74了，老伴也75了，现在是我们两个在家，两个儿子都不在家，两个女儿也嫁出去了。现在岁数大了，田土做得越来越少了，去年我们家种了1亩多海椒，政府说要求成片规划一起种。种子要我们自己出钱买，种也要给钱，不种也要给钱，我们家8个包产人口，给了4包种子，每包5元钱，一共20元钱，直接在退耕还林款中扣除了，我们没有要海椒复合肥，自己买的尿素肥，用了40斤，花了32元钱，其他的都是自己淋的粪灰等农家肥。"

"到了七月间收获了，我们家具体收了多少斤都不清楚，但记得只卖了300~400斤左右，是在关门岩张应强那儿去卖的，他是我们村唯一的指定收购点，才开始收的时候是9角钱一斤，只收了一场（三河乡是逢新历三、六、九号赶场），后头就7角钱一斤收，只收了两场，后来价格到了6角钱一斤，都没有收多久，大约收了一个多月，后来就不收了。那时候收海椒要求比较严格，稀的（烂的）不要，不要青的，不要蒂蒂，蒂蒂长了要重新剪，我们在卖的前一天晚上在家里先挑选了一次，去卖的时候要求你挑选二道，这样就耗时间了，本来挑选的时候就是一个一个地剪，而且前天晚上剪的第二天必须卖掉，不然就不要了。这样算下来我的几百斤海椒才卖了百把两百元钱，真的是不划算呀，比种谷子、种苞谷差远了，主要是价格低了，销路不好。这个还是比种粮食轻松些，如果价格和销售解决了还是划算的。这些是政府来发展我们种的，他们与郑和平签了合同的，郑和平是拱桥村的人，是我们乡发展辣椒的老板，当时老板来发展的时候说的是不低于1.2元一斤，结果却是老板踩到起我们收，说生意不好做，只有这个价格了，保护价都不保护，几角钱就收了，我们农民也没有办法呀，种出来了就只好一起卖给他，我们又不能当顿吃，更气人的是收到后面还不收了，我们损失惨重呀，我当时还将海椒打成面，一大口袋，又吃不了好多，剩下的都倒掉了，或者烂在辣椒田里了。所以只好不种了，我拿来多种点小菜其他作物来喂猪都比这个划算，海椒卖不了几个钱。"

"如果有稳定的价格，农户还是会种的，如果说的价格高、收的价格低的话肯定就不会种了，去年有的人真的卖哭了，就是卖海椒。海椒几天不卖的话，就不收了，或者就打折头收，150斤折100斤卖，压到起农户收，还有的时候干脆不要，农户只好倒在河里了，好多人都卖哭了，倒了心痛呀。我们农户有什么办法呀，老板和乡里面签了合同的，只准他来收，不准其他的外面的人来收购，我们农户自己组织起拉出去买的话，老板肯定会在路上拦我们的，况且我们也没有这样的组织，没有人来组织我们，没有合同就找不到销路。政府指导我们种什么我们就种什么，没得办法，但是今年绝对不种了，他只能整我一年。"

涡磐石、李子坪只是万寿寨村种植辣椒的一个示范片，像这样的点还有很多，他们都普遍遇到这种情况。政府和私人老板签订了辣椒合同，再由政府去每个村的农户那儿发动种植辣椒，而且是一种摊派形式的种植，无论你种不种，都要给辣椒种子费，实行一刀切，在退耕还林款里面直接扣除。这种强制摊派形式当地农户都很反感，但仿佛都习惯了，当地许多收费（如上述的新农合）或者种植、养殖合作都用这种方式推行，村民也习以为常了，而且他们也不用交现钱了，也不愿意交现钱，直接都在退耕还林款里面扣掉了，方便得很。正如一个农民所言："想要从农民这儿拿出点钱去不容易，农民想从政府那里轻松得来一笔钱也不容易（指的是退耕还林款，因为这部分款项经常被扣掉一部分）。"

先不谈这种收费的方式合不合理，单以当前农村合作的角度来看，这种辣椒推行种植的合理性就值得商榷。现在农村合作很大程度上就是政府对农户进行指导，而农民自己则缺乏表达的能力，没有一个反应他们自己声音的主体，缺乏一种机制、力量来支撑。农户没有讨价还价的余地，只有被动地接受。农民劳动的目的就在于丰收和效益，没有丰收和效益对他们的生产积极性造成严重的负面影响，所以怎么解决种辣椒没有收益的问题就显得很关键了。当地的辣椒都是需要收购好了再运输到外地销售，这样就浪费了时间和增加了流通渠道，效益自然打了折扣，而且还要受收购方的各种条件制约，没有主动性。

二、养殖业的合作化探索

我们谈及三河乡的经济发展水平的时候，曾对三河乡的养殖业做过较为细致的说明。在我们的描述中，可以看出养殖业的大概发展现状，其中长毛兔的养殖从发展境况较好而逐渐走向没落，至今已经没有几家大规模地养殖长毛兔，而波尔山羊事实上也经历了一些失败的尝试，最终也只有一户农民还在大规模地养殖山羊。无论是长毛兔的养殖还是波尔山羊的养殖，都存在着农民与政府甚至农民与农民之间的合作情况。这些合作在我们描述三河乡养殖业的时候就已经有所提及，并且说明了合作的诸多问题所在。

养殖业的合作化探索主要发生于专业养殖业的领域。我们已经说明过，农民的养殖业分为两种情况：第一种是作为副业的养殖业，人们将养殖业作为农业生产的附属产业，如家庭内部养的鸡、鸭、猪、牛等家禽和家畜，这种零星的作为副业的养殖业并不存在合作化的情况，人们在闲暇的时候就能够将养殖工作做好。第二种是专业的养殖业，我们在上文中说过波尔山羊的养殖就是较为专业的养殖业，尽管养殖波尔山羊的农民在养殖山羊之外还从事着别的工作，但是他们花费在山羊身上的工夫更为集中，除了波尔山羊之外，我们还能够看到规模化养兔也是较为专业的养殖业，有些农民自己经营养鸡场也是较为专业的养殖业。这种养殖业的目的与作为副业的养殖业大相径庭，后者的主要目的是为农民本身提供产品，满足农民自己的需求，而前者的目的则是将产品卖出去而获得现金，满足农民的现金需求。后者的要求止于产品本身，而产品本身在前者而言还只是过程中的一点，它的最终目的的实现还需要市场环境的配合。我们在这里所要讨论的，正是这种专业化的养殖业。

不妨说是市场的难以把握使得农民在专业化的养殖中举步维艰。农民当前对市场的感受并不十分深刻，在他们的眼里，不过是现在的生活发生了某些微妙的变化，他们仿佛已经难以自给，他们发现自己越来越需要金钱。至于市场的状况究竟怎样，他们没有十分的把握，所以才会发生如我们在讨论农民的养殖业的时候所看到的那种情况：农民追赶着市场跑，或者说农民被市场追着跑吧，反正其后果仿佛都是一样的，农民总是难以稳定地从市场中长期获得益处。这种情况不仅仅体现在养殖业上，事实上体现在任何基于市场而获益的产业当中，包括上述的辣椒种植。这种情况当然也早已为农民自己所感受到，所以他们为了获得相对稳定的利益而寻求一种依靠，而这一依靠事实上是政府，政府虽然不可能去控制市场，但是这也理所当然地成为政府所需要履行的职能。于是，政府与农民之间的合作又在这里成为可能甚至成为农民的需要。

我们先以长毛兔的养殖为例做些说明。对长毛兔的养殖情况我们已经在上文中做过比较系统的说明，现在，我们主要关注的是长毛兔的养殖中农民与政府的合作情况。长毛兔的养殖一开始就是政府与农民合作的结果，在我们的考察中，农民们说明了长毛兔最初引入到三河乡是 20 世纪八九十年代的事情，当时由政府引入长毛兔的养殖，政府着力扶植了几家大的养殖户，这些养殖户再将养兔的技术以及生产的兔仔卖给其他农民。正是通过政府、养殖大户、小规模养殖的农民之间的多层次合作使得长毛兔在我们所考察的地区一直流传下来，直到今天还有部分家庭养殖。但是需要指出的是，政府与农民之间的合作似乎偏重于产业引入，但是在产品的销售方面，政府所做的工作却明显不够充足，或者说政府即便做了足够多的工作，但是其产生的效果却并不显著。从我们的考察中可以看出，近些年来长毛兔养殖的没落与长毛兔的市场不稳定具有密切的关系。但是即便如此，政府事实上也还没有对长毛兔的养殖失去信心（就像没有对蚕桑业失去信心而大面积种植桑树一样），政府通过各种各样的宣传措施倡导农民继续养殖长毛兔，鉴于市场因素的严重影响，政府鼓励农民成立自己的长毛兔养殖协会，加强"长毛兔专业合作社建设"，以专业合作对抗市场风险。除此之外，为了鼓励农民继续养殖长毛兔，政府还对规模养殖户进行直接的经济补助，这一政策如下所示：

切实解决规模养殖户用地、环境污染治理、金融贷款等问题。按先建后补原则，凡经主管部门备案，新建标准化兔圈舍（兔笼）300 个、饲养成年优质长毛兔 300 只以上或新建标准化兔圈舍（兔笼）500 个、饲养成年优质皮肉种兔 500 只以上，年出栏皮肉兔 2000 只以上，且养殖户档案记录齐全，经县上检查、验收合格，每户补助圈舍和引种资金 8000 元。

在万寿寨村，能够达到上述补助标准的养殖户已经没有了，人们已经不敢为了那几千元的补助而再大规模地养殖长毛兔了。农民感受到养殖业是一种不断投入的产业，给人们带来经济效益的这些动物是些"张嘴货"，它们可不像其他的产品那样如果没有市场则可以保存下来等着市场的变动而仅仅只需要占据一定空间存放即可，不需要其他的保存成本投入，养殖业则需要不断给动物提供无止境的饲料。

可以说，政府的合作化养殖思路确实是必要的。我们不妨这样思考：一个地域总是要将某种产业打造成一种品牌，那么这一产业在更大的环境中才能够真正为农民带来利益，而如果要实现这种品牌效应，首先也许需要将这种产业的规模扩大，我们往往能够看到某些地区将自己冠以"某某产业大县"等进行宣传，这实在是一种很不错的宣传，因为只有首先实现规模化生产才能够引来商家。就像长毛兔的养殖一样，在过去的几十年中，长毛兔在石柱县的发展使得石柱县理所当然地将自己定位为"长毛兔养殖大县"，这一特色产业引来了全国的商家，使得石柱县的长毛兔扩展了其更大的市场，而农民便于其中获得了经济利益。在这个过程中，政府从大的角度引导产业的发展，并将这一产业作为本地的特色进行广泛的宣传，扩大这一产业的市场。而农民则主要负责具体长毛兔养殖与剪毛等实际工作，这一产业的扩大（规模化生产）使得"长毛兔养殖大县"更加名副其实，这也拓展了长毛兔的市场。所以，从整体上来考虑，政府十分重视长毛兔的规模化生产，非这样不能留住原来的商家，不能引来新的商家。"你一个地方只有那么几只长毛兔，谁会跑在你这里来收购啊？"然而农民的想法似乎与此并不十分契合，他们除了传统的农业生产之外似乎对什么样的产业也没有足够的耐心，这种耐心几乎决定了农民在多大程度上能够抵抗市场的不稳定影响。当某段时期长毛兔兔毛的价格发生一定波动之后，农民从中没有能够获得利益或者甚至还亏损一些，那么这一产业所受到的打击就是可想而知的了。长毛兔的养殖数量越来越少，规模越来越小，规模的缩小相应地也减少了商家的青睐，因此又更加使得长毛兔兔毛的价格呈下降的趋势，以至于养殖的数量更加减少。一个市场打击之后随之而来的是一场恶性循环，在没有引导和总体筹划的情况下，一项产业轻而易举地便会在这种恶性循环中终结。所以在这样的时候，政府需要采取各种政策支持和倡导农民继续保持甚至扩大长毛兔的养殖，保留其"长毛兔养殖大县"的声名，而这一声明最终也将会为农民本身带来利益。但是，政府的这些政策引导终于没有在万寿寨引起新一轮的长毛兔规模化养殖，一是农民对市场再无信心，二是农民当前没有足够的劳动力进行规模化的养殖了。但是，这些政策在别的乡镇确实引导了一些农民进行更加专业的长毛兔养殖，而政府所许诺的那些优惠政策也如实地作为农民的养殖成本投入到长毛兔的养殖中。至于政府倡导的农民自己加强专业合作社建设，其状况就更不容乐观了。经过政府的宣传和倡导，长毛兔养殖协会确实在村里挂了一块牌子，不过正如人们所说的，这是一个空架子，全没有什么实际的用途。这样看来，在寻求新的合作模式的过程中，也许更加重要的是怎样组织农民，使其能够心甘情愿地加入合作社，而这当然也就要求合作社具有强大的吸引力，同时也必须产生严格的合作规矩。人们在思考合作社的时候，明显感觉到合作社的建设需要政府作为其中的一个主体，因为政府在执行合作社规则时具有一定的公平性（因为政府本身并没有养殖长毛兔），而且其强制性也将为合作社规则的维护奠定基础。相反，如果像现在的情况一样，那么合作社是没有明显效果的，它没有能力将农民组织起来，没有足够严格的合作社规则，对习惯性的或者口头的合作社规则没有足够的执行力。

以下是两个农民关于长毛兔养殖的切身体会，通过他们的叙述，我们或许能够看出长毛兔养殖衰落的影响因素以及人们对合作社建设的具体思考。

向大田（万寿寨村万寿组白岩脚）："我们白岩脚这儿的农户是从 1992 年左右开始大规模养殖长毛兔的，那时候是政府调养的幼兔，通过发展几个大户，再由大户卖给当地的农户。那个时候兔儿贵得很，大的 4～5 斤的要卖 200 元钱一个，小的半把斤的兔仔儿也要 40 元一个，一直到 2000 年以前约 80% 的农户都饲养长毛兔。现在养的人就少得很了，兔的价格也降得很低了，大的 4～5 斤的当活兔卖 2 元钱一斤，小的半把斤的 5 元钱一个，以前当地好多卖兔仔儿的，现在我们三河乡都没的人卖了，要买只有去龙沙镇那边买了。我们这儿还有 4 户人家在养兔，年轻人都出去打工了，缺乏劳动力了，我两个儿子都出去了，我一个人在家，以前可以养 50 多只，现在没得办法，自己一个人忙不过来，只有少养点了。我现在还坚持养了 20 个兔儿，两个孙子要上学，偶尔帮我割草，基本上是我一个人去割草的。

"1997 年的时候兔毛价格还很高，那个时候可以卖 100 多元钱一斤，那时候的毛好卖得很，还不用你拿到市场上去就有兔毛贩子到家里面来收购兔毛，由于石柱的长毛兔还有点出名，全国各地的毛纺厂都派人来石柱收购兔毛。我们这儿的兔毛贩子就是从广东、浙江一带来的。但是好景不长，持续到 1998 年左右，说句难听点的话，就是我们石柱人奸很了，别人来收兔毛就想要别人的钱，要上税，具体多少我都记不清了，不过很重，税重了别人就不来了，他们没有利润就不来收了。这下就剩下本地的兔毛贩子了，这些本地的贩子为了挣钱就把价格压得很低，农户没得办法，剪了兔毛不可能不卖吧，就只好低价卖给当地的兔毛贩子，一年一年的这个兔毛价格就垮下去了。

"我们农民就是没的出息，个人搞个人的，集中不起来，一是大家思想意识不到位，还有就是个把几个人也组织不起来，即使组织起来了也没得个有本事的人来组织领导我们。我们农民就是最低级的一个，始终是别人指挥我们，我们不会指挥别人。现在就更难形成这样的合作性的组织了，年轻人全部出去了，就留下我们这些老年人和崽崽，我们能干什么哦，连变个鬼都吓不死人。这些老年人根本就不会有什么想法，能多挣几个钱就多挣点，哪儿有什么组织呀、品牌这样的概念，合作是搞不起来的，村里面的那个长毛兔协会就是个架子在那儿摆起，什么都没有干。现在这个农村就是这样，没得钱就搞不起来，除开钱就没得说场了，哪个会跑出去联系销售，而且没得个规模别人根本就不理你。

"所以现在养兔没有前途了，只有不搞了。养兔还真的不能挣钱，我大女儿向世秀养了70只兔，80天可以剪14斤兔毛，兔毛47元钱一斤，$14 \times 47 = 658$（元），而她去高速公路做活路儿，每天50元钱，13天就可以挣650元钱，同样的钱只要13天就挣到了，而养长毛兔时间长不说，还要自己去剪毛，而且兔还要吃粮食，这么一比较肯定宁愿去打工干活儿也不养兔了。政府在这方面给我们出的主意太少了，要是能在价格上稳定的话也许饲养长毛兔的人都会多一点的，我们农户自己不了解市场行情，别人说多少就是多少，我们被动地接受，外面没有人来收购的话，价格就起不来，我们养兔的人就没有好日子过。"

李志海（万寿寨村石峰组石峰寺）："我是深刻体会到了农村单家独户的弊端了，我住的地方在石峰寺还上去一点的地方，只有我一家住那儿，平常有个'会头'，借个桌子都很不方便，要跑好远去借桌子，这就是单家独户的弊端。农村的合作就是需要大家一起，自己一个人干是不行的，集中力量好办事。

"说到养长毛兔，我都有好多年没有养了，这几年价格太低了，养这个挣不到大钱了，农民就是开'露天工厂'的，哪样挣钱就干哪样，也不管有没有风险。当初（20世纪90年代的时候）长毛兔兔毛价格还在100元上下一斤，还是那时候好呀，外地来的兔毛贩子住在石柱县城的，他们专门收兔毛，但是县政府想一巴掌把别人捏死，税收太重了，那个时候实行卖兔毛的和买兔毛的都纳税，就是被这样卡死的。比如那个时候10斤兔毛就要收30元钱，这是针对兔毛贩子收的，如果兔毛贩子给你开了发票的，卖兔毛的人凭发票就不需要上税，要是没有给你开发票的话1斤就要上1元多钱的税，兔毛贩子被收了税，利润受到影响就肯定要把价格压下来。而一些贪图小便宜的农户就开始造假了，卖兔毛的时候给兔毛掺水，或者掺棉花代替长毛兔兔毛，更有甚者一些量大的本地贩子在卖给外地来的贩子的时候在毛里面放废铁等重物，这些因素直接就把我们石柱长毛兔的形象给毁了，这样弄谁还敢来收兔毛，外地的兔毛贩子吃了亏就不来收了。本地的兔毛贩子自己为了获取利润，价格比外地的兔毛贩子更低，一年一年的搞下去，兔毛价格就再也没有起来了。

"以前和现在我们的兔毛都是单家独户地卖，都没有集中起来卖，也没有人来组织起来集中卖。其实我个人觉得还是应该大家集中起来搞，形成规模，打出自己的品牌，有了品牌价格肯定比没有品牌的贵，就好比我们穿的衣服，有牌子的自然比没得牌子的贵，这是一个道理。这就需要我们集中起来，现在关键问题就是集中不起来，一是没有这样的一个严格性的组织机构，那个长毛兔协会完全就是个空壳子，表面上每个人都是协会的会员，其实什么也不是，没有发挥什么作用，这样的组织一点都不严格，没有意义。再有就是没有一个有本事的人来组织领导，村里面年轻点的、有能力点的人都出去打工了，留下的都是岁数大的，村组干部一直都是那些人，他们能给我们出好的主意早就出了。农民的思想意识还达不到，经济利益面前就乱来，没有什么集体意识，只顾自己，这样是不行的，这就是我们农民自己无法克服的弱点吧。"

与长毛兔养殖类似的是养鸡。作为副业的家禽养殖具有我们难以追述的历史，但是作为一种专业的养殖业，养鸡是近些年来才发生的。相对于长毛兔的养殖而言，养鸡的合作化就更加显得薄弱了。在万寿寨村，现在进行大规模养鸡的只有一户农民，其具体情况可由下述访谈所示。

谭洪文（男，45 岁，妻子麻泽清，42 岁。谭洪文一家本来居住在三河乡大林村，但是娘家唯一的儿子，麻泽清的兄弟在外出打工的时候意外身亡，就剩下她一个女儿了，于是他们就回到娘家继承了娘家的土地。岳父去世了多年，就只有岳母一个人住，夫妻俩就在娘家李子坪下边的村道旁边开办养鸡场。有儿女各一：大儿子 21 岁，未婚，在养鸡场开货车，负责鸡场的对外销售；小女儿 15 岁，现在三河乡中学读初三，即将毕业，准备让她读技校学个一技之长。）

以前（2003—2006 年）我们在广东打工，当初也是在广州的一个养鸡场工作，在广东几年打工，我们夫妻俩也挣了点钱，大约有 14 万元左右吧。我们看到养鸡还挺挣钱的，而且通过这几年的学习，我们自己也掌握了不少技术。以前我们每个人在养鸡场要负责 8000 只左右的鸡，对怎么喂鸡还是很了解的。在养鸡场工作期间我们也看到了鸡的利润，觉得养鸡还是个门路，经过我们夫妻间的商量决定回家自己干，于是我们于 2006 年 7 月左右回到石柱开始着手开办我们自己的养鸡场。通过与相邻的村民交换土地，我们在李子坪村道边上建起了个约 3 亩左右的养鸡场，整个养鸡场包括住宿楼、保温室、小鸡房、饲养房、土地圈养棚、猪圈。由于养鸡场各项开销比较大，我们资金毕竟有限，住宿楼下面就是我们磨碾苞谷、堆放饲料的地方，上面住人，条件很简陋。地板都是我们自己用木料铺的，还不是预制板的。保温室是用于保存小鸡仔的，小鸡仔才买来的时候免疫力较差，很容易出问题，只有通过保温才可以提高存活率，保温室的搭建费了一番功夫，里面得用塑料泡沫夹层，外面用厚的塑料膜保护住，保证漏温不严重。其他的都是按一般的条件搭建的，我们还搭了个土鸡圈养棚，专门饲养土鸡。我们建好这一切大约是在 2006 年 9 月底。那时候我们还是三河乡第一家专门的养鸡场，政府还给我们颁发了"三河乡养殖大户"的奖状。

我们进鸡苗一般都是从长寿县进，本地的鸡苗不太正规，怕鸡苗出问题，那样就亏大了。我们进第一批鸡大约进了 1000 只左右，搭建养鸡场和进这 1000 只小鸡就花了大约 10 万元，占了我们起始资金的绝大部分。正因为如此，我们的资金链一直很紧张，不过当年（2007 年）鸡的行情还比较好，鸡价比较可观，一般维持在 7 ~ 7.5 元/斤，效益还是很可以的，所以我们还是基本一个月进一批小鸡，每次接近 2000 只，最少的两次也有 1500 只左右。我们自己有养鸡的技术支持，每次的小鸡成活率一般都在 96% 左右。2007 年打算平均每个月进 1800 只鸡，我们一年还要卖给当地的乡亲们 200 只左右的鸡苗，这样一算：$1800 \times 12 \times 96\% - 200 = 20\,536$（只），一年下来可以喂养 20 000 多只鸡，每只鸡平均下来约有 4.5 斤重，$20\,000 \times 4.5 = 90\,000$（斤），$90\,000 \times 7 = 630\,000$（元）。看上去还是很大一笔数字，但是还得考虑各种成本呀，我们继续算：每只小鸡买来的时候成本约在 8 元钱，$1800 \times 12 \times 8 = 172\,800$（元），小鸡还要打疫苗，疫苗分为国产的和进口的两种，国产的每只是 4 ~ 5 毛，进口的每只是 7 ~ 8 毛，我们在细菌比较多的春天、夏天打进口的，平时打国产的，平均下来就是 6 毛每只，县畜牧局还要收税，2006—2008 年上半年是每只 0.2 元，以后提高到每只 0.5 元了，成本一下提高了不少，两项一加：$1800 \times 12 \times 1 = 21\,600$（元）；电费每个月 200 元左右，水费不要钱，自己去山里面接水：$200 \times 12 = 2400$（元）。最贵的还是鸡的"生活费"了，1000 只鸡 80 天内卖完的话要吃 9000 斤苞谷，并且是 180 斤苞谷兑一包 80 斤的鸡饲料，苞谷是 7 毛一斤，饲料是 80 元一包，算下来就是：$(9000 \times 0.7 + 50 \times 80) / (80 \times 1000) = 0.2$（元），意味着每只鸡每天要吃 2 毛钱的饲料钱，一年 20 000 只鸡，周期为 80 天，$80 \times 0.2 \times 20\,000 = 32\,0000$（元），一年下来，喂养的

20 000只鸡要全部卖出的话就得需要近320 000元的饲料钱，所有的成本相加就是：320 000 + 172 800 + 21 600 + 2400 = 516 800（元）。效益就可以看见了：630 000 - 516 800 = 113 200（元）。而且我们还得考虑市场的不稳定情况，一般鸡的售价变化比较大，而且只有2007年下半年开始后鸡价开始上涨达到了7元以上的水平，而多数情况下甚至达不到7元的水平，从去年开始鸡价一路走低，肉鸡最低的时候价格在4.5元每斤，最高才6.5元每斤，平均下来就是5.5元每斤，5.5 × 90 000 = 495 000（元），所以去年还亏损了2万~3万元钱，而成本方面现在各种成本一般不会下降，只会上升的。所以说如果在鸡价不能稳定提高的前提下，我们养鸡是没有多少钱可以挣的。而且这其中的运输费，各种费用我们还没有计算在内的，我们自己买了一辆长安货车，还可以节省一笔请人运输的费用，我们这儿的鸡销售出去都是自己负责运输的，自己有车的就自己运送，个人没的车的就只好请别人帮你运送，送一次至少得400元左右。

今年鸡价还提升了些。由于去年亏损了近3万元钱，今年我们也开始注意风险了，到现在为止（2009年4月初）才进了两批鸡苗，不敢进太多了，去年托起做，没得办法还是亏了这么多。今年本钱就受到了限制，没有更多的资金投进去了，两批鸡有4000多只，这几天（我们访谈谭洪文的时间段）的鸡价大约在3斤多重的肉鸡是6.5元每斤，6~7斤重的肉鸡发价在7~8元，均价在6.5元左右，可惜我们的鸡还没有成熟，错过了这几天的好行情真的有点遗憾，不然还是要赚翻。这个市场行情真的太难把握了，尤其是我们农村，只好随行就市，没得办法。

这就是我们农村经济发展不起来的原因了，规模小，资金少，市场狭小，无法进行集中化的销售。我们自己根本无法克服这种困难，但是我们也不会自愿认输，面对这些窘境，我们也想了些办法。在去年（2008年7月底）的时候，我们周围十几家的养殖户（并不全是我们万寿寨村的了，包括附近的白玉村以及蚕溪村的），大家集中起来开了个会，主要就是讨论建立一个具有合作性质的养鸡协会。由于我是三河乡第一家专门性的养鸡户，大家推举我当这个协会的带头人，这个协会并不是严格意义上的经济组织，而是一个松散的合作形式下的协会。我们这个协会的主要功能就是对外销售方面的，为协会的每一户联系买主儿，鸡养出来了就需要销售出去。我们规划凡是入会的会员的鸡轮着卖，不能抢着卖，也没有谈严格的处罚措施之类的，毕竟是一个比较松散的协会，口头建立的，没有形成明文规定。结果就造成了养殖户看见鸡价高的时候不按次序，自己私自就把鸡卖了。规矩一旦被打破了，协会就很难再存在下去了，不按次序卖还不算，有时候还抢着卖，多等一天就得多消耗成本。肉鸡再快要成熟的时候，吃饲料特别厉害：一只4斤左右的母鸡一天要吃3两多饲料，公鸡要吃4两，平均3.5两吧，一批鸡就算1500只，而每斤饲料的成本是接近8毛钱，那么 $1500 \times 0.8 = 1200$（元），多等一天就是1200元钱，虽然不是一只都卖不出去，但这个道理也在这儿。这样的成本算计，谁都想早点卖，不愿意等自己的次序了。大家甚至还互相杀价，这样就没有意思了，协会存在了不到一个月就悄然退去了，不搞了。分析原因，还是缺乏市场，如果市场比较充分，就不会存在这种抢着卖的情况，我们石柱县城大大小小一共有五处肉鸡屠宰场，可能有25家杀鸡的，他们每年消化的肉鸡再大也不会多到哪儿去。本来我们石柱县的人口就不多，而且经济发展水平就不是很好，对鸡的需求不是很旺盛。我们也想过外销，比如重庆，重庆那边的市场需求量确实比较大，而且价格一般比我们这儿贵接近8毛。但是我们不得不面对这个现实，重庆那边的养殖户比我们石柱的更多，而且他们的规模远大于我们，我们还得自己运输过去。石柱离重庆还是200多公里，运输费一除去，还不如在本地市场销售了。我们都是小规模的经营，本钱不多，远距离的销售还是不太现实，养鸡卖鸡是一个需要熟人、需要市场的行当。农民都是很现实的，在经济利益面前都很小气，都不想吃亏，自己找到了买主，有钱挣为何要把市场给其他人呢？如果更多的人来抢占了这个市场我们又不得不去寻找新的市场，寻找新的市场真的是个很头疼的事情。我们家为了找市场，附近的乡镇几乎都跑了个遍，还是挺累的，不过还好我们家在附近的西沱镇、黄水镇，甚至湖北利川的一些乡镇都找到了新的市场。湖北利川那边虽然远了点，但是我们还是很乐于往那边发货，那边地势较高，夏天比较凉爽，人们喜欢去避暑，旅游搞得比较好，肉鸡的价格比这边高了1.5元左右。我们自己有货车可以拉过去，除了成本还是可以每斤多挣5~8毛钱吧。我们也不会轻易地把这些市场给其他的养殖户，都吃过一次亏了，不想再吃亏了，也亏不起了，去年几乎每家养鸡的都亏了，如果今年再亏的话，估计人们继续干下去的勇气和毅力都会减弱了。

我们自己开展合作完全就是不可行的，光靠自己的力量是远远不够的。我们的资金不够，市场意识薄弱，政府不给我们支持我们也没有办法，前几年养鸡每年还有一定的补贴，虽然不多但总比没有好，现在就只有我们养鸡的没有补助了，养猪、养兔的都有补贴，这对我们就是不公平。奖状我得了好几张，但实质性的物质奖励还是没有，所以我们还是希望政府多给我们一些关心和照顾。我们自己也很努力了，还是不行，平常间养殖户之间还是互帮互助的，比如鸡笼可以相互借用，节约了成本，虽然卖鸡的市场消息不会轻易透露，但是一般在买鸡苗，鸡价在不同时候即将出现拐点的时候大家还是会相互通知提醒的，比如鸡价要涨了，可以等几天卖，或者是要降了，抓紧时间卖掉等。合作虽有，但是局限性太大，没有实质性的合作就搞不起来，我们需要的是资金、市场及其他各种信息，这是我们最迫切需要而我们又严重缺少的。

图9.1 养鸡场里的肉鸡

这个养殖场堪称模范，我们在一个小刊物《畜牧市场》中看到有一篇文章专门介绍这个养鸡场的情况，文中将这个养鸡场称作"夫妻养鸡场"。从养鸡场经营者的表述中我们可以看出，事实上这个养鸡场也是在步履蹒跚中坚持着的，我们看到这个养殖场也常伴随着亏损的情况。而作为三河乡第一家专业养鸡场，经营者也考虑过甚至组织过合作组织，但是这一组织正如经营者所言，才存在一两个月，在不稳定的市场环境中，会员们纷纷背信弃义了。万寿寨村本身有着天然的养鸡优势，这里有足够的水源，有很好的通风效果，交通便利。但是专业化的养殖业发展不仅仅需要这些自然因素以及基础设施，更重要的在于市场环境。

正如案例中所表现出来的，养殖户的资金缺乏，市场信息就更加缺乏，个人利益的协调与集体大局观的矛盾广泛存在，这些都制约了万寿寨村养殖业的发展壮大。让农民自己来搞一个协调各方利益的养鸡协会确实有一定的难度，这与他们的思想意识、文化程度、传统观念以及维护合作规则的能力等有很大的关系。而这些不利因素，也许可以通过政府力量的介入而有所缓解。

三、农民的设想：如何更好地合作？

也许是因为农民在几年来的生存环境中摸爬滚打的缘故，他们越老越有一些自己的想法，而这些想法，在我们看来，也许是农村发展不可不考虑的。在所有我们上述所说的合作中，要么是农民没有发言权，要么是政府没有介入，使得农村的合作化生产依然举步维艰。正如一些农民为我们所分析的：农民、政府与企业始终很难在同一个平台上对话。在农民看来，政府不仅没有为农民们考虑，甚至还不是站在中间的立场，要么是与企业合作而获得利益，要么是向企业和农民双方都获取利益，这样就阻碍了农民与企业之间的合作。而为农民所认为的理想的合作方式在于：农民成为一种从事专业生产（不管是种植业还是养殖业）农村工人，企业为农民的生产保证市场，政府站在农民的立场为农民与企业的合作把关，为农民谋取更大的利益。但是现在看来，农民认为这种关系显然远远没有能够实现，这三个合作主体之间，农民处于极低下的位置，他们没有发言权。在这样的情况下，有些年轻的农民提出一种想法，就是将三个合作主体中的农民实现"组织化"，应该由从事专业生产的农民自己组建一个组织，这个自治组织由所有从事该产业的农民授权，与政府、企业之间达成合作。但是这种自治组织需要得到政府的承认，政府承认这种组织的合法性将会对该组织的组织力度具有正面的影响。这样，农民在合作中便有了真正属于自己的代理机构（原来总认为政府堪称农民的代理机构了，但是由于政府的税收措施使得政府在合作中也获取了一些利益而不能完全代表农民）而逐渐实现与政府、企业的公平合作。虽然这一思考在很大程度上还比较粗略，但是也不失为一种实现合作公平的途径。

对于当前的农民而言（我们已经多次强调当前的农民在很大程度上已经急需将其一切生产直接面向现金），市场的不稳定对其专业生产造成了最大的打击。农民们从来也没有看到真正的"企业"，这是一件怎样奇怪的事情呢？企业作为与农民合作的重要主体，农民却很少见到（很多甚至从没有见到过）这些企业。事实上情况复杂得多，农民真正能够与企业实现合作，中间不仅要以政府为媒介，而且还要以多级商家为媒介。以种植辣椒为例吧，农民只知道他们所种植的辣椒由一些"老板"所收购，这些辣椒最终流动到哪里他们都不知道。事实上，许多流动于乡间收购的这些"老板"事实上只是一级商贩，他们或者直接将产品销售给企业，或者又经过另一级的商贩才将产品最终销售给企业。在专业化生产中，生产者的最终利益绝离不开商业的支撑，但是复杂的商业流通对生产者而言并不十分有利，因为多级流通增加了商业成本，而这些成本一方面可能由最终收购者（企业）承担，或者由生产者（农民）承担，这就要看市场供需情况而定了。基于上述的考虑，一些农民认为可以将农民的产品就地加工。以辣椒为例，政府和农户可以一起合作在当地办一个辣椒加工厂，农民所生产的产品在当地就进行成品或半成品加工，然后再销售。这种思考的高明之处或者不仅仅在于使得农民看到真正能够消耗产品的企业而放心，还在于这些企业对农产品的加工为农村劳动力的安置创造一定数量的岗位。

显然，这些想法都只是存留于一些农民的意识当中，实现它们将不是短期内能够完成的事情，而且，农民在考虑这些合作方式的时候尚且较为粗浅，其中的诸多实施细节以及困难都没有被全面地考虑到。但是这些毕竟是些思路，在总结过去的合作经验与教训之后，这些思路毕竟有其合理性的一面，值得逐渐探索。

第四节 互助资金协会：新型资金合作方式

市场经济的引入造成了农民生产生活的变迁，这种变迁，如我们在多处说明的那样，在于无论是生产领域还是生活领域，人们都需要许多现金支撑。但是，农民的现金难以从传统生产劳动中获得，除了打工这种求生方式之外，许多获取现金的方式都需要农民投入一定的资金成本。换句话说，如果农民想要不离开自己的家和土地而进行专业化生产，那么这将是一个以钱赚钱的求生方式。专业化的生产需要投入大量的资金，就像我所说到那个养鸡场，在还没有任何收益的情况下就已经投入了十几万元现金，这对于一个农民家庭而言显然是个较大的负担。然而现金的投入又何止于这些生产性的大规模投入呢，在农民的生活中，一些突发的事件经常使得农民急需大量的资金，如举办"会头"、孩子考上大学等类似的情况。许多时候，农民如果急需资金而自己并没有的时候，首先会考虑到向亲戚朋友筹借，但是也有很多时候是借不到的，毕竟农民的生活背景大致相当。向银行借贷的情况在农民中间很少发生，这种现代的借贷方式大都发生在农民创业的时候，一般农民因为资金需求量并不大，而且向银行借贷需要办理各种手续以及抵押等而很少银行借贷，重要的是银行借贷有一定的利息，而向亲戚朋友借贷则很少涉及利息（除非借贷款额很大而且是用于做生意的）。在这样的背景下，具有国家资金和农户自己资金合作性质的机构就由此诞生了，就是村级互助资金协会。

一、协会简介

万寿寨村村级互助资金协会是在扶贫办的指挥下和三河乡政府的支持下，经过近半年时间的筹备于 2007 年 10 月成立的。通过会员选举该协会相继成立理事会、监事会等管理机构，完善了各项制度。协会资金共计 15.186 万元，主要来源为农户自愿入会会费和扶贫资金，其中财政扶贫资金 15 万元，会员入股资金 0.186 万元，涉及 73 户，覆盖 297 人，其中贫困户 34 户 102 人。协会采取入会自愿、退会自由、有偿使用、风险共担、共同监督的原则，依照民办、民管、民受益的方式，立足促进农民经济发展的联系与合作，使农民入会得实惠、用款有费用、闲散资金得收益、急需资金更方便，同时促进会员增收、实现整体脱贫、共同富裕。依照本协会实际情况，按照村级互助资金管理的体系要求，该协会制定了严格的协会章程。

互助资金协会组织机构如下表所示：

表 9.1　三河乡万寿寨村村级互助资金协会组织机构人员名单

顾　问	马晓勇	男	三河乡党委书记
名誉会长	王万祥	男	三河乡乡长
会　长	马发兹	男	万寿寨村村支部书记
副会长	陈珍洋	男	万寿寨村村民委主任
理事会	马发兹（兼）	男	万寿寨村村支部书记
副理事会	陈珍洋（兼）	男	万寿寨村村民委主任
秘书	谭显华	男	万寿寨村村文书
监事长	马培志	男	万寿寨村村支委委员
副监事长	谭明才	男	万寿寨村村委委员

理事会是互助资金协会组织的执行机构和日常管理机构，负责互助资金的管理与运行。互助组织理事会成员一般由 3~5 人组成，包括理事长、会计、出纳等。理事会成员要求必须是互助组织的成员，愿意承担管理工作，态度积极，有良好的声誉（这个声誉主要指在村民中经过多年形成的印象）。从

这个理事会成员的构成来看，我们发现理事会的成员基本都是本村的村组干部或者党员，普通群众几乎没有。关于这个问题，我们从农民中间得到了如是回答：

我们一般老百姓对各种政策不太了解，而且还要涉及与乡政府等上级部门联系，没有一定的政治基础不太好协调。还是村组干部对这方面比较熟悉一些，我们对他们也信得过，一般的人我们有时候还信不过呢。我们平头老百姓的素质还是不高，意识上还是差了点。所以还是只有让这些当官的来管理这个资金协会吧，我们也不知道怎么去管理这个东西。其实，你以为去管大家的钱就好管吗？

理事会成员组成由成员大会讨论决定，并经民主选举产生。每一届理事会任期最长不超过三年，在任期未结束前，经 2/3 以上互助组织成员同意，可以召开会员大会，提前改选理事会。理事会负责合作协会的日常事务和管理工作，主要职责包括：

(1) 组织互助组织成员通过组织章程；

(2) 依据互助组织章程制定各项规章制度；

(3) 执行互助组织的章程和各项规定；

(4) 负责借款的发放和回收；

(5) 负责与互助组织的上级主管部门和村委会联系和协调；

(6) 按照项目要求，定期向互助组织的主管部门提交报告、报表，并接受监督和检查；

(7) 定期向成员大会、代表大会监事会或村民大会报告互助资金的管理和运转状况。

监事会则对理事会的工作进行监督并对其工作提出意见，并且对出现的问题向上级主管部门反映，与理事会一起做好互助组织的工作。

表9.2　互助资金协会管理委员会基本结构

会　计	谭显华（兼）	男	万寿寨村村文书
出　纳	马发兹（兼）	男	万寿寨村村支部书记

互助资金协会作为一个社会团体法人，还有各种书面正式的登记证书，主要有中华人民共和国民政部颁发的登记证以及副本，石柱土家族自治县质量技术监督局颁发的组织机构代码证。

表9.3　互助资金协会的登记证书

名　称	石柱土家族自治县三河乡万寿寨村扶贫协会
业务范围	一、指导管理好相关资金 二、引导会员互惠互利、联合协作、共同致富 三、积极主动为会员服务好，起好桥梁纽带作用
法人代表	马发兹（村支书）
注册资金	2000 元
主管单位	石柱土家族自治县三河乡人民政府

表9.4　互助资金协会的组织机构代码证

代　码	66890120 - 4
名称	石柱土家族自治县三河乡万寿寨村扶贫协会
机构类型	社团法人　　马发兹
地址	万寿寨村委办公室
有效期	自 2007 年 11 月 02 日到 2011 年 11 月 02 日
颁发单位	石柱土家族自治县质量技术监督局
登记号	组代管 500240 - 328392

二、会员及入会情况

万寿寨村村级互助资金协会成立伊始实行的是自愿入会，自愿入股。会员入股实行全入股、配股和送股三种方式，每一股40元。这三种方式的实行依据入会村民的经济条件决定：即一般本村村民按40元每股进行入股（全入股）；相对贫困户自己出20元，协会配20元进行入股（配股）；绝对贫困户由协会赠送40元进行无偿入股（送股）。互助资金协会在进行登记入股的时候对村民的入股方式审核依据的是本村村民的收入条件，这个标准是根据对全村10户人家抽样统计出来的，分别是公认的经济条件较好的农户3家，经济条件相对一般的农户4家，经济条件较差的农户3家，实行"343"的原则，两头都有，兼顾公平。根据马支书提供给我们的《三河乡万寿寨村管理条例施行办法细则》第三章"互助资金组织3.4：互助资质成员"，可以看到：符合以下条件的村民可以成为互助资金协会的组织成员：

（1）在本村具有长年居住户口的农户，每户有一人可以成为互助资金协会的成员；

（2）年龄在 18 周岁以上；

（3）接受互助资金协会组织章程，申请加入户主组织并缴纳一定金额的互助金，绝对贫困户免交互助金，并享有须缴纳基准互助金的同等权益；

（4）鼓励贫困户和妇女加入户主组织；

（5）村级互助组织的成员原则上不得低于 30 户。

还规定了互助组织成员的权利与义务：

1. 成员的基本权利

（1）有互助组织管理机构成员的选举权与被选举权；

（2）有申请互助资金借款的权利；

（3）所缴纳互助金有获得分配收益的权利；

（4）有退出互助组织的自由，但在加入互助组织的第一年内不得退出。

2. 成员的基本义务

（1）遵守互助组织章程；

（2）缴纳互助金（绝对贫困户免交）；

（3）按时按量归还借款本金和占用费。

在村民入股资金协会之前，村里面召开了几次全村的村民代表大会，讨论了关于筹建资金协会的情况，以及怎么入会、入会的要求和资金的使用、还款等情况。一切就绪后，村民才开始入股基金加入村级互助资金协会。根据村支书提供的 2007 年收取村民入会入股时候的发票，得到了当时入股基金的具体名单：

2007 年 10 月 4 日入 40 元全股的有：马发兹、陈珍洋、谭显华、马世章、谭明才、谭荣古、代文发、曾启祥、马培志、马世伟、刘成龙、马德芹、马德权、马世成、何世金、向大田、马世金、马世孝、黎永生、马万林；

2007 年 10 月 13 日缴纳 40 元全股的有：马世文、张刚元、刘兴成、谭云恒、刘正林、马山之、马世龙；

2007 年 10 月 28 日缴纳 40 元全股的有：代学群、王洪富、谭成玉、马德启、马世斌、康兴成、康兴福、马文禄、马江林、陈凤良、李世权、李华龙、王学林等共计 42 户。

同时还有 2007 年 10 月 30 日缴纳 20 元协会配股 20 元入会的：谭显文、冉启兵、陈世虎、谭振祥、唐兴才、马泽林、马培术、马培清、谭于文、田永旭、马世荣、马之安、马林林等共计 13 户。剩下的贫困户约计 18 户，没有进行登记。

但是当后来真正涉及贷款的时候，村民们听说要利息就不愿意交钱了，认为在滚动资金（本村村民都习惯上把资金协作会称为滚动资金）贷款还要利息，还不如在银行或者信用社贷款了，村里面考虑到为了推行这个基于政策而运作的资金协作会也同意了把收了钱的都退给了农户，没有交钱的就不用交了，这下整个资金协作会的资金就是当初由国家扶贫资金提供的 15 万元初始资金了。而且互助资金协会的放贷也已经不仅仅限于当初协议了要入会的会员了，发放面放宽到整个万寿寨村，只要能提供使用用途的材料，具有一定的偿还能力（在一张本村村民的申请借贷滚动资金的申请书上我们发现申请人在写申请时用自己的两间混泥砖房作抵押，后经向马支书求证确有其事，并且向我们透露村里面的借贷滚动资金的人如果没有很好的信用或者经济偿还能力的话，一般还是要提供一定的物质作为抵押，不然作为法人代表的村支书要承担法律责任），就可以向村里面申请借贷滚动资金。

三、申贷流程

关于村级互助资金协会的借款流程以及审核的办法、依据等，我们也进行了深入地了解。资金协会作为一个联系农村经济发展的桥梁，为农户们提供了一种新的资金支持，方便了农村的借贷。在我们的调查走访中，也发现了当前农村存在融资渠道单一，或者找亲朋好友帮忙借钱，或者就是去乡上的农村信用合作社（现在进行股份制改革后的重庆市农村商业银行）贷款。在万寿寨村第一种方式比较流行，一般的村民都是找亲朋好友借钱，他们纷纷反映农村贷款难，程序过于复杂，他们"贷不来"（不会贷），还有一些年纪较大的农民告诉我们："只要我们年纪大一点的去信用社贷款的话，信用社的人就不会贷款给我们，说我们年纪大了，怕我们死了还不起。"所以农民们一般都向亲朋好友借钱，而且几乎都不收取利息，久而久之成了一种习惯：只要关系好的人家，互相之间借钱的话都不收取利息。

具体说到互助资金协会的借款程序、流程，我们可以看看《三河乡万寿寨村管理条例施行办法细则》第四章"互助资金的运行"，符合以下条件者可以向协会借贷：

（1）互助组织的成员；

（2）家庭有劳动力和增收项目；

（3）接受过有关互助组织章程的培训。

补：优先向符合上述条件的贫困户成员和妇女成员发放借款。

在借款用途方面规定必须用于正当的用途，只能用于法律许可的增加收入的项目，并对环境和社区没有负面影响。关于这个"对环境和社区没有负面影响"的规定，我们访问了万寿寨村村支书，马支书这样说道：

这个滚动资金是国家拨下来的钱，给我们农民提供了一个很好的资金融资渠道，我们应该好好地利好好这个平台，把这笔钱花到点子上，用在刀刃上，不能随便用，不是随随便便的像以前的什么补助款，一般我们都只对那些用于正途上的农户才发放，比如养殖业呀，开办农村作坊或者工厂之类的，我们希望通过这种方式来发展一批示范性的农户来带动其他农户的发展，这样一个带一个，我们村就有希望了。但是那些借钱去混，不务正业的人，我们坚决不借，免得带坏了村民，影响不好不说，还可能连本钱都收不回来。我们绝对不会允许这样的事情发生，这不是滚动资金的作用，我们要好好利用这笔资金。农村发展本来就是缺资金，如果这些资金不好好利用那就更不能发展我们自己了，如果出现以下情况我们会立即收回资金：

（1）没有把资金用于正途，必须用于自己申请时说明的项目；

（2）把借款转借给其他人，以自己发展项目为名，占用借款借给其他的人用于其他事情；

（3）用借款偿还其他欠款，借款不是救急金，得用到事业项目中去。

不过到目前为止，我们村还没有发生过收回资金的情况，借款的人都还是很自觉地把这笔钱花到刀刃上去了，都利用的很好，为我们下一阶段开展新的工作树立了很好的榜样。

借贷的具体步骤也有规定如下：

（1）借款人向理事会提出申请。如由小组联保或第三者担保，须同时出具担保书；

（2）理事会对借款申请进行审核，批准或者否决借款申请；

（3）理事会与借款人签订借款合同，发放借款；

（4）理事会公告借款申请的审查结果。

借款人的申请一般都是由互助组织理事会与村民代表、党员代表一起开会讨论决定的，原则上是要三分之二以上的人同意才可以批准借款，不然不予借款。借款期限一般不超过 12 个月，具体借款期限由成员大会讨论决定，通过当时互助资金协会的运转情况来看，基本以 12 个月的居多，也有短期借贷 3 个月、6 个月的。利息方面，当前统一实行的年利率为 5%，这 5% 的利息被称为"占用费"，占用费主要用于互助组织的日常开支，剩下的都用于村委的各种开支计入村务账务里面。（我们事实上可以看出农税提留之后村治的资金筹集方式，这算是一种）这个利率高于银行的存款利率，低于贷款利率，村民现在也渐渐开始接受了这个利率，毕竟比银行的利率要低，而且无论是在程序上还是金额上，回旋商量的余地、灵活性都优于在银行或者信用社贷款。

还款的方式可以整借整还，也可以整借零还。具体的还款方式由互助组织成员大会讨论决定，并在与借款人签订借款合同的时候写清楚借款时间以及还款时间。一般情况下是不允许借款人延期还款的，毕竟有合同在先，在农村大家都还是讲信用的，都会按时还上贷款。但考虑到农村的经济情况以及一些不可抗拒的因素，协会还是很人性化的规定了以下几种情况可以延期还款：

（1）发生人力不可控制的自然灾害；
（2）借款人家庭发生重大变故，包括发生意外事故身亡、残废、重病；
（3）超过一半以上成员同意；
（4）同一笔借款最多可以延期一次；
（5）不允许对借款进行重置。

具体的还款程序主要包括：

（1）借款本金和占用费按按章程规定的方式偿还；
（2）还款时，由会计开出还款收据，出纳和还款人签字；
（3）会计汇总每月收款表并公示。

如果在规定期内或者已经逾期、延期的情况下仍然没有还款，先不得向协会进行新的贷款，同时在实在无法承担的情况下，可以用质押的担保予以抵押。同时担保人得承担责任，在一定时期内不允许从协会借款，情节严重的还要追究法律责任。

四、借贷情况

村里面的互助资金协会从 2007 年年底建立起来后，在 2008 年开始正式运作了，村民也开始从资金协会借款。通过村委会借款的本村村民逐渐多了起来，申请的金额也在一次又一次的借贷后开始变得大起来了，从村委办公室的一本收据发票中，我们大致了解到资金协会的借款和还款情况，其中借款金额在 10 000 元以上的本村村民主要有以下一些：

表 9.5　互助资金协会的借贷情况表

小组名	姓名	借款金额（元）	时间期限（借、还款）	备注项
万寿组	谭洪文	30000.00	2008 年 6 月 14 日~2009 年 6 月 14 日	养鸡
石峰组	马世伟	20000.00	2008 年 5 月 22 日~2009 年 5 月 22 日	养猪
石峰组	刘光荣	30000.00	2008 年 9 月 3 日~2009 年 9 月 3 日	经商，小百货
万寿组	陈元珍	30000.00	2008 年 1 月 1 日~2008 年 4 月 1 日	经商，卖谷种
万寿组	陈元珍	30000.00	2008 年 1 月 1 日~2008 年 4 月 3 日	经商，卖谷种
万寿组	陈元珍	30000.00	2008 年 1 月 2 日~2008 年 4 月 2 日	经商，卖谷种
石峰组	马世银	10000.00	2008 年 2 月 2 日~2008 年 12 月 31 日	养山羊
石峰组	马培志	10000.00	2008 年 2 月 7 日~2009 年 2 月 6 日	不详
万寿组	马世章	15000.00	2008 年 2 月 14 日~2009 年 2 月 14 日	办饮水厂
万寿组	谭洪文	20000.00	2008 年 3 月 11 日~2009 年 3 月 11 日	养鸡
石峰组	马世伟	20000.00	2008 年 3 月 12 日~无归还日期	养猪
石峰组	马德芹	12000.00	2008 年 3 月 26 日~2009 年 3 月 26 日	不详
万寿组	谭洪文	20000.00	2009 年 2 月 8 日~2010 年 2 月 8 日	养鸡
石峰组	马世伟	20000.00	2009 年 2 月 8 日~2010 年 2 月 7 日	养猪
石峰组	谭成玉	30000.00	2008 年 12 月 1 日~2009 年 12 月 31 日	养猪

根据以上报表的统计发现，借款在 10 000 元以上的有 9 户，共涉及金额 32.7 万元，看上去与实际情况不相符，当初初级互助资金协会创建的时候起始资金只有 15 万元。这其中 32.7 万元涉及有几户重复借贷，在还款日期还未到之前就还了，又重新借贷，这就没有计入借款人的前一笔贷款中，而是履行新的借款程序，签订新的借贷合同，主要是谭洪文、马世伟、陈元珍这三户。谭洪文养鸡借了 30 000 元，期间归还了借款，归还之后又重新借贷，而且谭洪文开办的养鸡场还是有一定的影响力，所以互助资金协会在这方面予以了特殊照顾，给予他到目前为止三次借贷。马世伟就住在马支书家的后面，是邻居，开办了个小型的养猪场，出于对本村经济的带动，互助资金协会在贷款上也给予了一定的倾斜、照顾。陈元珍系万寿寨村民，有一定的经商头脑，现在三店街上开了个门市卖种子，有一定的实力，村里面、互助资金协会也在资

金上给予了倾斜和照顾，希望通过发展一批有代表性的农户形成影响力，吸引更多的本村村民参与到经济发展的事业中去，从而为本村的经济发展提供新的支持和动力。这些借款人存在着一些共性，或者他们出去打过工，见过一些世面，学到了一定的技术和经验，有发展的基础和继续打拼的动力，这些农户主要包括：谭洪文、马世伟、马世章、谭成玉；或者是本地的具有一定经济基础或者政治背景的人，比如陈元珍、刘光荣，这两个人长期经商，头脑灵活，经济基础较好，而马世银、马培志、马德芹等这几个人是在本村具有一定的政治背景，马世银是曾经牛栏坪的小组长，马德芹、马培志是本村的村委委员，村里面对这些人还是比较信得过的，所以借贷资金数额较大的也大都是他们中的。

村里面、互助资金协会当然没有遗忘一般的农民。在村委办公室里面我们也统计到了一般农户的借款情况，一般农户的借款金额普遍要低于 10 000 元，主要集中在 1000 ~ 5000 元，相当于农村的小额贷款，而这个小额贷款是属于国家与农村村民在农村经济建设过程中合作共建的产物，为当前农村存在的资金不足进行了补充。这些小额的贷款主要集中于 2008 年 3 月中下旬，这是互助资金协会会员大会通过后进行的集中发放贷款，这些村民包括：

张光池，3000.00 元；向大田，5000.00 元；曾启祥，3000.00 元；陈之伍 2000.00 元；马万林，2000.00 元；马德启，1500.00 元；马万昌，3000.00 元；万学禄，2500.00 元；李益祥，4000.00 元；陈之富，2000.00 元；马世良，3000.00 元；谭明科，1000.00 元；向世金，2000.00 元；马世孝，3000.00 元；龙云昌，8000.00 元；陈祖权，5000.00 元，合计 16 户，金额共计 50 000.00元。

这些钱虽然比起上面的那些资金来说是要少很多，但是如果把这笔钱放到农村的正常开支和农业生产中，还是一笔不小的投资了。像万寿寨村这种先天不足，急需发展的村来说，每一笔资金对他们都是一种很好的支持，靠自己每年辛辛苦苦的从事农业生产的产出来换钱是很不容易的，而且现在农资价格上涨较快，对农民的影响还是比较大的。几年以前 80 元一包的化肥，到今年都涨到 100 元左右了，这无疑增加了农民的负担，资金对农民的制约也更加的大了。互助资金协会的出现对他们的生产起到了很大的促进作用，虽然不是无息贷款，但是利息与银行信贷相比较低，也免去了上银行贷款的各种复杂程序，而且还有可能贷不到款。也不需要太多物质性的抵押，只要有正当的使用说明，有本村村民的第三方担保就可以借到贷款。如果逾期不能按时还上的，只要有合适的理由，可以向互助资金协会申请延期归还贷款，这不但能给农户一个更加充足的时间来发展自己的事业，也会激励他们更加努力的工作来回报互助组织对他们的信任和帮助。

到目前为止（截至 2009 年 3 月），万寿寨村的互助资金协会共发放贷款 18.8 万元（后来乡政府，县扶贫办还陆续下拨了约计 20 000 多元进行资金补充），收回资金 4 万元，涉及两户，分别是马世伟，于 2009 年 1 月 12 日归还本金、利息（占用费）共计 21 000 元，入村级互助资金协会账目；谭洪文，于 2009 年 1 月 11 日归还本金、利息（占用费）共计 21 000 元，同时入村级互助资金协会账目，予以公示。期间还有马世银于 2008 年归还的占用费共计 134 元，现在一共收取村民借贷后产生的占用费 2134 元，这笔钱全部计入村委会，用于村里面的各项开支，村务账目已经入账。

五、在互助资金协会支持下发展起来的农民们

经过两年的发展，万寿寨村的互助资金协会已经形成了一定的影响力了，并且在万寿寨村结出了丰硕的果实，为本村村民的发展提供了极大的资金支持，为他们施展自己的创造力和发挥自己的智慧提供了舞台。我们在这里略举几个使用互助资金协会的资金谋求自己发展的农民案例。

（一）养猪人谭成玉

谭成玉，是村支书马支书的女婿。家住万寿寨村石峰组塔子坪，塔子坪位于万寿寨村村道旅游公路在万寿山的半山腰的一个必经地方，全柏油的路基宽 7 米，谭成玉的养猪场正位于村道公路塔子坪段的边上，由一条宽 0.8 米的人行便道与公路相接，交通十分便利。现在是全村最有名的养猪者，年产生猪 100 多头，成为全村资金协会重点推荐和培养的对象。

"在未养猪之前，我在浙江温州打工。什么活路儿都干过，后来一直在机械加工厂工作，打了十年工也挣了十几万元钱，在外面待久了觉得打工腻了，不愿意再帮别人打工了，家里面还有妻子（天生的哑巴，不能说话，只能用手语交流）和女儿（现在才 10 岁，在万寿小学读四年级），我也放心不下，就回石柱了。回来了也不能闲着呀，当初我选择了几个项目进行比较、分析，养蜂、养猪，还有就是养鸡，经过一番考虑最终选择了养猪。

"在养猪上我也谈不上有多大的经验。以前在家的时候还是养过的，但是和现在完全不同，以前是随意的喂几头猪，过年吃点猪肉，现在则是把养猪当

成一项事业来搞了。现在岳父（万寿寨村村支书）搬到关门岩去住了，留下老房子在塔子坪。我和老婆就留在塔子坪专门养猪了。我和岳父、舅子（谭成玉妻子的兄弟）三个一起凑钱在关门岩修了一栋楼房，我出了8万元钱，其他的主要是岳父出的，我们在那儿有几间房子和两个门面，由于修房子就占用了我的接近一半原始资金，所以在养猪的过程中就对资金感觉有点头疼，自己一个人的钱还是不够的。养猪场的土地是以前妻子在娘家的土地，不存在买地的情况，建猪圈就花了3万元钱，共2个猪棚，17个猪圈，每个圈可以养8～12头猪，猪圈完全满足了。猪圈面积其中6个为每个20平方米，另外11个每个10平方米，大猪圈主要是用来养母猪的，喂了10头母猪，自己养母猪可以节约成本，减少买仔猪的钱。猪圈建好了，各项配套设施也配置好了，就开始养猪了，时间是2008年7月。

"由于修新房和建猪圈就花去了11万元左右，剩下的资金不多了，所以第一批猪只养了80头。每头猪重约40斤，我们这儿的仔猪售价一般是10元钱一斤，那么80头仔猪就花了80×40×10＝32 000（元），32 000元花完后我剩下的流动资金几乎就快没有了。弹尽粮绝之际，当时政府对我们回乡创业的人员也是很支持的，对我实行了财政补贴，每头猪补助了20元，80头一共补助了1600元。2008年年底的时候还买了10头母猪，每头接近1500元，1500×10＝15 000（元），政府也给予了财政补贴，每头猪给予了200元的补贴，10×200＝2000（元），补助款就是2000＋1600＝3600（元）。这些钱根本就不能救急，我当时真的好着急，没有办法，我在2008年9月的时候还向岳父借了2万元钱救急，缓解了一些压力。

"我的猪一般是一年养三批，春天、秋天、冬天喂三季。夏天天气太热了，不利于生猪生长，所以就不喂了，每一批猪大约四个月就可以卖了。我的配料是苞谷兑猪饲料，饲料用的是40公斤一袋的希望牌养猪料，每袋250元左右，苞谷是从当地农户家里面收购的，0.7元一斤，把猪饲料和苞谷按一定的比例兑好。算下来，每斤兑好的猪食成本在1.1元每斤，每一头猪从小猪到出栏要吃700斤左右的饲料，就是800元左右的伙食费，去年我喂了80头，那么就算每头吃800元，80×800＝64 000（元）。去年的时候猪价还算可以，'杀边口'是9元每斤，毛猪价格是7～8元每斤，均价就是8元每斤。我喂了80头猪，每头猪一般是250～300斤买，就算平均280斤吧。可以算一下，80×8×280＝179 200（元）。

"接下来的事情对我更是打击很大，去年养的猪生病了。光医病就花去了

10 000元钱，而且还死了20头猪，死的时候接近150斤每头，损失为 $20 \times 150 \times 8 = 24\ 000$（元），后来补充了20头猪仔，成本 $20 \times 10 \times 40 + 20 \times 800 = 24\ 000$（元）。那么可以算一下了：$179\ 200 - 64\ 000 - 10\ 000 - 24\ 000 - 24\ 000 - 32\ 000 = 25\ 200$（元），就我养的生猪而言，辛苦了半年，盈利了2万元钱左右，如果除去修猪圈的钱和买母猪的钱，其实去年我还是亏损了，没有挣钱的，第一年能有这种情况已经不容易了，我还是坚定自己的信心，继续坚持养猪。

"去年年底通过岳父的担保，我在村里面的滚动资金借贷了3万元钱用来做养猪的流动资金。毕竟去年花了那么多钱，资金出现了压力，必须准备好足够的流动资金。这笔贷款期限是一年，年利息为5%，算下来一年利息：$30\ 000 \times 5\% = 1500$（元），今年年底就要还本金和利息。今年开始过后，到目前为止我进了130头小猪仔，母猪还没有下崽，只有自己买了，一共花了40 000元钱左右。还买了辆摩托车，方便运送饲料，而且半山腰自己走的话还是很不方便，加上上户等一共花了5000元钱。但今年市场行情不好了，'边口价'已经跌倒6.5元每斤了，毛猪价格也跌到了5元每斤，这样下去还不好办呀，我们农户只有自己承担了。

"我们农村经济条件有限，没有足够的资金来创业，光靠我们自己的力量肯定是不够的。幸好有互助资金协会给我们提供的资金支持，还有我岳父对我的支持。虽然我对这个资金协会了解的情况并不是很多，但我真的感觉到了集体的力量，一个人的资金毕竟是有限的，就算是你有再大的想法和抱负，没有钱始终是搞不起来的，真的是希望能有更多这类性质的协会给我们支持，真是印证了那句经典的"集中力量办大事"。我们现在不能被动地自己一个人干，毕竟我们的资金、技术、信息等都不充分，我们只有自己主动合作集中，我们当地的养猪的还是有几户，大家技术交流也是经常的。平常大家都比较忙，养猪就没有闲的时候，就不经常走动，消毒也麻烦，都是电话的形式或者碰到了互相交流心得，有钱大家一起挣嘛！"

（二）"万寿山"牌矿泉水

马发权，万寿寨村一个帅气的青年，今年27岁，家住万寿寨村万寿组李子坪涡磐石，初中文化水平。初中毕业后（1996年）在其三叔的介绍和推荐下，决定出去闯闯，就外出打工了，去的是广东东莞。在广东打工的日子他遇到了现在的妻子，也是石柱人，组建了他们自己的家庭，并育有一儿一女。大女儿今年七岁，读小学一年级，小儿子才一岁多点，一个大胖小子，才刚学会走路，还不会说话。

"当初初中毕业了，在家闲着也没有事情干。那时候村里面也开始有不少人外出打工了，我也决定出去闯一下，于是在我三叔的介绍和推荐下我去了东莞打工，在一个水厂干的活儿。打了十年的工，挣了个十几万元钱，在打工的时候我就有了自己创业的决心。那时候也在水厂了解到了很多生产加工的技术，并去了一些设备厂去考察和研究，为将来自己回石柱创业做准备。

"真的是机缘巧合，2006 年时候的石柱县县委书记到东莞那边去动员和鼓励石柱民工返乡创业。那时候我也犹豫了很久，在经过再三考虑和分析过后还是决定回去自己干。回到石柱后，先做了个市场调查，去了县城考察。县城的水厂也不少，但是还是有市场的空间。再回到我们三河乡，三河乡还没有水厂，周围的黄水镇、沙子镇、悦来镇也有市场机会。考察好市场后，就开始着手办厂了。由于是当初县委书记去东莞动员回乡创业的，各项审批也都很顺利地拿到了，在税收方面也提供了一定的优惠，在一切都办齐了后就正式挂牌成立了自己的水厂。在给水厂取名的时候第一反应就是"万寿山"，从小就长在这万寿山上，对家乡的感情还是很深的。而且我们石柱的得名就是依据这万寿山上的男女石柱，觉得这个创意不错，就给水厂取名为"万寿山纯净水厂"，一来可以取一个比较好的名字，二来还可以对我们万寿寨村，万寿山进行宣传，一举两得。我现在力争在全县的 11 家水厂的竞争中做大做强自己的品牌，还可以借助万寿山纯净水这个品牌为万寿山的旅游做一定的宣传。如果我们万寿山的旅游业发展起来了，对我们村的经济发展肯定有很好的带动作用，农民增收也会更加容易一些，我的水肯定也会更好卖一些。我们村现在真的还不富裕，我们村现在买我水的就只有两户，也可以反映我们村的经济发展程度吧。

"当初我买设备大约花了 8 万元钱，这些设备都是我从广州那边进过来的。打工的时候我在那边考察过的，比较信得过。我厂的设备采用美国 RO－2－2000 型反渗透膜，经过两级逆渗透处理、多道工序，可以在离子级水平上对水质进行分离净化。高选择性、高渗透性的反渗透膜只允许水分子及活性氧通过而将水中的杂质、细菌、有机致癌物、重金属离子等对人体有害的物质有效去除，水质指标的电导率≤10us/cm，脱盐率98%，并加配 OZ/5A 臭氧消毒杀菌，杀菌速度比氯快 600～3000 度，水质符合饮用纯净水标准 GB17323—1998、可以直接生饮。我厂在灌装方面采用 LX－41－120 型输送、洗瓶、灌装、封盖五位一体智能全自动无菌灌装机，灌装容量采用微机数控、空桶冲洗、自动检测、故障自测、自动报警停机等安全装置，洗瓶过程分为消毒液冲洗——超滤净水冲洗——纯净水冲洗循环使用，整机采用优质不锈钢制造、先进、定位精确，符合食品卫生要求。同时还买了辆"卡马"牌小型货车，专门用来跑市场销售的，这几年还多亏了这辆卡车，帮我运送了不知道多少水了，以后条件好了争取换一个大点的。这个又花去了我4万元钱，所有的全部办下来大约花了15万元钱吧，但是加上我的后期各项投入，比如建设水池，买水管，埋水管，购置新机器等，这几年下来的投入在40万元左右了。这些钱并非是我一次性投入的，包括我投入了后挣得的利润再次投入，一次性投入40万元我还是没有那么多钱的，不过只有有了投入才会有产出嘛。

"这几年我在外面跑的地方多，见的东西也就多，自己的想法也就多了。我觉得要有自己的品牌，还要进行全方位的宣传，尤其是在网上，这可是个什么都有的地方，于是在2007年年底的时候，我花了2000多元钱先去申请注册了自己的品牌"万寿山"。现在这个社会没有品牌是不得行的。同时我还花了近3000元钱去重庆专门请人帮我做了个网站，在获取市场的同时还可以扩大自己的影响力，这个钱我觉得花得还是很值得的。在网站里面有我们厂的理念，销售电话等。

"通过网站建设，和我自己的努力，我们还与石柱县城的一家水厂结成了友好合作单位。大家在各种技术以及市场的协调上都进行了合作，也是我在石柱县城的一个代理商吧，我们在网站上都有对方的网页链接，这种新的合作算是我自己的一种创新吧。合作的范围还准备扩大，现在我在网上已经挂出了诚征全国代理商的广告，争取联系到更多的商家加入到我们合作的行列中来。我给出的承诺是：只要大家齐心协力地干，真诚的合作，我厂提供0.5～20吨纯净水设备、矿泉水设备、饮料机械，小瓶及桶装灌装设备。水处理设备配件，承接各类水处理设备工程。这就是我的想法，想通过新的网络的方式开展合作，这种合作和以前的还是有区别的，我们这儿的合作就是集个资，帮帮忙之类的，范围都不是很广，在本村或者接近的几个村。我这个网络合作形式就可以超越地域的限制，发挥自己的优势，虽然短期内也许没有成果，我的合作也还没有开展得很好，但是我坚信只要一直坚持下去，一定会取得丰硕的成果。外围市场还没有打开，我就开拓当地的市场，到现在为止我们水厂已经有8个销售点了，三河乡有大河、三店、永河、磨角坝，周边的有黄水销售点，沙子销售点，悦来销售点，还有县城的一个合作伙伴兼销售点。这些点就是送水的中心，通过这些中心向周围辐射开来，相信不久会有更多的销售点的，我还在努力的联系和发掘，这些销售点就是我们合作的见证，只有合作了才会大家一起齐心协力地干下去。

"我的厂就建在我在老家（万寿寨村万寿组李子坪涡磐石）的村道公路旁。现在在三店买了自己的房子，平时在三店居住，有业务加工山泉的时候才过去。占地面积在 200 平方米左右，产量为每小时净化、加工 200 桶水，每桶40 斤，平均一个月可以生产加工 400 桶左右的水，每桶水售价 7 元，一桶水的成本如果除去厂房设备的话就很低了，因为我的水源是自己在万寿山用水管接下来的，都不用钱的，各项成本除了每一桶水可以挣 4~5 元吧，利润还是相当可观的，我现在有 1500 个水桶，完全够周转用了。冬季为销售的淡季，每个月可以销售 2000~3000 桶；夏季天气热，就是水的销售旺季，一个月可以卖出接近 5000 桶左右水，我们一年四季都在生产加工，几乎就没有多少休息的时间。这么算下来我一年的利润就可以得到了：平均一个月销售 3500 桶水（通过平均淡季和旺季），一桶水的利润 4.5 元钱，3500 × 12 × 4.5 = 189 000（元），也不存在每个月给工人工资的问题，一年下来我们还是可以挣个 10 多万元钱，感觉还是比在外面打工强好多。

"我的工厂只有我和我妻子两个人，现在准备招几个工人，毕竟厂的规模一天天要扩大的。主要涉及水质检验员一名，业务员数名，作业员数名，我都已经挂到网站上去了，现在还没有招聘到，这个可能要等一段时间了吧，实在不行的话就准备在本村招几个人来帮我干一下了，本地的村民也想来干，等把厂扩大规模了还是要招几个工人，本村的工人就是差点技术和一般的知识性的东西，要是解决了这些，我还宁愿找本村的村民呢，自己的乡亲还是信得过的。不过现在还差点资金，资金问题一直是困扰我们农村发展的一个大问题，没有钱就不好办事情，找亲戚朋友借了些钱，去年年初还在村里面的滚动资金以我父亲（马世章）的名义借贷了 15000 元钱，钱虽然不是很多，但我还是觉得很欣慰了，在现在农村除了亲戚朋友借点钱，一般都不好筹集钱了，去银行或者信用社贷款，条件苛刻还要有担保人，有抵押，没得关系的话还贷不了钱，我也吃过这样的闭门羹，知道其中的困难。要是国家能把农村的这个信用借贷搞好了，农村发展肯定会更好的。村里面的这个滚动资金就是一个很好的形式，给我们农户提供了很大的便利，短期的小额贷款，国家拨给我们发展的，真的希望这样的协会能多搞点。而且把规模扩大一些，让更多的农户都参与到这种农村合作的大潮中来，对国家，对我们农户自己都是有利的。在这个借款期完了后，我还打算继续去村里面的滚动资金借钱，这次可以多借一点了，有了信用，村里面应该会给我们增加贷款金额的。"

从马发权的水厂的发展来看，他的合作不仅仅限于本地的传统的农村合作，还勇敢地探索出了一条属于自己的合作之路。网络成为他不断发掘的新的合作空间，对于利用好这一块资源他也是很有信心的，虽然短期内他还没有取得成果。去年马发权的创业事迹引起了重庆电视台的关注，该台《记录》栏目组专门前往万寿寨村对其进行采访并在《记录》栏目中播放，主要就是为了宣传这种返乡创业农民工的先进事迹。在新的农村合作中和新农村建设的过程中这样的人物和事迹应该进行宣传和推广，新形势下的农村合作需要越来越灵活，不能过于死板，要灵活运用一切可以运用的资源。我们从马发权的实例中又看到了万寿寨村村级互助资金协会的影子，资金协会的作用就在于为当地农户提供了一个资金借贷的平台，在农村信贷条件还有限还不太成熟的情况下，当地的资金协会就起到了很好地填补这个空白的作用，为农村合作的开展提供了动力和资金支持。

但是农村的资金有限，这是现实存在的最严重的问题，怎么把有限的资金集中起来办大事情确实是目前农村存在的一个难题。我们在万寿寨村也感受到除了本村的村级互助资金协会，其他的像这样的资金合作性质的协会还没有，显然只有一个资金协会是不够的，而且整个协会的资金几乎全部是国家提供的，本村的村民本该集资入股的都没有集资入股，使村级互助资金协会的性质由国家与农村合作共建变为单向的国家扶贫性质的资金协会。如果他们能够像通过当初规划的那样实行村民基金入股，广泛的参与到这种新型的农村合作中来，集全村之力来发展，困扰当前的资金问题也许不会那么尖锐。这也恰好反映了农村发展过程中遇到的困境，就是农民在广泛的合作中难以组织起来，当然，这显然不能够完全归咎于农民的意识问题，事实上其中还存在其他制度性的困境因素。正如农民自己所说的，公平很成为问题。当然，关于公平的问题，我们会将其放在"社会管理与公共服务"的章节详细说明。在那里，我们还会就其当前社会管理对农民的发展所产生的不仅是积极的还有消极的影响，其中就包括合作的困境问题。

万寿寨村的村级资金互助协会在当前农村算得上是一种很好的资金补充方式。它在一定程度上可以缓解农村一定范围内的资金压力，资金虽然不多，但这种形式是值得肯定的，对当地的经济发展有一定的带动作用，尤其是通过对部分农户的资金借贷让他们发展起来形成的示范效应。以谭洪文为代表的一批享受到滚动资金好处的养殖户这几年都不断地发展壮大，对当地的村民也起到了带动作用，养鸡方面，带动了本村两个养鸡贫困户；养猪方面，带动四个贫困户步入了养猪致富的行列。这无疑也是一种合作方式。还有马发权的"万寿山"矿泉水，在取得了不错的经济效益的同时，还对万寿寨村进了无形的包装，扩大了万寿山、万寿寨村的影响，对发展中的万寿寨村旅游业是一个极大的促进。这让贫穷的万寿寨村人民看到了摆脱贫困走向富裕的希望，新的希望还需要万寿寨村人民一起携手共同来实现，开展更加深入和密切的农村合作就显得更加有必要了。

第十章 从治理到服务：政府与农民关系的变迁

当我们将要说明所谓"社会管理"的时候，我们其实想要说明的是关于农民的组织与治理问题。关于这两点，我们在上一章中略有说明，我们在说明社会合作的情况的时候已经涉及政府与农民之间的合作情况，这也是社会治理的一种形式。在政府与农民之间，一系列的关系将二者联系起来，在他们的互动当中，于农民而言，乃是一个组织化的过程，而于政府而言，则是一个提公共服务的过程。所以，当我们于上文中分析政府与农民合作的时候，如果站在政府的角度来看待这一合作形式，那么这也就是一种公共服务。但是正如我们上文所言，政府与农民的合作在现在看来很大程度上还在探索的阶段，与其说这种合作方式已经取得过什么样的成果，不如说已经获得了什么样的经验与教训。总体而言，政府与农民之间的关系尚未能够很好地协调，农民与政府之间的互动还没有能够很好地实现。但是这又并不能说明社会治理的一无是处，毕竟从纵向的历史维度来看待基层的社会治理的问题的时候，我们会发现政府的角色在不断地变化当中。从较为宏观的视角来看这种变迁，大致是一种从治理而至合作的变化，而且，假如曾经的"农税提留"为基层管理提供了资金基础，那么当"农税提留"被取消之后，基层管理又将依赖于什么呢？我们看到，国家的惠农政策以及某些项目的实施成为基层管理的依赖。

第一节 社会治理概述

一、村治概述

我们在第二章的一个小节中对三河乡的历史建置沿革做了较充分的说明。

三河乡于 2001 年中旬由四个乡（大河乡、三店乡、永和乡以及蚕溪乡）合并而成，而在 2002 年年末，三河乡又进行了新的村组合并，将原有的 27 个行政村合并为 13 个行政村，127 个村民小组合并为现在的 57 个村民小组。关于三河乡现在各村组的居住户数、人口数以及各村组的占地面积在上文中均做过较为详细的说明。现在，我们将各村的村名由来及其村委会所在地做如下说明：

蚕溪村，因其村辖区内有一石头似蚕子形状横躺在蚕溪河北岸而得名；村委会驻地在高榜子。万寿寨村，因村内万寿山上的秦良玉古战场万寿寨而得名；村委会驻地在观门石。白玉村，因辖区内有一白玉寺而得名；村委会驻地在钻洞口。玉岭村因大部分地区位于玉家山一带而得名；其村委会驻地在狮岭堡。四方村因村辖区内的龙河段有一四方石头而得名；村委会驻地大中坝。永和村，因其辖区内有一地名叫"运河"，谐音为"永和"而得名，象征永远和平；村委会驻地龙潭沟。红明村，因辖区内有一小地名叫"红岩头"而得名。大河村，因村辖区内的龙河与龙沙河交界处的大河嘴而得名；村委驻地漩沱。拱桥村，因村辖区内有一石拱桥而得名；村委会驻地在新场。鸭庄村，因村辖区内有一条名叫"鸭庄"的小溪而得名；村委会驻地在庙坝。大林村，因村辖区内早年有一片森林而得名；村委会驻地道班。川主村，因村内著名的川都坝而得名；村委会驻地在脚坝。三店村，因以前的三店乡乡名而来。三店乡因有著名的三个店：碾盘店（因其地形看似用来碾米的碾盘而得名"碾盘店"；它是前三店乡政府驻地，也是现三河乡政府驻地）、川心店（前三店乡杨花村的一组地名、有一百货店）、寺上店（杨花村传天寺上，从前由白玉到万寿山途中有一小店）而得名"三店"。

以万寿寨村为例，现在的万寿寨村是 2002 年年底由原来的长春村和石峰村合并而来的。现辖三个村民小组：长春组、万寿组、石峰组。各村民小组的主要聚居点如下表：

表 10.1　万寿寨村村民主要聚居点

万寿寨组别	村民主要聚居点
长春组	大桩坝、羁牛坪
石峰组	关门岩、石峰寺、塔子坪、二坪、牛栏坪
万寿组	石家坪、袁家岭、瓦屋丘、白岩脚、李子坪、苏家岭、窝磐石

长春组在行政地域上主要由以前的长春村组成，石峰组主要是以之前的石峰村为主体，而万寿组则是由原来的石峰村和长春村各划出彼此相邻的一部分

而组成。长春组处在山脚下，村民的房屋主要沿石柏公路两边分布，居住比较集中，该组背靠万寿山，对面是梅子山，两山之间夹着潺潺流动的蚕溪河。从关门岩到万寿山顶"男女石柱"的村组公路穿过石峰全组，该组村民的五个聚居点之间的距离相对较远。万寿组主要分布着石家坪（分为上石家坪和下石家坪）、瓦屋丘、袁家岭、白岩脚、李子坪、苏家岭、公房、窝磐石几个村民聚居点，虽说聚居点较多，但各聚居点之间的距离相对较近。该村在行政体制上虽然经过了重新建制，村委会为了执行村务的便利，在村组工作的开展上还很大程度上沿用未合并前的体制，仍主要是以各自然形成的聚居点为一个小组，以小组为单位进行管理，一些小集体的事情（如下发一些通知）由这些小聚落里面的一些热衷于服务的农民组织传达。这种小组不是行政体制下小组，而是自然地域下的聚落。

图 10.1　万寿山上的小聚落

正如村里的支部书记告诉我们的：

村组合并之后，很多情况都变了，但是以前的体制还是留下来了的，村里面主要是考虑到那样好开展工作。现在我们还是保留了以前的小组长，具体情况是：关门岩和石峰寺的小组长是张应祥；李子坪（李子坪、窝磐石）小组长是张刚群；二坪（二坪、塔子坪）小组长为代文发；牛栏坪小组长由马世银担任；白岩脚小组长是向大田；石家坪（上石家坪、下石家坪、瓦屋丘、袁家岭）的小组长以前是马世文，现在由村文书谭显华代任；长春组（大桩坝、羁牛坪）组长是谭明才。

下文的报告中会涉及许多村组干部的报道，现将该村村干部的任职情况做出介绍。现任村支部书记为马发兹，2005 年开始任职，主管村里的党政工作。村长为陈珍阳，全面负责村里的各项工作，还主要负责全村的新型农村合作医疗任务。村文书（兼任村会计及计生专干）由谭显华担任，还主要负责村里的计划生育工作。前一任村支书为张应强，村里在 2002、2003 年搞退耕还林时，主要由他负责。

表 10.2　万寿寨村各小组负责人情况

各小组负责人	负责区域
马世银	牛兰坪
谭显华	石家坪、袁家岭、瓦屋丘
向大田	白岩脚
张刚群	苏家岭
马世良	李子坪
代文发	二坪、踏子坪
张应强	石峰寺、关门岩
谭明才	长春组（大桩坝、羁牛坪）

在村民们心中，村里的支书、文书、村长及组长都是村、组里的主要干部。村民们和村组干部习惯把农户们称呼为社员或群众，为了直接陈述村民们的相关观点，下文中所涉及的有关个案也将直接采用社员或群众这一称呼。

二、村落之政治建设

在社会主义新农村建设的推动下，作为农村合作的一个重要组成部分，万寿寨村的村民民主建设也有条不紊地开展起来了，在村民自治上，万寿寨村的村组干部选举实行的是民主选举，选举主要是通过如下方式进行的：

选举前，一般先由每个小组的组长去群众家里面发动，争取让家家户户的人（只要是有人在家的农户，外出打工的可以弃权不去）都去关门岩村委会办公室门前小广场投票选举。选举分为村支委选举和村委选举，先选举村支委和村支书，村支委一般有 5～7 个人组成，由全村 42 个党员组成的党员大会选举产生，通过党员大会提名讨论，最后集体决定村支委的任免和人员组成。村支书是在这5~7名的村支委中选举产生的，在这些人当中进行差额投票选举，票多者当选为村支书。此后开始选举村委成员，村委选举是由村民提名，或者自己自荐的形式作为候选人，再由全村的村民代表大会投票选举。票多者当选，村委也是由5~7名成员组成。此后就是选村长，全村18周岁以上的具备选举权资格的本村村民都可以去竞选村长，先由上到下进行摸底调查、村民投票，从票选中最高的两个人中产生候选人。产生候选人以后，召开全村群众大会，回忆地点还是在关门岩村委办公室前面的空地上。具有投票权的村民都可以投票，不在家的算弃权，由县、乡、驻队干部（每一个村民小组都会有一个乡镇政府的干部作为"驻队干部"，之所以叫"驻队"，原因是人们依然采取生产队时期的称呼方式将村称为"大队"而将村民小组称为"生产队"）一起监督投票、验票，票多者当选。如遇平票重新再选一次，以至最终产生票数最多者。

对于这样的政治活动，我们或者并不容易去说明其"民主"问题。首先，"民主"作为一种理念，它为农民所接受需要一定的过程。人们认为，所谓民主，就是让他们都具有其投票的权利，自己当然也有参选的权利。这种情况看起来无疑已经实现了，人们确实已经可以做到这一点，只要他们愿意，他们都可以去参加选举，同时也可以被选举。不过，农民却并不十分认为这就是民主的，他们认为候选人是基层政府（乡镇政府）选定的。因为这样，"选举"就只是整个过程的一部分了，相当于在"选拔"之后的"选举"。不过这并没有使农民觉得多么有丧权之感，他们并不因为有了这点权利而欣喜，同时也不因为丧失了这种权利而恼羞。事实上，许多人都没有行使这项权利，一方面是因为他们并不看重这个政治组织的"自治性"，他们认为村委会在很大程度上不过是基层政府（乡镇政府）的"下设部门"，而不是农民自己的自治组织。放弃被选举权的情况当然更多，许多人并无这样的意愿，他们远没有服务的精神，他们的服务对象是自己的家庭，这是自1982年来就是如此的。

而且，许多人的放弃权力还不是仅仅在于其意愿，更在于其能力的问题。倒不是因为这些农民缺乏对候选人或者选举政策地了解，也不是因为他们没有完成选票的能力（当然，这在一些老年人来说确实也是存在的），最主要的也是最广泛的是这些人们并不在辖区之内。我们已经于上文中说过人们在近些年是如何更愿意选择打工作为其生存的途径了，因为这些人的外出务工，村里几乎所有的公共活动都与他们脱离了。我们从上文中的选举的方式中可以看出，那些离开本村外出务工的农民被认为对选举活动弃权（而无论其是否真正愿意弃权）。事实上，外出务工所导致的组织化问题已经远非仅仅如此，想要将农民组织起来已经变得越来越不容易，我们已经说过，在当前的农民而言，他们所服务的乃是自己的家庭，而此外的其他的公共活动对于他们而言，是一种"压力"的感受，甚至亲戚间的互动也会被认为影响了自己家庭的发展，他们在很大程度上将"会头"看作是十分麻烦而且消耗影响到家庭发展的事情。

多年来的经验使得农民发现一个重要的现象，那就是村委成员很难有显著的变化，一个稳定的群体长时间作为村委成员而存在。这是农民觉得难以说明他们的政治活动是否民主的一个重要原因，可是这也是人们放弃各项权利的结果，这是一个多么不利的循环呢。但是，这种情况也是农民自己选出来的，这看起来有些不可思议，他们既然感觉到这种村委成员的稳定性有些不妥，何以又不选择别的成员呢？上述的说明可以被认为是重要的原因，也就是人们一方面没有政治活动的意愿，很多时候也缺乏从事这一活动的能力。一个不能忽视的原因也需要加以说明，那就是熟人社会所忌讳的人情世故的变迁。在农民看来，各个家庭之间不一定存在很明显的经济利害关系，事实上很多情况下不存在，但是这些家庭之间始终不愿意产生不必要的纠纷，而纠纷并不一定仅仅产生于经济上的利害冲突，假使一个人从一般的农民变成一个可以指挥村民的村组干部，他的这一变化的过程一定要处理得十分圆滑，而事实上大多数得到的是村民的排斥。这当然与村委会的角色极其相关，当村委会成为基层政府的下设机构之后，政府与农民之间的互动经常需要由村委会作为过渡，问题在于，政府与农民之间的关系经常因为他们各自的目标不同而发生互动障碍，我们已经在说明他们之间的合作的时候说明过这一点。当政府与农民的互动发生障碍的时候，村委会的行动就显得十分重要了，它在作为过渡的时候就体现出了它是偏向政府还是偏向农民了。在人们的经验中，村委会经常是前一种角色倾向，这正是农民质疑村委会的"自治性"的原因。这种情况，将会在征地以及退耕还林影响下的一系列事件中体现出来。

第二节 现实背景：征地拆迁与退耕还林

一、征地拆迁中的政府与农民

我们已经在上文中不同的位置多次说到过川主村的征地拆迁情况了。在这里，我们所关注的在于征地拆迁中政府与农民之间互动情况。征地拆迁作为社会管理与公共服务的一种背景，它本身也作为一个事件为我们展示了政府与农民之间的互动以及社会管理情况。在川主村，征地拆迁分为高速公路的征地拆迁和小城镇建设的征地拆迁。小城镇开发征地补偿安置办法同于高速公路补偿办法，即 13 200 元/亩。对于农民而言，他们认为这样的补偿标准太低。高速公路征地拆迁后，房屋拆迁户不可避免地要择地建房，同时部分村民也趁机利用征用的耕地补偿款来建房以改善建房条件。川都坝（我们上文中说过的那块正在作为小城镇建设开发的平地）是一块良好的地理位置，在此占用农田建房的现象较为普遍。但是政府认为村民自行建设的住房参差不齐，既不美观（这一点也是重要的，因为这里因为高速公路而成为石柱县的门户）又浪费土地，于是组织统一规划，禁止私自建房。政府通过不给农民批宅基地的措施来限制农民自行在川都坝建设新的居所。然而，政府何以统一规划建设呢？首先就是先将川都坝的土地征收起来，以上述的那个价格。然后将这些土地倒手专卖给地产公司，建成统一规划好的房屋，然后再卖给农民。部分农民认为征用费过低，政府既然不愿给农民批川都坝的宅基地，那就预留别的地方的土地作为宅基地，反正是不会去购买那里的房子的，因为土地款远远不够购买那里的房子的。但是，为了表明自己的反抗，一部分农民并未去领取每亩 13 200 元的土地补偿金。另外，还有部分村民因不满安置措施到工地上阻挠建设，自今尚留有许多等待解决的矛盾。

王某（男，39 岁）："原来我家的住房是土墙房，高速路拆迁获得赔偿金 2 万多元，但乡政府没有给我安排建房地基，（高速公路征地拆迁）那时叫我们自行解决。我打算到自己的承包田（位于川都坝）去修建。但政府要搞开发，不准我们动工了。他们（乡政府）以 13 200 元/亩，相当于 19.7 元每平方米（的征用标准）从我们手里夺走土地权，然后转手给地产商，地产商再按不同路段卖地基，每平方米 1200、880、660 元不等。对于高速公路住房拆迁户，住房安置办法是根据人口配置住房面积，一个人 20 平方米，每平方米安置价格 96 元。规划标准地基每个 120 平方米，安置面积以外的按地产商出售的市场价 660 元/平方米、880 元/平方米、1200 元/平方米，不同路段不同价格。像我家四口人，安置住宅面积 20×4＝80 平方米，还有 40 平方米需要出高价买。一个地基下来最少也得要 34 080 元（96×80＋660×40），我原来整个房子拆迁的钱还不够买个地基。我的承包田是一个三角形样子，有 560 平方米，我只想在田中央修建 120 平方米的房基，剩下的可以给他们。但没有取得同意，我们地基都挖好了，也被迫停工。我也不去领那个征地费，再等着看情况。现在只好每年花 1200 元租赁房子住，到现在也没多少建房的钱了。宅基地的安置一时没有解决，我也在几年等待中过日子，又不能放心外出打工……"

二、退耕还林中的村组干部

村组干部在社会管理中显得极为重要，这个群体在政府与农民之间起着沟通二者的作用。他们所接触的是大大小小各种各样的事情，所有那些政府需要对农民做的事情最终都需要村组干部来落实。这一点，我们在退耕还林中看得十分清楚。万寿寨村村民委员会和支部委员会对退耕还林持怎样的态度，会对农户参与退耕的意愿产生重要的影响。村组干部对退耕还林越积极支持，宣传和号召就会越到位，争取到的退耕指标就会越多，农户参与到退耕还林的可能性也就会更高。村组干部的态度和素质对普通农户的行为决策会产生直接的影响，我们可以通过以下案例来说明村组干部为退耕还林所做的一些宣传和指导工作。

张应强："我们村退耕还林的面积是比较多的，主要是我们村干部去乡里争取到的，当时（2002 年、2003 年时）县退耕办的主任和我是同学，我和他关系比较好，我们村争取到的指标就比较多了。

"因为退耕还林的事，（在退之前）光是村里就开了无数次的会，现在都记不清楚究竟开了多少次会了，估计至少也有十几次吧。乡里、村里都很重视这个事，退耕还林之前村里先组织村组干部和党员召开了大会，先给他们讲退耕还林的政策，要先把这部分人说通了，工作才好做。我要求那些党员和村组干部多给社员解释退耕还林的政策，多（给农户）做宣传和思想工作。我告诉社员退耕还林是为了保持水土和生态，是为了保护三峡电站。退了过后可以少交农业税，还可以得到国家的补贴，每年补贴 300 斤粮食，要连续补贴八年。还有就是，（退耕还林栽植的）树长大了社员是可以砍去卖钱的，还可以在退耕后的土里种些矮秆作物，好处多得很嘛。"

谭显华："（万寿寨村的）退耕还林是我们去乡里争取的，乡里有指标，各个村要去争取才有。记得当时刚开始宣传退耕还林时，有一部分人特别是老年人想不太通，他们怕没有土种了。在农村嘛任何一个新鲜事物，都要靠我们村组干部去宣传，去给群众做思想工作，农民比较保守、传统，不能够把国家政策吃透。

"（2002 年）当时村里开社员大会宣传退耕还林的事，各组开社员大会时我是每次都到场了的。我们组（长春组）第一次开社员大会说退耕还林的事时，我是每家每户都通知到了的。我先告诉了大家，退耕还林后国家有补贴，每亩有300斤的粮食补贴，农业税也会少交些。退耕还林后的土里还可以种花生、豆子、洋芋、海椒、红薯那些矮秆作物，只是不能种苞谷那些高秆作物了。这样子大家就可以得到两份收入，退耕还林后的土里就算不做都有收入。社员们一经过比较，觉得退耕还林对自己有好处，就觉得退了划算些。我们组开社员大会时我拿了一个本子出来，告诉大家谁不愿意退的话就在本字上面写下自己的名字。"

向大田："组里第一次开社员大会说退耕还林的事时，我是要求每家每户都要出一个代表来参加（会议）。为了搞好退耕还林的事组里开了五次的社员大会，主要是给农户做思想工作，给他们宣传相关的政策和退耕还林的好处。当时组里积极主动要退的人很少，可能只占10%左右的人。其他人基本上都是听了几次社员大会后，听了大家的意见后才慢慢开始接受了，愿意退了。有时候农民的思想就是转不过弯，其实每一项农村工作只要把农民的思想工作做通了，就好办了。

"（组里）第一次开社员大会时，多数人老年人都想不太通，觉得土被栽上树子了今后就没粮食吃也没有苞谷喂猪了；第二次开会时，大家勉强赞成；第三次开会就基本支持了；第四次开会就达到80%以上的人很积极主动的要退了；第五次开会时就全部都很积极主动的要退了，社员就打算把地空出来等着国家的树苗来栽树了。"

村组干部的积极宣传和给群众做大量的思想工作在很大程度上促成了退耕还林在万寿寨村的落实，也让农户积极地参与到退耕还林之中，让农户的思想和观念得到一定的改变，让农户更多地认识到自己是退耕还林的主体。基层干部的积极推动为退耕还林在当地的实施奠定了很好的群众基础。

在基层政府、村委与农民的关系中，我们当然也可以看到某种共谋的情况。据张应强支书和谭显华文书等几位村干部说：

万寿寨村的退耕还林是由县林业局统一规划实施的。规定了哪些土必须退，规定了哪些土种植哪种树苗，还规定同一树种的栽植要连成片。退耕还林面积的测定，是由航空拍摄的图纸来确定的，不是按习惯面积计算。当时没有用皮尺去实地丈量退耕还林的实际面积，是在航拍的图纸上计算出的面积。图纸测量的面积要比实际面积多一些，图纸的面积把土边上的沟沟坎坎都包括进去了，如果是用皮尺去量的话，面积肯定要少些。这样子对我们农户好，可以多拿点国家的补贴。

图纸测量的面积要比习惯面积多一些，存在向国家多报面积的可能。地方政府在操控时与中央政府博弈。

三、树种的选择

我们在上文中似乎也已经说明过退耕还林中树种的选择问题。据农民所说，桑树、柳杉、板栗、杨树、杉木、银杏、红椿这七种树木和杜仲、黄檗两种药材都不是村民自己选择的，是乡政府用卡车把树苗拖到村里免费发放给农户，再让农户在规划的区域内栽上，树种是完全由政府选择的。对哪一片哪一小块地（叫作小班，每个小班有一个小班号）栽何种树，农户也是没有选择权和决定权的。村组干部说，这是由县林业局根据土质的不同和土地坡度的高低来规划的，而且各树种的栽植也要连成片，每个小班要栽同一种树。

在所有的树种中，桑树、杜仲、黄檗、板栗的种植面积就占到总面积的57.04%。乡政府对桑树的预期主要是希望发挥其经济效益。杜仲、黄檗和板栗，亦具有明显的经济效益。而国家搞退耕还林主要是为了发挥其生态效应。地方政府为了当地经济的发展，调整产业结构，希望多发展经济林，偏向于经济效益的发挥，对桑树的选择初衷便是基于此的考虑。

农户对当地的树种是最熟悉的，熟知哪些地方适合栽哪种树木，哪些树木适合在本地生长，以及各类树对具体环境（土壤、水源、气温等）的要求。如70岁的王永和老人认为：

> 梅子山上栽的全是杨树，我认为那里的土不适合种杨树，那里的土太薄了，杨树在那里不肯长，都六七年了那里的杨树还是那么小。那里更适合栽杉树、枞树、柏树。枞树长十年左右就可以砍来修房子了。杨树适合栽在山脚下水源好些的地方，那些地方土质又好，杨树在那里长得好。杨树爱长虫，山上那些杨树下面尽是些虫面面。水青杠要在河边上才肯长，要水分多才得行。

也许最熟悉当地各类树种的应该是当地的村民，而并不一定是规划选定树种的相关工作人员。农民们在自己的地里耕耘了一代又一代，把最深沉的情感都寄托在土地上，用他们勤劳的双手年复一年的和土地打交道，可以说他们摸清了各块土地的"习性"，知道它的"性格"，就像对自己孩子的性格一般熟悉。但是显然，在树种的选择方面，政府并未广泛地征求农民的意见。当然，农民当时也并不关心这些，因为农民们当时所看到的不过是每年的退耕还林款，所以种植什么样的树种，他们并不在乎。我们曾经说过，那时候的农民倒并没有想过通过森林来生存。

这种颇为强制的树种选择，最终导致某些树种生长在万寿山上显得十分尴尬，譬如桑树。我们已经在上文中说过桑树在这里种植的政府考虑与农民忧虑，而最终，政府想要通过种植桑树而带动万寿山上的蚕桑业发展的计划落空，万寿山上的桑树绿油油地长着，除了能够在一定程度上发挥着保持水土的作用之外（而且据说桑树在这方面的作用也还算是十分有限的），没有任何的效果。在农民而言，这些桑树给他们的不过是每年的退耕还林补助，其他的也没什么效果。当退耕还林的补助快要到期的时候，政府想要产业转型的愿望还没有实现，而对于农民而言，桑树的唯一价值（补助）也已经快要失去。于是，不仅于政府，而且于农民而言都有了改桑的愿望。

马发兹支书告诉我们：

桑树种好后，农户根本不愿意养蚕，养蚕的效益太低了。桑树不像其他的树，可以卖钱，桑树又卖不了钱。不养蚕的话，种来根本就没起作用，白白的把土占了。村里面在考虑改桑的问题。打算尽快就搞，最好是今年就把这个事办了。把桑树改成白果树、杉树那些树种。

谭显华又说：

桑树是不成功的，农民不愿意养蚕。乡里面也在考虑改桑的事，农民不满意桑树，我们就害怕农民去复耕。县上也是要求换桑，换成速生树种，比如说白杨树就比较合适。

张应强的观点是：

当时村里不愿意发展蚕桑，蚕桑要去管理它，蚕茧价格又不高。搞退耕还林时是县上的规划让我们村种桑树才种植上的。乡里打算的是把万寿寨村和川主村作为全乡的蚕桑带来发展，重点发展这个村的蚕桑产业。我觉得实际上桑树也基本上没啥保持水土的作用。栽上了桑树也就是等着拿国家的补助钱。

谭明科则说：

如果可以在退耕还桑的地里种苞谷就好，苞谷需要的肥料多，桑树就可以吸收到一些肥料，长得好些。（在退耕还桑的地里）种花生、洋芋、海椒、豆子那些需要的肥料少，桑树就缺肥。桑树要施肥才得行，要不很容易就死了。

政府和村组干部基于对农户复耕的担心和桑树未发挥其应有的效应，做出更换桑树的考虑。桑树在栽植了六七年后因为未达到应有的效应，被迫需要考虑换为其他的树种，这造成了成本的浪费，显现了当初政府在规划上考虑不周。

四、退耕还林的组织与管护

退耕还林的时候是各个村民小组自己去栽树，多数是农户自己去自家原来的退耕地里栽植规定的树种，也有的村民小组是组织人力统一栽植。牛栏坪在退耕还林时便组织社员们集体栽植小组里退耕还林的树苗。当时牛栏坪小组长组织社员，分成三批人去栽树。每一批有七八个人，成员全部是小组里的社员，他们在规定的地里栽种政府指定的树苗。在栽完树后的一两天里，组里会派党员代表和群众代表去检查前些天栽植的情况。当然，参加栽树的社员会得到一定的报酬，具体的操作是在2002年、2003年退耕还林的粮食下发后，会按照各农户栽植树木工天的多少多拨付相应的粮食给他们作为报酬。这些粮食是村民小组从集体里提留出来的部分粮食，将其分给参加栽树的社员们。

种植了树种之后，农民还要对树苗进行管理。对树苗的管理是退耕还林后续措施的重点，加强对树苗的管抚才能提高树苗的成活率，才能确保植树造林的质量。科学的管抚树苗是退耕还林工程取得成功的重要因素。

图10.2 立在路口的森林管护制度

退耕后，乡政府允许农户在退耕地里种植矮秆作物。这样做的后果：一是是在退耕还林时可以一定程度上减少其实施的阻力，二是可以使农户增收，三是可以使栽植的树苗吸收到庄稼的肥料促进其生长，农民自己可以在种植庄稼的同时对树苗进行管理。万寿寨村在刚开始退的两年（2003年、2004年）里是村里统筹、小组具体负责管理树苗。马发兹支书说："对树苗的管理也就是一般在冬季除除草，春季补植一点上年死掉的树，也不用去施肥和打农药，其他基本上就没啥事了。"在小组层面，是各小组里组织人力去管护该小组的退耕林地，一般是以 3~5 个人为一个工作小组，冬天到林地除草，春天补植新树苗。村里叫负责管护本村林木的人员叫作林业员，村里现在有 4 名林业员。他们具体负责的工作是：代文发负责管理原石峰村 1 队、4 队（村民小组）退耕地里的树木；张刚群负责管理原石峰村的 2 队、3 队；向大田负责管理原长春村的 1 队、2 队；马发之负责管理原长春村的 3 队。目前，县政府已把对树木的管护费与国家对每亩退耕地 20 元的生活补助费挂钩，即把每亩 20 元的生活补助费作为退耕造林所栽植树木的管护费，直接打到农户的信用社卡里。

2004 年后村组里就基本上没有以集中管理的方式管抚树苗了，而是交给了农户自己去管理。退耕户与三河乡政府签订管护合同自行管理。一位村民这样说：

自己会在干活路时顺便给种着庄稼的（退耕）地除草，施点肥料。那些没种的土（里的树）就没去管理了，懒得去管，就随它长了。种着庄稼的土里的树要长得好点，肥料要多一点。没种庄稼的退耕地就要差些，尤其是退耕换桑的地，如果不去耕作的话，桑树就会死掉。

村民们都觉得栽植的树苗长得不够好、不够快，他们解释的原因是：一是栽植树苗的土质差，那些土用来种庄稼都不出产，种树子也是一样的不肯长；二是懒得去管理树苗，让它们自己生长。其实，村民们对树苗管理的积极性，主要取决于某一退耕地是否种植庄稼。就我们的观察所见，至今村民们在退耕地里种植庄稼的面积是占总退耕面积很小比例的，因为树苗已渐渐长大，不便于种植庄稼，还有就是大部分退耕地不适宜种植庄稼。

违反规定的情况时有发生。在对退耕林地进行检查的时候，如果退耕户在退耕地里种了苞谷等与相关政策违背的农作物，村组干部会提前告诉大家，叫大家马上把苞谷拔掉，否则检查不过关则不发放退耕补助。在我们调查即将结束的前一天，陈珍阳村长便到向大田组长家里告知乡政府今年检查村里退耕还林的事宜。由于当时我们不在场，也就不知道所谈的具体事宜。我们后来与马育兹支书通了电话，他告诉我们：

以前基本上都是县、乡政府派人来检查退耕还林的情况，每年检查一次，基本上在四五月份检查。乡里的人来检查的话，经常的情况是他们随便在村里退耕还林的一些地方看一下，村里再请他们吃一顿饭就可以了。听说今年是重庆市里面要派人下来检查，我们村里面是要求那些在退耕地里栽了苞谷的农户把苞谷扯了，换种其他作物。他们下来主要检查的就是看农户有没有在退耕还林地里栽植苞谷那些高秆作物，林木是否受损，看树木有没有长虫，看树木的长势情况如何。哪一片地方检查不合格的话，上面（政府）就不会发退耕还林补助款给农户，这就要由农户自己来负责了。

如果相关部门对某一退耕还林地块的检查不合格，他们会要求农户在规定的时间内整改或补植树苗。这时，政府会暂停兑现把退耕还林直补资金发放给检查不合格的退耕户，待退耕户整改检查合格后，再发直补资金。退耕户如果不按时整改，政府会依照相关规定从直补资金中直接扣取管护经费请人代为履行管护义务。

由于各种自然的和人为的原因，每年退耕地里的树苗都会死掉一小部分，这就需要农户每年对其进行补植（农户主要是在乡里或县里每年对退耕还林检查的前期进行补植，以使检查能够合格，从而才能得到国家拨付给农户的退耕还林补助款）。县、乡政府对农户补植何种树苗没有明确要求，于是农户就地取材，以便捷、省事为原则，在离家最近或离退耕地最近的地方去寻找各种适宜的野生树苗用于补植树种。万寿山山脚下的蚕溪河两岸长有很多野生的水青杠，村里补植的树便大多数都是去蚕溪河边挖来的水青杠。尤其是乡里快要检查的前几天，村组干部就会通知农户如果退耕地里有损坏的树苗农户就必须得在检查前补植好。

树木现在正处于生长期，村民们每年能领到国家的补助款，获得眼前的近期收入。若是村民们用发展和长远的眼光看退耕还林这一问题，从经济利益的视野出发，考虑到长远的利益，就应该积极的管护好树木。当国家的补助到期后，退耕户就可以将增收的方式从简单的退耕补助转移到树木本身上，将长大成林的林木砍伐后进入市场获利。由此可见，增强退耕户积极管抚林木的意识，对巩固退耕还林的成果，对国家预期的生态效益，对退耕户本身的经济利益都是有积极意义的。

第三节 "村提留"：退耕还林补充的村治资金

当我们今天再来考察农村的公共管理的时候，发现诸多管理上的困境，最重要的原因便在于当前的公共管理很大程度上失去了资金基础。我们已经在多处提及过，自从 1982 年土地落户之后，人们的生产生活的目标逐渐缩小到家庭内部。在这样的情况下，公共管理以及公共基础设施建设发生了困难，幸好在一段很长的历史时期内，农业税可以提供给基层政府以管理的物质基础，农业税中的一部分成为社会管理的物质来源，所以农业税也经常被叫作"农税提留"。而进入到 21 世纪第一个 10 年的中期以后，农业税在全国的农村逐渐取消，这样，公共管理的物质基础也缺失了。生产队的解体伴随着公共管理的组织基础的解体，而农税提留的取消则釜底抽薪地将公共管理的物质基础也撤销了。农村公共管理的困境越来越突出，但是，在我们对万寿寨村进行考察的时候，发现这里的公共管理因为退耕还林而获得了一些"村提留"，这些提留为万寿寨村的公共事业及社会管理发挥了重要的作用。

一、退耕还林款的政策流程

重庆市率先在全国开展了退耕还林现金直补，将退耕还林的粮食补助和生产补助纳入财政直补范围，退耕还林补助兑现工作由政府委托银行以存折的方式发到农户手中。三河乡政府委托石柱县三河农村信用社发放全乡退耕户的补助款，乡政府为每一退耕户在三河信用社办理了存折，专门用于补助款的发放，专卡专用。政府补助退耕还林款的操作流程是：

村里各个行政小组每年负责制作退耕还林的花名册，将各家各户在该年内应该得到多少退耕还林的面积制作成表格。在制表时，制表人会将每家每户应付的各种相关款项和"村组提留"在退耕还林的面积里硬性扣除，将那些需扣除的钱兑换成相应的退耕还林面积（如 100 元 ≈ 0.41 亩），接着从各户总面积中除去提留和扣除的面积，剩下的面积便是该户应该得到补助面积。组里将各户在上一年检查合格的退耕面积上报到村里（一般情况下，只要政府相关部门对各家各户退耕还林的情况检查合格，那么每年同一农户退耕的面积就应该是一样的，按照 2002 年、2003 年退耕时的面积计算），再由村里集中交到乡政府。

由小组里每年造花名册上报乡政府，这种自下而上逐层上报的操作方式为基层运用退耕还林补助款提供了种种方便和可能。在全村、全组退耕面积总数不变的前提下，村组为了某些原因需要每年"调整变动"每家每户具体的"应得"面积。这里还有一个重要问题，即群众并不知道自己家究竟退了多少亩，只知道一个概数，农户们只知道小组里大概的人均退耕还林面积。所以当我们问到村民们自家退了多少面积时，他们只能告诉我们一个概数。各个小组对于退耕还林款的使用项目是不同的，根据小组的实际需要来开支和使用。具体的使用项目也是由各个小组自行操作，比如某些小组需要农户出人畜饮水的人工费而另外的小组却是农户们无偿出劳力修建人畜饮水工程。

二、村里的财经管理

陈真阳村长告诉我们：

我们乡实行的是"村账乡管"。我们村里面的财务通过乡财经所管理，村里不直接管理本村的财务。我们选择一个具有一定信誉的"顶名人"把钱从信用社取出来后，要交到乡财经所入账，由乡里的会计、审核员入账，同时还要三个群众代表当面见证"顶名人"已经把提留的退耕款入账了，乡里给村开收据。如果村里有开支，村里可以申请经费，写报告经村支书和文书盖章后，交到乡里，乡财经所同意后，就把钱发给申请的村干部。

关于顶替退耕还林款的操作流程，万寿寨村的马支书给我们做了详细的介绍：

顶替退耕还林的款的人叫"顶名人"，一般是村里的党员和村组干部自己的亲戚，要找大家信得过的人才行。把顶替款打在顶名人的账号里，顶名人把他的农村信用合作社的折子交到我手里，我拿到顶名人的身份证和自己的身份证及顶名人的折子去信用社把钱取后，直接在乡财经所入账，财经所开相应的收据。村里要开支的话就打报告到乡里，乡财经所从村里的入账资金中拨款给申请人。

顶名人不是谁都能做的，要求满足一定的条件才行。一般要满足以下一些基本条件的人才有资格做顶名人：本村人；做事公道；老党员身份；为人厚道；为人处世比较好；讲究信誉；家庭经济较富裕；村组干部信得过的人（主要是村组干部的家属或亲戚）及村组干部。现在，村里主要由村长顶名新型农村合作医疗款，文书顶名计划生育罚款。

三、"村提留"的用途

关于"村提留"的使用问题，我们还将在后文的不同位置做出较为详细的说明。现在，我们以白岩组的具体情况来从总体上展示"村提留"的用处。

白岩小组组长向大田："小组的开支是从组里面退耕还林的总面积里面提留出来的。好多钱都是直接扣退耕还林的补助款。

"2005年5月3号开始修村组公路。白岩小组的包产人口每人出资86元，没田土的人口就出一半的钱，出43元。当时在家的人有钱就出钱，没钱的人就从他们家退耕还林的补贴里面扣，每家每户总有退耕还林的补助，都能扣到钱。陈世文全家在那年都打工去了，他家应该交260元的集资钱，就从他家退耕还林的钱里扣了260元的面积款。

"2005年、2006年、2007年县蚕桑局要求村里养两三百张的蚕种，不养的话就扣发我们退耕还桑的钱。2006年、2007年村里给小组里摊派了12张蚕种的养殖任务，结果两年小组里面都只养了8张蚕种，剩下的4张蚕种我把它用火烧了。每张蚕种22元，12张总共264元，全部在组里退耕还林的总面积里面扣除，要扣一亩多一点儿的面积。组里面根本养不了那么多张蚕种，大家都不咋个愿意养。2008年开始乡里就没有再摊派任务了，农户自己愿意养才养。

"2007年小组里提了6.6亩的退耕面积用来开支，我把这个面积划到了村长头上，等退耕还林的补助发下来后就去村长那里拿那个钱来发给为组里面做了工的社员。2007年组里面开支了四项：一是开支人行便道的材料费（包括碎石和沙，乡里提供水泥和5元/米的人工费）；二是组里的高压电线倒了，我组织了10个社员去把高压电杆重新立起来，开给他们工资，每人10元，花销了100元；三是疏通组里公路边上的阴沟的开支；四是组织社员们清理从坡上滑到组里公路上的泥巴、石头，花了440元。

"对经费具体的划拨是这样的：组长把这6.6亩的退耕面积划到了村长头上，让村长顶名。让村长顶名，是为了避嫌，免得社员们以为组长贪污，村长也能监督这笔费用的使用情况。退耕的补助款发下后，组长去村长那里领提留出的6.6亩面积的钱用于组里上年的开支（主要是人工费）。然后从总面积的104.5亩中减去6.6亩，剩下97.9亩，将这97.9亩的退耕还林的补助费平均分给组里的每个包产人口。即：（104.5－6.6）亩×245元/89人＝269.5元，每个包产人得到269.5元的补助费。

"今年（2009年）至少要提10亩的退耕还林面积才够开支。今年3月修组里的灌溉水沟时，组里出钱挖基脚，3元/米，有500米长，花1500元。（乡里出32元/米的石工费，送碎石、水泥和泥沙）。4月份修好后，组里组织了16个人去清理修完水沟后堆在公路上的石块，重新埋好饮用水管子，做了半天工才搞好，一个人20元的人工费，让社员些无偿地去做那些是没得那么好的事得。

"海椒种也是扣退耕还林的补助款。乡里摊派的任务是每两个包产人口就要种一袋海椒种。2006年、2007年、2008年、2009年组里摊派了到了45袋海椒种，组长每家每户的送。今年基本上没人种海椒，海椒去年的价格太低了，我的海椒种就放在竹筒里装着，不打算种。

"以前没有退耕还林的时候村组里的开支很少。现在村组里所有要集资的钱都是扣退耕还林的补助。以前收农税提留麻烦得很，你去农户家收钱好恼火哦，要挨家挨户地去收，还收不到。现在方便多了，组里要用点钱来开支的话，从退耕还林的面积里面扣就可以了，工作简单方便多了。"

此外，村里也对"村提留"有一定的开销：

陈珍阳村长："村里在2007年的时候在总面积里提了20多亩的退耕还林的面积，有6000多元，用来村里的开支，主要是应付乡里来检查工作和接待花费。现在还剩下2000多元。"

马支书："村里在修公路时用退耕还林的款开销了1600多元，主要是用在了招待县里来检查、监督公路的人的生活费和烟钱。"

我们在这里只是从总体上表明"村提留"的各种用途，在后文的介绍中，我们将更加清晰地展示出这一新的"村提留"对于农村公共管理的现实效用。

第四节　政府与农民：从管理走向合作

我们在前一章说过农民、企业与政府间的合作方式。这种合作方式在今天看来是十分必要的，一些农民已经深刻地感受到单打独斗的弊端所在了。当然，我们也在那里说明了这种合作在现在的基本情况，可以说，诸多的探索成果很大程度上仅限于经验和教训，而实在的收获却还并不多。事实上，当我们在关注农民、企业以及政府之间的各种关系时，我们更大程度上将其视为一种新型的合作方式。但是，当我们在这三种主体的合作中剥除企业之后，便发现这种合作之所以难以成功的关键所在，我们也已经在上文中稍加说明过，原因之一便是政府与农民之间的关系还不利于二者之间的合作，因为在我们看来，这与其说是一种合作，倒不如说是一种社会管理，它很大程度上是一种自上而下的过程。但是，如果可能的话，正如农民所希望的，政府与农民之间的关系应该实现从一种管理到合作的转变。所以我们在这"社会管理与公共服务"的一章说明政府与农民之间的合作，因为这是传统的社会管理向公共服务转变的一个过渡阶段。

在我们上文中所说到的农民、企业与政府之间合作的时候，我们经常有一种农民这一主体长期缺失的印象。仿佛合作发生于政府与企业之间，而政府与农民之间的合作关系事实上远远算不上是合作，而是使用一种管理的方式奠定政府与企业进行合作的基础。于是，农民缺失了其在合作中的主体地位，他们成为政府与企业进行合作的附属。而在我们做出考察之后，事实确实如此。在本节当中，我们将从政府与农民之间的关系方面探讨当前的政府对农民的管理状况，以至于说明何以当前的政府与农民之间的合作难以进行的部分原因。

一、政府的生产任务摊派：蚕种、海椒和苦蒿

（一）蚕种

我们在谈及三河乡的养殖业的时候曾经说到过，在三河乡，尤其是在万寿寨村，大多农民都已不愿意养蚕。但乡里仍然给村里摊派任务，要求村里每年完成规定数额蚕种的养殖任务。蚕种的养殖数量是乡政府作为任务摊派给村里的，村干部也知道农户不愿意养蚕，养蚕效益低，村里养不了乡里所规定的那么大的数额。据村干部反映，如果他们不去完成乡政府规定的养蚕任务，工资就会被扣，评优评奖的资格也就会失去。村民们还听说如果大家都不养蚕的话，乡政府就不发退耕还桑的补助款。退耕还桑为农户养蚕提供了前提和可能，政府的预期是通过退耕还桑来发展蚕桑产业，但现实情况却是农户们不愿意养蚕，桑树远远未发挥出预期的效应。

据乡里负责蚕桑工作的雷云琼报道，县里从 1984 年起就开始往乡里下达养殖蚕桑的任务。蚕种是由县里的蚕茧公司提供（县蚕茧公司由县国资委管理），收购蚕茧也是由该公司负责。乡里把养殖蚕种的张数摊派到各个村里，规定每年必须养多少张蚕，与每年的考核挂钩。于是就出现了这样的局面：村里面每年去乡上领取蚕种，村里面再通过全村的包产人口进行均摊，这样你要蚕种也行，不要蚕种也行，但摊给每家每户的蚕种费还是要上交，直接就从退耕还林款中给扣除了。考虑到村民都不愿意养蚕，村组干部把蚕种领回来了后先去农户家里面发放，有人养的就领去，最后剩下的都集中烧掉销毁了。像这样的情况经常发生，万寿寨村的各村民小组都普遍存在。农民们基于各种原因

都不愿意养蚕，而各级政府和基层迫于压力还给他们摊派任务。他们自然不愿意交钱买蚕种了，村里面没有办法只好通过退耕还林款来扣除蚕种费了。从2008年开始乡里就没有再向村里摊派养蚕任务了。2008年万寿寨村只有12户人家养蚕。

（二）海椒

关于辣椒的种植，我们也已经在上文中相关的位置做过具体地说明。从2005年开始，乡政府大力倡导在全乡范围内种植海椒，乡政府专门成立了辣椒办公室，负责全乡辣椒生产工作。乡政府用行政手段摊派各村每年种植海椒的亩数，并给农户发下海椒种和海椒肥。当然这些不是乡政府免费送给农户的，而是要农户自己掏钱买，每包海椒种子5元钱。乡里把海椒种和海椒肥发到村里，让村组干部去具体分配或摊派。为了操作方便，也是为了完成任务，村组里也选择通过扣除农户退耕还林的补助款来购买辣椒。

向大田："乡里摊派的任务是每两个包产人口就要种一袋海椒种。2006年至2009年，白岩小组里摊派到了45袋海椒种，组长每家每户的送。今年基本上没人种海椒，海椒去年的价格太低了，我的海椒种就放在竹筒里装着，不打算种。"

陈村长："从2005年到2009年，乡政府每年都要发海椒复合肥，按一个包产人口30斤左右的肥料发给各户，农民是要交钱的，都是从退耕换林的补助款里面扣。一包海椒复合肥100斤，卖100元一包，可以拆开分给几户人家。这是乡里给村上强制摊派的任务，村里不要的话，就把村干部的工资和奖金都扣了。"

（三）青蒿

我们对青蒿的种植也已经在上文中做过相关的说明。2005年的时候，乡里要求农户种植青蒿。青蒿种子由乡里给农户，每袋38元，一袋大约25克重。一名村干部说："农民不愿意出青蒿种子钱的话乡里就会扣退耕还林的补助款，农民要也得要，不要也得要"。白岩组在2005年摊派到了7包青蒿种。但是，当农民收获青蒿后却卖不出去，没有人收购。青蒿变得一钱不值，为此，一气之下许多农户将青蒿扔到了河里。

二、政策捆绑：新农合、计划生育、妇女检查以及畜牧款

所谓政策捆绑，也就是政府将其各项政策捆绑起来综合实施。这种政策施

行方式并不是为了使得政策更加完美，只是为了使得各项政策更容易施行。这样看来，所谓政策捆绑就是一种较为消极的行政管理方式，其目标不是被管理者的利益，而是管理者的管理效率。在三河乡，正是有了退耕还林款，使得其他各项政策的落实方便了许多，因为退耕还林的补助款项总是由政府下发给农民的，所以政府可以通过控制这部分资金而间接地控制着农民，在新农合、计划生育、妇检以及畜牧卫生等的管理中，退耕还林的补助款发挥了重要的作用。

（一）新型农村合作医疗

关于农村的新型医疗合作，我们在探讨农民的合作的时候做过较为详细的说明。我国的新型农村合作医疗制度是由政府组织、引导、支持，农民自愿参加，个人、集体和政府多方筹资，以大病统筹为主的农民医疗互助共济制度。从 2003 年起，重庆市便逐步开展新型农村合作医疗工作。新型农村合作医疗制度资金筹集实行个人缴费，集体扶持和政府资助相结合的筹资机制。虽说政策是明文规定农户自愿参加新型农村合作医疗，但是万寿寨村的农户看起来有些强制的色彩。万寿寨村原则上是要求所有的村民都必须参加新农合，只要户籍在村里就得参加。孩子出生后就得参加新农合，外出打工的人也要参加新农合。2008 年以前，每个参保人交 10 元的合作费，2009 年开始，每个参保人需交 20 元。村里的文书说：

> 去年，重庆市给石柱县下达的新型农村合作医疗任务是，要求新农合要覆盖全县农村人口的 90% 以上，县里给乡里下达的任务是 92% 以上，乡里给我们万寿寨村下达的任务是达到 95%。就是说乡里去年要求村里 95% 以上的人口要加入新农合，要求我们村组干部去完成这一任务。2008 年，万寿组的新农合款是全部扣的退耕还林的钱，达到了 100% 的参保。长春组是在家的农户就交现钱，外出打工的农户就扣他们家退耕还林的补助款，也是 100% 的参保。石峰组是组长只收了在家农户的新农合款，没有收到外出打工农户的新农合款。就是这个原因，我们村去年才没有完成乡里规定的 95% 的任务，只达到了 93.8%。没有达到乡里规定的新农合的目标，因为这个事，我们村干部的工资去年就被扣了 150 元，支书、村长、文书三个人各被扣了 50 元。打算今年的新农合款全部在退耕还林的逐步里扣除了，那样子就好完成任务了。

陈村长说：

> "2007 年乡里要求在 8 月份把村里的新农合款收齐上交，那时村里还有

900 多人没交钱。结果就只好用自己的私人存款垫付了村里 9000 多元的新农合款，自己顶名了全村的新农合款。这 9000 多元钱是从没交款的人家的退耕款里直接扣除的，退耕款发下来的时候就把扣除的钱划到自己的账上。"

在 2008 年订下的《万寿寨村村规民约》中，第六条明确指出："新农合的收取，按参合标准每年从退耕还林中提取。"（详见附录）在李子平小组，马世良的妻子告诉我们，村民小组长马世良在 2008 年的时候便把全小组在 2009 年应缴的新农合款给扣了，从小组里提留出了 3339.35 元作为新农合款。

（二）计划生育

我国的计划生育是作为一项基本国策长期推行的。国家推行计划生育，是为了使人口的增长同经济和社会发展计划相适应。三河乡的土家族居民可以生育两个子女，前提是在第一孩子满过 4 岁后，夫妻俩才可再生育第二个孩子。三胎则属于超生，需要交罚款 19800 元。万寿寨村有的村民超生三胎后，因未交或未交齐罚款，退耕还林的补助款被强行扣除作为超生的罚款。

张天润家里有 5 个包产人口，退了 17 亩左右的面积，去年只领到 80 多元的退耕还林补助款。"去年我家的退耕还林款被扣掉了，扣了 4000 元左右。原因是我超生了三胎，没交罚款，乡里面就直接把我们一家人（包括父母的）的（退耕还林款）都扣完了。政府还说我信用卡上没钱，要不就把信用卡上的钱给冻结了。我觉得不该扣我父母的钱，要扣就扣我的。父亲 62 岁了，腰被摔断了，做不得活路了，父亲的经济来源就只有那几个退耕还林的补助款。政府不该扣退耕还林的钱，农民要吃饭嘛。那个钱一年才发一次，等那个钱发下来时又被扣掉了，气都气惨了。以前在（退耕还林）土里种植庄稼的时候，没钱了还可以背点粮食去卖钱。"

向学林和媳妇在广州打工，农历的 2004 年 8 月 15 日在广州生下了三女儿向云蕾，在那年的腊月，向学林把 4 个月大的女儿送回了家。因为是超生，2005 年的时候家里交了 5000 元罚款到乡政府，给云蕾上了户口。"乡里还要求我们补交罚款，户口上了之后家里就没钱了，我们就一直没有去补交。去年乡里就直接把我们家 1500 元左右的退耕还林款给扣了，我们家去年在信用社的存折上只取到了 80 元的钱。"

马世良妻子："我有两个孙女，大孙女 2002 年出生，二孙女马洁在 2004 年 7 月出生。媳妇在大女儿还没满四岁生了马洁，因为这个事乡里要罚我们家 4000 元的罚款。我们一直没有交，去年乡里就在我家的退耕还林款里面扣了

1500 元左右的钱。乡里说我们还要交 2500 元才可以，我才不想交，等他扣。看他究竟要扣多少。"

2008 年，李龙华家超生了第三胎，乡里要罚款 19800 元。他向村里交了8000 元把孩子的户口上了。乡里面要求他还要交 5000 多元，村里去年就把他家 1.4 亩的退耕还林的钱给扣了，村里把扣到他家的退耕款交到了乡政府。

谭千武家超生了第三胎，交了 7000 元到村里上了户口，还要交 6000 元，村里去年就把它家退耕还林的钱扣了（作为超生的罚款）。

在 2008 年订下的《万寿寨村村规民约》中，第一条第九款关于计划生育的规定里明确指出，对于计划生育应罚款的征收办法："一是主动缴纳，二是退耕还林，土地直补扣出，直到扣完为止。"（详见附录）

（三）妇女检查

妇检是为了控制人口，主要对那些育龄妇女进行检查。每年乡里要进行两次妇女检查，分为上、下半年两次。检查的人群是结婚后生育过第一个小孩的妇女至 48 岁之间的妇女。去乡里妇女检查是免费的，而且在规定时间内去乡里检查的妇女还可以得到车旅费补助，一般是几元钱。但是若是适检人群不去乡里检查的话，就会罚款，一人一次罚款 50 元，当然，很多时候是从退耕还林补助里扣除的。

马世常（女）："两个儿媳妇都在浙江的一个玻璃厂打工，大媳妇 34 岁，小媳妇 31 岁。她们在那边打了 6 年工了，期间就 2007 年回了一趟家过年。2008 年的时候，乡里要求她们回家进行妇女检查。如果不回来的话也可以在当地的医院检查，然后把医院的妇检证明邮寄回家交到乡政府。两个媳妇都因为工作忙，没有回家也没有在当地的医院进行妇女检查，结果乡政府就要罚款，一个人罚了 100 元，一年检查两次（何时检查）两人就罚了 200 元。这个钱是从我们家退耕还林的钱里面扣的，肯定是那些干部嫌直接到家里收钱麻烦，农民也不愿意交，他们就在我们退耕还林的补助头直接扣了。在家的妇女去乡里检查不用出检查费。"

（四）畜牧卫生管理

乡镇畜牧部门经常要对农民养殖的牲畜进行卫生防护，这些防护在农民看来并不十分必要。所以，在农民而言，他们并不愿意进行这项自觉不必要的工作。而且，问题在于这种卫生防护还需要农民自己缴纳费用，这是农民们很不愿意的事情。

雷云琼："去年乡里是要求所有养家禽、家畜的农户都要接受乡畜牧兽医站给他们的鸡、长毛兔、猪、牛、羊等打预防针。"

陈村长："去年乡畜牧兽医站来给村里每家每户养的猪、牛、羊、鸡、长毛兔等动物打了预防针，兔子是每只0.15元，其他那些就是每户出17元的畜牧款。不管你家里面养了多少只猪、牛、羊都交17元，只要家里养了就要交17元的畜牧款。2008年万寿组有谭明科等11户人家没有交畜牧款，我就在他们退耕还林的补助款里把这11家人的畜牧款扣掉了。"

马世金："去年家里养了70只长毛兔，畜牧局的来家里给兔、猪打预防针。给兔打针是交的10.5元的现金，给两只猪打针是扣的退耕还林的钱，扣了我们家17元。"

正如马支书所说，村里要发展面临着经费困难的问题，这也是基层（乡村两级）普遍存在的问题。尤其是农村税费改革后，取消村提留以后，基层的经费来源减少，有些地方基层的开支便显得捉襟见肘。要满足基层的运转，就需要相应的资金投入，要发展农村就需要资金的投入。可以明显地看到退耕还林款对农村公共管理所提供的便利。若没有这笔钱，村组里许多工作的开展则会变得"麻烦"。计划生育和新农合是作为乡、村两级重点抓的两项工作，万寿寨村计划生育工作和新农合工作分别由文书和村长主管。谭文书在2007年顶名村里的计划生育罚款，顶了49.2亩的面积，也就说村里超生孩子的家庭被强行扣掉了49.2亩。村长在2007年的时候顶名新型农村合作医疗款，顶了41.14亩。他们将这90.34亩退耕还林的补助款从信用社取出后，交到乡里，完成乡里规定的计划生育工作任务和新农合任务。诸如蚕种钱、海椒种钱、青蒿钱、畜牧款、适龄妇女未妇检的罚款，如果农户不交，也是如此操作——将其扣除后，上交到乡政府。

对于扣村民们退耕还林的补助，村干部也显得有些无奈。正如文书所说：

"我们村干部也不愿意扣村民们退耕还林的补助，那是他们应该得的，有些农户家里就等着拿那个钱生活。扣了他们的钱就来找你闹，麻烦得很。但是我们也没办法，要完成乡里规定的任务才行，就只好扣退耕还林的钱来完成任务了哦。完不成的话乡里就要扣我们干部的工资和奖金，搞得不好就要我们下台。有了那个钱做工作要好做一点，今年就打算全村都统一扣新农合款。农村工作复杂得很，很难开展工作，基层工作最难得做了，不管你干部做得好不好，农户都觉得不满意，还要当面背面的骂你。"

站在村委会的角度，我们可以体味到村干部确实有自己的苦衷，一方面要落实完成乡里摊派、规定的任务，另一方面要面对农户对村里工作的不配合或配合不够。当这种干群配合不够时，村干部为了完成任务，就只好采取非常规手段，采取特殊方式以达到目的。

为了完成任务，村里扣退耕还林的钱。这便为政府政策的实施、往村里下达任务的完成提供了保障，也为政府强制推行某一政策或项目提供了可能。如政府要求农民们养蚕，农户若不肯就扣集体里（村、组、小组）退耕还林的钱，农户受到"威胁"后就只能"就范"。当一两百张蚕种发到村里时，全村根本就养不了那么多或根本就不愿养，于是就一把火将其剩余的蚕种烧毁。当然农民也要为杀害将即将孵化出的蚕子于摇篮之中付出代价，村里仍然需要向乡里上交实际下发张数的蚕种钱，而这些钱都由农民分担，最终还是由村民们集体用退耕还林的补助款为政策的不符实际买单。此外，还包括青蒿、海椒的种植也让农户为政府政策的失误买单。前面提到青蒿的种植给农户带来了经济上的亏损（直接亏损了青蒿种子钱和肥料钱），这源于政府措施的失误，而最终买单的还是农户。去年（2008年）政府让农户种植海椒，结果市场价格大幅下滑到7毛一斤，农户种海椒根本不赚钱，农户在此又为政府政策的失误买下一笔账单。

三、农民的权利意识

正是由于政府在利用退耕还林的补助款项作为提留而对农民进行治理时发生了农民经常为政府的失误买单的情况，使得农民对于政府的这些作为持有广泛的抱怨态度。农民因为退耕还林的补助而更加受到政府的束缚，而更严重的是，政府动辄将农民的退耕还林款项扣除，这是农民难以理解和接受的。

任明华："现在有了退耕还林的钱，随便他们扣。今后没退耕还林的钱村里就麻烦了，有了那个钱就随便他们那些干部整了，农民拿他们没办法。"

谭明才："现在农民的退耕还林的钱在干部手里，政府叫你搞啥子就得搞啥子，不搞就给你扣退耕还林的钱，把那个钱给你扣了，农民没办法，只有政府叫我们搞啥就搞啥了。政府要我们养蚕就养蚕，要我们种海椒我们就种海椒。扣退耕还林这个钱的事，好多都人不服，但也没得办法得呀。那些人想反正不是自己手头挣来的钱，是退耕还林的钱，等你政府扣。以后没退耕还林的钱了，看你干部还扣啥子钱。"

马世贵："退耕还林款是我们的生命，政府不该扣。现在退耕还林的钱是给干部的，不是给农民的。退耕还林政策是好，就是农民没得到钱。去年的钱都被扣完了，还要不要人活哦。以前做些土种点粮食卖点钱，政府就扣不了钱，现在就随便政府扣了。"

马世良："我觉得全家都出去打工了的人家就不可以不交新农合款，他们一年四季在外面打工又享受不到新农合的实惠，光交钱不享受，划不来。在家的人就应该交那个钱。"

马世龙："上面有些钱是该扣的，新型农村合作医疗是农民享受了的，就可以扣。其他那些钱就不该扣了，像蚕种钱、海椒种钱就不该扣。"

马世银："觉得上面扣个块把钱无所谓，去和政府计较划不来，要舍车保帅嘛。但是左扣一次右扣一次的，数量就大了，这样我们农民还靠什么活，现在又不能在退耕地里种庄稼。"

抱怨之余，农民开始意识到他们的权利受到不公平的待遇。据村民马郁之说，石家坪小组退耕还林的面积在 2002 年、2003 年和 2004 年时被乡里扣了 150 多亩，本组农民觉得自己的权益受到侵犯，便采取了向更上一级政府进行反应的措施来维护自己的权益。马郁之为我们介绍了那一次事件的详细经过：

我们组从 2003 年 3 月份到 2005 年 1 月份就在向乡里和县、市里反应我们组对退耕还林的实际面积表示怀疑。我们怀疑政府"吃"了一部分我们退耕还林的面积。我们要求乡政府公布我们组退耕还林的面积，但是乡里一直不肯，拒绝给我们看各个板块退耕还林的面积。我们组里面的组长马世文、村民马世林、马世常、马桂之和我（马世林退耕还林的面积在全村都是最多的、马桂之和马郁之是亲兄弟、马世常也是村里的能人，儿子在东北大学读书）一共五个人就向乡里反应，要求公布我们组退耕的实际面积。乡里给我们公布的是 366 亩，我们不信，觉得肯定不止那么多。我们当时的感觉就是乡里欺骗了我们这些农民，就觉得不服气，想知道事实，反正都和乡政府搞翻了，就去市里面告状了。我们后来就向市退耕还林办公室告状，我们打了 114 了解到市退耕还林办公室的电话和地址。联系上市退耕办之后，市退耕办要求我们写一份材料交上去，马世文组长就写好了材料交到市退耕办。市退耕办了解到情况后，告诉了我们石家坪组退耕还林的面积是 516.6 亩。这就多出了 150 亩左右的面积。乡里就说这 150 亩面积是荒山造林的面积，不是退耕还林的面积。市里面的说法是 1998 年后一直种着庄稼的土就算是退耕还林，我们应该享受退耕还林的政策。市里面这样说之后，乡里面又说那150亩的面积是作为提留，用于我们组的开支。这明摆着是吃我们嘛，组里面哪里有那么多的开支嘛。组里的人都很支持我们去状告乡政府，觉得应该讨个公道。从2005年开始我们组退耕还林的面积才归为了516.6亩。上面的政策是好，下面还是有些歪。

村民们怀疑自己没有享受到实际应有的补助，应享有的利益受到侵害，便组织起来用自己的方式（向上级部门状告）维护应有的利益。村民们敢于站出来"质问"政府，有了维护自己权益的意识。我们在此不去讨论为何乡政府不给石家坪组150亩面积的补助，这里事实上不能够全部归咎于乡镇政府，正如我们上文中所言，自从农业税取消之后，农村公共管理已经严重缺乏资金基础，乡镇政府的"提留"也情有可原。但是，情况要比这更加严重，因为农民与政府在考虑问题的角度存在一定的偏差，这直接造成了政府与农民之间的关系的不和谐。政府早已意识到这些问题之所在，正如乡政府林业工作人员谭千宏所说的：

我们谁都不主张扣农民退耕还林的钱。农户们自愿扣的话，还是允许的。村里面强行扣的农民退耕还林的补助的话，农户给乡里反应情况，我们就会去纠正。乡里是很反对扣退耕还林的钱的。但是一些必要的"提留"还是应该有的，毕竟乡政府对一方百姓进行管理，每一种管理都需要成本。

他就退耕还林补助款项所造成的政府与农民之间关系不和谐的问题谈到：

我们三河乡的退耕还林在全县来说是比较特殊的，因为这个事有许多矛盾和纠纷，也有些农户告到了中央。这不是个简单的经济问题了，而是成了政治问题，是从县上到下面就造成问题了。

在2008年由乡政府出台的《三河乡八月份矛盾纠纷（包括信访）问题排查报告》中特别指出：个别村组少数群众对退耕还林的面积及分摊有意见。在该报告的附件《三河乡矛盾纠纷和问题排查及责任落实表》中，包括了21例事件。在这些事件中，退耕还林问题就占了6件。这6件矛盾纠纷（信访）和问题事由分别是：蚕溪村某村民对退耕还林账务不公开有意见；蚕溪村某村民对前任村民小组长的退耕还林账务不公开有意见；村西村某村民对其所处的村民小组长的退耕还林面积有疑问；大河村三位村民对退耕还林有意见。

村民们目前对退耕还林最不满意的地方就是他们的退耕还林款常常被扣掉，而且扣除的具体原因和事项也没有人专门给他们解释。当然，对退耕还林满意的方面也是比较多的，而且从整体上来说村民们是比较接受并欢迎这一政策的。下表是村民们目前对退耕还林的一些整体评价：

表10.3　农户对退耕还林（满意/不满意）的整体评价

满意的方面	不满意的方面
1. 有国家的补贴 2. 活路少些了，耍起都有钱进 3. 可以在退耕地里种矮秆作物 4. 树木可以卖钱，尤其是板栗、白果树的经济收益较快较高 5. 退后农活不够做了可以出去打工找现钱 6. 退后树木多了，喜欢树多，树多环境好 7. 退后下雨的话，泥浆更少了，河水更清澈 8. 野生动物（猴子、野猪等）变多了	1. 对扣退耕补助款的抱怨 2. 一年才发一次退耕还林的款 3. 觉得白果树、板栗树等果树应该多栽一些 4. 对桑树的不喜欢 5. 不清楚家里究竟退了多少面积 6. 退后不可以种苞谷了 7. 退后土地减少了 8. 觉得树长得比较慢 9. 觉得自家包产到户时分到的土地少了，退的土地少没得到较多的补助

第十一章　老无所依：新生计下的养老困境

　　对于普通农民而言，他们没有足够的能力去思考未来生活的保障问题。在过去的生存方式中，他们并且用不着去思考这些问题。对未来的生存担忧，在于当自己年老体弱之后怎样生存。不过，这种担忧在曾经的农民那里并不成其为问题，他们只要能够生下儿子并努力将自己的儿子养育成人就可以了，这于他们而言也就是有了将来的生存保障了。所以我们曾经说过，许多夫妻因为没有儿子而沮丧，很大程度上在于他们为自己未来养老担忧。父母有养育孩子成人的义务，同时子女（尤其是儿子）也有赡养自己的父母并为其送终的责任，这是最基本的伦理观念，这一慈一孝几乎涵盖了一个农民的整个一生。

　　但是确实并不排除养老存在一定的困境。一些人的养老困境显示的是他们自己的个性，如他们的子女早亡，或者说他们根本就没有子女。而总体上看来，养老的困境也在逐渐凸显，养老的问题在于，首先，赡养与养育在某些方面具有其相似之处，赡养者不仅要为被赡养者提供足够的养老资源，在被赡养者人生的最后几年里，赡养者甚至需要无微不至地守在被赡养者的身边，照顾后者的生活起居。这一要求在传统的农民看来并不难实现，因为那个时候的农民守着自己的土地而生活，他们不会轻易离开自己的父母。但是今天的情况发生了一些变化，土地的被征收以及退耕还林，使得农民逐渐失去了原来的生存方式。更重要的在于市场经济的资源配置方式导致农民不得不源源不断地走向外界寻求更多的资金来源，于是流动人口产生，而相对于流动人口而言，留守人口的问题也凸显出来了（关于这些，我们在展示三河乡的人口状况的时候做出过概况性的说明）。

　　在这一章的内容中，我们将会回顾我们所考察地区的农民的传统养老方式，继而展示如今养老方式所发生的变迁。在今天，处于年龄结构中间的那部分成年人外出打工之后，留下了留守老人与孩子，我们在这一章主要关注养老问题，于是我们将对"空巢老人"的生存现状做出详细说明。

第一节　传统的养老方式

我们所谓的传统的养老方式事实上尚且并不十分传统，这是因为在我们所考察的区域里，按照我们将要描述的这种传统的养老方式（家庭养老）来进行养老的老年人还占据多数。我们之所以将这种养老方式看作是传统的，原因在于这种养老的方式由来已久，而且，在今天，这种养老方式也在发生着一定程度上的变迁，这是整个社会发生变化的现实反应。家庭养老的方式依赖于家庭结构的完整、生计方式的稳定以及人口的固守等，这些条件是家庭养老所不可或缺的条件。家庭结构的完整使得这个家庭内部既存在赡养者也存在被赡养者，这样才保证了养老的进行，这是家庭养老的两个主体。生计方式的稳定为养老提供了生存的基础，人们需要通过这种稳定的生计来生活，继而通过这种生计来养老，这是家庭养老的经济基础。人口的固守在家庭养老方面也极为重要，原因是养老不仅仅需要为老人提供生活来源，还有一些重要的养老活动是子女必须亲自参与的，他们不仅需要为老人提供生活的物质基础，还要负责照顾老人的生活起居，给他们以精神慰藉。但是这些条件在今天发生了某些变化，人们不能保证其家庭结构必定完整，当计划生育的政策影响到这些偏远的山村的时候，一对夫妻可能因此最终没有生下儿子，迫于别的压力也没有招赘女婿，甚至在某些家庭，他们本身既无儿又无女。生计方式当然已经很不稳定了，农民赖以生存的传统的农业生产在今天已经做出了极大的让位，这我们已经在别的地方说过。人口当然也难以固守了，当人们于市场经济的大背景中不得不背土离乡外出打工之后，人口的流动越来越频繁，固守在很大程度上已经是那些没有能力外出打工者的状态了（当然，那些因为在家里从事着别的能够更好地创造财富的人不在此列）。这些条件的变迁使得养老方式也发生了某些变化，但是这些变化显然还没有达到一种质的变化，家庭养老这种方式依然保持着较为完整的状态，只是其中一些细微的环节已经在新的形势下发生着某些变化了。所以，现在所处的历史时期，从养老的方面来看，算得上是一种过渡的开端。

一、传统家庭生活与养老方式

在今天以前的很长的历史时期中，农村的家庭一直是一个十分严密的经济单位（生产队时期从生活上来看）、社会单位以及道德单位。这一单位从经济上、社会上以及道德伦理上固化为一个稳定的结构，人们在家庭里生存，在家庭里生活，在家庭里展演着他们的整个人生。在家庭之中，经济生活几乎成为家庭稳定的物质基础，当然我们甚至也可以说是家庭这一社会单位维护了这种稳定的经济形式。总之，那种稳定的社会单位与自给自足的经济方式颇为严密的相互配合着，使人们稳定地生活了无数代人。道德几乎围绕着慈孝而展开，这种道德观念对于家庭结构的稳定而言十分重要，相反，家庭结构的稳定性或者也成为展示这一道德观念提供了结构性空间。养育与养老就在这样的空间里展开，这两件事情几乎是每个农民都面临着的，甚至他们的一生都耗费在这两件事情之中了。

于是，我们并不难发现，直到今天，家庭依然是最重要的无可替代的养老主体。换句话说，养老几乎成为每一个男人必须尽的义务，作为一个女人，假如她是出嫁而不是招赘，那么她是在辅助她的丈夫赡养她的公婆，而如果她的婚姻是招赘型的，那么事实上这种婚姻在很大程度上正好是为了她能够更好地赡养她自己的父母，相反，她的赘入的丈夫则是辅助她赡养岳父母。

我们在上文中对农民的婚姻与家庭做出过详细地说明。在我们所考察的三河乡，当地农户主要的家庭结构模式为核心家庭，即一对夫妇及其未婚子女组成的家庭，年幼的儿女由父母抚养，直到婚后另组家庭。在当地的传统之中，女儿结婚后，通常在丈夫家生儿育女。儿子婚后多与父亲住在同一个村落中，甚至同一个房子里。但是分家时常见的，甚至是常规的，子女结婚后通常要与自己的父母分开生活，另起炉灶，与原来的家庭在生产生活诸方面都互相独立。儿子在父母年老时，以现金和粮食按时按量奉养老人。此外，作为儿子的责任中的重要的一项还包括在父母过世时负责为其办理丧事，但是他们也从父母那里继承了遗产，无论这种遗产是多还是少。相反，女儿通常没有继承权，她们婚后当然也没有承担父母养老责任，她们主要是辅助丈夫赡养丈夫的父母，就像她们的兄嫂弟妹负责辅助她们的兄弟赡养她的父母那样。外嫁的女子一般在逢年过节或平时走访父母时，送些钱或其他物质给父母，这虽然对于父母而言提供了一些生活基础，但是这并不被人们认为是一种责任。不过这却是这名女子提高其舆论地位的重要方式，同时也是她们与她们的兄嫂处理好关系的重要内容。分家当然也并不是完全的决裂，我们可以从考察中明白一个道理，分家与其说是子女与父母的分裂，倒不如说兄弟姐妹之间的分裂。许多人分家的目的在于与他们的兄弟姐妹们划清界限，以后完全单独自己生产和生活，他们之间也许存在一些互助，但是很少体现为权利和义务了。但是，这些兄弟姐妹（尤其是兄弟）之间在他们的父母亲还健在的时候，通常还因为要共同赡养父母而不得不经常联系在一起，有些父母会在节庆的时候让他们所有的子女与他们一起过。出嫁的女儿在她们的父母还健在的时候经常会到娘家走亲戚，但是一旦父母去世之后，走访的频率会立即下降许多。

父母与子女分开生活通常是在子女结婚以后的一段时间，当父母不但不能自行提供自己的生活来源，而且也完全不能够自理自己的生活之后，他们还要选择一个儿子的家庭，跟随他们生活。如果这对老夫妻只有一个儿子，自然就无可选择了，但是如果他们有几个儿子的话，这一选择是必要的。我们看到一般存在两种方式：一是选择一个平时表现得比较孝顺的儿子儿媳的家庭常年与他们生活在一起，其他的儿子则应该分担老年人的生活来源；二是轮流在不同的儿子家里生活，通常是这个月在这个儿子的家里生活，下一个月则换到另一家，这样，每一个儿子在奉养老人的那一个月要负责老人的全部的生活开支，而如老人需要购买衣服或者患病需要医治，几个儿子还需要共同承担这些费用。

杨某（男，50岁）："通常父母亲老了，看哪个儿子孝顺就跟哪个生活，也有不跟孩子住的，有的家庭几兄弟每月平摊一些钱给父母，父母死了，遗产也平分。有的家庭留子女（孙子）给父母照顾，他们外出打工，每年寄5000元过来。女儿出嫁了，就只能顾她们自己的家了，有的在那边也要养老人。女儿有时过年给父母些钱，100~1000元不等，有钱多给，没钱就少给。我的大儿子回家时也经常给我们钱，上次我老婆住院时，他就给2000多元。小儿子还没结婚，过年时打工回家就一直跟我们共同生活……"

曾氏（女，36岁）："我家公婆自己住，我丈夫兄弟三人每人每年给老人称200斤谷子，每月每人给30元钱，有时也多给些，看情况，如果那个月需要花费比较多，几兄弟商量着增加点。"

马氏（女，56岁）："我不会开口要求我儿女给我送东西的，因为开口叫他送，如果他不给你，你也没办法。如果他自愿给，你不问他也会给。这些都是看儿女的孝道了。但是我也不打算要我儿女给我什么，看他们养好儿女，这就是我享受的最大的福分了……我们对女儿没什么要求，她们会做些鞋子、买些衣服来，那都是她们的孝心，但是她们不来，也不能怪她们。"

谭某（男，36 岁）："养老很难一句话说清。通常父母双全两老人都活着，很少有人愿意跟儿子一家生活在一起，女儿家更不用说了，那是别人家，事事要看别人的脸色的。有的仅剩单独的一个老人也不会和孩子的家庭一起生活，不管是老还是病，我估计我们这里只有 10% 的老龄父母跟儿子一家住在一起共同生活。我父亲过世五年了，现在我的母亲跟我一起生活。"

谭某告诉我们，不到万不得已的时候，父母通常不愿意与子女们一起生活。几代人生活在一起，关系确实比较复杂啊。老人年老了之后，他们的思想和行为在很大程度上与孩子颇为类似。但是赡养老人之所以比养育孩子更加麻烦的地方，或许就在于老人保持着较高的传统地位，赡养者即便对被赡养者的要求颇为不满，也不能够表达。而对于孩子，事情却好办得多，只要孩子不听话，父母动辄可以口头批评甚至动手教育。老人与年轻人之间存在着一种说不清道不明的隔阂，就像我们在上文中说过的一位川主村老人那样，他整天生活于对后代之不肖的抱怨之中。而且，老人们最担忧自己的无能。随着年龄的增加，老人失去了许多行为能力。尤其是那些曾经精明能干的老人，随着他们的许多行为能力的丧失，便会伴随着一种自卑的感受，与此相随的，则是自尊心越来越重，下一代对他们的任何一句评判，都将对他们产生很深的影响。有时候，一些家庭中的代际矛盾正是由于老人自认为自己被他们的后代（通常是他们的儿媳）看不起，他们的敏感以及他们后代无意流露出的抱怨（尽管很多时候是如此微弱）使得老人难以愉悦地在子女的家庭中生活。

马某夫妇（60 岁）："独个儿子在 2005 年征地以前就和我们分家了，他有两个孩子，一个读初中，一个读小学。儿媳妇这几天种树。儿子没事天天耍，闲着没事干，到处闲逛。分家的时候将房子前门加上右半边屋子分给儿子家，后门加左半边房子归我们。这个房子是老地主房子，有八户人家住在这个四合院，我们（包括他儿子）家在正中，有 90 平方米。分家后，各吃各的，儿子也要顾他们家，电费每月平摊。因为吃饭的习惯不同要分家：年轻人喜欢吃干饭，硬饭，每天吃三次，我们喜欢将饭煮的软一点，每天吃两餐，有时一餐，有时吃洋芋也就过去了，不是很讲究。反正什么时候想吃就什么时候吃，不想吃就不做，跟子女们一起住就要复杂一些了。"

我们会在下文中详细说明变化的发生，这种变化就是分家之后的父母与子女之间的关系因为现实的经济原因而联系更加紧密，这是一种新的形势，我们在这里先引用一个案例做简单的说明。

2009年4月3号，中午12点左右，陈氏在家门口水缸边洗衣服。她的三个孙子睡在屋檐下的长凳上（还有三个上学去了），她边洗衣边给我们介绍她家情况，因为三个儿子和两个儿媳都到广州打工去了，自从去年3月份出去就再也没有回家来过，现在她要看管六个孙子。大的11岁，小的1岁，年龄大小不一。她不时拿出手机看时间，后来接了一个电话，说是有人约她去搬水泥下车（付费劳动）。然后她给丈夫打电话，叫他回家照看孙子，5分钟左右她丈夫从地里赶回来，她急匆匆走了……

二、传统养老方式存在的问题

但是，我们于上文中所说的那些情况是建立在道德伦理十分稳定的基础上的。当然，我们不能够说现在的慈孝伦理已经发生了多大的改变，在观念里，这种变化是微小的，几乎还不能影响到人们的养育和养老。不过，无论这种观念在整体上多么牢固，但是还是有些并不十分在意社会舆论的人，他们可能在养老的问题上相互推诿（兄弟之间），或者因为一两次父母与子女之间的口角而完全放弃对父母的赡养义务。这种情况虽然并不普遍，但是还是存在的。在这样的情况下，传统的养老方式便遇到了困难。困难当然还不限于这种情况，在没有子女或者说没有儿子的情况下，人们的养老也存在很大的困难。

叶某（男，63岁）："除了农活，我们夫妇二人没做别的。我不识字，是一个老实的农民，甚至电视也不会开，电话也不会打。前天二女儿从河南打来，我听不出来女儿的声音，以为别人打错，居然挂断了电话！我有两个女儿，大的嫁在安徽，小的嫁在河南。结婚后，她们都和丈夫在外面打工，过年也没有来看我。现在年龄大了，也不如年轻人那样干'下力活'（体力活），我视力又不好，前个月在建筑工地上干活，踩进石头缝隙里，扭伤了左脚，到三河乡卫生院缝了几针花了100多元，但湖南人包公头蔡老板只用50元打发我，遇到这样的事只好自认倒霉，现在脚伤还没好，哪里都不能去。"

这种情况看起来稍微极端一点，这对老夫妻有两个女儿，但是两个女儿都嫁到了外省。他们的生活没有人照顾，直到现在依然是自己照顾自己的生活，自己寻找自己的生活来源。我们当然也发现许多老夫妻事实上都只有女儿而没有儿子，不过因为他们的女儿出嫁的距离不是很远，在他们发生事故或者较为紧急的情况的时候，女儿都可以赶到照顾自己。虽然他们的情况显得较为特殊，但是关于女儿远嫁的情况似乎因为近年来打工经济的兴起而有逐渐增加的趋势。

谭某（男，45岁）："这里的父母只管把孩子养大，年老了也很少和成了家的孩子一起生活。我老婆的前夫死了，我是从丰都过来（上门）的。现在我们住的是她前夫的家。我过来时，继子只有6岁，现在20岁了。他在广东打工，但从来没有寄钱回家，也少打电话。上次我妻子生病出院回家不久，继子也回家来了，但也很少在家住，主要住到亲戚家，待了一个月，然后又从家里弄些路费出去打工了。到现在也没有一个电话。继子埋怨我一直住他生父的家，也没有修理房屋。其实我做了很多，但他都没看到……"

这种情况也是较为典型的，几乎在所有的重组家庭中，父母与子女的关系总有一些隔阂存在。我们可以从谭某的表述中看到，假如他与继子之间的关系依然无法改善的话，那么他将来的养老也许很难指望传统的那种养老方式。

此外，农业地位的下降对传统的养老方式也产生了深刻的影响。在我们考察农民的传统养老方式的时候，我们较为注重关注人们的稳定的生计方式对人们的养老所产生的影响。在人们广泛从事农业生产活动的时代，老人脱离生产劳动的年龄一般偏大，因为在农业生产劳动中，除了对体力提出要求之外，别的要求较少。老年人可以慢慢参与农业生产来获得自己独立生活的物质基础。但是，我们已经说过，在今天，市场经济、高速公路修建、新的城镇开发、退耕还林等等事件对农业的传统地位造成了极大的影响，这一影响的最终结果就是人们再也难以通过单纯的农业获得生存。于是，老人脱离生产劳动的年龄就普遍会偏小了，也就是说，他们可能会在还有体力从事农业生产劳动的年龄不能养活自己。

但是，一些新的养老保障或者说养老方式逐渐在农村发生了。这些新的养老措施部分是由国家提供的，部分则依然是农民自己负担的。在接下来的内容中，我们将会对这些新的养老方式分别做出详细地说明，其中包括失地农民的生活保障、"低保"及商业保险等。

第二节 "空巢老人"：新生计下的老人群体

当我们在说明三河乡的人口状况的时候已经表明了人口流动之后所形成的所谓"留守人口"，这部分人口主要包括留守儿童和空巢老人。不过在那个时候，我们并没有对留守儿童和空巢老人做出过详细的说明，而只是说明了这些人口的存在。在这一部分，我们将对空巢老人的生活现状全面地展示出来，我们所描述的这些人，就是居住于中国西南山村而且其子女们均常年不在其身边的老人的生活状态。我们选择了川主村望路组的老人们作为描述的对象。

留守老人的发生主要有两个原因：婚姻和打工。一般情况下，婚姻并不会造成空巢现象，只是在一些特殊的条件中，婚姻便产生了这一效果。在一对夫妻并未生育儿子的情况下，空巢现象很可能由婚姻而造成，因为如果这对夫妻的女儿们完全选择出嫁而不是招赘，那么她们的父母便将成为真正的空巢老人了，在望路组这种情况仅有一例。这其中的原因一是在 60 岁以上的年龄段的老人结婚的时候，计划生育政策还没开始，大多数家里都生育有男孩；二是在望路组存在着"招驸马"的风俗，也就是我们常说的入赘婚。那些没有儿子而只有女儿的夫妻，考虑到将来自己的养老问题，将会让他们的其中一个女儿招赘女婿（又叫"招驸马"）上门。在望路组 60 岁以上没有男孩的家庭共有三户，其中两户招了驸马，而另外一户则成为真正的空巢老人。

马兰兹今年 79 岁，仅有一个女儿。马兰兹的前夫（女儿的亲生父亲）已经去世 40 多年，后来的丈夫也去世有四五年了。女儿今年 44 岁，早已外嫁，都已经有了孙女了。她的女儿离自己的家约有半小时路程（步行）。马兰兹没有种田，只种了点地，每年能够收获 100 斤左右的苞谷养鸡。家里喂了两只母鸡，母鸡所生的蛋拿去卖，偶尔也用来自己吃。此外，也种了一点蔬菜自己吃或拿到市场上卖。

马兰兹："我没种土地，老了，耐不何做了，一年国家要给 1000 元钱，用来买吃的，弄药，女儿平时也过来看我，过年和过端阳的时候都要来，过年的时候她来给块肉，有糖就拿糖来。她来煮饭，米、菜是我各自提前买的，她吃了饭就走。病了她也要来看我，我一病了院子里的马培兰和陈一寿都要给我女儿打电话叫她来，女儿平时也会打电话到院子里来，喊我过去耍，或者是做了啥子吃的喊我过去吃。我平时喜欢过去耍就过去，一个月要去一回，耍个三四天，四五天，也不能耍久了，女儿她各自屋头也有活路的嘛。人也多，事也多，我也不好耍久了。"

马兰兹空巢是多方面原因造成的，前夫去世得早，只留下一个女儿，与后来的丈夫生育的儿子也在四五岁的时候夭折，因为年岁已大又不能再生育；女儿外嫁以后，本来是和丈夫一起生活，丈夫去世后，开始是与女儿一起居住，但是一年时间都没到，又自己回来一个人住。据当地人反映，是马兰兹性格太怪，导致她女儿女婿以及外孙和外孙媳妇都烦她，要她自己回来居住。

打工经济所引起的空巢现象是普遍存在的，我们在描述三河乡的人口状况的时候也做了相关的说明。

一、空巢老人的生活现状

（一）物质生活现状

从空巢老人的物质生活水平上来看，外出子女能够为老人的物质生活设施带来一定程度上的改善，但是不管从范围还是程度上来讲，这种改善显然是有限的。

子女外出打工，的确能够给家庭的物质生活设施带来或多或少改善。子女外出务工，在过年过节的时候回家一次，在他们回家时会为老人买上一些衣服，带上些营养品等。大部分老人都反映自己平时不用买衣服，因为子女会买回来，有时也会让人把衣服带回来或者通过邮局寄回来。外出务工的子女挣钱后，会回来修房子，把土木结构的房屋换成宽敞明亮的砖瓦房，改善居住条件，这使得他们的父母也改善了居住环境；外出务工挣钱后还能为家庭购置一些现代化设备，如电视机、影碟机、音响、手机、电话、洗衣机等，个别家里还有煤气灶，既丰富了老人的生活，又能为老人提供便利。在望路组，老人用手机及电话和儿女及亲戚联系已是非常普遍，也有老人反映说会在晚上和暑天中午休息时看看电视，冬天天气冷衣服又厚重时会用洗衣机来洗衣服。

从另外一个方面来说，这种改善是有限的，并不是彻底和完全意义的。从衣食上来看，老人由于节约意识，不需要孩子买太多的衣服回家，觉得花钱。"衣服多了，穿也穿不烂。"甚至还有衣服压在箱底还没来得及穿，主要是因为老人平时都留在农村干农活，穿的衣服以耐脏耐磨为主，而不太在乎款式。穿着干活的衣服和鞋子都是自己买的，而子女带回来的衣服都讲究款式、颜色和质量，多是厚暖的冬装，许多老人甚至不舍得穿，只有逢年过节、走亲戚或者参加红白喜事时才会去穿。子女带回来的营养品毕竟也是有限的，只有自己回来时才会带回来，一年最多一两回。而在所有的打工者中，超过半数的是几年都不回来的。老人平时的食物来源还是自种或者去当地市场上购买。对于家里有孙辈的老人，子女带回来的大部分都是孙辈在吃，老人自己并没有吃多少。从房屋上来看，望路组共有四座砖房，其中有两座是空着的，还没装修，主人还没搬进去居住。另外两座已经有人居住，但老人还没有搬进去居住，仍住的是以往的老房子。从现代化设备来看，老人家中打米机、打谷机这样必须的农业生产设备几乎都是老人自己买的，有少部分家庭，如陈世中和田世云家的电视机和洗衣机等仍然是老人自己出钱买的，而子女买回来的电视机、影碟机、音响、手机、电话、洗衣机等，老人并不常用，甚至也不会用，电饭煲一般也是农忙时来不及煮饭或者客人来后锅不够时才用，平时也不用，既是因为传统的农业生产环境还没习惯用或者学会用，也是想节约电费。

陈世会："家里的影碟机、电视机、音响都是崽崽出去打工后回来买的，影碟机最先买，买了十多年了，当时老三在石柱家具店打工，说妈妈喜欢唱歌，就用挣的钱买了一个影碟机回来给我。我们家里三代人都喜欢唱歌，也会唱歌，儿女回来后都要放影碟机唱歌。屋头还买了二十几张歌碟，早上和中午没得事的时候、活路空了的时候、煮饭的时候我都会放歌，流行歌、怀旧歌我都会唱，年轻人的歌、老年人的歌我也会唱，都是跟影碟机唱会的。电话是女儿打工后给我装的，崽崽有事时两三天会打次电话回来，问一下老人的身体状况，要我们少干点活、保养身体，我们就问他们生意做得怎么样，挣的工资高不高，叫他们注意身体之类的。"

陶林生："我前两年给了老汉一个手机，功能太多了，他用不来，翻个电话本都翻不出来，翻个未接电话也不行。我教了他好多回，他回回都搞忘，手机只是用来接电话和打电话，其他哪些功能都用不来。我妈更是用不来，她又不识字。老汉他一般都是接电话，打都很少打，屋头有事才打电话过来，像亲戚屋头有个会头，他打电话来问送不送人情，送多少，他打过来我们就挂了，重新给他打出去，他20元钱的花费要用两三个月。他屋头没得电视，我们屋头有个电视，他们每天晚上都要过来看，看到十点钟正片子（电视剧）完了才去睡觉，我们去打工了他们是饭吃了活路做了才过来看，白天他们很少看，活路都做不完，哪里有时间看电视。只有天热那一会，中午休息只看上两三个钟头。"

马义成："电视是我各自买的，晚上很少看，都是活路做完了吃了饭喝了酒就休息，睡眠不好的话第二天活路都做不起。到热天的时候，中午休息看上三四个钟头，天很热，太阳大，没得法做活路。冷天不看电视，冷得很，每天就是天擦黑了那会看看新闻和天气预报就行了，我不喜欢看电视剧，没得啥子值得看的，又不是真实的。手机是二儿媳妇用了给我的，我只用来接，很少打，还可以拍照，我用不来，查个话费都不行，那边（服务台）说话我按不赢（来不及），我也不喜欢带手机，上坡做活路带起重得很，一般都是甩在

（放在）楼上，反正他们是晚上打电话来。屋头有个电饭煲，是儿买的，平时都不用，煮的饭不好吃，还是各自用甑子蒸的好吃，电饭煲是等客来了的时候炖肉炖东西用。没买洗衣机，洗衣机费水得很，难得挑水，衣服是各自用手洗。"

二、空巢老人的生活来源

（一）自养

在农村社区，由空巢老人的土地耕作情况和饲养家畜家禽情况可以看出老人的经济自养情况能力依然存在。我们甚至发现，老人所从事的农业生产以及作为副业的养殖，不仅为他们自己提供了生活来源，同时还能够养育外出打工子女的子女，也就是这些老人的孙辈。外出打工者于过年的时候回到家里，他们不用担心各种生活的问题，他们的父母通过一年的艰辛劳作，农业产出足够他们过一个踏实的年。

在望路组的 19 户空巢老人中，只有唐顺兰家完全没有种土地，所需的粮食和菜蔬等生活用品都需要外出女儿女婿寄钱回家后向市场购买，属于子女供养；马兰兹和马培兰家没有种田，需要用钱购买粮食，马兰兹每年可以从国家那里获得 1000 元左右的救济，马培兰是外出儿子寄钱回来供养，但是两人都种有菜蔬，并且种有苞谷来喂鸡。所养的鸡拿去市场上出售，属于部分自养。有些老年人尽管在某年不种庄稼，但是他们的粮食是从往年剩下的，并不用购买，不需要子女们提供这项开支。

除了上述几种情况之外，其余的空巢老人都自己种有土地。这些空巢老人种的土地不但完全能够实现自给，而且还有剩下部分农产品，可以用来出售。这样一来，首先在饮食方面可以实现自给自足而不用儿女供养；其次，卖农产品的收入还可以用做家庭开支。当地的很多老人都会提到一句话，"没钱用了就赶场的时候背袋谷子去卖"十分形象的说明老人的经济自养能力和收入及开支的来源。事实上，在每个赶集的日子，常常可以看见当地的人背着一袋稻子或者提着鸡蛋、花生、菜蔬等去市场上卖，回来时买些日用品或者种子农药回家。

（二）子女供养

但是，上述的说明并非表明老年人可以完全自给，很多老年人的现金收入都来源于他们的子女。我们说过，基于新的分工，老年人群体从事着农业生产，而年轻人则普遍外出务工。农业具有很大的稳定性，而打工则为人们的生活提供经济来源，与其说老年人需要其子女提供现金以维持其生活，不如说老年人与其子女形成了一种互助的关系。不过，需要说明的是，年轻人对他们的父母的奉养是较为明显的，因为这些年轻人很少在家里消耗农产品，相反，他们需要经常往家里寄一些现金以供老人生活。在所有的老年人群体中，我们还可以将他们明显地分为两种情况，即帮助子女养育孙辈的老年人和单独生活而不需要帮助子女养育孙辈的老年人。

1. 没有养育孙辈的空巢老人

在望路组，共有 6 户没有和孙辈一起居住的空巢老人，如下表：

表 11.1　望路组未与孙辈共同生活的空巢老人状况表

姓名	性别	年龄	家庭成员	年龄	关系	无孙辈原因
马兰兹	女	79				独生女儿外嫁
马润明	男	70	陈一瑞	68	夫妻	孙辈和外出子女一起居住
刘光云	男	60	陈世会	60	夫妻	儿子未婚
马丙成	男	69	刘万慧	79	夫妻	孙辈和外出子女一起居住
马义成	男	63	刘	57	夫妻	分家 孙辈和外出子女一起居住
陶静安	男	70	袁天秀	68	夫妻	儿子未婚

在这 6 户中，只有马兰兹为五保户，由国家出钱供养，其余的都是自种土地，自己部分供养。在家中没有孙辈的情况下，外出子女不会按月寄钱回家，也不会定时寄钱回家，只是在每年过年过节、老人生日或者其他情况下回家看望老人时才给老人一些钱，数目几百上千元不等。这些钱在维持老人的日常开支上是不够的，老人还需要靠自己种土地和饲养家畜家禽而获得的经济收入来维持开支。

马义成："老大过年是会寄点钱回来，寄得了百把元钱。去年寄得多点，寄了 300 元，平时不寄钱回来。他把钱打到他读书那个女儿的卡上，她自己取来用。老二也是过年的时候拿点钱来，不多，最多一两百元。老三个把两个月会回来一次，每次回来会给个百把元钱，或者几十元钱。一年加起来多的话他们可能拿得了 1000 元钱左右。屋头的开支靠他们那点钱都是不够的，还是要我自己种地。我也不要他们拿钱，我自己还可以做，他们拿来的钱我都是用来打杂，买东西，买吃的。我种地，一年卖谷子、卖苞谷、卖叶子烟、卖西瓜那些，毛收入有得了 10 000 元左右，一年人情要送个一两千，肥料啊种子啊还有其他的加起来有个两三千，都是用自己的钱，一年的开支主要还是靠自己种庄稼。"

2. 养育着孙辈的空巢老人

在望路组，共有 14 户和孙辈一起居住的空巢老人，如下表：

表 11.2　望路组与孙辈共同生活的空巢老人状况表

姓名	性别	年龄	配偶	配偶年龄	孙辈情况
马培兰	女	79	已去世	略	一个孙子，上中学，每月月假回来三四天，一个孙女，上小学六年级，每天回来
刘学英	女	70	已去世	略	一个孙子上中学，每月月假回来三四天
唐顺兰	女	74	已去世	略	一个外孙上小学
陈之普	男	61	向家珍	60	一个孙女上中学，每月月假回来三四天
马战兹	男	70	陈世贵	68	一个孙子上中学，每月月假回来三四天
田云波	男	60	刘成芳	60	两个孙子，都上小学
田世云	男	65	马××	63	六个小孩，一个初中，五个小学
马才兹	男	64			一个孙子，约三岁左右
陈世发	男	60	马××	59	两个外孙，一个孙女，一个上中学，两个上小学
陈世中	男	67	田××	67	两个孙女，一个孙子，两个上小学，一个四岁
马春兹	男	62	马××	60	一个外孙，一个外孙女，都上小学
陈世群	男	70	田××	略	六个孙子，都上小学
陈世泽	男	69	已去世	略	一个孙子上中学

　　如果空巢老人帮着自己的子女照顾孙辈，而且这些孙辈在上学的话，外出子女会将孙辈的学费和生活费寄回来。子女们为自己的孩子寄来学费和生活费时，会多寄 100 元、200 元不等的钱供老人零用。但大多数情况下，外出子女在寄学费和生活费时，是按照学校的收费标准和自己子女的用钱情况而寄的，没有太大的剩余。孙辈和他们的祖父母（有时候则是外祖父母）一起吃住，他们的在外务工的父母并不会给照顾他们的祖父母（外祖父母）额外的抚养费。但是，这些外出务工的子女通常会通过其他的方式来报答他们的父母，会给他们的父母买些礼物。老人也会在子女给孙辈寄回来的钱里拿出部分来给孙辈买衣服、买零食等，但有的时候子女寄回来的钱不够，老人觉得差的钱又没有多到打电话让子女另寄回来的程度，或者老人觉得自己作为长者应该尽到责

任的时候，老人会自己出钱给孙辈消费。这种情况是常有的，因为我们会在农村发现一种叫作"隔辈亲"的现象，也就是祖父母或者外祖父母通常表现得比较溺爱他们的孙辈。关于这一点，我们将会在说明三河乡的孩子的教育的章节另加说明。

刘学英的大儿子的儿子在读初中，儿子会寄生活费和学费回来，说孩子用不完的钱老人用。但刘学英说，很多时候钱都不够，还要自己种点菜来卖钱给孙子，家里要用钱还是要靠自己种土地。儿子一学期寄 2000 元左右，而孙子有时候用的钱远远不止。

罗芳的儿子陈某有两个孩子，一儿一女。儿子五岁，女儿一岁多，老二在三个月的时候，陈某夫妇又要外出打工。由于陈某的妻子疼爱女儿，舍不得离开女儿，就把女儿带去广州。女儿的外公在广州打工，外婆也在广州，没有工作，小女儿就交给外婆照看。每个月要给 500 元钱的抚养费，三个月后，由于陈某夫妇觉得开支实在是太大，陈某又把女儿送回来给罗芳照顾，仅仅留下十罐奶粉。罗芳笑着对我们说："交给外婆照顾一个月还给五百元钱的抚养费，交给奶奶照顾一个月一分钱不给，还要我给她煮罐罐饭，早上还要给她蒸个蛋。"

马培胜的儿子马清华夫妇在广州打工，留下一个女儿八岁，在上小学二年级，小儿子才两岁。马培胜说："孩子能寄多少钱回家？！还要各自出谷子给他的孩子吃，反正孙女每年的学费和生活费他必须要寄回来，这是他必须要对自己的孩子尽的责任。我们作为爷爷奶奶，也有一部分的责任，给孩子洗衣补衣、买点零食也是应该的，只要孩子能让自己高兴，将来全部都是他们的。"

田云波："我的大儿子出去打工五年了，他走的时候，小的那个（儿子）才三岁，大的那个（儿子）才六七岁。他现在浙江的一家染布厂工作，一个月有得了两千多元钱，儿媳妇有 1000 多元钱的月工资。现在两个孙子一个十一岁，一个八岁，和我们住起的。我的小儿子以前在给别人修房子，和我们一起住，去年他们两个（夫妻俩）出去打了一年工。他走的时候他大的那个儿子三岁，小的那个一岁，也是和我们住一起的。今年过年他们回来了，现在他们一家在三河街上住，住的是他哥哥（田云波的大儿子）的房子。他在给别人修房子打零工，一个月挣 1000 多元钱。儿媳妇没工作，就照顾两个孩子，每周星期五放假他们会回来，媳妇和孙子在这里过星期（周五周六），儿子住一晚上就要走，他还要给别人做活路。

"大儿子的两个崽崽都在上小学，一个人一个月要交给学校 60 元钱的生活费，一天一个人要五角的零花钱，没算学校收的杂费。大儿子每学期会把两个崽崽的学费寄回来，他是算着寄的，学校要多少他就寄多少。每个月多的时候一个月有个三四百，少的时候只有百把200元钱。两个崽崽一个月还要给学校交杂费，我们还要给崽崽买衣服、买零食，钱都剩不了多少。他们打工挣的钱是各自存起的，将来还修房子的钱和贷款，或者以后各自用，没寄回来。幺儿原来没去打工在屋头修房子的时候，钱没拿给大人过，都是各自拿来存起修房子用，去年他出去打工时他一个月寄200元钱左右，当奶粉钱，奶粉60元一罐，一个月四五罐，还要花钱买糖买蛋糕，现在回来没去打工了就没拿钱了。他们打工的时候寄回来的钱没得个剩的，有时不够的时候要我们背谷子去卖，寄得多的时候又100来元，我们去割点肉，称点油，买点菜。但是只要他们平平安安地在外面工作，崽崽们读书长进，我们多出点力也喜欢。真到我们做不动的时候，他们都要养我们的啊。"

马战兹："大儿子一个月要寄2000元钱左右回来，他的钱是寄回来我们给他存起的。他每回寄钱回来，都要跟你说个数，你可以用多少钱，剩的钱是给他存起的。寄一回都要说一回，告诉你可以用好多，多的时候有个三四百，少的时候两三百。钱寄回来主要都是用作老婆婆（指的是自己的妻子）的药钱的，她一个月药钱要用几百，每个月都要输三回液，一回连输两天，要100多元钱。孙子的学费和生活费儿子是单独寄，一学期学费和生活费一起寄1000元钱回来。孙子在三河读初中，一个月生活费100多元，少的时候120元钱，学校收杂费多的时候一个月要三四百，钱不够的时候只要几十元钱我们拿，多了上百我们就打电话叫他寄钱回来。"

在极端的情况下，外出子女出去多年从未寄过钱回家，孙辈从入学开支到日常花费全是老人自己出钱，在望路组这样的情况仅有一例。

刘学英今年70岁，小儿子今年43岁。小儿子有两个孩子，老大今年20岁，老二今年户口上是14岁，实际上已经16岁了。小儿子在老大两岁半的时候就出去打工，在外面生下老二，在老二7岁的时候又带回来交给刘学英抚养，自己又出去打工，从来没有寄过钱回来，没有回来看过老人，也没有打过电话。他在哪里打工、做什么工作以及工资多少，对于这些，刘学英一概不知道。刘学英说，小儿子当时出去打工是因为做生意被别人骗了好几万，他又喜欢打麻将，在外面打工肯定没挣到钱，挣到的钱也被他用光了。他从来没有和家里联系过，父母都当他已经死了。邻居也说刘学英虽然有两个儿子，但是小儿子和死了没有什么区别。两个孙子的学费和生活费以及衣食住行的钱都是刘学英在负担，大的那个孙子读到初中毕业还差一个学期，小孙子读到初一，学费是靠刘学英卖谷子卖菜的钱，两个孙子都是因为成绩不好不想读书了，现在也都在外面打工。

第三节　危机应对：当疾病发生的时候

一、忍受还是就医

在望路组，几乎每户老人家里都备有药，最常见的有头痛粉、感冒药和清热药以及消化药等，一些老人因为自己患有某些严重的病症而专门备有治高血压的药和胃药等。老人通常都会在赶集时顺便买些药回去，在身体有不适时服用，以免自己的病变得严重起来。他们必须有这样的防范意识，使自己的病情不至于十分严重，因为如果等到病情十分严重的时候，那不仅于他们是更大的痛苦，并且也会对其子女产生很大的影响，因为在那样的时候，子女很可能必须从打工中回来照顾。但是并不是所有的老人都存在这样的意识。有些老人在身体感到不适时，一般采用"拖""捱"的方式消极的等待病好，或者服用家中备好的药，并不会立即去医院，等到实在是万不得已时才会选择去看医生。老人害怕生病耽误农活且治病要花钱，所以不会让自己的病拖到严重，但恰恰也是因为这个原因，老人不会选择立刻去看医生。

马丙成："平时感冒咳嗽了，我都是等它好些，实在不行了才去弄药，就是等吃不下东西，做不了活路的时候才去。在农村住的，动不动就去弄药（看医生）那还得了？活路不得空，也没得这么多的钱啊。屋头有感冒冲剂，都是赶场的时候顺便买的，屋头药要吃完了就记得赶场的时候要去买，觉得各自不安稳了，就喝屋头买起的药。年龄大了，多备点药在家里，但是还至于经常去看医生。"

在许多老年人看来，人吃五谷杂粮，生病实在是十分正常不过的事情。在他们的观念中，生病并不意味着必定要去看医生，事实上许多情况下都是不必要去看医生的。在他们看来，诸如生孩子这样的事情事实上也是没有去医院的必要的。许多小病小灾的当然也就没什么必要进医院了。而随着人的年龄的增长，疾病当然也会更加频繁地发生，这是十分自然的事情。在这些老人当中，经常性的腰痛、膝盖疼等等都不被认为是多么严重的病症，他们认为这甚至不是医院能够治好的，这些病症都是在过去几十年的生产生活中积劳而成的。既然是过去的强度劳作使然，那么也就没必要经常往医院跑了，人到了老年便逐渐通过一些病症而结束其生命，这是自然的规律。

罗芳："崽崽的爸爸（指的是自己的丈夫）血压偏高，去年一年就晕倒过四次。最开始那一次是在街上的时候，他坐在街上一个熟人的门口，一下子就栽下去了，那个熟人才把他背到一家私人医院去，输了液他就回来了，没去医院检查，他说好了没得事了就不用去了。第二次也是在赶场的时候，他在医院门口经过，又晕倒了。刚好侄女住在医院斜对面，看到他倒了，就把他背到了医院去输液，输完液他又回来了，两回医生都叫他不要喝酒了。没有说原因，他也没问，也没听医生的话，照常喝酒。第三回是在屋头煮饭的时候又倒了，我看到了，就把他背到床上去刮痧，刮痧了他就好了，没去医院，说是痧发了。今年正月初九，岩角有个会头，我们正坐着吃饭，他又倒下去了。别人叫我过来，我就揪他的后颈和胸口，他就还阳了（醒了），回家后我给他煮了两个鸡蛋和一包方便面，他吃了东西就好了，说没有事，也没去检查。今年正月二十几的时候，儿子他们说害怕有病，就催他去检查，大哥二哥都催他去，他才和女儿一起去石柱县医院检查，医生说他血压偏高，要戒酒，开了七十几元钱的降压药。他回家以后才把酒戒了，每天吃医生开的药。三月份去石柱检查，医生说血压已经正常了。"

从材料中可以看出，陈世全在一年里就晕倒了四次，这算是一个不正常的现象，但是都没有引起他的足够重视，不仅没有主动去正规医院检查，甚至没有向私人医生了解病因，没有遵从医嘱，直到儿子回家后才去医院检查。另一个案例也几乎说明了相同的问题。

袁天秀："崽崽的爸爸得高血压有四五年了。最开始时是头昏头痛，他以为是感冒了，就各自在街上买的头痛粉和感冒冲剂吃，吃了半年，都没好。别人跟他说怕是有高血压，他才去石柱去检查。他耳朵现在背得很，有三四年了，刚开始时候是有点背，这几年越来越严重了。他也没去检查，反正是老了，算了，听不见就听不见，农村这样开支那样开支的，应付不过来。现在你站在这个田埂上，他站在那边的地里，你喊他都听不见。高血压问题要大些，还怕倒了风瘫，耳朵背就背，反正还可以做活路，我今年耳朵也听不见了，人老了。"

从材料中可以看出,袁天秀的丈夫(陶静安)在得了高血压半年后才去看医生,之前都是自己判断病因并自己去买药,没有想到去医院检查。听力不好本来给他生活带来了很多不便,例如,很多老人说以前陶静安很喜欢聊天,自从耳朵不灵后就没有聊过了,其严重程度在同龄老人中都应该算是不正常的。不过在长期的疾病当中,他已经慢慢习惯了听不见的生活。于是,他选择了忍受,甚至从来没去医生那里看过病因,一来确实是因为没有这个意识,老人眼花耳背本来就是正常的情况;二来是出于农活和经济情况的考虑,耳背去看医生肯定是要花钱的,而且要耽搁农活。并且也没有必要看,因为耳背虽然给生活上带来了不便,但是并不影响干农活。

二、选择什么样的药

在望路组,老人用药一般有三种渠道:到医院开药、到私人药店买药以及民间中草药(听熟人介绍而买)。到医院开药一般是老人病情严重的情况下进行的,不能以拖捱的方式解决或者疾病只能去医院治的时候才真正在医院买药。到私人药店买药是老人生病后但自觉不太严重的情况下的选择,很多时候,老人们虽然感到自己已经生病,但还不至于看医生。平时老人们买些常见病的治疗药物时,通常也会选择到私人药店中购买。在这样的情况下,他们不需要告诉医生自己的病情为何,当然不会让卖药者问诊,只是说明他们要买什么样的药就行了,在这样的情况下,农民为自己诊病,他们能够知道自己得了什么样的病,以此诊断来向私人药店买药。民间药方是老人用一些民间的偏方对自己的疾病进行治疗的传统疗法,大多数为中草药。陈世全的膝关节痛了一年多,没有去医院检查,也没有去开药,现在是他的一个熟人给他挖了一些草药泡酒。他说他也是膝关节痛,用这些草药治好的,陈世全用酒和纱布包着缠膝盖,包了一个多月,自己感觉好了很多,膝关节的疼痛已经有所减缓。

在农村,那些常见的病症对于大多数的农民而言都大同小异,譬如风湿、关节炎、感冒等。在这样的情况下,人们在相互交流中不免对病情以及这种疾病的治疗方式形成自己的认识。所以,当人们在买药的时候,或者治病的时候通常都会受到别的人的影响,尤其会受到那些曾经得过类似的病而如今已经恢复的人的影响。他们相互之间交流治疗的经验,仿佛自己也已经成为一名医生一样。在小病的治疗中,人们通常只需要通过相互交流之后买些药或者自己找些中草药就可以治疗。

陶静安："我感冒药、高血压药都是随时在荷包里放起的，没有断过。高血压药是我去医院检查治疗的时候医生顺便开的，我每个月都要去石柱先医院检查血压，医生就要开一个月的药，我回来就吃医生开的药。感冒药是我自己买的，没有找医生检查，感冒是很常见的病，谁都知道感冒是什么样子，不需要问医生。我和别人摆龙门阵的时候，他们说哪样药好，我就去买。止痛片是我五姑叫我去买的，她说她吃了有用，叫我也去买，我就去买回来了。原来的时候我每天都要吃头痛粉，一天要吃三次，不吃的话就要打瞌睡，后来别人说吃了脑血管要硬化，我就四五年没有吃了，据说里面还含有咖啡因，说这种东西毒性大。"

在望路组，我们还发现有 3 户人家都有袋装的黑蚂蚁和红蚂蚁。询问之下得知，这种蚂蚁每一袋 70 多元钱。我们从包装上看出，这种作为药物的蚂蚁由吉林长白山生产而出。不过在三河卫生院这样的正规医药机构并没有出售。在我们对这三户主人访谈之后得知，他们是听别人说这种蚂蚁对人们的身体具有好处，不仅仅能够治疗一些常见的病症，而且在无病的情况下服用甚至可以提高免疫力，使老人们少生病。

刘学英："今年二月，田代树家交代女儿（嫁女儿）的时候，我们几个帮忙地在一张桌子上吃饭。陈代梅去添饭时，说她原来吃两碗，现在吃了药，要多吃一点饭。我就问她是啥子药，他就说是黑蚂蚁和红蚂蚁。唐顺兰说她也在吃，她不识字，还给卖药的打电话去问怎么个吃法。卖药的说用来泡酒喝，不喝酒的话就吞开水（用开水冲服）。她看那药脚脚爪爪的，就去把它打细了。我说那我也去买来，陈代梅让我先尝尝看，吃得下去才买。她把我带去她家，给我舀来吃了，吃起来酸、腥味儿重，不好吞，满口都是。她说一次吃一勺，用开水吞，一次红蚂蚁一勺，黑蚂蚁一勺。

"我做了头场席（在会头中，因为客人很多，设施不够，所以经常是分成几场用餐，所谓头场席，就是第一批就餐的人）就去街上给女儿看店。我装蚂蚁的袋子（包装袋）给女儿看。女儿看了说我，别人说哪样药好就去买来，也不找医生问一下，只晓得自己买来，贵又贵得很。我没和儿子讲，去说那些做啥子，他又没打电话回来，而且也担心和他讲了之后他又不放心我去买。

"这个月我去赶场，就在三河医院去买，跟医生说我要黑蚂蚁和红蚂蚁，医生说他们那里没有卖的，那医生还说：'那种药说是包治百样病的，如果它真的可以治百样病的话，还要其他的药做些什么？'回来的时候我遇到刘学中屋头的（刘学中妻子，望路组）在栽苞谷，我说去买黑蚂蚁和红蚂蚁没有买到。她说她们屋头就有，买了刘学中一吃高血压就发了，吃完之后就感觉到头晕，肯定是吃不得这个药，想卖给我，我说我没有带钱，她说'你先拿去，钱再说'，我就把药带回去了。

"回家的时候我看那个药就像蚂蚁，我就去把它晒干，打细了装起。现在在吃感冒药，还没有吃那个药，等感冒好了感冒药吃完了再吃。她们说这个药可以治胃病、类风湿、外风湿和心脏病等。它是做啥子的我搞不懂，我又不识字，晓不得它写的是啥子，反正有啥子病别人说哪样药好我就去买哪样，我也不晓得那是治啥子的，反正她们说的是啥子病都可以治。"

陈代梅："两三年前我去古文堡女儿家去耍，那里的人（女儿的邻居和亲戚）说我好瘦啊。我就说我有病，是胃病，吃东西都吃不下去，不好吃。他们就跟我说外面的红蚂蚁很好，他们有个人的亲戚的胃病就是吃红蚂蚁好了的，是她女儿寄回来的，要400多元钱。

"今年二月有一次田世云在我们院子耍的时候，我说我感冒糟了（很严重），饭都不想吃。田世云说他幺舅妈（马小琴，刘学中的弟媳，望路组）都在吃蚂蚁子，吃了好些了。代安（一个私人药店主）那里就在卖。我不知道他姓什么，反正是认识，我们叫他代安。他幺舅妈这么假（挑剔和娇气），都买来吃。我说那我也去买来试试，回来我就给崽崽的爷爷说蚂蚁子好，买来试一下，他说那他就去买来试一下，买回来后他读说明，说上面说的治病治得多，实际上是不是有效果还是要吃来看看。

"我就开始吃，一天三次，饭前吃，是崽崽的爷爷看说明后给我说的。那个难吃得很，腥味儿重，脚脚爪爪的，我看效果就是那样，没得好大个用，饭是多吃了一点点。我有十几二十天没有吃那个药了，感冒了，胃难受，不敢吃那个。这些天吃饭又不行了，可能那个药是帮助消化的。

"这个红蚂蚁不好，都不红，要很红很红的红蚂蚁才行，古文堡那里的人说那个红蚂蚁就是很红很红的那种。"

唐顺兰："今年二月份的时候我去赶场回来，碰到谭代安。他是我的一个熟人，认得到，他叫我来买这种黑蚂蚁和红蚂蚁，他说吃了效果很好。这种蚂蚁可以解乏、治病、治身上麻木。我就去买了两袋，回来时看那个药看不下去，脚脚爪爪的，我就用捣海椒的研钵把它捣细了，一天吃两次，早上和晚上，用来吞开水吃。有时候饭前吃，有时候饭后吃，也可以用来泡酒。我买回来后就把黑蚂蚁用来泡酒，泡到现在，有一个月左右了，今天把这个酒拿来擦脚（腿）。

"这个药一点都不好吃，难闻得很，腥味儿又重，吃了没得用。我脚痛，谭代安说吃了这个药脚就不痛了，但是我现在还是痛，有时候睡觉睡着睡着，脚痛就把我痛醒了。"

我们还发现唐顺兰购买了外地人到乡下推销的药。其中有深海鱼眼油（香港神韵生物科技有限公司生产）、灵芝虫草（四川达福康生物制药有限公司生产）、消痛帖（安徽众康药械有限公司），还有人参、眼膏以及牦牛骨髓高钙片等等。

唐顺兰："上个月的时候垭口有人在摆摊摊卖药，还安了一个高音喇叭做广告。广告说他们是四川广安的人，在成都安的家。他们说人是三十岁之前睡不醒，三十岁之后又睡不着，这是因为缺钙，要多吃芹菜、海带、豆腐、芝麻等，早晚还要喝牛奶，吃药要吃防止脑血管硬化的。人参可以治气管炎、治咳嗽、治累（解乏），用来炖肉、泡酒。那里还卖了好多药酒。我当时就买了一百多元钱的，人参我尝了一下须须，苦得很。我把它用来泡酒，等他们（女儿女婿）回来喝。"

三、由谁来照顾

当生病时靠拖捱以及自己买的药起不了作用反而使病情加重时，老人会选择去医院输液，或者选择去住院治疗。输液是在三河街上或者私人药房，通常是病人自己去，早上八九点自己一个人到街上去输液，输完液后在下午三四点左右再自己回家。如果需要输几天液的话，就天天如此，早上下去，下午就回来，不会在街上住宿，一是出于经济上的考虑，二是因为放心不下家里的农活家务，反正他们认为自己还没病到不能走路的地步。

马战兹家里通常是打电话叫医院的人上来为老人输液。这是因为医生是他小儿子的熟人，而且马战兹的妻子是癫痫病，一犯了病就没有办法走路。医药费如果较少，在几十上百元左右的话老人会自己负担，如果数量较大，要两三百以上，老人会给外出子女打电话，外出子女会将医药费寄回家。生病期间家务由家人料理，病人回家后也会自己做一部分家务。如果老人是独自居住，还是要回来后自己做家务。因为他们自觉不太严重，还是可以做家务，或者是因为家务多，自己认为不做也没办法。

如果老人的病情已经达到了要住院的程度，那么通常会选在石柱县里条件较好的医院。如果有子女住在石柱县城，子女会去服侍生病的老人，子女在家的话子女会陪同老人去医院看病。社区里的邻居有时候也起着一定的作用，他们或者可以帮助照看家里，或者就直接送病人就医。医疗费有的是子女负担，有的是老人自己负担。老人住院后，家务由配偶来料理，或者子女，或者社区的帮忙。

陈一瑞："我们家里面一直都是有药准备着的，有治感冒的、消炎的。平时病了就找医生买药吃，轻微的病情吃点自己家里准备的药就好了。有时要在三河街上输液，严重的时候要住院，前年住了六回院，去年住了三回，都是在石柱住的，崽崽开车来接的。病好了之后他们又送我回来，在医院里都是崽崽轮流照顾，轮流守夜和送饭。今天你来了明天就我来，医药费一次的话检查要五千，不检查就要三四千，都是几个崽崽一起出的。每回我都是冬天病，最早从九月份或者十月份开始，最迟是十二月。肺气肿，身子虚，是因为当年孩子多，营养没有跟上。咳嗽把肺都咳虚了，饭都吃不下。我现在一病了就用孩子买的人参粉冲水喝。崽崽的爸爸身体很好，很少病，就病过一回。有一年我在石柱，他在家里病了咳嗽，我当时在石柱，他自己还能走，就每天去三河街上输液，下午又回来，这样输了五天。我一般都是冬天病，冬天活路少，不像春天那么复杂。我病了还有他（指的是自己的丈夫）在家照顾，种地、做屋头的事情。我住院的时候他留在家里，喂猪啊，种庄稼啊，我们两个人没同时病过，就算病了的话也有崽崽，他们晓得了就会回来。"

马战兹："老婆婆（指的是自己的妻子）是癫痫病，就是风俗习惯说的母猪疯。都得了四五年了，年轻的时候都没得，是老了才开始发的。当时不严重，只是扯（抽搐），口里吐泡沫，十天半月发一回，不严重的话发了之后还是清晰，还耐得何（可以）做（活路），一般是晚上发。去年把苞谷栽完，还没栽秧的时候，她又发病了。那回最严重，一直发病，这次发了还没醒就开始扯二道，二道醒了隔几分钟、十几分钟又开始发了。当时两个崽崽都在家，我们三个就把她弄到公社医院（三河乡医院）去。医院都奈不活，从晚上十点到早上十点都没醒。我们又马上把她送到石柱县医院去。女儿在石柱县城住，我们打她电话，她就赶到医院来了。她来了后我就回来拿钱，钱拿了又去医院交钱，交了钱我就回来了。天天去医院，屋头怎么走得脱，我是隔一天就去医院看看她，去的时候把屋头的杂活做完了，大概九点左右从屋头开始走，十点到医院，下午五六点又回来。在医院是女儿和儿子服侍，每顿饭是女儿送来，晚上她来医院守夜，小儿子是白天来服侍，晚上去女儿家睡觉。在医院住要拿钱啊，大儿子服侍了两天就回来了，在医院要生活费，反正在医院还有人服侍，没得活路做。她住了七天院，是小儿子送她回来的。

"当时去石柱县医院的时候，去就喊交钱。我们身上又都没带钱，是女儿来垫了1000元，我回来拿了一两千去医院，拿的也是我各自的钱。住院花了3000元，女儿垫的钱还给她了，她负担大得很，小的那个在重庆读初中，花钱得很。"

马丙成："前年我也感冒病过一回。当时栽秧栽热了，我就把衣服脱了，回家过后就觉得身上软，像痧发了一样。当时她（指的是自己的妻子）就给我揪肩膀、揪颈子，还是不行，没有好。个把星期后我就去石柱县医院打吊针，每天两次，打了七天，住在老大家里，医药费都是老大和老三出的，可能有个千把元钱。老大在大河教书，住在石柱县城，老三在石柱开宾馆。他们两个屋头有钱些，每天我都是大儿媳妇陪着去打吊针。她的茶馆和医院是在一条街上，隔得近。中途她还要来看上几次，中午在大儿子家里吃午饭，下午再去。吊针打完了过后，我就要回去，儿子留我在他们家里休息，亲家也留我去他们家耍。我留起耍屋头怎么办？只有老婆婆（指的是自己的妻子）一个人在做。幺女每天吃了早饭要过来帮忙做，她嫁到白玉的，从屋头过来走得了半个钟头，晚上天擦黑了她才回去。

"去年也是栽秧的时候我又感冒了，也是揪痧，挨到不行了才去弄的药，拖了六七天。那一次是我各自去三河医院输的液，输了两瓶，输了一天，花了一百多元钱。今年二月也是人软、头晕、眼睛黑、没得精神，团转（周围邻居的意思）的人说是高血压。我就去三河医院检查，不是高血压，医生说是感冒了，打了两瓶吊针就好了，花了一百二十几元钱。这两次都是我各自出的钱，没让儿女知道，因为不太严重。"

第十二章 农民的孩子：
在学校与社区中成长

第一节 学校：现代教育下的孩子们

在这一部分，我们将主要介绍三河乡的学前教育与小学教育两个部分，对于初中并无涉及。三河乡一共两所幼儿园，分别为川主幼儿园和乐彩幼儿园，而每个完小也都办有一个或两个的学前班，但本文将以川主幼儿园为主。三河乡的小学一共8所，其中1所乡中心小学，4所完小和3所村小，本文在探讨三河乡的小学教育时将以三河乡中心小学为例。

一、学前教育：以川主幼儿园为例

（一）川主幼儿园概况

川主幼儿园于1994年由邓蓉老师一手创办，刚创立时仅有16个孩子入学，仅办了一个学前班。它位于石柱至沙子公路入三河街口处，与川主村村民委员会相毗邻。现有一栋两层教学楼，一共四间教室，上层两个教室容纳大班和中班，下层两间教室容纳小班和学前班。

现在的川主幼儿园一共152个学生，其中男生87名，女生65名。在这些孩子中离学校最远的有大林村和白玉村的，离学校的距离在3~4公里，主要在大班和学前班。教师一共4位，均为女性。一个教师负责一个班的全部课程和其他一切事物，即每个教师包一个班。班级及其负责教师详细状况如下表所示：

表 12.1　川主幼儿园班级情况表

班 级	学生数	男	女	负责教师	所开课程
学前班	38	22	16	邓蓉老师	语言、数学、英语、拼音、社会、音乐、美术与健康，四个不同级别的班级开的是相同的课程，只是其教育的内容不同
大班	38	21	17	付老师	
中班	39	21	18	龙老师	
小班	37	23	14	马老师	

川主幼儿园教师情况详如下表：

表 12.2　川主幼儿园现在的教师状况表

姓 氏	性 别	学历状况	备 注
邓蓉老师	女	大专学历	川主幼儿园创办人，现负责人
付老师	女	高中毕业	2000 年在白玉办过两年的幼儿园
龙老师	女	中专幼师毕业	2008 年毕业于重庆电力学院中专幼师
马老师	女	中专幼师毕业	专业

（二）培养目标

学前教育是孩子走入学校生活的准备过程和适应阶段。幼儿园是介于家庭和学校之间的、兼容家庭功能和学校功能于一体的一种社会组织形式。所以按照邓蓉老师的说法，幼儿园的培养目标就是：把小孩子培养成一个合格的小学生。那么，怎样才能算作合格的小学生呢？邓蓉老师解释说："在幼儿园的教育中，孩子行为规范的培养是最为重要的任务。在孩子的这一成长阶段，我们最重视的不是孩子在这里所学习到的知识，而着重培养的应该是孩子们的学习习惯以及生活常识、伦理常识等。"

基于这样的培养目标，便出现了特定的教学内容和教学方式。

（三）教学内容和教学方式

如上表所示，川主幼儿园所开的课程还是比较丰富的，其中包括小学教育中都未开的英语。在语言这一课程中，以古诗和《三字经》为主。《三字经》作为启蒙教育的主要内容是传统教育的教育内容，在这里，我们看到了传统的价值。

除了正规的课堂教学之外，每个星期二的上午或下午有一个半小时左右的游戏时间，所做的游戏包括"小蚂蚁搬家""角色游戏"（让孩子们扮演不同的角色）、"体育游戏"和"智力游戏"等。这些游戏都有它们自己独特的功能，"'小蚂蚁搬家'为了训练孩子们的团结合作意识，体育游戏为了锻炼孩

图12.1 川主幼儿园孩子们使用的《三字经》

子们的身体并培养孩子们在体育上的兴趣，而智力游戏则是为了开发孩子们的智力。"小班负责教师马老师的解释未免显得笼统，以下我们将以"角色游戏"为例，做出详细描述和分析。

角色游戏过程及对此的分析：以"小熊请客"为例

扮演角色：角色包括主人与客人两种。主人为小熊，客人包括多种小动物，如小松鼠、小白兔、小狗和小猫等。

时间：周末某天的中午（这个时间为虚构时间，实际时间是安排在周二的上午或下午）。

地点：小熊的家中（地点也为虚构地点，实际为幼儿园小操场）。

过程：

小熊早晨起床之后开始打扫家中的卫生。卫生打扫完毕之后，小熊开始出去买菜（其实只是出了幼儿园校门兜一圈就回来）。买菜回来，开始淘米洗菜，做饭做菜。做饭做菜的过程中附有一定的道具，使用孩子们平时午饭使用的碗筷。做饭做菜的过程是虚构的，没有真正的饭菜，只是使用到一些道具，使孩子知道什么物品用来做什么即可。

饭菜做好之后，客人已到敲门。小熊兴高采烈地去开门，并且说："欢迎大家来我的家里做客，快请进！"客人们进屋并对小熊的邀请（小熊是在前一天发出的邀请，在游戏中没有这一过程）表示感谢。之后小熊请客人入座，并将已做好的饭菜从厨房端出来，请大家入席吃饭。

吃完饭后开始耍。所玩的东西一般是打纸牌、打麻将（虽然他们都不会，但也可以作为一种形式）等，这是"游戏中的游戏"。玩过一段时间，客人要求回家，主人小熊送走客人，送客要送出门口。这其中用到多种礼貌用语，如"谢谢""慢走""再见""以后再来家里玩"等。

至此，游戏结束。

遗憾的是，我们一直没有找到一个合适的机会去参与这样的游戏。以上的描述是通过小班负责教师马老师的介绍所做的记录，难免显得粗糙而不详细。但我们还是能在其中窥见一些有用的信息。

根据游戏的名称"小熊请客"，至少可以看出，孩子们正在训练一种处理主与客的人际关系的能力。这种角色的扮演其实是孩子们将来真实角色的提前训练。这个游戏绝不是电影一样的机械戏剧，它没有固定的台词，除了主题和其中大致的过程由老师来设置之外，其他的各个环节都由孩子们自由发挥。他们将凭借自己的方式去解决游戏中的各个环节，正如他们将来长大成人之后像他们现在的父母亲一样凭借自己的方式去解决生活中的各种问题。

它也是一个生活常识的学习过程，虽然所谓做饭做菜这一环节十分虚构（事实上根本没有饭菜，只有各式各样的炊具道具），但至少让表演者和观看者都能对炊具形成初步的认识，大概了解什么炊具用来做什么。在小班，孩子的年龄在2~4岁之间，这一年龄段的孩子无论如何难以做到熟练地做饭做菜，但对炊具的认识却是他们的能力所及。

然而，为什么是"小熊请客"？为什么里面的角色安排都是些小动物？马老师这么说："其实我们也会组织一些家庭生活的角色扮演游戏，这样也是很好的。在这个游戏中的角色全部为小动物，是因为小动物能够激发孩子的兴趣，并且这样也能使孩子们更加喜欢小动物，保护小动物而不会随便伤害小动物。"这种拟人化的角色扮演，使得人与动物在角色界限上产生模糊。孩子们能够意识到这些小动物曾经出现在自己的游戏中，并且是自己或者自己的朋友。这种心理条件是人与动物融洽相处的最好前提。

（四）幼儿园学生学习生活缩影及其对此的分析

在这一部分，我们将首先呈现出笔者本人在4月13日对川主幼儿园观察的详细记录。据此材料，再做出适当的分析。

1. 观察记录

时间：4月13日　星期一

地点：三河乡川主村川主幼儿园

观察记录：

早上8：00到达川主幼儿园，邓蓉老师正在抱着一个哭着的孩子哄哄。通过自我介绍，笔者得到邓老师的允许进入幼儿园进行参与观察。

图12.2　川主幼儿园的邓老师正在哄哄哭泣的孩子

8：04，一个小女孩的手在家弄破，此时撒娇地给邓老师看，邓老师找来药水给孩子擦手，并问孩子"疼不疼，辣不辣"，擦完告诉孩子伤口不要弄脏，保持清洁，很快就会好。

图12.3　川主幼儿园的邓老师给孩子的伤口上药

8：08，有一个中年妇女由外面送进一袋包子进来，马老师（小班负责教师）拿过去分发。笔者问是不是每个孩子都要发，邓老师解释说："有些孩子在家没有吃早餐，带着钱来这儿买，但我们的幼儿园一出门就是马路（沙子至石柱公路——笔者注），我们不到放学是不会让孩子出去的，如果非要出去，则必须有老师带领，路上车辆多，不安全。所以我们从外面统一买进来。我们最常买的是包子，像今天你看到的。包子5毛钱一个，孩子们想买就买，不买也由他们，不是统一必须买。乡下的孩子的早餐也就只能是这样了，他们喝不到牛奶。"

8：13，有个男孩从家里带来冲剂交给邓老师，请老师在吃午饭时冲给他喝。邓老师借了我的笔在袋子上做了记录，她解释说："这种情况比较多，要做好记录，以免交来的人多了会搞混乱了。"

8：17，邓老师对孩子们说："在家里要坚持跟妈妈做家务，除了早餐钱，不能向爸爸妈妈要多余的钱。"

8：18，龙老师（中班负责教师）和付老师（大班负责教师）领着7个孩子进入幼儿园。邓老师解释说："今天早上路太滑了，远处的孩子我们会派老师去半路接，家长送到半路由我们再从半路接。如果天气好，我们要求家长不要时常接送孩子，当然小班的有些孩子太小就例外了，要培养孩子独立的习惯。"

8：20，邓老师吹哨集合，各个老师分别在自己负责的班整队。接着开始做早操，内容为全国第二套幼儿广播体操。活动场域显得狭窄，孩子们并不能很好的舒展开。因为今天是三河乡的"赶场天"（逢3、6、9赶场），而本地赶场很早，早上七八点钟就已经开始了。所以有很多家长围在幼儿园围墙外面看孩子们做操。

8：35，早操结束，解散学生，孩子们开始自由在幼儿园的区域内活动，但没有动玩具，只是在小操场上追逐、打闹（以男孩为主），部分孩子去上厕所（厕所在从一楼上二楼的楼梯间，分男女两间）。邓老师解释，对于小的孩子（部分小班的孩子才两岁多一点），上厕所都要老师照顾。

8：40，上第一节课，笔者在学前班听课，负责教师为邓蓉老师。先对笔者的到来表示欢迎，接下来是点名，有一个孩子因为去剪头发了所以现在还没有来。其后邓老师问："有哪些孩子在这两天中（今天星期一，前两天即周末）给爸爸妈妈当了好儿子好女儿？"孩子们全部举起了手。本节课上的是语言，以背诵古诗为主，背诵古诗《忆江南》《小儿垂钓》《赋得古原草送别》和《咏柳》等。8：48，开始背诵《三字经》。8：55，上新的一节《三字经》。

9：00下课，孩子们自行活动。

9：25上第二节课，本节学前班为数学。因为邓老师要去乡政府开会，此节课由笔者代上。因为我不懂得她们的授课方式（如孩子们一旦在下面说话不听讲，老师就会说"小嘴闭闭好"，孩子们就会说"我要闭闭好"，然后就会安静），所以这节课上得很不好，课堂上时常乱七八糟。在课堂上，孩子们最高兴的环节就是给他们改作业。

10：30，第三节课上，笔者转入小班听课。课程为音乐，负责教师马老师弹奏钢琴，孩子们跟着唱，但几乎一半的孩子并未张口，而是各玩各的，主要是折纸。10：55，马老师叫新歌，附谱，并弹奏钢琴。4个孩子（2男2女）上前做领唱。11：00，第三节课下。

11：22，第四节课上。邓老师给学前班的孩子上拼音，马老师给小班的孩子讲《小猫钓鱼》的故事，提出"做事情要专心，一心一意，而不能三心二意"（马老师语）。11：38，马老师让孩子们自己讲《小猫钓鱼》的故事，许多孩子举手，老师请其中一个同学讲。讲完之后，老师带领其他孩子一起对讲故事的孩子说："某某，你真棒！"以示鼓励。11：40，第四节课下。

图12.4　川主幼儿园的邓老师正在为孩子们上拼音课

11：45，准备吃午饭。孩子们先洗手，各班负责教师开始给孩子们分发碗和调羹，然后从厨房往各班端一盆米饭、一盆粉丝和一盆汤。然后各班老师开始给孩子们打饭，孩子们排队。小班负责教师马老师的男朋友帮助马老师给小班还打饭，一个两岁的儿童对他喊："爸爸快点给我舀饭！"

老师要求孩子们：桌子上不可以洒饭，不能吃剩，吃饭时不能说话。最后说："小朋友们请！"孩子们说："谢谢老师！大家请！"开始吃饭。邓老师对孩子们说："吃饭要细嚼慢咽而且吃饭时也要坐正姿势，这样才能消化好。"

图 12.5　马老师组织小班的孩子就餐

12：10，小班午饭吃毕，之后几分钟，各班孩子都已经吃完饭，开始出来玩。此时开始玩玩具，有跷跷板、可坐的小车、可坐的鸭子等。

12：18，各班负责教师开始打扫教室卫生。

12：20，各班集合进教室。邓老师将孩子们早上交上来的药物分配给孩子们吃，同时各班开始放电视，电视内容为《猫和老鼠》（普通话版）。之后老师开始进厨房吃饭，伙食工作人员一名，为邓老师母亲，60岁左右。

图 12.6　幼儿园的孩子们在观看电视

以上部分完全由笔者观察之后所做的记录，以下部分是通过邓蓉老师的口头介绍而得出的信息。

13：30，看电视的时间结束。13：50 至 14：00 唱歌，然后开始上下午的课。一节课上 30 分钟左右，课间休息 10 至 20 分钟，下午上完两节课之后孩子们回家。

2. 分析

通过上文的描述我们可以看到，幼儿园不是学校，也非家庭。但从另一种角度来看，则幼儿园又是家庭，也是学校。孩子们对老师的依赖十分强烈，甚至于超过对他们母亲的依赖。事实上在这些孩子中，许多都是留守的儿童。教师除了负责孩子们的文化知识的教育（邓蓉老师曾经告诉过我们，幼儿园的教育并不是真要传授给孩子们怎样的知识结构，而是要培养孩子们学习的习惯，经过这里，孩子们从家庭走入学校），更要负责孩子们的部分日常生活，如我们所看到的哄哄哭泣的孩子、给孩子处理小伤口（这个小伤口其实是孩子在家受到的伤，但在家里并没有得到处理，这应该基于家长对"病""伤"的不同于教师的认识）。

值得我们注意的是，在上面的描述中我们说到小班的一个孩子对着马老师的男朋友喊"爸爸"，我们是否可以这么猜测：孩子真正的爸爸在孩子的生活中也做着与马老师的男友所做的相同的事情。我想这样的猜测并无不可。关于这样的角色混淆，我们在描述孩子的亲属关系的时候做过较为详细的说明。

二、小学教育：以三河小学为例

（一）三河小学简史

三河小学的前身为 1964 年之前已经存在的"学堂村小"，校址在当时学堂村的黄瓜屋基。1964 年改名为"三合小学"，成为三合公社中心小学。1980 年三合公社分为三店等三个乡，三合小学又改名为"三店小学"，成为三店中心小学。"1992 年 8 月 28 日，三店中心校从黄瓜屋基（学堂村——笔者注）迁至碾盘店（现在的三店村王中坝——笔者注），租民房 11 间为教室和办公室用房，当时全校教师 22 人，学生 278 人，并将周家小学教师 4 人，学生 188 人合为中心小学。教学点设在月亮丘、旧医院和街上。"（《三河乡志》"大事记述"第 16 页）。

1993 年 9 月，三店小学动工修建。团县委将"科龙容声集团"捐资项目划给三店小学，该校当年属于渝东地区的第一所希望小学。1997 年 9 月，三店小学教学楼修建完工。该教学楼为砖结构，三楼一底，16 间教学室，能容纳 1000 名左右的学生，顶楼有水池设备，两侧建有厨房、厕所。此项工程属于国家教育扶贫项目，因此三店小学当时又取名为"科龙容声希望小学"，是当时黔江开发区（这是那个时候石柱县所属的区）唯一一所希望小学。总投资 48 万元，附属工程投资 18 万元。1998 年 10 月 19 日，学生进入新教学楼上课，从此三河小学（时为三店中心小学）结束了租房上课的历史。

2000 年 4 月，三河小学综合办公楼修建竣工。盖楼有办公用房 27 间，住房 21 间，会议室 1 间，实验室 2 间。总投资 42.7732 万元。同年 8 月，三店小学操场全面硬化完工，总面积达 2254.38 平方米，属于多用场地，有 2 个篮球场和 1 个排球场，总投资 15 万元（包括建校门、修砌围墙、修建花台和修建各种体育设施等）。至此，三河小学的基础设施建设基本完成，形成现在的状态。

2001 年 7 月 28 日，全县乡镇机构改革，原三店、大河、永和与蚕溪四乡合并为今天的三河乡。第二年 5 月 1 日，原三店小学正式更名为"三河小学"，作为三河乡中心小学。

（二）三河小学现实简况

三河小学坐落于三河乡场镇东南部的三店村碾盘店，坐西南向东北。学校左侧有龙河流过，校门乃三河场镇最为繁华的王中坝大道（即现在的新街）的西南起始点。

图 12.7 三河小学外观

学校现有在编教师一共53人，在校学生一共为982人。全校现设有18个班：学前班2个，一年级3个，二年级2个，三年级2个，四年级2个，五年级4个，六年级3个。

现有教学楼一栋，共16间教学室，正是上文中提到的1997年由"科龙容声集团"支助建成的。16间教室中一间为计算机教师。现在的教学楼只能容纳15个班，另外的3个班只能在办公楼里上课。办公楼一栋，正是上文中提到的于2000年4月竣工的办公楼。另有一间小卖部在办公楼的右侧。教学楼右侧为厨房，左侧为厕所。

拥有教学使用的多媒体教室一间。教学使用计算机30台，计算机教室在教学楼三楼，全部实现联网。并且每个办公室、中层以上干部都已经配备一台电脑，均联网。

教室内部显得比较陈旧。书桌木质无漆，损坏部分较多，如桌面刻画严重，桌脚也有部分损坏但已重修过。与这样的书桌配套的长凳也与书桌的情形大体相似。黑板是传统的水泥质料，前后各一面，前为教学使用，后为黑板报所在地。每个教室内配有饮水机1台。教室内部的陈设及装饰状况如下，以四年级（1）班为例：

教学使用黑板一面，水泥质料，宽1.5米左右，长3米左右。黑板正上方墙壁上张贴五星红旗一面，红旗左右张贴黄底红字"自信自爱"和"自强自立"八字。黑板左侧墙壁张贴中华人民共和国教育部颁行的《中小学生守则》与《小学生日常行为规范》，右侧张贴《眼保健操图解》。饮水机设在教室右前部分的角落，上有纯净水半桶，又有插线板一个，用来连接饮水机的电源。教室后面设有一个2平方米左右的储存间，作为存放盆、扫帚、拖布等用具。后墙壁上有一面黑板，大小质料和作为教学使用的一样，作为办黑板报所用。教室两侧墙壁挂有名人名言四幅，分别为：

"真理哪怕才见到一线，我们也不能让他的光辉暗淡。

——李四光

科学是无止境的，它是一个永恒之谜。

——爱因斯坦

一个人如果没有恒心，他是任何事也做不成功的。

——牛顿

人生在勤，不索何获。

——张衡"

学生座位分为 4 组，除三桌为两男同坐之外，其他均为男女搭配坐。

图 12.8　三河小学四年级一班正在上数学课

这是四年级（1）班的教室内部布置状况，其他班级也与此大体相同。

关于基础设施方面的困难，周代国校长说："现在我们最大的困难就是教学用房不够，本来我们是准备建立一个图书馆的，但苦于建房不够，根本就已经没有适当的空间了。"所以三河小学现在又在大河村阵子坝紧邻三河中学建立了新的校区，目前已经建成一栋教学楼，其他附属工程正在进行。

（二）教师状况

三河小学现在的在编教师一共是 53 人，其中有大约 20% 是民转公教师。民转公的方式包括两种，第一种为自然转正，第二种是通过考试转正。从教师学历层次上看，20% 左右的教师具有大专文凭，学位获得也有两种途径，一是直接从大专院校毕业的学生，二是通过进修获得的大专文凭。三河小学内现有 4 名具有进修本科学位的教师。其他的多为石柱师范学校和垫江师范学校毕业的学生，具有中专文凭。在这 53 名教师中，中级教师有 17 名，占教师总数的 3% 左右。

教师有兼职教授两个科目的情形，但多表现在文体科目中。例如，三河小学现在有 2 个专职的体育教师，另外还有 5 个体育教师为其他学科教师兼任。周代国校长说："除了语文和数学两个科目必须由专职的教师上课之外，在其他的科目中，教师兼教两科或者两科以上的情况还是比较普遍。

受到编制的影响，一般不容易出现教师向外流动的情况。但有一种教师流动情况则是每年都有的，中心校的教师要轮岗下完小、村小去帮扶上课，每年轮流一次，每次轮流的教师不超过5人。

关于教师的工资待遇问题，4月16日晚，笔者（访谈员刘应科）对陈之双老师做了详细的访谈，其访谈记录如下所示：

从2005年财政体制改革开始，教师的工资大致可分为四个部分：岗位工资、薪级工资、绩效工资和其他经济补贴。

岗位工资根据专业技术人员的等级进行划分，而专业技术人员的技术等级又可以分为12个等级。我们学校的教师的专业技术等级包括第八级到第十二级，八至十级的教师是小学高级教师，我们学校共17名，这部分老师的岗位工资统一执行十级岗位工资，每月680元。小学一级教师统一执行十二级岗位工资，每月590元。尽管我们学校的教师在专业技术等级上分为第八到第十二等，但在岗位工资上只执行两个级别，八、九、十三级统一执行第十级岗位工资，十、十一、十二级统一执行第十二级岗位工资。2009年将分开执行，但目前尚未实现。

薪级工资包括60个等级，表现得更加复杂。该等级的划分标准包括两个内容，一是工作年限，体现在教师身上就是教龄的问题；二是任职年限，这从评定职称开始算起。

绩效工资目前尚未实施。

其他经济补贴主要包括三种：一是艰苦边远地区教师经济补贴，小学高级教师享受该项经济补贴140元，其他级别教师享受该项经济补贴120元；二是技术津贴部分，教龄在5年以下的教师享受技术津贴3元每个月，教龄在5~10年的教师享受技术津贴5元每个月，教龄在10~15年的教师享受技术津贴7元每个月，教龄在15年以上的教师享受技术津贴10元每个月；三是"百分之十"，这项经济补贴的名称就叫"百分之十"，教师和护士每个月都能享受岗位工资加上薪级工资的10%的额外经济补贴。

在这里我们可以发现，教师每个月的工资维持在1000元左右，对于这样的工资水平，似乎并不能满足教师的需要，所以许多教师在教书之余，也干起了自己的"副业"。

三河小学内部的唯一一个小卖部是由一个本校的老师家开的。因为三河小学是一所封闭式的学校，学生只有到了放学才能出校门。所以每到下课的时候，就会有许多学生来这里买东西，小卖部的生意就会很繁忙，所以这位教师每到下课就会赶过来帮忙卖东西。

陈之双老师已经有39年的教龄，他的儿子也是三河小学的一名教师。他的家就住在三河小学大门前的王中坝新街道上，陈之双老师的爱人在此开了一个烟花爆竹店，兼营丧葬所使用的纸火生意，他的儿子也要时常帮忙。

这种情况绝不会在少数，在我们对川主村新开组的访问中，许多家长也向我们反映这一情况。

（三）教学活动

三河小学当前学生人数一共为982人，共18各班，如前文所述，学前班2个，一年级3个，二年级2个，三年级2个，四年级2个，五年级4个，六年级3个。分班不按成绩，平均分配。

1. 学生授课内容

各年级的教育内容并不相同，如各年级课程统计表所示：

表12.3　三河小学各年级课程统计表

课程＼年级	语文	数学	品德	体育	美术	音乐	文体	综合	科学	科技	社会	自然	电脑	安全	生活	班队
一年级	6	4	3	4	2	2	2	无	无	2	无	无	无	无	无	1
二年级	6	4	3	2	2	2	2	无	无	1	无	无	无	1	1	1
三年级	6	4	2	3	2	2	2	3	3	无	无	无	1	1	无	1
四年级	6	4	2	3	2	2	2	3	3	无	无	无	1	1	无	1
五年级	6	5	2	3	2	2	1	3	3	无	无	无	1	1	无	1
六年级	6	5	1	2	2	2	2	3	无	无	1	2	1	1	无	1

这个统计表是我们通过每个年级的学生课表统计出来的，课表中显示，语文与数学两个科目集中于早晨的第一、二节课，每个年级都有这样的体现。

在课程统计表中我们看不到英语这一科目，周代国校长的解释是："我们这些偏远地区还是缺乏英语老师，本来老师就没多少英语水平，再开这个课程，我看只能是误人子弟，不但教不好学生，而且可能会影响到孩子们以后对英语知识的学习，干脆就不开了。"他们的英语教育这一块缺失了，但另一块又是他们的优势学科，这就是本校的文体科目。

2000年5月，三店小学参加县第一届中小学生排球运动会，男子荣获冠军，女子获得第三名。（《三河乡志》"大事记述"第22页）

4月10日，我（访谈员刘应科）第二次进入三河小学参与学生学习生活。早晨8：00左右笔者进入三河小学，在办公楼二楼的走廊上画三河小学平面图。当时有4个女生在篮球场上，6个男生在排球场上同时练习排球。笔者专门记录了一下时间，有一次排球在空中持续将近3分钟没有落地。旁边的刘老师（他就是获得进修本科文凭的一名教师）告诉笔者，他们正在为石柱县今年的中小学生排球比赛做训练准备。

艺术方面，在4月1日笔者（访谈员刘应科）对周代国校长的访谈中，周校长说："我们三河小学是石柱县的一级学校，但我们的艺术科目却能达到甲级学校的水平。"他并且解释说："所谓甲级和一级是学校质量的等级划分，一般以前的区小现在的质量水平就能达到甲级，而乡镇中心小学的质量只能达到一级的水平。"

按照周代国校长的理解，任何科目都是同等的重要。"任何科目我们都会非常重视，因为任何科目都会有孩子喜欢。"周这样说。

2. 远程教育实施状况

关于三河小学的远程教育状况，4月1日，周代国校长对我们做了详细的说明。

"我们现在的远程教育有三种模式：

"模式一：配备一台电视机，一台DVD机，用DVD光盘播放教学内容给学生看。这一模式现在已经基本被淘汰了。

"模式二：配备一台计算机，通过天网接收并储存教学信息，而后刻录为光盘。在播放给学生看。这一模式是现在的完小、村小普遍使用的。

"模式三：配备一个计算机教室，再装一台服务器，从天网上接收教育信息并将其储存在服务器上，然后学生就可以在其他电脑上学习。这是现在最新的模式，只在我们中心校使用。

"不过说实话，我们对远程教育资源的利用率的确并不高，大部分的老师尤其年老一点的教师就是觉得这东西麻烦，并且很多老师在使用电脑上都还存在很大的困难。所以他们就喜欢用传统的教学方式，很少用到这些资源。我们现在的每个星期二要对老师的信息技术进行培训，从办公软件的使用培训开始，就由我们学校的计算机老师进行培训。"

3. 学校组织的课外活动

关于学生的课外集体活动，访谈中周代国校长说：

"我们每个学期安排一次课外集体活动就差不多了，搞多了影响学生的学习，不搞也不行，因为这些活动对学生的成长还是有一定的好处的。举行的活动会有艺术节、科技制作、游园活动、体育竞技和歌咏比赛等。每个学期从中选择一个举办就可以了，而每个学期举办的活动不宜相同。

"总体来讲，办这些活动的目的还是希望以这样的方式来锻炼学生各方面的能力，助长学生的特长，刺激和培养学生的不同爱好。具体来说的话，各种不同的活动有着不同的活动目的，对学生的成长也有不同的功能。比如前不久我们举办的广播体操比赛，一方面能够加强学生的身体锻炼；另一方面也能培养学生的集体意识，他们以不同的班级单位来争夺有限的名次奖项，对于学生个体而言，就可以培养学生的集体意识。

"活动的效果还是蛮不错的，前几天办了一次广播体操比赛，现在课间操做得整齐多了，并且也达到了锻炼身体、培养学生集体观念的目的。学生的响应程度也是挺高的，一是因为学生把这些活动当作是'耍'，我们就要以一些学生认为是耍的方式来达到对学生的教育，不仅使学生感觉轻松，并且效果也会很好；二是因为我们每个学期才能举办一次课外活动，所以这些活动对学生来说还是比较新鲜的，因为新鲜，他们（学生）也就会比较珍惜这样的机会。"

图12.9　三河小学学生课余时间在操场上玩耍

图 12.10   三河小学学生课余时间在进行体育活动

（四）学生、教师与家长三者之间的关系状况

1. 学生与教师之间的关系状况

教与学原本是相辅相成的，然而从有了教与学开始，教者（不一定是现代意义上的老师）与学者（不一定是现代意义上的学生）之间的关系真能达到和谐却不是常见的。学校教育中的教师与学生之间的关系也不例外。

4 月 5 日，笔者（调查员刘应科）专门就三河乡教育的变迁的问题找到三河小学现任教师陈之双进行访谈。在访谈进行中，陈之双老师的一句话让笔者记忆犹新："以前的仔仔你说都能把他说哭了，现在的仔仔大不一样了，你打都打不哭，我是百思不得其解。"

陈老师的这句话提到了对犯错学生的两种不同的处理方式：一是说教，二为体罚。那么，是不是正如陈老师所说，以前（他所指的是 20 世纪 90 年代之前）的学生只需要口头说教，而现在的学生用体罚的方式都难以教育呢？事实并不尽然。

3 月 30 日，笔者（调查员刘应科）对川主村新开组磨角坝的马世锦进行访谈。他说："那个时候（指的是 20 世纪七八十年代）有怕老师的学生，也有不怕老师的学生。学习比较差的，而且又调皮的学生就会怕老师，怕的是老师体罚或者加重作业负担，我们处罚学生一般都采取这两种方式。但听话的，尽管学习不怎么好的，我们都不会体罚。像那些打架的，阴阳怪气的在课堂上捣乱的学生，我们就会体罚，体罚的方式是用条子（即竹枝或细木条——马世锦本人的解释）打手掌5~10下。所谓'响鼓不用重锤敲'，那些听话的学生包括学习不怎么好但听话的学生就是'响鼓'，用不着打，只要说说就行了。但说实话，被打过的学生还是比较多的。"

那么，学生被体罚是否就意味着教师与学生的关系就会变得紧张起来呢？也不尽然。"打"这种方式本身的确只作为一种方式而已，它虽然在一定程度上影响着师生关系，但它本身毕竟不是师生关系。马世锦又说：

"但是说也奇怪，你打他他也不记仇，今天打了他，明天他就会主动来帮你割谷子（即水稻）、打谷子或者看到你比较忙，他就会来帮你照顾仔仔。过年的时候来老师家拜年，父母不得空他自己一个人都要来。现在有些我教过的仔仔有出息了，有一个现在在石柱教书，以前也常被我打，学习好，但上课不认真，比较调皮，样样都想侵犯（即什么都想搞）。现在过年还时常来我这边要。"

如果说上文中提到的"以前的仔仔你说都能把他说哭了，现在的仔仔大不一样了，你打都打不哭"这种情况使人困惑，那么被体罚了的学生与教师的另一层关系（正如以上的案例）同样使人困惑。我们所立足的社区川主村新开组（这里是我们考察当地教育的主要社区）的许多中老年人都回忆自己上学的时候被打过，但他们对教师只是一时的怨恨，之后就排除了这种心理。其中磨谷坝的陈某（60岁左右）解释说："就像妈老汉打了自己，当时肯定心里会不舒服，但过后就没啥子了。"是什么使得学生对老师能达到父母般的认同呢？只有一点，就是老师能够扮演学生父母的角色。而这要求教师高度负责，"总起来讲，我觉得老师要以身作则，不要挂羊头卖狗肉（此处指的是现在许多教师花了大量的时间在自己的副业上，而没有做好教师的本分工作），我就非常痛心那些不负责任的老师。老师应该认为自己是学生的父母亲，要有父母亲一样的责任感。"马世锦老师如是说。

而现在却很难找到一个敢于承认自己的确体罚过学生的老师，但这种情况并非不存在。

何莲华，川主村新开组的一个13岁的女孩，三河中学初中二年级学生。在4月5日的访谈中，她对笔者（调查员刘应科）说："在我们学校，老师打骂学生是常有的事。抽烟喝酒，晚上不在寝室休息而翻墙出去上网，或者在外面跟别人打架,这样的学生都会被老师打,一般都是用竹条子打。"

这是一个中学生的描述,那么小学的情况又会怎样呢?

4月10日,笔者(调查员刘应科)进入三河小学深入学生生活。早上8:00到学校,看到5个学生(4男1女)站在旗台上背书,刘老师告诉我:"没背书的学生被罚在旗台上站着背,让大家看,不能打也要让他们知道害羞。"随后笔者随机进入四年级(1)班听课,有几个背不来书的学生被罚站在讲台上(这似乎也是为了达到前面一种方式的效果)。整个早上的确没有老师打骂学生的情况。课间操完毕时,笔者看到讲桌上放着一根竹棍和一条竹根,便拿起来看了一下,下面有几个学生说:"不要搞,那是我们老师用来打人的。"至此我才知道,我没看到并不代表不存在。

图 12.11　讲桌上的"教棍"

事实上,体罚学生的现象还是存在的。但大多数的学生没有被老师打过,我们在三河小学四年级(1)班经过对几个学生的访谈确认,常被打的学生只有三四个人。那么怎样评价体罚学生这一现象呢?笔者的工作不是做出价值判断,而是记录当地人对这一现象的判断。

对于老师体罚学生,人们的态度不尽相同。笔者所访过的现任老师都认为体罚学生是不合法的,也是不合理的。

4 月 10 日，三河小学四年级（1）班的数学老师冯老师（男，50 多岁）对笔者（调查员刘应科）说："体罚学生根本不起作用，越打越调皮，相比之下还不如口头教育，我从来不打骂学生。"而第二日笔者来到川主村新开组的谭家沟，谭奇志的女儿谭澳模（正是三河小学四年级冯老师所教的学生）则告诉笔者，这位冯老师事实上是四年级（1）班打骂学生最频繁的一位。

教师不会承认自己打骂学生的事实，这是当今风行于社会的教师伦理和教育法规导致的结果。遗憾的是，这些法规在这一地区至少在这一所学校根本不能取消教师体罚学生的现象，最多也只是使得教师们将这一现象隐蔽和隐瞒起来。它的意义不在于使教师意识到体罚学生是不对的，而在于使教师意识到体罚学生的现象不便让外界知道。

然而家长却又是另一种态度，他们同意老师体罚学生。

川主村新开组磨谷坝的陈婆婆始终认为自己的孙子陈攀十分不听话，主要是没有受到老师的严格管教。她说："老师不会无根无由的打骂学生，他打学生肯定有理由，会打学生的老师才会是好老师。"

当然，所谓"会打学生的老师才会是好老师"这样的命题自然是走了极端。不过，我们所访过的家长都接受老师适当的体罚学生。所谓"适当"，他们有自己的解释：既要不伤害孩子的大体，而又使孩子感觉到疼（这样才会长记性），如用竹条子打手掌、打屁股，这就很好。

我们更应该问问学生自己的感受怎样。而问题在于，对于大部分被体罚过的孩子而言，被体罚的事情似乎是难以启齿的。他们除了用红扑扑的脸蛋来回答，绝无一句给自己的辩解或者对教师的抱怨。但非常调皮并且也十分开朗的学生却绝不羞于回答。川主村新开组磨角坝的马俊东跟我们说："你就在你的笔记本上记着，我们时常被老师打，让上面的人来查一下这些老师。"值得欣慰的是，学生开始有了自觉地反抗教师体罚学生的意识。但他们却不知道为什么教师不应该体罚学生，在我们的访谈中，除了有几名学生认为教师不能体罚学生是"法律的规定"之外，他们都没有意识到体罚与不体罚的意义何在。要一个小学生理解这一点，可能过于苛刻了。但在他们毫不理解不应体罚学生的意义的情况下依靠"法律的规定"来与老师形成对抗，并强烈希望社会伦理和舆论的支持，结成联盟讨伐教师，这又是可悲的事实，与其说它是反对教师体罚学生取得进展的表现，毋宁说是教师与学生之间关系不和谐的表征。

而对没有被体罚过的学生而言，也有两种不同的认识。

上文中提到的何莲华告诉笔者："我们班有两个男同学，时常翻围墙出去上网，老师发现一次打一次，但打了之后还是去，根本就不管用，现在有一个已经没有读了，自己跑了的，学校没有开除他。我觉得打骂学生根本就不起作用，可能用其他的方式还要好点。"但她怎么也不能向笔者提供一个"可能会好一点"的"其他方式"。而流行于学生中的一段顺口溜说："儿子不成才，坨子（即拳头）逼上来；卷子交上去，鸭蛋滚下来。"也正反映体罚的无用之处。但谭澳模则说："不打不成才，一打分数来。"她说这是流行于学生当中的话。并且她们班就有两三个同学被打一两次之后就要听话许多，听话了慢慢地学习也会好起来。

2. 家长与教师的关系状况

家长与教师的交流主要有两种方式：一是家长会的方式，二是电话联系的方式。

按照陈之双老师的回忆，2000 年以前的教师都有家访的情况，之后就不存在家访这回事了。周代国校长说：

"现在因为电话方便，如果教师需要就学生在学校的情况与家长取得交流，可以直接通过电话交流，而不用家访了。对于家长来说，也不用什么事情都要跑到学校来办，他们也可以通过电话与我们的教师取得联系。不过每个学期的半期考试过后，我们也会安排一次家长会。半期考之后，孩子在这一学期的学习时间已经过半，半期考试的成绩也已经下来，这样我们就可以以半期考试的成绩为依据，就孩子的学习情况与家长取得多方面的交流。"

而家长就有不同的看法。

川主村新开组谭家沟的马培群对教师的电话联系颇有不满之处："他们（指的是自己的儿子）的老师不好就不好在学习好的就管，学习不好的就不管。学习好的就时常给家长打电话，学习不好的就不打。我们隔壁就有一个女娃儿和我的儿子一个班，她的学习成绩就要比我儿子的要好点，所以那边的家长就时常接到老师打来的电话。我唯一接到过一次他们老师的电话是因为他在学校跟其他的仔仔打架，老师打电话来说，我儿子学习又差，又要跟别人打架，他简直不想再管了。"经过访问，发现他所说的邻居家长的确每个月至少一次与孩子的老师取得电话交流，不过有一半的时间是家长主动向教师打过去的，主要问一下孩子最近在学校的学习情况。当然另一半的时间是教师打过来的，也有许多时间是批评孩子的。

　　在这里，我们看到了家长与家长之间的双从误解，并且像马培群所说的，老师对他说他的"孩子学习又差，又还打架，他简直不想管了"，这倒的确可以看作是一个值得思考的问题。

　　除此之外，还出现了另一种情形：学习不好的学生家长有不愿主动与教师交流的心理。

　　川主村新开组谭家沟的张阿姨有个儿子在三河小学上学，她从来不会主动去找孩子的教师了解孩子在学校的学习情况，"因为孩子的学习太差，自己在教师的面前就会感觉非常不好意思。"她这样对笔者（调查员刘应科）说。

　　总体上来说，学生家长与教师的交流普遍较少，大部分的家长只是在学生每个学期报名的时候和开家长会的时候与教师碰一个面。大量的学生家长外出务工也使得家长与教师之间的交流变得更加困难。根据三河小学四年级（1）班数学教师冯老师提供的情况，四年级（1）班有至少20%的学生属于留守儿童。

　　概括起来说，教师与家长之间存在着很多误解。许多家长对教师不满，这种不满主要是通过现在的教师与过去（20世纪90年代之前）的教师进行比较而实现的。他们认为以前的教师对学生要负责的多，学生做不来作业的，放学之后老师会把学生留下来进行个别辅导。并且调皮的学生会受到老师的体罚，这样的老师才算是负责的好老师。但现在的老师做不到这一点，正如上文中我们说过的那样。并且老一点的教师也会有这样的认同，陈之双老师曾对我们说："现在的班主任不说家访，大部分的学生家住什么地方他都不知道。"不过他对负不负责的问题却有新的看法：

　　"老师负不负责这个问题真的很难说，以前学生不听话就打，现在你不敢碰，他自己都知道老师不准打学生，更何况现在的教师打学生的确是不合法的。我个人认为适当的体罚学生是可以的，实在不听话的就照他屁股打两下。但是现在我们都不敢碰学生了，可是反过来家长又说这是教师不负责任的表现。其实有时候教师真的是夹在法律与家长之间，怎么办都不对。"

　　我们以为陈老师的分析正中要旨，如果是否体罚学生也被家长作为判断教师是否负责的参数的话，那么教师的确处在了一种进退两难的境地。

　　教师对家长（更确切地说是家庭教育）同样存在着不满，正如上文中陈之双老师说的，现在的孩子家教（家庭教育的意思）不严格，"形势好了，生活好了，孩子却被放纵了"。

这样看起来，似乎教师和家长双方都在寻求对方的不是之处，相互推卸责任，而孩子正在他们相互不满之间也表现出其不满来！

3. 孩子与家长之间的关系状况

考虑到这部分内容更适合于出现在下一部分的"家庭教育"之中，所以将留待该部分进行详细的描述和分析。

第二节　家庭与社区：孩子们又一成长空间

家庭教育没有一个具体的时间概念，一个人作为一个家庭的组成成员，无论在哪一段时间，他（她）都会多多少少的受到家庭的熏陶、教育。但从人的可塑性上来讲，可能家庭对家庭成员的塑造在人的成年（18 周岁之前的人为未成年人）之前效果更加显著。所以在这一部分，我们所要介绍的不仅是三河乡入学孩子所受到的家庭教育，同时也要介绍这一地区的儿童养育方式。

但三河乡实在不是我们在一个月就能跑得完的地域，我们要深入了解当地的家庭教育状况，就只能立足于一个社区，依靠一个社区，深入一个社区。鉴于此，我们选择了一个社区——三河乡川主村新开组。

图 12.12　川主村新开组鸟瞰

原大河乡的政府大楼现在还伫立于磨谷坝的新开路旁边，不过现在已是人们的生活住房了。2002 年以后，大河乡变成了大河村。在原大河乡政府的门前，新建了一座桥横跨龙河，通过这条河，向西二三十米，就是大河村委所在地，也是 2002 年以前的大河场镇所在地，而更为重要的是，大河小学也在这里。大河与新开仅一河之隔，却分属于两个不同的行政村，原大河乡政府的所在地磨谷坝现在已经是三河乡川主村的新开组。尽管这样的行政分割已经形成七年之久，然而龙河两岸的联系却依旧是密切的，至少体现在教育上是如此的。我们看到，磨谷坝一地读小学的孩子许多都选择了对岸的大河小学。在横跨龙河的桥梁没有兴修之前，这里是一个渡口，这个渡口每年要渡 50 万人次，而磨谷坝在大河小学读书的孩子就是这 50 万人次之中的一部分，他们每天早晨在龙庙前的渡口等待对岸的渡船靠岸，然后拥挤上船。但一方面孩子每天等待渡河，比较麻烦；另一方面也并不安全，曾有一个学生从船上掉入河中，幸而被救。所以今年（2009 年）在原渡口以上二三十米的地方建起了一座桥梁，在我们离开的前几天，桥梁工程已竣工。现在磨谷坝的孩子到大河小学上课，十多分钟就能到了。

而谭家沟却没有一个孩子在大河小学上学，他们上学的地方是三河小学，也就是三河乡中心小学。谭家沟离三河小学大概两公里路，孩子们需要二三十分钟来行走这段路程。而从这里到大河小学，距离则略远，并且我们在上文中说过，在今年以前，去大河小学还要在龙庙前面等待渡船。所以从今天我们的调查数据看来，谭家沟没有一个孩子在大河小学读书。

我们不妨说，人们对孩子读书学校的选择标准很大一部分来源于家庭住址与学校之间的距离，其次才在于对学校的质量认可。我们已经从地图上了解到，磨谷坝的人口居住格局是沿着新开路呈东南——西北走向的带状分布，而大河小学却在这条带状西北端的隔龙河相望的北岸。所以人们越向东南居住，则离大河小学就越远，于是我们又发现，随着人们向东南居住，到大河小学读书的孩子越来越少，而到三河小学读书的孩子则越来越多，直到谭家沟，这里已经没有一个孩子再到大河小学上学。

事实上，将家庭与社区生活和家庭与社区教育分开来描述显然是不够明智的，因为儿童在家庭和社区中所受到的教育始终是与生活糅合在一起的，简单点说，教育就是生活的一部分。但是为了便于描述，这里我们将其分开来描述和分析。不过，关于儿童生活与教育的联系，我们还是有必要做出以上的交代，它的意义在于使我们在将儿童的家庭与社区生活和家庭与社区教育分开描述的同时，也要将生活与教育二者联系起来分析。

家庭作为人们生活的基本群体单位，它当然也是一种功能实体。它的全部的功能，我们在说明三河乡农民的婚姻家庭的部分做过粗略的分析。在这里，我们将对家庭的教育功能做出较为详细的扩展。而儿童所居住的社区，是儿童除去家庭和学校之外的最重要的活动空间。我们说过，在儿童的家庭和社区中，生活总是伴随着教育进行的。所以对于社区的教育意义，我们自然也是不可忽略的。

在我们所主要考察的川主村新开组，现在正在读小学的孩子的年龄基本维持在 14 岁以内，这将是我们主要描述的群体。而对于中学生，我们却不容易描述，因为这一部分孩子经常处于学校中。他们除去寒暑两个假期，每个月只有 5 天的月假，只有每个月的月假时，他们才能够回到家庭及社区的生活中。

我们在上文中已经说到过，在三河乡所有的学校从幼儿园到小学再到初中都是封闭式的学校。除了周末的其他五天之中，读幼儿园和小学的孩子们每天从早晨的 8：00 到 16：00 都在学校里面度过。按照大部分孩子的作息时间，他们晚上休息的时间在 21：00 到 22：00 之间，而起床的时间在早晨的 6：00 到 7：00 之间（从周一到周五的情形）。花费在上学路上的时间就各不相同了，我们在新开组的概况中分析过，谭家沟一带的孩子大都在三河小学上学，而磨谷坝一带的孩子则大都在大河小学上学，在三河小学上学的孩子花费的时间大概要 20 分钟，因为三河小学离谭家沟大概有 2 公里路，并且据笔者一个月的经验看来，在学校放学过后的 20 分钟左右孩子们就大量地回到谭家沟了；而大河小学离磨谷坝就要近得多，1 里多不到 2 里路，学生需要 10 分钟左右的时间来走这段路程。这样看来，这部分孩子除周末之外，每天参与家庭及社区生活（这里家庭生活和社区生活并不容易截然分开，因为家庭生活与邻里社区生活时常是联系在一起的，并且什么时候参与家庭生活，什么时候参与社区生活是无法确定的，它存在着许多的偶然性）的时间大概——当然还应该除去睡觉的时间——是早晨一个小时左右，下午五个小时左右。这部分时间再加上周末的两天时间之内的孩子们的活动，就是我们这一部分将主要描述的内容。

下文中笔者将从家庭及社区的教育内容、教育方式和相关的问题来进行描述。

一、家庭与社区教育的主要内容和教育方式

（一）生产生活知识的习得

我们首先还是来探讨一下儿童的生产生活常识的习得。生产生活知识是人们赖以生存的基本知识体系，儿童对这种知识的学习主要是在家庭中进行的。在本文中我们所要描述的是新开组这一社区的儿童的家庭及社区教育，那么在这一地区的人们的儿童阶段在生产生活的学习上又是怎样的情况呢？

图12.13　一个女孩一边放牛一边看书

我们在上文中许多地方都已经说过，新开组进入 2005 年之后，田地被征收了很大一部分，主要是高速公路的修建使然。这样一来，农业在该社区的发展当然是受到了一定的影响，耕地面积的狭小使得消耗在土地上的人力也大为减少。这一方面使得该地区再一次掀起了外出务工的高潮，另一方面也使得儿童失去了传统的学习生产知识的空间——耕地。另外，因为耕地面积的减少，人口的职业分工结构也相应地做出了一定的调整，并且带来了人们生活方式的转变。现在从事农业生产的主要是一部分中老年人和一些妇女，而他们所拥有的土地也确实只能吸纳这样一群劳动力，并且就连这部分农业的主要劳动者也时常处于休闲的状态，如上文所述，这也是新开路一带赌博勃然兴起的一个重要原因。人们的休闲时间增加也增加了孩子的空闲时间，他们事实上也很少做

家务，因为成人的农业生产并不是很忙，成人又占据了孩子们学习生活常识的空间。所以，该社区的儿童在生产知识的学习上，基本上失去了传统的空间，而最为勤劳的儿童，也就是做家务了，并且做家务的儿童也是不多的。这与过去的一代人形成了很大的区别。

3月30日，笔者（调查员刘应科）在新开组磨谷坝对一位63岁的陈婆婆进行了访谈，她带着两个外孙，他们的父母在广东打工。大的外孙女已经在三河中学读初二了，而小外孙在大河小学读学前班。他告诉笔者："不管是大的还是小的，回家都很少做家务，大的那个放月假回来了有时候还割点兔草，小的那个还小才6岁，什么都还做不了。"说起现在的孩子，她也不禁回忆起自己带孩子的时候的情形："以前我们的仔仔也都是读过小学的，那个时候的人哪里有这样享福，放学回来就去放牛、割草或者做其他的活路（做活路就是干活的意思），只要在家，大人做什么都要带着他们做，做得多做得少都要带着他们做。我养的仔仔七八岁就带着做活路了。现在是没有这样的孩子了。"笔者问她是否想过这是为什么，她说："时代不一样了，以前穷，现在有钱了；以前大人仔仔都要忙死忙活的为吃饱，现在的活路（指农活）还不够大人做，就更用不着孩子去做了。"

新开路的田婶（47岁）也在4月11日告诉笔者（调查员刘应科）："我小的时候才读了六册书，读书的时候常常要背着弟弟，我记得那个时候我好像是八九岁的样子，我的弟弟要小我五岁的样子。弟弟要是一哭我就要把他带到教室外面哄他乖。下午放学回家之后，又要带弟弟，又要打猪草，还要捡柴火。"

我们在上文中曾经记录并引用过三河小学教师陈之双老师的话，他说："20世纪90年代之前的家教（家庭教育）都是非常严格的，不会娇生惯养，学生放学回家都要干农活：割兔草、打猪草、放牛、砍材、做饭和洗碗，样样都会做。"这与陈婆婆和田婶所提供的信息是吻合的。这一部分人对现实中孩子的生活方式事实上持有批判的态度，但又只能体现出一种无奈，所以陈婆婆才会说这一切都是时代变迁的结果。不过，虽然将其归咎为时代的变迁听起来不免含有消极的成分，但所谓"时代的变迁"的确是我们在这里所要进行分析的重要因素，正如我们在上文中分析过的，农业上的生产效率的提高再加上耕地面积的减少使得该社区出现了人多地少（人和地二者在该社区内部相比较而言）的情况。也就是说，单从经济的角度来讲，儿童已经不必成为农业上的劳动力了。按照现在的中老年人的回忆，过去之所以让儿童也参与农业生产和家务劳动，主要是为了"吃得饱"，在于经济上的考虑；按照我们的话来说，是特定的职业结构的要求；而它的效果却是训练了儿童的基本生存能力，这显然体现出了一种教育的意义。

遗憾的是，当下该社区的儿童生产生活训练相较过去而言已经薄弱了（客观地说是变迁）许多。以下是我们针对该社区的家长进行的关于儿童生产生活训练的大量的访谈。

新开组沙号的马大叔的孙子马宇豪今年10岁了，在大河小学上四年级。4月1日笔者对马大叔进行了访谈，在笔者提到孩子们是否参与生产和家务劳动时，马大叔的回答是这样的："他现在还小，回来就只能让他烧烧火（这一地区烧材是比较普遍的现象），上坡（即上山进行农业生产）肯定是不行的，太小了什么也做不了嘛，我们从来是不叫他上坡的。"

沙号开小卖部的何某（女，40岁左右）有两个儿子，大儿子叫马家，今年12岁，在三河小学上六年级。小儿子叫马星，今年6岁，在川主幼儿园读学前班。4月2日笔者对何某进行了访谈，她说："我们不会让他们上坡。我们都成天在屋里耍，何况他们娃儿。也很少做家务，一方面娃儿还太小，做不了什么；另一方面因为我们平时也不忙，土地征得差不多了，一两分地我们很轻松，所以家务我们大人就时常自己做了。如果上坡那段时间确实忙，最多会让大的那个扫扫地，你要是喊他他还是会做。其他的就做不了，洗碗都洗不干净。"

新开路的马俊东，我们在上文中已经有所描述的那个人人皆知的捣蛋男孩，他今年14岁（这个年龄是该社区最大的小学生了），在大河小学读六年级。4月6日，笔者对他的60多岁的祖母进行了访谈，他的祖母是这样说他的："做家务有时候还喊得动，上坡就没去过了，他一天就是跟那些仔仔们打牌，或者就回到学校去打乒乓球，有的时候就在下面河坝上（指的是龙河）钓鱼。他其实也还小，上坡也做不了什么。"

新开路的陈大爷与老伴带着自己的孙女陈琪一同生活，陈琪今年10岁，在三河小学上四年级。4月7日，笔者对陈大爷进行了关于他的孙女的访谈。他说："从中午到下午四点多都在学校，晚饭才在屋里吃，晚上吃了饭我就叫她洗洗碗，其他的家务他还做不了，年纪还太小，上坡更不行。"

这些案例其实并不是什么典型，它是一种在新开组的普遍现象。我们从上面的案例中可以看到，该社区的儿童生产生活劳动确实是相当少的。而人们

（家长们，包括父母以及作为隔代抚育者的祖父母）的解释是儿童的年龄还太小，然而正如我们在上文中提到的过去的上一代人的情形，那一代人在 10 岁左右就已经是家庭的一部分重要劳动力了。对于此，他们的解释则是：时代不同了。事实上"时代不同了"这句话是他们最简短的解释，大部分的家长试图使笔者理解这样一个道理：人们的生活，从来不能纵向的比，而只能横向的比。而真正的原理是一方面土地的减少，另一方面是农业上的生产效率提高解放了大量曾经束缚于土地上的劳动力，这带来的是职业结构的重新调整，这一调整首先对劳动力的概念做出了重新解释，最显著的表现就是劳动力的年龄条件向后顺延，曾经十岁的孩子可以作为家庭的一个重要劳动力，而今不需要了，他们是被解放了，也可以说是被建构起来的新的职业结构排除在外了。总之，儿童对生产生活知识的学习空间缩小了甚至逐渐地走向缺失。所以四年级的"综合实践"课程的教师才会在讲到紫色这种颜色时进一步讲到茄子，而在讲到茄子之后有进一步讲到茄子是怎么样来种植的。

但是儿童们终于还是并没有完全失去他们受教育的空间，如我们在上文中描述过当地流行于女孩儿之间的一种社区游戏：办嘎嘎园儿。我们在这种游戏中会看到孩子们是如何用泥巴做各种各样的食物的，做出来的食物的形状与现实的对应食品相差无几，并且她们似乎已经精通了整个的食品制作过程，而且使我们惊叹的是，她们在模仿的基础上进行了诸多的创新。

图 12.14 两个孩子"办嘎嘎园儿"

图 12.15　"嘎嘎园儿"的成果

（二）道德伦理的习得

儿童在家庭及社区中所习得的第二项内容是道德伦理。道德伦理不是特意的有系统的由家长来传授，它更多地体现为家长的身教而少部分则是言传。如待人的方式，一个儿童会因为家长待人的态度而形成他自己的态度，他们的父母对祖父母（也就是父母的父母）是怎样的方式和态度，那么孩子们也倾向于采取同样的方式和态度来对待自己的父母。但对于家长身教，短短一个月的观察毕竟是难于在这里描述的，它是一个绝对的长期过程。所以我们在本文中将主要探究的是家长在这一方面的言传。

我们在上文说到，儿童会因为父母对待祖父母（即父母的父母）的方式和态度而采取同样的方式和态度对待他们的父母。这里有一个民间故事正好说明了这个问题：

故事 1：

从前有一个人，他妈瘫痪了，常常要人照顾。他就用一个破碗盛饭给他妈吃，每次舀好菜饭端过去就不管了，从来都是用那个相同的破碗，也从来没有洗过。有一天，他实在不想在照他妈了，就用一个烂背篼背着他妈去山上，准备把他妈扔在山洞里不管了。但白天他不敢去，因为怕给别人看到了就说他不孝、忤逆，所以就只能晚上去。可是晚上天太黑，就只有叫上自己的儿子给他照亮。就这样，这个人带着自己的儿子将他妈送上了山，找了一个山洞就把他妈放进去就往回走。因为天黑，山路又不好走，他就把刚才背他妈的背篼扔了，他想反正那个背篼也是烂的了，扔了算了。结果他的儿子马上跑去把那个烂背篼给捡来了，他说不能扔。老汉（父亲）觉得奇怪就问他："烂都烂了，你捡来做啥子？路又不好走。"儿子很认真地对老汉讲："这个背篼不能扔，你现在把奶奶背来山上了就把背篼扔了，那将来我用什么背你上山呢？"老汉听了这句话，马上被吓到了，他想他现在对待他妈，以后他的儿子也会这样的对待自己。于是接过儿子捡回来的背篼返回山洞把他妈又接回了家。到家之后，他们因为饿了就准备吃点饭，又用相同的破碗给这个老奶奶吃饭。仔仔去给奶奶盛饭的时候对他的老汉说："这个碗明天要拿去补一补，太烂了。"老汉不耐烦地说："补它做啥子？你奶奶那么大的年纪也吃不了几年了。"儿子又认真地对他的老汉说："不行，要是太烂了以后到你用的时候也不好用啊。"老汉再一次被吓到了，以后再也不敢不好好照他妈了。

这个故事看起来可能对小孩子的虚构部分比较多，也比较明显。尽管故事是虚构的，并且任何人都相信这个故事是虚构的（在当地人们的印象里，凡以"从前"两个字开头的故事听起来都是虚构的），但是所有的人都会相信父母的行为将会影响到孩子，当地俗语曰："屋檐滴水陷窝窝"。说的正是这个道理。俗语又曰："麻布牵口袋，一代还一代。"说的依然是这个道理。父母是孩子的第一个老师，事实上也是孩子儿童时期的楷模。

关于这样的伦理故事，以下还有两个。

故事 2：

很久以前，有一位婆婆有两个儿子，两个儿子都已经结了婚。大儿媳奸诈得很，小儿媳则孝顺许多。两个儿媳的这些脾气，其实婆婆都是看在眼里的。有一天下雨，小儿媳正要去上茅室（即厕所），一不小心把东西弄掉了。她就到茅室后面的一棵树下去找根棒棒，准备来挑她的东西。可是，突然发了一声大雷，扯了个火闪（即闪电），把那棵树树劈成了两半，从上面掉下一个银子来。小儿媳便捡起来，回到屋就把这件事原原本本地告诉了她的婆婆，还很害怕地说："我可能活不了多长时间了。"婆婆就说："不会的，这是老天在奖励你孝顺我。"小儿媳在这几天里总是放不下心来，就又把这件事情跟她的嫂子讲。嫂子说："哎呀，这是好事嘛，做啥子（为什么）不跟我早说呢？"其实，大儿媳虽在嘴上说得甜蜜，心里面还是对小儿媳嫉妒得很。过几天又下大雨，大儿媳就准备像小儿媳一样去上茅室，捡一个银子。她也故意把东西弄掉下去，然后就到小儿媳以前捡到银子的地方去找棒棒。等了很长一段时间，终于打了一个大雷，但没有打在树上，倒把大儿媳的腰子（肾的另一种说法）挖了出来，挂到了婆婆的床边。大儿媳就这样的死了。

故事3：

古时候有两个亲兄弟，父母已经早死，哥哥后来取得了一个嫂子。哥哥嫂子都很贪财，有一天，嫂子就对弟弟说："我们已经养你长大，决定明天就分家。但是现在只有一条狗和一头牛，晓不得怎样分才好。我看这样做吧，明天早上哪个起得早，哪个就去牵牛；哪个起得晚，哪个就去牵狗。"弟弟爽快地答应了。弟弟这个人很老实，真的等到天亮了才去。但是他的嫂子就很奸诈，夜晚就去把牛给牵来了。结果弟弟去看时，牛已经被牵走了，就剩下狗在那儿了。弟弟很伤心，只好坐在地上哭。到了农忙季节，哥哥拉牛去犁田，由于哥哥平时比较懒，所以牛都时常喂不饱，这时候来犁田半天都犁不了一转；但是弟弟平时就很爱他的狗，连自己吃的饭菜都分给狗吃，狗就很卖力，半天就犁了大半块田。当天，县官爷爷恰好从那里经过，看到弟弟用狗犁田后，认为很奇怪，就停下来看了一会儿并且说："我活了九十九（岁），从没见过人和狗（犁田），三千银子三千四（布）。"然后让他的兵送给弟弟三千两银子和三千四布。弟弟梨完田后，他的嫂子因为知道了那件事情，就来跟弟弟借狗去犁田，弟弟还是很爽快地答应了。哥哥拉狗去犁田的时候，狗总是不肯走，不管怎么摧打，狗就是不肯走，最后狗被哥哥嫂子打死在了田里。弟弟晓得后，伤心得哭起来，也把狗好好地埋了。后来这条狗的坟上长出了一棵树，弟弟觉得奇怪就去摇了一下，结过摇下了许多的钱，就是摇钱树。弟弟把钱捡了回家，并且把这个事情告诉了哥哥和嫂子。嫂子当然就很高兴了，也去狗的坟上去摇那棵摇钱树，结果落下来的全部都是狗屎而不是钱。嫂子当时就很生气，但是想到自己刚种了一些黄豆，就把狗屎拿去当肥料使用。到了秋收季节，黄豆果然收获很大。嫂子一时高兴，也就叫弟弟来吃了一些。吃完豆子后，弟弟上城去赶场，不注意放了三个屁，城里的县官爷爷闻到了一股很香的气味命令下属去调查，调查到那股香味是弟弟放的三个屁，弟弟在县官询问时也就诚实的承认了。县官又很高兴，又赏了他三千两银子和三千匹布。回到家中，弟弟又把这件事情告诉了哥哥和嫂子。哥哥嫂子就特意在要上城的那一天吃了很多的黄豆。来到城里，就特意地大放了几个屁，结果臭的全城的人都捏起鼻子来。县官很生气，就叫下属进行调查，结果抓到了哥哥和嫂子，把他们的屁股给缝起来。哥哥和嫂子回到家里对弟弟说："一不是绸，二不是缎，屁儿放到九十九转。"

故事 2 看起来有些神秘的因素在里面，看得出来一点因果报应的色彩，掌握这种因果报应的乃是上天。他们认为老天爷有一种惩恶扬善的超能力。它要告诉人们的是儿媳妇应该孝顺自己的公婆，否则会受到上天的惩罚。故事 3 却不免滑稽，而滑稽之中又含有教育人们兄弟友爱互助的伦理要求。

在我们走访新开组的季节，有时候下雨还能够感受到一丝丝的凉意。所以许多人家就会从家中端出一个火盆在一个雨淋不到的角落（专门用来冬天烤火的）生火烤，一个火盆燃起来，全家老少坐在火盆的四周，像我们在上文中讲述的那些故事就在这时候一遍又一遍并且也一代又一代的讲述。

民间故事作为一种教育儿童的方式，它的作用乃是间接的，它要求儿童理解了故事本身之后才能够从中获得一些道理。而除了这样的间接的口头教育，还存在直接性的教育，这种直接口头教育多数是因为儿童做了一件失范的行为，家长就会就事论事，进行直接的口头教育。

4 月 7 日，笔者（调查员刘应科）在新开路进行访谈。因为很热的缘故，在田婶家的门前坐了一会儿，并对她进行了一些访谈。我刚坐下来不久，就有许多人过来跟我谈话。其中一个 40 多岁的妇女背着她的孙子也过来参与了我们的闲聊。在我们闲聊的过程中，刚才被祖母背着的小男孩开始跟田婶的孙女田琪抢一个小板凳，双方都不松手。小男孩的祖母说："给妹妹，她是妹妹，你是哥哥，要让他。"田婶则对小田琪说："给哥哥，他是客，要敬他才对嘛。"然而两个孩子都还不满两岁，刚学会走路不久。

4 月 16 日，我（调查员刘应科）到谭家沟去看望谭澳模、谭念和马娜三个小女孩（我每过几天都会去看她们一次，她们都是很可爱的孩子）。她们告诉我，前一次我来她们这里回去之后，马娜被澳模的妈妈批评了，那是因为我那一次回去走在路上的时候，马娜站在她家的门前大声地喊我："刘应科，你什么时候才回来玩？"当时我没在意，尽管以前她们在称呼我时在名字之后还会加一个"哥哥"的称谓而这一次没有，大概是因为玩得太熟悉了。但是没想到，马娜就是因为这一个不慎的称谓而遭到了批评。后来在澳模母亲面前我说起此事，澳模的母亲告诉我她是这样来批评马娜的："娜妹子，你叫得还真好听！我们都不会直接叫他的名字（他们的确时常称我为小刘），你一个仔仔不叫哥哥直接叫名字，读书都读到哪里去了？他省钱给你们买笔买糖，就是为了让你直接叫他名字的？"这话我觉得是真的，谭家沟一带的人尤其是澳模他们几家对我都是十分真诚的，什么话都愿意说。

相对于民间故事来说，这种口头教育方式可能来得更加直接，而且就事论事，批评与讲道理同时进行，所以对孩子的影响就要更为明显一些。的确，从澳模的母亲批评了马娜之后，她们再也不会对我直呼其名了。

（三）家庭辅导

下面，我们再来描述一下儿童在家庭中对文化知识（学校教育内容）的学习以及家长对儿童受教育的观念。也正如教师会在课堂上告诉学生茄子怎么种植一样，家长在家里也会告诉孩子这个题应该怎么做。但事实并不如我们在这里概括的那么简单，它存在着更为复杂的情形，可以说，有几个家庭，就有几种态度，也就有几种方式，甚至每个家长的态度和方式都是不一样的。在这里，我们做一种既不能仅仅是简单的概括也不能细化到每个孩子、每个家长的综合性的描述。

图 12.16 做着家庭作业的姐弟俩

我们在上文中曾经有所交代，该社区的留守儿童比较普遍。这就出现了一个问题，隔代抚育者在多大程度上能够帮助孩子学习科学文化知识？即便有能力承担这一种责任，扮演这种角色，又能够在多大程度上践行这一种责任？我们所观察和访谈到的是：要么就是隔代抚育者没有足够的科学文化知识，所以不能帮助孩子在家里进行这一方面知识的学习；要么就是隔代抚育者对孩子放的比较宽松，对孩子的科学文化知识的学习几乎没有施加压力。

图 12.17　在门口独自做家庭作业

3 月 30 日，我（调查员刘应科）对磨谷坝的陈婆婆进行访谈，说到她现在带着的三个孙子和外孙时，对孩子们在家里面的做作业的情况是这样解释的："做的时间还是少，不过有时候也会做，不做的时候他说是没有作业。他说有就做，她要是说没有那也就不做了。他说没有我也相信，因为如果有他又不做，他回学校跟老师交不了差嘛。一回家就到处玩，玩什么我也不大清楚。我当然也担心，但还是奈不何他们，有些娃儿要乖一些，有些就要讨嫌一些，天生的。要是跟他们爸妈在一起，还可以管得严一点，我们不敢打，别人要说你这个当奶奶的毒辣。再说孙男孙女都不是由爹爹奶奶来打的。"

4 月 1 日，我（调查员刘应科）对沙号的马大叔进行了关于其孙子马宇豪（大河小学四年级）的访谈。他说："他回来也做作业，我看不懂，但我看他做了也就行了。有时候他说做不来，我又教不了他，只能让他明天上课的时候去问老师，这样他在家就直接不做了。其实爹爹奶奶还是管不好，时常心疼他、惯他，打都下不去手。"

马俊东，我们在这里还要提到这个调皮的男孩。他的祖母对我（调查员刘应科）说："从学校回来从来不做作业，我叫他做，他说老师根本就没布置作业。我当然不相信他们没布置作业，因为也有些仔仔在做嘛。但我还是没办法，我检查不了，更指导不了，我是文盲，对他们那些书书本本根本就奈不何。"

4月7日，新开路的马大叔这样对我（调查员刘应科）说他的孙女陈琪（三河小学四年级）："回家也做作业，不过呢不知做的是什么。到周末的时候，星期六一天是不会做的，到星期天晚上就拼命地做了，不做完就不敢睡，第二天去上课老师要检查。她要是碰到做不来的我们也都奈不何，都是文盲。"

以上这些案例都是来自于孩子们的隔代抚育者祖父母或者外祖父母的，所有的案例中都说出了这些隔代抚育者的困难，即没有指导甚至只是检查一下孩子的家庭作业的能力。对于这样的情形，这些隔代抚育者存在两种态度：第一种是不必担心，正如陈婆婆所认为的，孩子不敢不做作业，因为他回学校在老师那里没法交差，这是一种我不管你照样有人管你的心理；第二种是担忧和无奈，这是大多数的隔代抚育者的共同态度。另外，这些隔代抚育者似乎也已经意识到了自己在教育孩子的过程中的心慈手软。但他们依然难以使自己铁下心来，一方面自己的确不忍心，另一方面则是社区的群体舆论压力使然。

而父母在家的情形就颇不相同，以下是几个关于父母在家的孩子的家庭文化知识的教育状况和父母观念的案例：

3月30日，我（调查员刘应科）在新开路对马世锦进行关于三河教育史的访谈。访谈进行到后来，他说到了他现在正在大河小学读五年级的女儿，他说："我们就比较重视教育，没有文化辈辈穷！读书有文化了搞一下电脑、看一下图纸就行，工作又轻松，还是你去指挥别人，孔老二讲过：'劳心者治人，劳力者治于人。'我一般一个月要去她们的学校一次，了解一下她在学校的情况。她放学回来呢也时常督促她做作业，做不来的可以问我，小学的这点知识我还是可以帮助她的。我们都希望她成才，但成不成才那就是她的命了。有些孩子真的是没有那种细胞，没有那种读书的命，再努力都学不上去，注定了的。曾家院子我那个内侄儿读书的时候（现在没读了）一个学期才上十几天的课就死活不去了，但是后来去参加考试，一考就是四五名。但他还是初中毕业就不读了，他可能就是有那个细胞，但没有那种命。我们的孩子智力还是差，我从作业上就可以看出她的智力，比如她一个五年级的学生，那个作文的篇章结构都还写得乱七八糟。"

3月31日，我（调查员刘应科）对谭家沟的罗大姐进行了访谈，主要是关于她的在川主幼儿园读书的女儿马冰月的。她说（她老家为福建，跟我说的是普通话）："我觉得孩子还是要好好的受教育，以后不能像我们是文盲（她这是谦虚话，其实她初中毕业了的），像你们多好，至少当不了打工仔。

虽然我懂的知识不多，但是现在她才读幼儿园，就算读小学了我也还能够辅导她。现在我就时常辅导她做作业，还有就是教她说普通话。但是英语（川主幼儿园开有英语课程）我就不行了，我这样教她，她说老师不是这么教她的，反倒成她教我了。我们也想过以后有条件（就是有钱——她的解释）的话，就送她去学点什么额外的东西。她很喜欢跳舞，我们现在就只能买些光盘来给她看。当然也不会让她学得太多，学个舞蹈就行了。因为这是她喜欢的。我们并没有想过将来一定让孩子做什么，只要她喜欢学什么就让她学，不要让她以后感到遗憾，而这种遗憾是我们做父母的造成的。我觉得孩子嘛，只要好好的培养，总是会有出息的。"我问她怎样算是好好的培养，他解释说："要管严点，而且要好好地帮孩子规划一下，她还小什么都不懂，当然做父母的就要先为她考虑许多事情，以后她懂事了，就可以征求一下她的意见。主要的还是管严点，不要让孩子混习惯了。"

4月1日，天气突然冷下来了，谭家沟的人们端出火盆，在自家的门前生起了柴火。我（调查员刘应科）也加入了互通路口的谭老师家的烤火群体中，不久，旁边的谭大嫂也加入了其中。在我与谭大嫂的闲聊中她说到了自己的在川主幼儿园读学前班的女儿谭玉苹，她说："她爸爸在家监督她（做作业），效果就稍微好一点，所以有的时候我也管得挺严，她只要作业做不完我就不会让她出去耍。但后来我又发现老把她关起来也不是办法，起不了作用，你管得太紧倒让她对学习感到畏惧，以后她可能一说到学习就会害怕，所以有时候我又稍微放的松一点，有时干脆顺其自然。她那些作业都是老师布置的，有很多她都不会做，我就教她做，教她还是能教的，我初中毕业了的。但后来我发现，今天教他 $18-3=15$，扳着手指头教。明天碰到个 $19-3=?$ 她又不知道了，气死人！我就想，会不会是因为我老是教她，她对我形成了依赖的心理，在学校就不听，反正回家有妈妈教她。到时候作业一交上去，老师也不知道这是不是她自己独立做的，倒给老师形成了一种假象，以为她学习还好。所以现在很多时候我就让她自己拿去问老师。"

4月2日，我（调查员刘应科）对沙号开小卖部的何某（女，40岁左右）进行访谈，她这样说她的大儿子（马家，大河小学六年级）："回来也做作业，一会儿就做完了。我们也检查，不过只能检查他是不是做完了，对错就很难看懂了，想教她都奈不何，做不来的就只能让她拿去问老师。娃儿还是管严点，实在不听话就打也行。有一回读"半路书"（就是半路逃学的意思），跑到石柱去玩，他老汉骑着摩托车追到石柱揪着就是一顿打，以后读半路书的情况还是要少点了。他老汉管他要严点，所以就要听他老汉的话点。打他骂他都是因为逃学、旷课，不过这种情况现在少多了，这个学期还没有出现过这样的情况；还有就是一放学回来就去玩个一天到黑，作业也不做，这样也要被他老汉打，前头两三天还被打过一会。就是用条子（树枝或者竹枝）打。"

谭家沟的谭浪今年 16 岁了，现在三河中学读初中三年级。三河中学已经是他读过的第三个初中学校了，刚开始的时候在南宾中学读，太远了父母不放心，那时他才 12 岁，路也没有现在那么方便，放月假的时候时常是走回来的，所以在南宾中学读了一个学期，便回到了三河。回到三河之后，他的父母让他自己选择在三河的哪所中学读，三河有两所中学，一是地处阵子坝的三河中学，二是地处川主村川都组院子堡的宏文中学（民办），当时他选择了宏文中学，因为这个学校里有许多他以前在小学认识的朋友。直到初中二年级结束的时候，他的学习成绩越来越差。有一天晚上，他跟着几个朋友逃学到一个父母均未在家的同学家里去玩，不幸被他的父亲知道了，挨了一顿狠打。之后就再也不去了，他真的对学习产生了畏惧。然而他的父亲有的是办法，他既然不读，母亲就整天带着他上坡，太阳越热的时候就越带着他去；他的父亲在上谭家沟的砖厂里上班，也时常将他领过去搬砖，搬砖是一个又热又累的活路。就这样，他的父母亲成功而他失败了。这回，他不去宏文，而要去阵子坝了，就是现在所读的三河中学。他的父母考虑到：一是可以给他换一个环境，免得又去跟他以前的那些朋友混在一起；二是既然他愿意读，无论在什么地方，就让他去读吧，"至少要把岁数混过去，那时倒大不小的（那时是 14 岁，后来进入三河中学又从初一开始读，现在是初中三年级，16 岁），回家没什么事情给他做，外出打工又还太嫩。"他的母亲这样说。

从以上的案例中可以看出，父母相对于隔代抚育者来说，其教育手段和观念都有很大的不同。其中的马世锦老师已经是一个 50 岁左右的人，因为他是一个曾经的民办教师，所以可以对孩子的家庭作业进行检查并指导，而且与女儿的老师都能保持主动的联系。不过依然可以看得出来，在他的观念中，还存在着一定的唯命论观念。然而他也同其他的年轻家长一样，始终认为教育对于孩子未来生活的转变是极其重要的。他可以以经验告诉我们"没有文化辈辈穷"，也可以引孔子之言："劳心者治人，劳力者治于人。"他的妻子也有同样的观念："没有文化的人真的只能一辈子下拽拽力（即当苦力）。"

可以说，大部分的父母都是可以指导孩子（这里指小学生）的家庭作业的，像案例中的何某只是少之又少的情况。并且对于孩子的教育问题，他们也有了许多的想法。正如我们在上面的案例中说到的那个谭大嫂，她的态度是笔者在该社区发现的最为奇特的一种，她的所谓"顺其自然"当然不是不管，而是有理有节的管。并且对于教儿童做家庭作业也有不同的看法，即父母时常辅导孩子的家庭作业是否会使孩子产生依赖于父母的心理而致使孩子在课堂上不认真听讲？她自己的观点是：这种情况很可能（她也不敢肯定绝对的存在）是存在的。所以她所采取的措施是：在给孩子指导家庭作业时也要有理有节，适当的辅导，不能教她所有她不会做的，而应该留下一部分让她自己去问老师。她的这种观念和措施都来源于她教育女儿的实践之中，可能我们任何一个没有当父母或者并不是太留意孩子的教育问题的人都是想不到或者不能理解的。事实上她虽然对她所理解的情况并不完全肯定，但也是极有可能的。她的理解和她的措施似乎都有一定的科学性，它可以使孩子少一点在学习上对父母的依赖，因为在科学文化知识的教育上，父母毕竟不是主要的教育者。孩子在上小学的时候当然可以辅导了，初中呢？高中呢？可能就不再那么容易甚至是不可能的了。所以一定要让孩子从小就培养与老师交流的学习习惯，师生交流的畅通是教育的基础之一。

那么，假使孩子在学习上并不如父母所预期的那样理想，父母将会采取什么样的措施呢？我们可以从案例中看到，父母不会像隔代抚育者那样的心慈手软了，他们的方式主要包括两种：一是打骂，它主要用于当孩子干了一些非常失范的行为时，如上面的举例的逃学最为严重；二是加重孩子的体力活，让他知道不好好读书，将来每天都要这样的来求生活，这主要用于当孩子有了厌学的情绪的时候。

谭家沟的谭澳模，那个聪慧而具有独到思想的小姑娘，她曾经到石柱学了两个月的小提琴。小提琴是除了科学文化知识以外的一种业余技能学习，像这样的技能学习在城市体现得多种多样，而在我们的调查社区，却是十分鲜见的，据笔者的调查来看，只有澳模一个人进行过这样的学习，一方面因为澳模的家庭经济能够负担，另一方面也因为父母有着开放的观念。以下是澳模母亲的话：

澳模是去年（2008 年）的暑假去石柱学的小提琴。那时她们学校要去县城搞一个什么艺术节的活动，就在学生当中选了几个孩子到石柱去学习小提琴，澳模选上了，但家里还要缴费 1000 元的学费。因为她很想去学，我们也就让她去学了，既然是她的爱好，我们也勉强负担得起就让她去，只要她好好地学。

　　事实上许多的年轻父母都有了这样的想法，即让孩子学一点除去书本知识以外的技能。我们在上面的案例中说到过谭家沟的罗大姐，她也想让孩子学习舞蹈，然而按她自己的话来说，就是条件的不允许，事实上就是经济上的难以负担。然而也不仅仅存在这样的问题，澳模的母亲说，原本澳模是除了暑假之外还每个周末都要去学习的，但是因为一天两次的往石柱跑不方便，所以周末就没去。看来该社区的孩子在业余技能的学习上还存有各方面的困难，而主要的则是经济上的。但无论如何，年轻的父母是想到了的，也有了这样的意愿，他们没有具体的目标，正如他们自己的解释一样，既然是孩子的爱好，只要负担得起就让孩子去学，以免孩子将来有遗憾，而这样的遗憾来源于父母方面。这些，可以说是任何隔代抚育者没有详细的考虑过的，他们甚至想象不到那些。

　　以上我们描述了儿童在家庭和社区的教育内容和教育方式，并且也描述了父母与其他隔代抚育者在教育上的不同方式和不同态度。在这样的基础描述上面，我们在下面将要探讨一下家庭教育中的一些相关问题。

　　二、家庭教育中的代沟与文化适应

　　可能在上文的描述中我们已经可以看到，孩子与父母或者隔代抚育者之间的关系并不是那么的和谐和宁静。一种孩子与家长的对抗时常都在进行着，至少潜伏在孩子们的心理层面，并且大多都是在于心理层面的。所以，我们的描述可能迎来了又一个困难，心理层面的描述并不如其他客观的现实的东西那样易于描述和可信。不过我们尽量避开这些阻碍，从家长与孩子平时的交流状况、孩子理想与父母期望的冲突以及留守儿童与父母之间的文化断层问题进行分析，以求对该社区的孩子与家长的关系进行清晰而全面的描述。

　　（一）孩子与家长的交流状况

　　因为在我们所调查的社区，儿童留守的情形是比较普遍的，所以我们这里所说到的家长泛指儿童的抚育者，父母在家的孩子，其家长就是父母，父母不在家而与祖父母或者外祖父母生活在一起的孩子的家长则是祖父母或者外祖父母。

　　无论是父母在家还是父母不在家的孩子，他们与家长平心静气的交流是罕见的，在我们的调查资料中可以发现，几乎没有这种交流或者他们（包括家长和孩子）根本不认为这样的交流是有效的。相比较来说，父母与孩子的交流还略有存在，而隔代抚育者与孩子的交流却是近乎无的，甚至他们（包括孩子和隔代抚育者）根本没有想过需要交流。但交流不是绝对的不存在，那是不可能的，它只是以另一些不如我们所想象的那么心平气和的方式来进行。

曾家院子的黄大叔这样说他与儿子的交流情形："他很少跟我交流，但他会跟他的三姐交流。他和他三姐要好点，有什么事情就会跟他三姐说。他三姐就结婚在我们磨谷坝，他三姐过来玩的时候又会跟我们说起来，这样我们对他还是多少能了解一点。"

这样，通过中介者，孩子与父母获得了沟通，至少大家多少能够相互了解。例如黄大叔就从女儿处了解到儿子想要去读一个技校，因为他自己学习很不好，而读个技校是不要求文化分数有多高的。并且黄大叔的儿子从小就爱拆一些小电器，改装成其他的各种小玩意。现在再从女儿处知道了儿子的想法，他也想，如果他的姐姐们能够多少支持他一点（因为读技校费用要比高中高一点，黄大叔认为自己可能到时候负担不起），那么他也是非常乐意让儿子去读的，"学一门技术总比种田要好一点。"黄大叔这么说。

我们还记得，在上文中说到过谭家沟的谭澳模这个 10 岁的小姑娘与父亲的一次对抗，那是由拉小提琴的事情引发的一次冲突。我们记得澳模在被父亲说了几句之后因为自尊受到伤害而哭个不停，而她与父亲的辩论就是在哭泣之中进行的。这里不妨再清楚地描述一下他们之间的辩论，先前我们的描述在辩论的一段没有详细记录，在于那一段用在这里来描述将是更为适宜的。

澳模的小提琴演奏出现了两三处的失误。父亲谭奇志在澳模拉完小提琴之后，轻轻地叹了一口气并摇摇头说："澳模，我对你简直失望了！"事实上他的动作举止颇滑稽，这是一个玩笑。可是澳模没有那样来理解，"失望"这个词汇对于她来说似乎难以承受，更何况旁边坐着一个熟悉的陌生人（就是我——调查员刘应科）。鼻子一酸，眼泪不自觉地流了下来，因为母亲的一句"怎么就哭了呢？"使得她更加忍不住而失声痛哭。痛哭似乎使她获得了一种反驳父亲的勇气，"你对我失望，我还不是对你失望。"她大胆地向父亲说出了这句话。"你怎么就会对我失望呢？我有什么让你失望的？"父亲颇有引她继续说下去的意思。这反而使得澳模放大了胆子，她说："有你这样当老汉的吗？别个（就是自己）拉得稍微有点不好，你就嗷（说、批评的意思）别个。"父亲这回因为知道女儿为什么对自己"失望"，也就找到了反驳的支点，"我出钱让你去学的，现在学不好拉不好，我做啥子（即为什么）不嗷你呢？"澳模仿佛已经早已料到父亲会说这样的话，绝不做一秒的反映而冲口说道："你去学一个多月试试？我就不信你有我拉得好。"父亲有些理屈词穷了，只能开始以更加幽默的口吻说道："我刚才不是跟你奶奶说过了吗？我的专业是拉面条，不是拉小提琴的。"因为这样的一句话，在座的大家又笑了起来，只有澳模仿佛哭得更加伤心。父亲为了劝止，采用了激将法，说道："因为别个说了几句就要哭半天的人，将来是不会有啥子出息的。"澳模没有立马停下哭泣，因为她知道，如果他停下，那就是上了父亲的当，她偏不，并且哭得更大声。不过她也决不愿因此而被别人认为是一个将来没有出息的"仔仔"，所以哭泣之余，驳斥父亲道："我将来肯定比你有出息，我将来一定要做个官给你看看！"

这场精彩的辩论远还没有结束，不过我们在这里可以用到的主要的内容就是上面这些了。

在这场父女之间的辩论中，澳模明确表示父亲不应该批评她，一则因为自己才学了一个多月的小提琴，拉到这种程度已经很不错了；二来父亲说的话不对，她对"失望"二字感到十分伤心。澳模并且说到自己将来必定要比父亲有出息，她将来一定要做个官，这是赌气，同时也在这个赌气中宣称了自己的想法，而且这时所说的话更具有真实性。的确，我们从来不敢也不应该小觑这样的交流方式，它的进行当然没有我们想象的那么心平气和，但它的交流效果完全不亚于那种正规的交流形式。不信我们大可以举一两个例证。

谭家沟的马腾东今年13岁，是三河中学的一个初中一年级的学生，据他的父亲马培群说，他的学习很差，而且贪玩。他的父亲告诉我："放月假回来有时候在晚上我会心平气静地和他沟通，就是要他好好学习，不要贪玩，我们的家庭现在很不好，家里面今年刚修的房子，比较困难，要他懂事点。有时候我发现他真的很认真地听我讲，但是过了今晚，到明天又是原样！"

新开路的马俊东，本文提到的最多次数的名字。他的父母在黄水打工，最多过一个星期就会给他打一个电话，他自己都有一个手机的。他的祖母告诉笔者，无论哪次他的父母打电话来，说什么他都好好地听着，都答应得好好的。电话挂了，又成了原样。

并且正如其他地区的孩子一样，我们的社区的孩子也存在着在心理上就不愿意与家长交流的情况。

4月5日，笔者（调查员刘应科）经过新开路时碰到两个在龙河畔钓鱼的孩子，他们对与父母取得交流的见解如出一辙：不敢，但说不清楚为什么不敢；也不想，因为说了也不起作用，"我说我想去当兵，但我妈说我家已经有一个当兵的了（王伟的哥哥去年当兵去了），叫我安心地读书考大学。不管你说不说，都不管用，只有他们说的才管用。"

我们可以看到，如果在家长与孩子之间想达到很正式的交流，是存在很多的困难的。然而这并没有使家长与孩子之间的交流中断，正如我们在上面说到的，有些交流是通过中间人来实现的，更有些交流是在孩子与父母的"对抗"和辩论中进行的。不过这主要存在于孩子与父母之间，而孩子与隔代抚养者之间又是另一种情况。我们曾经分析留守儿童的亲属关系的时候说到过，直接抚养孩子的祖父母或者外祖父母所扮演的是一不尴不尬的角色：既不是父母，也无法做到真正的祖父母或者外祖父母。我们发现，在该社区的隔代抚养者与孩子之间是很少有交流的，他们很难理解孩子在想什么，孩子需要什么。他们认为，孩子的幼小的年龄决定了家长与孩子的交流不可能得到实现。

新开路的陈大爷这样说："她（陈大爷的孙女陈琪）平时也没有跟我说过将来自己想做啥子，她还小，才四年级，也不会想这些。我也没有问过她，现在也没必要考虑那么多，问了也没有用，最重要的是要她自己读书能够读得上去才行。"

事实上许多父母也有这样的看法，但是这些父母却能够通过各种各样的途径（例如我们在上文中说到的通过中间人或者通过父母与孩子的辩论）来了解到孩子想什么（澳模的父母知道女儿的理想就是要当一名公务员，黄大叔知道儿子打算去读一个技校）。而隔代抚养者，我们说过他们的特殊角色，他们很难与孩子形成"对抗"，进行激烈的闪耀着孩子思想的辩论。

（二）孩子理想与家长期望的冲突

一个正在上小学的儿童的理想是否会对儿童的成长存在影响，这我们姑且不论。我们的任务在于描述儿童的理想在多大程度上能够得到家长的认可。

也正如在平常的生活中的情况一样，孩子的理想总多多少少的与家长的期望存在冲突。在上文中我们已经举过这样的例子，例如新开路的王伟因为自己的哥哥已经在当兵，所以自己的当兵理想完全遭到母亲因为已经有一个儿子在当兵而另一个儿子就应该考大学的期望所驳斥。谭家沟的正在读初中的小伙子马腾东告诉我们，他理想将来成为一名优秀的驾驶员，用他自己的话来说，就是"当个开车开得很好的司机"，但他的这种理想从来没有得到过其父亲马培群的认可。

4月2日，笔者（调查员刘应科）来到谭家沟对马培群进行了访谈。对于儿子马腾东的要当司机的理想，他很不屑的说："他以前也跟我讲过将来想开车，我就希望他将来有个稳定的职业，你想想，他要去开车，那算是个啥子职业嘛。开车的收入肯定不稳定，而且开车也不安全。所以我就时常跟他说，我宁可让他去读个技校学个其他方面的技术，也不会让他初中一毕业就去学开车。"

这些理想都是职业理想，它们体现出孩子们的职业追求。孩子们在学业上也有着自己在内心的选择，在这一方面，同样也存在着父母与孩子的冲突。我们还记得谭家沟的谭浪，那一个初中上了三所学校的小伙子，无论是先前从南宾中学转回到三河，还是后来的从宏文中学转入三河中学，他的这些选择事实上都得到了父母的同意。但是现在，父母却不再如以前那样的顺其所愿了。现在的谭浪，学习成绩很差，所以他的想法是初中毕业之后就去读职高。其实这是很多学习成绩不理想的孩子的选择，例如我们在前面说到过的曾家院子的黄大叔的儿子黄诚，他也有这样的选择，而且也是考虑到自己的学习成绩不理想。我们还记得，黄诚的这种选择在很大程度上得到了父亲的认可。可是谭浪却遇到了困难，以下是他的母亲对他的这种选择所做出的反应：

"他现在的学习更差了，成绩单都不好意思拿给我们看。因为学习差，所以他就想初中毕业就不读高中了，直接读个职高算了。但是去读职高真的是什么都学不到，（为什么这样认为呢？）我幺爸的女儿就去读了两三年的职高，什么都不会做，现在已经毕业一两年了，还待在家里，什么工作都没找到做，这样读出来有什么用嘛。别说我们条件还那么差，就算是有钱人，我也不会让他去那样的学校去浪费时间浪费钱。他要考不上高中就让他回家帮我们做活路或者去打工，反正等他初中毕业，也有将近17岁了。"

选择在什么样的学校求学，这是家长十分关心的问题。许多孩子的父母在孩子才读幼儿园的时候就已经打算好孩子以后的小学、初中甚至高中在什么地方哪一所学校读。例如谭家沟的罗大姐，她的女儿现在在川主幼儿园读学前班，但是她已经在心里帮孩子设计好了将来在什么地方读书。

罗大姐（福建人，说普通话）说："小学在三店（即三河小学）读，那里是中心校，肯定比大河小学要好一些。读中学的时候就准备送她到石柱去读了，那边现在交通也方便了，并且那边的学校也要好一点。"我问她为什么认为石柱的中学就比三河中学好，她回答说："这边的中学还是管不好，我去赶场的时候，时常看到有很多孩子在街上玩。我们这边有个女孩子（她回避这个女孩子的名字）就在三河中学读，她们学校根本就管不严，整天就知道玩。还有个女孩在石柱读，又努力，又节约，回来还时常跟父母上坡，平时都不出来，在家里看书做作业。所以我就觉得那边的学校就要管得好一点"

罗大姐这样周密的给孩子现在就预备好将来要读的学校，这完全有可能成为以后孩子与父母在选择学校上产生冲突的根源。

（三）家长与孩子之间的文化冲突

我们记得在上文的描述中曾经提到过，在川主村新开组，留守儿童是比较普遍的。儿童的留守本身给儿童与父母的交流带来了一定的影响，他们之间相隔甚远，我们描述过，这些外出务工的年轻父母大量的流向了东南沿海一带，尤其集中于广东一省。因为距离遥远的缘故，来回的旅途消费的高昂迫使这些打工族在没有特殊事情的情况下是不会随意往家里跑的。大部分的打工者都会在春节期间回家一次，过完春节又将回到他们的岗位上——那是一种不固定却是家庭收入的主要来源的工作岗位。所以，留守儿童在一年当中能与父母生活在一起的时间大概是一个月左右。父母刚回来时，孩子对父母还需要有一个适应的过程，当孩子对父母已经比较熟悉了的时候，父母又该走了。而这之后，孩子与父母之间就只能凭借电话（当然，像谭家沟的那位我们在上文中提到的抚养着一个孙女一个孙子的谭大叔，他的小儿媳曾经在电话里让他们带着孩子去上网，在网上通过 QQ 可以视频聊天，但是终于没有实现，这对于一个当地 50 多岁的整天在高速公路上下苦力的老年人来说是不可想象的，这也是小儿媳因为太思念自己不到一岁的儿子而一时产生的荒唐的想法。）来进行交流了。而电话的交流，对于儿童来说，他是在跟一个奇怪的陌生人进行一场无关痛痒的谈话，或者只是"答话"，因为大多数的儿童接到陌生的父母的电话时在整个的交流中始终处于被动的状态，父母问一句，他回答一句。这些，我们在上文中的"儿童的亲属关系"中做过详细的描述，这里只需提出来，就不必再为那种情况的描述大费周折了。

在这一部分，我们的任务在于描述另一种情形。这种情形在当地是在近年来才出现的，可以说，碰到这种情况的儿童乃是被这种情况影响了的第一代人。它与人们的婚姻及其相关，而这种婚姻是在近几年中出现的，那就是通婚圈的扩大。而当我们去寻觅通婚圈扩大的原因时，又转了一个圈，回到了先前的描述当中去了。原来通婚圈的扩大乃是源于年轻一代大量的外出务工。这些年轻的小伙子和小姑娘们在大城市的一些工厂或者工地上卖力地工作，他们承受着工作和乡愁的双从压力，也许是孤独的缘故，那些同是天涯沦落的人们，当然也不会去追问曾经是否相识，同病相怜使得他们之间产生了一种以身相许的冲动。这就是我们看到的，在川主村新开组的强壮的小伙子和他们从遥远的地方娶进来的漂亮妻子。但他们并不会在小伙子的家乡长住下去，我们在上文中说到过的职业的分工迫使他们在回家办完该办的手续后又一次回到他们曾经工作的地方，那也是他们曾经相识的地方，留下了太多他们的欢乐、眼泪、心跳和一回首时的娇羞。

正如别人在他们结婚时所祝福和期望的一样，他们果然在一两年之后的春节带回了自己的"仔仔"。不管"仔仔"的祖父母是否愿意，他们都只能担负起照顾新生代的担子，因为生活只能这样来安排了，这一代年轻人注定要在外地打工，这一代的儿童也注定要由祖父母来照顾。本来孩子的外祖父母也可能乐意于照顾自己的外孙，可是我们说过，这些年轻的母亲是他们的丈夫从遥远的地方娶回来的，孩子的母系亲戚相隔甚远，要由他们来照顾孩子是不大可能的。孩子留下来交由祖父母照顾，年轻的父母再一次外出务工。此后，孩子与父母尤其是与母亲的文化鸿沟产生了。

新开路边上的原大河乡镇府里面现在已经住满了人家，昔日的政府机关已经成为其乐融融的家居大院了。马大嫂的家就住在这里，带着她的大女儿和小儿子。3 月 29 日，笔者对她进行了访谈，形成以下内容。

她是湖南人，真正的湘女。2001 年，她才 17 岁，但已经来到了福建打工。在工厂里工作的生活非常有规律，但这种规律却成为年轻人的烦恼，规律意味着枯燥乏味。这样，年轻人总会在有假日或者平时不上班的时候大家聚在一起吃个饭，聊聊天，或者为谁过个生日。正如有经验的人都知道的，他们也有由谈自己的家乡开始，接下来开始谈工作，随后谈生活谈理想，到了这个程度，爱情也就水到渠成了。马大嫂跟她现在的丈夫就是这么认识的。2006 年，他们还没有结婚，但她怀上了孩子，那是她 22 岁的时候，这让他们欢喜，同时也不免忧虑。既然舍不得打掉这个孩子就回到重庆把婚结了，结婚时，孩子在肚子里面三个月了。结完了婚，他们并没有留在家里，而是又回到了福建。大女儿顺利地在福建的一个小诊所里降生了，从此，马大嫂辞去了工厂的工作，专门照顾孩子。转眼间 8 个月过去了，年轻的马大嫂并不甘于将全部的时间花费在照顾孩子上面，她需要工作。但孩子怎么办呢？她想到了婆婆，她想可以把孩子送回重庆让婆婆来照顾，这在乡下是普遍的。这种想法得到了丈夫的同意，出乎意料的是，在给婆婆的电话中，婆婆也欣然同意了，并且愿意自己来接孩子。

不久，8 个月大的女儿离开了自己的母亲，跟随着她的祖母坐上火车，正奔向她从来没有见过的故乡驰去。送走婆婆和女儿，马大嫂流下了忍了许久的眼泪。并且在以后的工作和生活中一旦想起自己的女儿就会因思念而偷偷地哭泣。然而，她的女儿已经在故乡慢慢地扎下了自己的根，正在朝着一个真正的石柱人的方向成长。几个月后，孩子满一岁了，这个我们不认为她懂事了的孩子事实上已经融入了她所居住的家庭。结果就在她满一岁的时候，母亲从遥远的福建回来看她时，她的排斥母亲的态度表明她根本不会想到曾经她在这个别人迫使她称其为妈妈的人的怀里温馨地躺过了 8 个月，因为她的相貌是陌生的，甚至她的口音也是她没有听到过的。孩子已经学会了叫"爹爹"和"奶奶"，但她并不会叫"妈妈"，马大嫂只能用糖果来哄逗女儿叫"妈妈"，然而我们所看到的这个小姑娘却颇为狡狯，接过糖果之后，她并不叫"妈妈"，并且又是一副不搭理的态度。

不幸的是，孩子一岁多的时候，那个对于孩子来说最为亲密的亲人——她的祖母却病逝了。也许她根本就不会懂得伤心，她只是奇怪，何以曾经照顾自己的那个人现在不再照顾自己了呢？而自己的妈妈（现在她多少能够接受这个人了）带着自己正在到什么地方呢？祖母去世后，马大嫂将女儿送到了湖南，她决定让孩子的外祖母来照顾孩子，因为她始终认为男性老人照顾不了孩子，所以没有让孩子的爷爷来照顾孩子。女儿来到她的外婆家，所有的人她都不认识。现在，一个被称为外婆（而不是"嘎嘎"——我们的调查社区对外祖母的称呼）的人正取代了曾经的那个奶奶的角色。她开始了新一轮的适应，培养新的认同，因为这儿与她先前生活过的地方完全不一样，包括他们说话的口音。从现在开始，孩子大多数的时间处于一种沉默的状态。我们知道，孩子是健忘的，也是容易融入新群体的。不到半年，她竟然又从一个石柱孩子转变为一个真正的湖南孩子，因为她连湖南话都说得相当纯正了。

正当孩子正在适应湖南生活的时候，马大嫂又在福建怀上了另一个孩子。这个孩子她希望回到湖南生，一则大女儿在那个地方，可以去看看她；二来那是她娘家的地方，母亲可以照顾自己。第二个孩子降生了，他是一个男孩，那时他的姐姐才有两岁。生完了孩子，马大嫂知道又将有很长的时间照顾孩子了，她还记得大女儿曾经让她照顾了 8 个月。如此长的时间，她应该回到重庆，那才是她现在的家。小儿子出生两个月后，她们一家三口回到了重庆。这对于小儿子来说，正如姐姐曾经从福建回来一样的新鲜；对于大女儿来说，新一轮的适应又来了，她要再一次融入这些她曾将一度融入过的一切。

　　我们看到，这个现在已经将近三岁的小姑娘只会扭扭捏捏地叫妈妈，其他的话还不会说。一个三岁的孩子需要什么东西不会用嘴来要求，而只能用比划。可能在不知情的人看来，可能是智障或者是其他什么生理方面的问题。然而不是，她在一岁的时候就已经清楚叫她的爹爹奶奶，她在两岁的时候可以跟她的外公外婆交流。而今她却说不出话了，她说的话别人听不懂，除了她的妈妈；别人说的话她也不懂，只有当妈妈说湖南话的时候才懂。别人甚至（包括邻里的大人跟小孩）会故意逗她说湖南话，以此为乐，久之，她不说了。这就是儿童生活中的文化适应问题。8个月大的时候从母亲的怀里被送到祖母的身边，她经历了一个重大的转变，第一个适应开始；一岁的时候离开当时对于她来说最亲的祖母，来到湖南外祖母的身边，第二轮的适应开始；两岁的时候从湖南来到石柱自己遗忘了的故乡，这一轮的文化震撼对于她来说可能影响是最大的。在生活中的家长时常在更换，而与家长的冲突和磨合无时无刻地在进行着。

　　这样的例子还有，上文中说到的乃是磨谷坝的一例，在谭家沟依然有这样的一例。不过那个孩子幸运得多，他没有在祖父母与外祖父母之间匆忙地来回。不过她与母亲之间的文化冲突表现得更加突出。

　　无独有偶，谭家沟的另一对夫妻马大哥和罗大姐竟然也是在福建打工时认识并结婚的。而罗大姐就是福建人，结了婚回到石柱生孩子，这是罗大姐第一次来到石柱，她以后就要以此为家了。而生完孩子才半年不到的时候，她又去了福建，直到两年多将近三年之后才有回到石柱。在这段时期，罗大姐每个月都会打电话来与孩子交流，然而没有一次让罗大姐认为是成功的，因为每一次罗大姐打来电话都只能说普通话，她还说不来石柱话，然而她的女儿，却说的是纯正的石柱话，她能听懂女儿的话，然而女儿却不大能听懂她的带有浓厚的福建口音的普通话，即使能够听懂，按照罗大姐的说法是："我说的是普通话，她一听到我说的话是普通话，跟她说的话不一样，就产生了距离感。"两三年之后，罗大姐又回到了石柱，那时孩子（爷爷取名马冰月）已经是一个三岁多的石柱人了，而罗大姐还不能清楚的用石柱话来进行表达。"回来就不要我了，也不跟我睡，就要跟爷爷奶奶住，我们就会用钱或者什么东西哄她叫爸爸妈妈。结果还是不叫，还没跟她处熟我又去了福建（打工）。"这以后的日子罗大姐依然采取的是电话交流的方式，而效果却依然同先前一样的不理想，女儿还是很少主动跟妈妈说话。

　　去年（2008年）的11月份，金融危机迫使大量的打工者纷纷流向家乡。

罗大姐及其丈夫也一样回到了石柱,女儿马冰月已经在川主幼儿园读书去了。之后的交流依然举步维艰,然而伴随着母亲融入当地的时间越来越长,女儿与母亲的关系也逐步地得到了改善。直到今天,"当女儿与别的孩子看电视时,她就会跟别人说她也能像电视里的人那样说话,那是她的妈妈教给她的。"(罗大姐)这意味着,她因别人没有会说普通话的妈妈而她有所以感到自豪。当我来到谭家沟时,常可以看到那一对融洽的母女坐在门口,母亲在做针线活(我看到那是在做鞋垫),女儿在做作业。偶尔地,我可以听到母亲正在教女儿说普通话,也许是母亲还在为以前自己与女儿的语言冲突耿耿于怀的缘故吧。

这也是文化的不适应,一方面孩子不能适应母亲,另一方面母亲也不能适应石柱,而女儿是在石柱土生土长的,所以母亲也就不能适应女儿。最终得到的缓解方式是母亲去适应当地,通过适应当地才获得了孩子的认同。但这种适应当然不可能是单方面进行的,我们看到福建母亲已经能够用尽管不够纯正但也听得懂的石柱话与公婆、邻里甚至像我这样的陌生人进行交流了,而另一方面,石柱女儿正在受着母亲的熏陶,时常说一些颇带石柱口音的普通话。

我们在上文中说过,这种孩子与父母的文化适应问题产生的原因一方面是通婚圈的扩大,另一方面是当地形成的人口职业结构迫使大量年轻的父母不得不到外地务工,却不能带上他们的孩子。那么在该社区,这样的婚姻情况有多少呢?仅在谭家沟一地,就有四个这样的家庭,罗大姐的嫂子是湖北的,另外还有两个小伙子也在打工时与贵州姑娘恋爱并结婚。在总体上来讲,这种情况并不是很多,但从发生的原因来分析,这种情形可能在以后都会有所增加。对于这种情况我们很难做出价值判断,在它的内部还有许多的特殊性可言,像马大嫂的将近三岁的女儿现在还不会顺畅的语言表达,这当然是使人担忧和遗憾的。但像罗大姐的女儿马冰月,现在不仅可以顺畅地使用石柱话,也学会了普通话,这却是可喜和使人欣慰的。

第三节　其他教育

真正的形成系统的内容,在上文中已经基本描述完毕了。然而这个社区的教育当然不止我们所描述的那些,如电视教育事实上也是一项颇具魅力的内容,但我们只能在这"其他教育"的部分稍加提及了。

我（调查员刘应科）记得有一次我去磨角坝访问的时候碰到一个七八岁的小姑娘，她在大河小学上二年级。我问她老师在给他们上课时说普通话没有，她说老师说的话和家长说的话是一样的，石柱话。我于是问她为什么能够听得懂我说的话（我只能用普通话与之进行交流），她说在电视上听惯了的。而在我与她的父亲闲聊的时候，她的父亲告诉我他们是湖广填四川而来的。我于是又问他这个信息从何处而来，他则告诉我，这是从中央二台（CCTV-2）的一个节目里听来的。

我（调查员刘应科）第二次去三河小学的时候曾参与了四年级学生一早上的课程，其中听过一节叫作"综合实践"的课，那节课上老师给学生们讲述的是有关"京剧"的常识，课上三次要求学生回去注意中央十一台（CCTV-11）。

另外，我们在对儿童的社区游戏进行描述时也曾说到过，当地的小女孩在办嘎嘎园儿时做过许多的"泥巴食品"，而这些食品的原型事实上有许多是从电视上面看到的。我们知道，中央一台（CCTV-2）的一个节目叫作"天天饮食"，她们的"泥巴食品"有部分就是据此而来的。

从这许多方面，我们可以看出，电视在对人们的教育中有着不可低估的作用。在这里，我们所理解的教育更注重信息的传递过程。但我们不再对其进行系统的分析，对它的描述和剖析，将是一个浩大的工程。

我（调查员刘应科）记得有一次在谭家沟做访谈时，一个中年妇女因为谈话投机，说到了几个英文单词，我当时很以为她应该有至少初中以上的学历（我们已经说过，三河乡的小学并没有开设英语教育），但她却告诉我，这些是她读高中的儿子平时在家里面说的时候无意中学到的，连她自己也不知道发音对不对，但她却知道这些单词的汉语意义。

在这里，我们看到了信息从下一代向上一代流动，而这些信息我们此时可以称其为知识，这样，我们看到了一种反方向的教育。在传统的意义上，教育（家庭教育）乃是父母对孩子的行为，而这里，我们看到了相反的情形。我们在上文中描述过，新开组有不少的儿童留守，与他们生活在一起的是他们的祖父母。于是我们看到，在留守儿童的家庭中，许多事情是需要儿童才能做到的，例如家庭中的家用电器的使用，照顾孩子生活的老年人在一开始对这些新鲜的事物并不是那么敏锐，他们对电视机、电话等家用电器的使用总是通过孩子习得的。当然，这种反方向的教育过程体现得并不十分普遍，它只是集中于一些新的领域，因为在这些领域里面孩子似乎比上一代人更具有条件来达到相关方面的社会化。

还有一种教育方式是我们不能忽略的。在调查中，我们发现当地民间流传着一些老旧的书籍，这些书籍里面的内容颇富教育价值，如其中的一本书名叫《包医不孝》，我们可以从书名看出，它是有关孝道宣扬的一本民间书籍。我们看到，书的封面上有"民国十年新刊，腊月中旬买来劝化人"的手写字样，又注明"重庆学院局文化堂出版"。我们可以在这里提供一两句原文，其第一章"养育深恩"开篇曰："天地间最重的孝悌根本，天地间最大的爹妈二人。一说起爹妈苦喉咙就哽，一想起养育恩眼泪长倾。"其后的内容就围绕着这两句进行描述，从孩子小时候父母的养育到孩子成人之后的父母处境进行了全面的描写。内容表现得通俗易懂，并且读起来也颇为押韵顺口。并且运用了当地方言来进行描写，如写到父亲喜爱孩子的情形时，写道："小娃儿一岁多又晓得甚，那爹爹（这里指父亲）一抱起就讲不清。打锣锣拍巴掌油淀饼饼，斗虫虫虫虫飞喜笑盈盈。捧狮子捏耳朵狮子打滚，幺儿乖幺儿嫩实在爱人。"可以看出，里面的方言如"幺儿"，它是对孩子的昵称，而且描述的父亲与孩子嬉戏的天伦场景也颇具地方特色。我们认为，在其他背景中可能无法看到诸如"打锣锣拍巴掌油淀饼饼，斗虫虫虫虫飞喜笑盈盈"的场景。它是在地方的文化背景中，运用地方性知识来传播孝悌伦理。不过，这种印刷品似乎只适用于那些地方知识分子，也就是那些至少要认识这些字的人。而这些人偶尔读它的时候，会读出声音，于是那些不识字的人便会集聚在他的周围来听，像我们在上文中说到的磨谷坝的秦中英就十分喜爱听别人念诵这样的书籍，而她自己并不识字。而遗憾的是，热衷于诵读和倾听诵读的人全是老年人，年轻人没有老年人那样的闲暇时间，即便有，他们也会选择其他的娱乐活动，主要的是打牌。

此外还有一套书籍名曰《清官图》，分上下两部。它是一本类似于《孔雀东南飞》的通俗叙事长诗。它不是用来诵读的，而是用来唱读的。三河乡街上的一位60岁左右的老人（男）给我们唱过，那时秦中英也在旁边听着，一会儿的工夫，围来了许多老年人，他们都听得津津有味。关于此书的内容，我们可以通过前言做些了解。

《清官图·前言》说："上本主要反映张贡生谋死王文正，清官陈文俊正确处理此案，张贡生因案暴发收监后，他家族扭打县官，而遭到全家诛灭，有道天子封陈文俊为知府管万民。

图 12.18　民间流传的《清官图》

"下本主要反映刘秀英生贵子，途中遇杜林姊妹暗害，由于天神保佑，新任知县帮助，迁往山西。秀英立志守节教子成名，其子（笔者——调查员刘应科注）十二岁考中翰林，清官陈文俊女儿许配刘秀英之子，王治恩全家荣幸，杜林因谋杀刘秀英，而翰林府遭到斩首等恶报。读过上本的阅读者再读下本，配成一部有头有尾、有始有终（的小说——笔者注）。"

关于此书的教育内容，我们可以引一些文中句段来做说明。上本开篇写道："天地生人有几等，富的富来贫的贫。富贵贫贱要由命，不可暗地去害人。莫说老天无报应，举头三尺有神灵。善恶到头终有报！"而下本的开篇则写道："闻言无事谈今古，多看奇书散心腹。人生正大数条路，忠孝节义勤耕读。为人受过千般苦，方为世上大丈夫。"在末尾处则写道："为人在世要学好，先苦后甜有下稍……奉劝世人要学好，贪淫二字仔细瞧。"

当然，像这样的民间流传的书籍虽然的确存在"劝化世人"方面的价值。但毕竟这种功效是有限的，我们在上面已经说过，这样的书籍只能引起老年人的注意，而在一个社会里，所谓"孝悌伦理"的最主要实践者则是年轻的一代，遗憾的是，他们并不愿关注这些老掉牙的书籍。

第十三章　结　语

一、为农民所感知的变迁

当我们在谈论三河乡的资源所发生的变化的时候曾经提到过一位年过九旬的老人。这位曾经参加过朝鲜战争的老人用他并不十分清晰的记忆记住了其传统的生活方式，并且，至今也难以改变，毕竟他已经年过九旬了。而极为重要的是，他之所以难以改变他对传统的认同和对现实生活极为不屑的态度，在于他很久之前就已经脱离了真正意义上的劳动，或者说，他在很久之前就已经没有了为家庭生计而不断劳动的压力了。我们已经说过，甚至他的儿媳也因为年迈的原因经常只处理家中的一些琐事，田地里的劳作都已经交给了更下一代了。所以不妨说，假如我们想要知道一些关于三河乡在过去的几十年中发生了些什么样的变化，那么也许我们所曾经访谈过的这位老人是极重要的。我们强调了他的所有的回忆都不一定是存在的，但是，这些变化，也许态度比事实更加重要。

我们正是想要通过整体的对三河乡农民生产生活的描述，来发现其中那些细微的变迁。然而，当我们对三河乡农民的生产生活（甚至还有部分文化的）进行了整体性的描述之后，我们甚至觉得这其中的变迁并不细微，而是表现了某种突变的状态。我们可以回想，从 1949 年直到今天，中国基层农民的生产生活究竟在多大程度上具有自治性或者说自发性，显然，这种自治性或者说自发性是微小的。也就是说，自 1949 年以后，中国的农民在很大程度上已经处在了更大的结构性空间之中。不过，在农民本身看来，情况并不如同我们所分析的这样。他们更倾向于认为，真正的重大的变迁是在近三十年的时间内发生的。很明显，他们有一段很清晰的记忆，就是改革开放前后的变化，不过于他们而言，并不是这个词汇，而是"土地下放"。几乎在土地下放没过几年之后，人们的生产生活又发生了一个重要的变迁，那就是市场经济作为一种资源配置方式迅速进入到农民的生产生活当中。根据经历过土地下放（在石柱，土地下放这一历史事件发生在 1982 年）的年长者的记忆表述，在土地下放后的几年当中，人们的生活迅速得以改善。不过在那个时候，生活所得到的改善也许很大程度上还只是在于农民对一种自给自足状态的满足，这是传统的农民生计极显著的特点，其稳定性几乎可以塑造出传统农民的形象、性格以及传统农村的社会学边界。但是这一次的自给自足的状态并不长久，事实上在自给的程度上也存在一定的限制，它受到了来自一种新的资源配置方式的力量的影响，这种资源配置方式就是市场经济。新的资源配置方式将农民刚刚重建的相对稳定的生计打乱，但是这个过程几乎没有受到农民的无论是个体的还是组织性的抵抗，很大的原因也许在于伴随这一资源配置方式而来的是极为丰富的物资。人们于对这些消费的追求过程中开始逐步迈入到市场经济的资源配置结构中，直到现在，他们依然在那里寻找最有利于自己生存的位置。

但是，变迁当然并不仅仅体现于人们的物质生活水平上，正如上述年过九旬的老人所认为的那样。在这位缄默的老人的眼里，现实中的一切——从生计到生活中各个环节——都是值得批判的。于我们的角度而言，这些内容显然都发生了极大的变迁，它使这位年过九旬的老人变得缄默而恼火。

从较为显在的情况来看，这些变化之中的最使我们感觉明显的变化就是农民的生存空间以及资源利用的变化。或者，事实上我们可以将这二者视为一个问题的两个方面，因为我们这里所探讨的空间的现实意义就在于其资源利用方面，也就是说，我们所探讨的就是资源的空间变迁。这也许是一个不难理解的问题，因为资源所能够成其为资源者，就在于它对人们是有用的。我们相信在冶铁技术还没有形成的年代，人们对铁矿石不仅知之甚少，而且将其视为无用的。这当然也就类似于我们在三河乡也能够见到的，一些历史遗迹和自然景观在过去的时期一直不成其为资源，而今天则作为一种重要的经济资源着手进行开发。显然，资源具有一定的历史性，同时，它也具备了一种显在的空间性。人们只有在一定的时空之中才能够获得对某项资源的利用。但是，我们对三河乡的考察显然没有很大的历史跨度，这也许会对资源的历史性分析造成一定的影响，不过好在我们所考察的三河乡的农民们正处于一个巨大的变迁之中，这一变迁还没有形成一种稳定的社会状态，但是也显然不是传统的那种状态了。在对这个变迁过程的考察中，我们可以较为清晰地获得对资源的历史性的认知。资源的空间性依赖于其历史性而得以体现，我们已经说过，资源空间的大小或者什么样的空间可以作为资源受到了历史性的限制。

另外，从调查资料中发现，当地婚姻消费文化的发展趋势也是受到了当地社会变迁的影响。村民之间，家庭之间的相互攀比，讲排场，要面子的心理使得当地婚姻消费只增不减。从婚姻消费 60 年的发展趋势来看，婚姻消费仪式存在一定周期性变化。

二、土地：变迁中的生存资源

当我们谈论资源的时候，对于农民而言，最明显的当然就是土地。我们在文中说明过三河乡农民的传统的生计方式，直到高速公路的修建以及退耕还林的实施以前，农民的生存依然还主要依靠农业生产。今天，尽管那些土地未被征收的农民也已经在很大程度上从事着别的行业，但是，正如我们已经说过的，农业生产依然没有被完全放弃，很大的原因在于农业生产具有一种稳定性，而对于农民而言，有什么比这更加重要呢？直到今天，土地对于农民而言还是不可或缺的，农业依然为人们所需要，毕竟它能够保障农民的基本生存，就像我们所看到的，那些土地没有被高速公路和退耕还林占用的农民，他们的农业产出依然可以保证家庭的基本生存，甚至有所结余。尽管如此，新的形势确实对农业生产造成了一定的影响，土地作为一项资源，现在看来，似乎已经失去了传统时期的绝对的优势，因为尽管人们依然认为农业重要，但是在实践上已经做出了某些调整，即从农业生产中脱离出一部分劳动力。这也许是我们所能关注到的最大的变化之一了，因为仅仅在 20 世纪 90 年代以前，人们还普遍依赖土地维持其生存，直到打工经济兴起之后，人们开始了别的生存途径的探索。

仅仅从土地这一资源来说，我们已经在过去的 60 年中发现其分配方式大不相同。自 1949 年以后，中国的土地几乎就成为一种统一的国家资源。尽管在公社化以前，土地与农民之间存在一定时期的所属关系，但是这种所属关系（也就是我国土地制度中的农民土地所有制）并未维持很长时间。从 1953 年以后，各地农民的土地通过合作化生产而逐渐从私人土地所有制转变为集体所有制，这时候的农民将土地作为股份投入到合作社集体。随着合作化的进一步增强，土地的所有权和经营权都被统一于集体，农民被统一组织起来进行生产，而生产所得则按照劳动量（以工分记）和人口数（所谓基本口粮）分配到各家各户，由各家各户自由组织其生活。这个时候，我们可以明显地看到生产单位与生活单位的分裂，前者是为生产队，后者则是家庭。在生产方面而言，家庭没有什么自主性。这与今天的情况并不相同，我们也许能够在今天看到生产单位与生活单位的分裂，这在农村又再一次发生了，因为我们看到一些农民在不同的领域和地区的生产单位中从事劳动，但是从总体的情况来看，生活单位依然是家庭。然而在今天，家庭事实上也是一个很明显的经济单位，原因是家庭内部存在其较为自主的分工，这一点在生产队时期是并没有实现的，那时候的基本分工单位是生产队。明显的是，这一分工体系是高度结构化的。（还有什么样的分工体系能够像这种在政治控制和参与主体的积极情绪下形成的体系更加结构化呢？）分工基于基本的农业生产，那些本身具有一定手工艺的劳动力尽管可以脱离农业生产，但是他们最终需要使用通过手工艺劳动获得的现金购买工分，再以工分获得生产队分配的粮食。一个生产队，即是一个生产性的结构空间（我们只看到偶尔有些劳动力因为其劳动的特殊性穿梭于各生产队之间或者公社以外），与之相对应的，人们所能够利用的资源（就土地而言），事实上也只能在本生产队内部。

农业的集体生产，在石柱县从 1953 年维持到 1982 年年末，此后，情况发生了巨大的变化，这正是人们记忆最为深刻的那种变化。在三河乡的农民看来，也就是土地下放这一历史事件了。土地下放之后，土地为国家所有，但是农民根据当时的人口数而承包经营。尽管土地的所有权从 1949 年以后的土地改革后的农民所有经过合作社时期的集体所有最终在包产到户后变为国家所有，但是在经营上，农民获得了很大的自主权。农民此时可以根据自己的家庭情况而自主分工，同时其生产的直接服务对象从集体（生产队时期的农业生产的最终目的尽管落实到每个家庭，但是它首先是集体的，经过集体的按工分和人口数分配才落实到家庭）直接落实到每个家庭。在这个时候，家庭统一组织（很大程度上体现为家庭内部的分工）生产，统一组织其生活，生产与生活单位合为一体。

以一种宏观的视野来看待 1949 年以后的土地制度，上文的叙述已经能够基本上体现一个大致的轮廓。在人们以农业（某种意义上包括作为副业的养殖业）为其几乎唯一的生存手段的情况下，土地成为人们生存的几乎唯一的资源。所以，土地制度事实上就是一种资源的分配方式，在不同的分配方式中，人们获得生存的手段颇不相同。总体而言，无论在什么样的分配方式下，如果人们的生活依靠农业，那么土地的数量和质量当然是极为重要的参数。但是，在一个家庭而言，情况却有些微妙。在集体生产的情况下，事实上一个家庭的劳动力要比土地的多少和质量的高低更加重要，因为土地数量是相对稳定的（没一个生产队相对稳定地占有一定数量和质量的土地），并且土地并不为家庭所有。相反，劳动力尽管在生产队内部进行分工，但是它的数量直接影响到家庭的收入。每一个成年劳动力在土地上劳作一天所获得的工分是一致的，这种量化的标准事实上并不标准，因为这些劳动力在土地的耕作中所付出的劳动量并不单单以时间来计算，劳动强度也是重要的。但是生产队的时期并不这么计算，它首先将一些人定义为成熟的劳动力，那么这些人参加一天的劳动就会获得与别的成熟劳动力劳动一天相同的工分，而无论他与别人之间具有什么样的劳动强度差别。所以我们不难想象，所谓人多力量大的人口理念在当时受到农民的喜爱，很大程度上就在于他们凭借着劳动力来获得分配。但是需要说明的是，首先，农民参与劳动的强度难以量化；其次，农民在劳动中缺乏自主性。这些也许是新中国成立后的几十年中的合作生产最终破产的重要因素。

直到那一场轰轰烈烈的合作生产结束之后，农民在 1982 年获得对土地的家庭经营权。这种土地制度的变迁又给农民的生产生活造成了新的影响，在某种程度上来说，农民的生产和生活相对自由了，家庭在此后的时期里一直成为约束个体的社会单位，个体所依附的，最主要的也是家庭，这个时候的家庭成为一个最小的分工单位。我们在谈论到三河乡农民的婚姻的时候曾说过，一个丧偶的或者离婚的人选择再婚的原因就在于家庭结构的不完整所导致的生产压力。我们在说明农民的家庭结构与功能的时候也曾说过，家庭在很大程度上具有组织生产的经济功能，而我们在说明人们的经济生活的时候也回归到家庭这一单位来探讨人们的经济活动。这些，显然表明了家庭在经济活动中的重要位置，事实上直到今天，我们依然还不能够脱离家庭来谈论农民的各种活动，尤其是农民的生计活动。当家庭成为生产的组织单位之后，其生产成果直接服务于自己的家庭，这使得农民的劳动在单位时间内通常是增加其强度的。我们可以想象，在生产队统一组织生产的时代，很多时候是尾大不掉的失控状态。而当家庭组织自己的生产之后，尽管它对个体而言依然具有一定的约束力（譬如一些劳动力正是因为家庭的各种特殊情况而不能自由进行经济活动），但是这种约束力本身又几乎成为所有经济活动的目的。我们以今天的情况来说吧，在我们说明三河乡农民的经济活动与劳动分工的时候，我们曾经说到过家庭中的各项杂务不得不束缚住一部分本可以外出务工但是又不能去的劳动力。这在三河乡而言是正常的事情，因为人们面临着一种养老、养育子女以及维持那些对于其家庭而言显得必要的社会联系（譬如负责各种"会头"地走往）的责任。显然，这尽管对那些留守的成年劳动力来说是一种束缚，但是这本身又是人们的经济活动的重要的目的，我们已经说过，脱离了一个家庭之后，人们的生产生活都会产生压力。所以，人们需要以各种活动来维持其家庭，其中显得极为重要的当然就是生计活动，自然也包括别的杂务处理，其中就包括各项家庭责任（如养老、养育以及必要的社会交往）的实施。

三、生存空间的延伸

然而无论怎样，在打工经济兴起以前，人们的生存空间事实上一直很狭小。在我们所考察的所有的农民当中，他们如果主要依赖于农业生产为生，那么他们的生存空间甚至只在一些重要的亲属（或者亲戚）之间，在地域上看来，通常就在本社区（从土地作为人们的生存的资源空间以及邻里关系作为生存的社会空间而言），远的或者超过本镇，但通常也不会超过本县。当然，对于某些除了从事农业生产，还从事着一些手工艺劳动的农民而言，其空间或者会有所扩大，但是因其并不专业，这种空间的扩大也是极其有限的。总的来说，无论农民的生活水平怎样，他们因为没有别的生存途径，在以传统的小农业为其生存依赖的历史背景中，人们的生存空间是狭窄的，他们被束缚于土地，因为土地作为一种资源是如此的稳定，所以作为以其为生的农民也是稳定的，他们终究不会离开土地太远。

是另一种资源的配置方式无限地扩大了这种生存空间，使得农民在土地之外，获得另一些生存的资源，这就是市场经济对农民生产生活的影响。从政治的角度来考虑中国市场经济的开端，时间是在 1992 年中共十四大，那时候就已经提出了在中国发展社会主义市场经济。在第二年的十四届三中全会上，《中共中央关于建立社会主义市场经济体制若干问题的决议》得以通过。此后，中国的市场经济逐渐发展起来。我们如果以这两个重要的会议作为中国社会主义市场经济的开端的话，那么，市场经济作为一种资源配置方式传到我们所考察的地区算得上是迅速的，因为大约几年之后，人们便看到了丰富的物资流入到三河乡了。丰富的物质流动逐渐改变着人们的生活传统，假如我们可以以人们的生活用具的变迁为例来说明这种影响的话，一切就显得十分明显了。在市场上还未充斥着从各地流入的丰富的生产生活用具的时代，人们所使用的一切用具（无论是生产工具还是生活用具）通常是一种自给的。从这些用具的材质上我们可以看到，竹篾、木料以及石材成为传统用具的重要的质料，尽管这些用具并不是每个农民都能够自制的，但是制造这些用具的农民也并不是专业的。而如今，人们所使用的用具是人们并不知道其产地的，材质从原来的那些传统质料变成金属、塑料等现代材料，人们从来不曾用到过的一些用具现在正在吸引着他们，譬如电视机、冰箱以及生产生活中的其他各种电器。而且，这些用具的生产都是专业化的工厂所产出的。新的生活物质丰富了人们的生活，但同时也对人们的经济生活造成了压力。

因为那些堆积于市场上的各类物品需要现金购买，这样，人们对于现金的需求突然增强起来。正如我们在探讨人们何以要丢下自己的父母以及自己的孩子而毅然决然地奔赴外省打工的时候所说明的那样，农民当前的生活需要大量的现金来维持，如修房、孩子的教育、老人的赡养、家庭中必要的社交、日常生活的维持等，方方面面都离不开现金。不得不承认，这种变迁是如此的显著，从对粮票的需求（大约在 20 世纪的 90 年代前后，粮票的使用被需要）到对现金的追逐仅仅在短短几年中便发生了转变。人们曾企图使用农业所得换成现金，此后再以现金支付的方式换取市场上琳琅满目的商品，但是在粮食的流动也自由的情况下，粮食不再像此前那样对其消费不仅需要付钱还需要提供粮票时那样让人们感到紧俏了。仅仅依赖传统的小农生产的所得，并不能满足农民对市场上的产品的需求。而且，正如我们上文所说的，由于土地下放，使得农民获得了相对的自由，更重要的是他们的生产积极性的提高使得人地矛盾逐渐发生（除了生产积极性的提高之外，生产工具的改进也成为一个影响因素），农村剩余劳动力逐渐形成。所以，一种新的求生方式对于农民而言既新奇而又不可或缺，这就是农民自己所说的打工经济（当我们问及他们的现金主要从哪些方面得来的时候，他们会毫不犹豫地说"打工经济"）。

打工经济在三河乡大概发生于 1995 年前后，经过十多年之后的今天，这种方式已经成为大部分农民寻求现金的最主要途径。人们曾经只是采取尝试的态度而外出的，因为据说那时候人们经常听说外出打工的人遭到城市里的骗子的哄骗，不仅没有挣到钱，反而被骗了从家里带去的生活费和路费，连回家都成问题。对于那个时候的农民而言，打工看起来仿佛探险式的寻宝旅程，风险很大，但是又极具诱惑力。探险者们终于较为熟悉了这条门道，经过包工带领一带多的方式，农民们逐渐进入到远方的城市中寻求生存。这在很大程度上减小了打工的风险，因为包工头在这个过程中作为打工的过渡，同时也多了一份保险，这些包工头通常就是那些经验丰富的最开始进入到城市打工的当地人，有他们的带领，情况将会改善很多。而且，包工头带领的团队虽然看起来并不是什么正式的组织，但是毕竟形成了一个具有一定力量的团队，这种组织化的生存探险不仅可以保证他们的安全，还能够争取他们的利益。这种包工头组建自己的队伍进城打工的方式在打工经济刚开始的年代极为盛行，但是此后就逐渐弱化了，原因是这些包工头尽管给农民提供了打工过程中的诸多保障，但是他们也于这个过程中赚取了一些差价。这种情况就连一般的打工者也是十分清楚的，他们知道他们的包工头在这一工程中多获得多少利益，但是在他们并不十分熟悉城市生存的门道的时候，他们也只能如此。所以，在打工经济刚开始的年代，包工头不仅比别的农民赚得更多，而且他们还受到其他农民的普遍尊重。现在，尽管包工头依然存在，但是许多农民已经放弃了跟随包工头，他们已经熟悉了城市生存的那一套。许多农民工现在直接接受工厂或者正式的施工队的组织和管理，他们越过包工头的一级，事实上使得他们更加拓展了其社会空间，不再限制在以一个包工头为首的小组织内部。以至于直到今天，农民进城务工在现在的农民看来不过是一件十分平淡的事情，担忧已经在很大程度上消除了。而且，这种人口的流动随着打工经济的成熟越来越频繁，规模也越来越大，目标城市也越来越趋于多样化。这使得农民的生存空间更进一步扩大了。

然而我们已经说过，人们的所有经济活动都要基于一定的分工。我们也说过，人们的经济活动始终是基于其家庭的，在不同的历史时期，家庭在经济生活中所发挥的效果也并不相同。在打工经济发生之后，新的家庭分工发生了。我们曾在此前说过，农民在集体生产时期并没有家庭的自主分工与组织生产的权利。而当土地下放之后，家庭内部就开始了其分工，男人通常负责最主要的农业生产，或者说至少是由其来安排的，女人在配合其丈夫进行农业生产的同时，还负责各项家务劳动。直到今天，一个家庭的生产被安排的有条不紊，那么受到赞扬的通常是这个家庭的男主人；而如果这个家庭的生活被安排得井井有条，那么受到赞扬的通常又是这个家庭的女主人。我们曾经听到过一些农民对别的家庭的生活卫生进行评论的时候，通常将责任归咎这个家庭的女主人。但是，显然，这种分工并不十分明确，因为主要的生存途径只有一种，那就是农业生产，无论是男人还是女人，老人还是孩子，只要其劳动力能够胜任一定的农业生产劳动，他们通常都被组织到田地里工作。分工的明确，或者是在打工经济的兴起之后。我们将不会再使用大量的篇幅去说明打工经济本身就是一种全国性的劳动分工的体现，这是很明显的，这种劳动分工基于市场经济的资源配置体系。而在农民的家庭层面上，分工在这个时候变得十分明显，一开始在城市里寻求生存资源的通常是一些男人，而且此后的打工者中也大部分为男人（尽管也存在一些女性——通常是未婚的女性占据着优势）。作为家庭女主人的女人们则大部分在家里经营着传统的农业，以及处理家庭中的杂务，家庭的经营以及经营家庭的投入由女人和男人分别负责，而这二者是相辅相成的。我们已经说过，至少在这一阶段而言，家庭依然是各项经济活动的载体，没有完整的家庭（尤其是没有男女主人中的一方的情况下），人们的生计会产生压力。而相反，没有经济活动，家庭是难以组建和维持的，这时候我们甚至可以说，家庭就是一个责任体，它在各项责任中建构，这些责任的完成离不开经济活动。但是这些情况是在总体的情况下而言，事实上，一些特殊的家庭的男女主人都外出务工了，他们的孩子由他们（大多数是男方）的父母代为照看，而农业生产也由这些老年人带着他们的孙子辈们负责。但是这有一种条件，就是这些老年人还存在一定的劳动力，他们能够从事农业生产。如果老人已经没有农业生产的能力，那么他们的子女家庭中通常会留下一个成年人照顾他们和教养孩子，负责家里的各项事务以及农业生产。男主外与女主内的分工观念当然也存在一些影响，此外，农民作为工人到城市里工作，主要从事的是体力劳动，妇女在这个过程中没有男人的优势。基于这些思考，人们在打工经济兴起后的一段时期内正是这种分工状态，即家庭中的男主人外出务工而女主人在家从事家里的农业生产并负责处理一些家庭的事务。

这种情况在退耕还林和修建高速公路之后发生了变化。一方面因为农业生产所得相对于打工经济而言越来越低，另一方面则是因为耕地面积的缩小（我们已经说过高速公路占用了许多农民的土地，而退耕还林使得农民的土地不再能够种植庄稼），农民更加倾向于外出务工，而这时候的外出务工也不再是男人们的事情了。妇女们实现从农业生产的劳动向城市打工劳动的转变，很大程度上归因于上述的这两件事情。这两件事情使得三河乡农民的生计与分工呈现出现在的情况：打工经济越来越受到重视，年轻人通常选择这条出路，但是农业并没有被完全放弃，老年人从事这方面的生产，并处理家庭内的各项事务。分工标准从以性别为主转变成以年龄为主了。于是，我们所关注的关于空巢老人与留守儿童的问题便紧接着出现了。

四、新生计的现实困境

综上，我们以土地作为人们的生存资源的变迁情况对人们的生存空间与资源利用情况做出了大致的历时性分析。事实上这一切都回归到了土地的问题，正如我们上文一直探讨的土地在不同的历史时期在多大程度上成为人们的生存资源的问题。总结起来，我们可以说，农民的生存空间显然是扩大了，他们已经在农业之外获得较为丰富的生存途径。在地域上看来，他们的生存空间也在不断地扩大。资源的利用情况当然也发生了极重要的变化，我们已经以土地为中心说明了这一问题。假如我们以现金收入作为评价人们的生活水平所发生的变化的话，那么无疑，人们的生活水平显然提高了许多，这当然要归功于生存空间的扩大，使得农民能够自由地在流动中寻求各种适合于自己的生存途径。然而事实似乎并不完全能够这样来总结，回归于生活之后，人们感到情况并不完全如此。当我们以现在经济收入的增加为依据说明人们的生活状况越来越好的时候，他们并不完全否定我们的想法，但是只说"现在的开支也大呀"。

事实上还不仅如此，我们在三河乡所看到的农业劳动力的老龄化的情况也许也是值得关注的现象。这是新的分工所做出的选择，这使得农民需要劳动的年龄越来越大，我们在高山地区（譬如川主村的望路组）看到许多年过八旬的老人还在农田里劳作，他们的孙子辈都已经打工很多年了，而他们的子女也将大部分的时间花在了高速公路的修建以及别的更有效的生存途径中。于是，传统所认为的人到老年就要享清福、享受天伦之乐的情况越来越少了，农民将在更细致的分工劳动中最终走向自己生命的尽头，这是养老的问题。儿童的养育也相应地存在着一些难以避免的问题，我们已经在前文中说过隔代抚养对留守儿童所造成的不利影响，这些影响之所以在现在看来是不可避免的，原因正在于对他们的养育和教育需要足够的物质基础，而这些物质基础在现在看来很难以在农业生产中获得了。

假如我们可以认为传统的农业生产生活于农民而言还能在某种程度上加以控制（除了一些天灾之外）的话，那么，新的生存空间却几乎是农民无法控制的了。我们在前文对农民的打工经济进行分析的时候，说到过在2008年之后的一段时期，由于受到全球金融危机的影响，一些外出务工的农民纷纷还乡。这也许是我们看到的农民难以控制新的生存空间的最好的例子了。事实上，这种新的生存空间尽管为农民提供了更多的生存机会，但是农民也因此而加入到更加复杂的竞争体系之中，在这个竞争体系之内，农民所处的位置往往是不利的。新的资源配置方式使得传统的农业生产失去了其原有的地位，农民难以再仅仅通过农业而获得生存和发展。于是，农民想要通过别的生存途径来改变自身的境况，但是基于其本身的特征，新的生存途径事实上也并不稳定。

而更为重要的是，打工经济（这是农民的新的生存方式中最重要的一种）终究不是所有农民所能够进行的。关于这一点，我们在上文的分析中已经部分地做过说明，我们已经说过，因为其家庭在农村，一些原本可以外出务工的劳动力必须留下来处理各种家庭应该处理的事务。除此之外，我们从农民的人生过程来看，情况更加显著，因为我们会发现，农民真正能够打工的年龄并不长，我们曾经分析过，这段时间大概是二三十年。假如总结农民的人生轨迹的话，那就是"农村—城市—农村"，事实上，在农民超过 50 岁之后，他们一般都难以在城市中找到适合于自己的工作了。从现有的分工情况而言，农民在从城市回归到农村之后的二十年中会长期从事农业生产，农业生产依然在人们的生活中占据一定的位置。然而，如我们在前文中多处说明的那样，农业的发展也遇到了窘境。抛开失地这一因素不说，事实上市场经济之下的小农生产显得越来越不合时宜。

这些情况同时被农民和基层政府共同感知，他们都相应地做出过一些努力来改变这窘迫的局面。我们看到在万寿寨村从专业养鸡的农民曾经想要通过联合别的养鸡场而对抗市场的不稳定性因素，而政府则想要通过发展规模化特色产业来加强农民与市场的联系，使得农民在市场经济之下改变原有的经营模式。但是正如我们在分析这些案例的时候所说明的那样，成功的不多，更多的是获得了许多的教训。但是，农业以及养殖业想要获得发展，能够与市场经济相适应，专业化与规模化的生产显然是十分重要的途径。只是在过去的实践中，在怎样实现专业化与规模化的生产的环节没有处理好，直到今天也难以改变农业生产（广泛意义上的农业）的困境。

五、从管理走向合作：农村发展的新探索

从农民一生的发展轨迹而言，农民归于农村；从农民的经济活动之目的而言，农民也归于农村。这样看来，农村的发展对于农民而言至关重要，这里是培养他们的环境，人们出生后的十几年中通常都要在这个地区获得培育；这里当然还是农民养老的空间，过了 50 岁之后，农民普遍回到农村，并在这里终其一生。这些都表明，尽管农民在这些年中扩大了自己的生存空间，但是农村依然是人们生活的最重要的空间。于是，在打工之外，农民也寻求当地经济的发展。而事实上，当地经济的发展对于农民而言，对于农民而言也为农民增加了一些生存途径。这显然是十分重要的，因为多样化的求生方式通常可以缓解某些生存危机，这一点，我们可以通过 2008 年金融危机对农民外出务工所造成的影响来看出。

但是，如我们上文所分析的那样，农村的发展事实上存在着许多瓶颈因素。首先，大的背景在于农业在人们的生产生活中失去原来的位置，小农生产在新的市场环境中难以适应。其次，人口的大规模流动使得农村劳动力减少了，这几乎是前者（即小农生产的弊病）的结果。而且，那些在农村寻求生存的农民事实上也难以组织，这是自 1982 年以来逐渐发生的变化，人们在集体生产之后突然获得自主，便再也不愿意失去这种自主性。但是，这种自主性所伴随的是一种薄弱的抵抗力，而抵抗力在新的环境中现在变得十分重要起来，因为市场经济下存在太多的不稳定性因素，而关于市场经济的知识是农民单独难以把握的。显然，假如我们要找出农村发展的最重要瓶颈的话，大概可以认为是农民的合作问题。

合作对于农民而言是一种常态的生存策略。我们在上文的分析中对家庭做出过详细的分析，事实上，农民当前的合作最重要的当然要体现于家庭内部，这种合作单位在我们难以考察的历史中就一直保持着其稳定性，直到今天依然是人们不可缺少的合作形式。尽管这种合作在不同的历史时期都发挥过极重要的作用，直到今天依然如此，但是这种合作乃是于个体而言的，在这种合作中，个体是合作的主体，而家庭是合作的基本单位。可以看出，这种合作的范围是很小的，在现代农民的生存环境中，这种合作已经越来越难以抵御生存的不稳定因素。在家庭之间，一些合作也存在着较长的历史，如邻里之间的互助以及亲戚间的合作。在这些合作中，家庭成为合作的主体，社区或者亲属集团成为合作的单位。但是这些合作在新的环境中显然也并不能发挥显著的功效（虽然其中确实存在着某些功效），其原因在于这些合作主体几乎都是农民，他们很难以与市场经济联系起来。并且，农民之间的合作经常是一种极其非正式的，力量也因为这种非正式性而有些薄弱，如我们所看到的那些养鸡场之间的合作经常因为一些利益之争而迅速解体。所以，在现在看来，尽管依然不能排除传统合作方式的必要性，但是新的合作需要也已经产生了，这就是由政府作为中介而使农民与企业之间进行合作的方式。

这种新的合作方式在很大程度上与市场经济的大背景联系起来，因为农民直接与企业进行合作。但是因为农民对市场环境的难以把握以及市场环境本身所具有的不稳定使得政府有必要站出来作为农民与企业之间的合作中介，使得这种合作多了一份政治性的保障。这使得政府成为组织农民的主体，农民在与企业进行合作之前需要由政府组织起来，此后政府则代表农民与企业进行合作，合作意向由政府组织农民实施。尽管这种合作逻辑最终落实在农民与企业之间，而政府很大程度上是作为一种中介或者农民的立场而出现的，但是在合作的实施过程中，使得农民感到的并不是与企业合作，而是与基层政府的合作。于是，围绕着政府与农民之间的关系的一系列问题由此产生。

政府与农民之间的合作，给人们以最深印象的莫过于生产队时期的合作社建设了。在那个历史时期，政府的组织生产的功能最大限度地体现出来，那个时候的基层政府被称为"公社"，它在很大程度上是一个具有政治力量的生产组织机构。所谓合作生产，在那个时代是政府对农民的生产的统一组织和管理，而对于合作主体的意愿性却并未加以多少考虑。所以，与其说那是一种合作，倒不如说那是一种"管理"，后者更强调的是政府对于农民的治理，而前者则应当柔化行政力量，强调的是政府与农民之间的良性互动。显然，这种互动至今也没有很好地实现，政府在与农民的合作中因为注入其政治的力量而主要体现为一种行政管理。这使得农民不仅感受到来自市场的压力（主要体现于市场价格的波动），同时还感受到了来自政府的行政压力，而农民自己则很大程度上失去了其自主性。最终，使得农民认为这种合作方式是不必要的，因为对他们自己并无益处。

事实确实如此，三河乡的农民在新的合作中并未获得过多少益处，而更多的是损失。一如我们在前文所介绍的那样，随着退耕还林的推进，政府所实施的一系列配套措施在很大程度上都是失败的，失败的原因很大程度上在于政府没有了解农民的合作意愿（如蚕桑），或者没有能够掌握好市场信息（如辣椒合作生产的破产），当然也有企业方面的因素。总之，正是各个合作主体之间的关系没有很好的得以处理使得这些合作纷纷失败，而这些失败为农民与政府之间的关系增加了一层又一层的隔阂，使得新的合作难以进行。

在农民看来，他们自己缺乏与企业进行合作的能力，所以在合作中离不开基层政府的引导。但是，几次的合作失败都由农民来买单，这使得农民感到政府与企业事实上同时是与农民对立的两个利益主体，他们甚至开始怀疑政府在这些合作中与企业发生一些潜在的勾结以获得利益。于是，在新的合作中，农民开始采取一种消极应对的方式，他们在政府的压力下出钱购买种子和肥料，但是并不种植，购买来的蚕种也并不培养，而纷纷加以烧毁。这些损失，最终的买单者是农民。

这一新的合作过程塑造了企业、政府与农民不同的形象。企业的形象在这些合作中是模糊的，而且似乎经常是藏在背后的。而政府的形象则是一个威严的管理者，经常以政治手段推行其合作思路，使得合作变成一种单纯的行政管理。农民的形象则变得可怜起来，他们在这些合作中处于极被动的境地，成为一群消极的抵抗者。

　　这几乎使我们觉得这种合作也许比三十年前的几十年中的那种合作更加不堪，不堪到可以放弃合作的程度。但是，正如我们已经分析过的，事实上合作在当前的农村发展中是必要的，因为在市场经济体制下，农民想要依据本身的传统职业获得更好的发展，那么有两个因素是必不可少的，那就是规模化以及专业化，这是市场经济体制下的发展要求。但是，在我们分析过我国的土地制度以及当地农民的固有生产传统之后，我们看到规模化和专业化生产遇到了诸多障碍。土地被分散给各个家庭单独经营，这当然不利于规模化生产，而农民固有的生产传统在于农业生产的多样性（关于这点，我们曾对农民的农作物的复杂性和多样性做过说明），这于专业化生产而言又是一种障碍。在这样的背景中，合作显得十分必要，农民在合作中实现农村产业的规模化和专业化在现在看来也许是最现实的途径之一（至少在我们所考察的地区而言如此）。已有的失败事实上不在于合作是否必要，而在于合作如何实现。

　　怎样实现合作，这要求我们关注到合作中各主体的角色问题。在三河乡近些年所推行的合作中，正如我们上文所说的，企业处于合作的隐秘处，而政府的角色则是治理者，农民则通常是一种配合者（最终变成消极的抵抗者）。三个合作主体的角色使得他们之间的关系并不良好，这是合作失败的重要原因。事实上，在探索新的合作的实现途径时，三者之间的关系都应该加以重新建构，他们各自的角色也都应该重新加以界定。首先，农民的主体性需要凸现出来，这也许是最为重要的。其次，政府需要从治理者转变为服务者，它既应该是农民与企业进行合作的中介，同时也要在合作的过程中服务于农民，假如我们可以为政府界定一个立场的话，那么他的立场应该更偏向于农民。而企业的形象应当明晰起来，这也是很重要的因素，因为只有这样，它们才能够明晰其责任和义务，而不至于在某些特殊背景下逃之夭夭。

　　农民的自主性在已有的合作中一直难以凸现出来，很大程度上在于农民缺乏一个有效的发声系统。事实上，在合作中，尽管农民数量是所有合作主体中最多的，但是同时又是最缺乏力量的。从已有的失败教训（实在难以看到究竟有多少成功经验）看来，农民要想与政府、企业达成有效的合作，那么农民自己首先就要建立起自身的合作。农民与农民之间的合作使得他们在与政府、企业的合作中更加凸显出其主体性，这需要农民建立一个自治性的组织，在更大的合作中表达自己的声音和保障自己的利益。当然，我们已经看到村委会被广泛认为是一种农民自治组织，但是我们曾在介绍三河乡的公共管理的时候分析过，村委会的自治性十分有限而且近乎无。新的自治组织（这时候很大程度上就是一个专业合作社）在农民自身的监督中运作，它是一个自下而上的合作组织，而不像村委会那样是一个自上而下的治理组织。我们在这里只能提出这样的思路，而这种自治组织的实践事实上会是一个非常复杂的过程。

在此基础上，农民的自治组织成为与政府、企业合作的主体。此时，农民自治组织具有表达农民意愿以及合作意愿的权利，政府在此过程中成为引导和辅助农民自治组织与企业合作的真正中介。此时，政府当然可以在整个合作中取得一定的利益作为其实施公共管理与服务的成本，但是这是在农民获利的情况下实现的。政府的利益获得也是必要的，农村税费改革之后，基层政府的管理与服务能力事实上也受到了很大的影响。这是一个良性循环：农民与企业合作获利，政府因为于合作中所付出的服务而参与一定的利益分配，这为政府的公共服务产生了正面影响，而政府的公共服务又有利于引导农民与企业之间的更好的合作。这样看来，政府几乎退出了合作主体的位置，它与其说是一个主体，不如说是一个倾向于保障农民利益的中介。

企业因为直接与农民合作而使得农民不再感受到其模糊性，它的合作对象不再是政府而是农民自治组织，在这一过程中，它的责任、义务、权利、利益明确地与农民自治组织商榷。政府在这里的功能在于以其政治力量维护这种商榷的结果，尽其努力为农民争取其最大的利益。

当然，一如我们上文所说的那样，我们在此所能够提供的是一种合作的新思路，而其实践的过程却会是极复杂的。这一思路，在我们看来，就在于改变现有的政府与农民之间的关系，使得他们之间的关系从一种管理走向合作，至少在农村经济发展方面而言达到这种转向。

后 记

　　时间已经过去六年了，本书终于付梓。2009 年的 3 月，龙河两侧的山区，天气还有些微凉，但是春天，已经很近了。山区里的农民，那时正在忙着春种，带着秋收的希望。而驱车前往龙河的我们，也带着某种希望，打算对石柱县三河乡土家族农民的生计、社会、文化做一个月的田野考察。这本书，就是考察所得的成果。

　　三河乡的田野工作是我第二次对龙河流域的土家族社会和文化做系统的考察。2008 年，我已经对石柱县的另一个乡镇做过类似的田野工作，此后的数年间，我每一年都对龙河流域的土家族社会和文化进行一个月左右的田野考察，每次针对龙河流域内的一个典型乡镇，有时候甚至集中于某个典型的村落。到现在，我已经对龙河流域的至少四个乡镇做过比较系统的考察，每一次考察都有不同的收获，每一次的考察都使我进一步加深了对龙河流域土家族文化的理解。现在，《万寿山下》终于成书出版。另外几次的田野考察报告，还在修改中，希望也能尽快成书。

　　在我过去长时间的田野工作中，许多学者和同行给予过很大的鼓励，有些话题仍萦绕耳边。当然，我有必要在这被叫作"后记"的部分对我过去的工作做些说明。它的价值究竟在哪里？对于这个问题，我在打算对龙河流域的土家族做研究之前就已经有了一定的考虑，但说实话，还是在田野工作逐渐展开之后，我才对这项长期坚持的工作的价值有了更多的认识，当然，也正是这些认识使我坚持了这么多年的田野工作。

　　在我打算对龙河流域的土家族社会和文化展开研究之前，我特别坚信，对一条河流所形成的流域里的人民做系统的考察具有很特别的意义。的确，在坚持了数年之后，我更加感受到龙河流域土家族文化的厚度。但是，这些认识尚未在本书以及即将出版的其他几本民族志中得到系统的呈现。在这本民族志中，我仅仅以最直接的方式将龙河流域土家族人民的生活展示出来，在其他几本民族志中，我坚持同样的原则，尽量不涉入更多的逻辑推衍和理论升华。那么，这样的民族志的价值究竟何在？这正是我要说明的。

首先，作为一个人群、一个区域或一个民族的民族志，我向来以为应该全面记录我们所看到、所听到的一切。至于我们应该怎样重新表述、展示我们所看到、所听到的，把它传递给读者，我以为应该采取尽量简单的方式。说得更加明白一些，我们的民族志，应被看成是比较成系统的资料库。这个资料库，不是杂乱无章的，我们以较为系统的方式，将其分门别类储存起来，继而展示出来。因此，如果作为进一步研究的资料，我们的这一类民族志无疑具有非常重要的价值。这个价值正是在我对龙河流域土家族不断进行考察的过程中慢慢认识到的。三河乡的田野工作已经过去了六年，对更长的历史而言，六年很短，但以我们作为研究者的眼光审视某个我们曾经考察过的人群，足以使我们看出六年时间对这些人群做出了多少改变，当然，也足以使我们看出一群人的传统究竟有多么稳定。六年之后，我们的调查已经成为历史资料了。对于这本民族志的学术价值，我所看重的，正是这一点。我相信这类民族志对以后的研究者来说，具有非常重要的价值。

这本民族志的价值还不仅仅是学术性的，它的形成过程，正是我力求培养学生的过程。民族学、人类学在西南大学还十分年轻，在我第一次对龙河流域的土家族进行考察的 2008 年，西南大学的第一届民族学专业本科生尚未毕业，那时他们才三年级，作为毕业实习的形式，我带领他们来到石柱县冷水乡做了一个月的田野工作。这是我第一次在龙河流域开展考察，这一次的考察给我留下了非常深刻的印象，我看到这些学生从强烈的"文化震撼"慢慢适应起来，迈出了人类学田野工作的第一步。尤其重要的是，那些曾经抱怨自己专业的民族学专业学生，经过一次田野调查之后，对自己的专业产生了浓厚的兴趣。我依然记得，我第一次带领的五个学生，有四个学生分别进入中山大学、厦门大学、中央民族大学和兰州大学攻读人类学或者民族学硕士，其中两个学生相继到英国和美国继续深造。在三河乡考察时，我带领了 2006 级的民族学本科生近二十人，他们中的三人选择了攻读人类学、民族学研究生，刘应科升入西南大学，焦春华进入了中央民族大学，巴丹到了云南大学。毕业之后均从事与民族学、人类学专业相关的工作。龙河流域已经成为我们的研究基地，当然，也成了民族学、人类学的人才培养基地。

在六年之后，本书能够出版，需要感谢许多对此做出过贡献的人。首先要感谢的，就是那些在我们的研究中给予我们最直接帮助的乡亲们和地方干部，他们都是龙河流域优秀的土家族人民。其次，我们能够顺利地进入田野，得益于石柱县党政领导和三河乡基层党政领导的引介和帮助。特别是在三河乡工作的马晓勇书记给予了很多细致的关怀，政协吴新民主席亲自陪同我登上万寿山，观察男女石柱和考察风貌，在此一并感谢。此外，还要感谢西南大学校地合作处给我提供的最好的服务和陪伴，使我能够在龙河边扎根，找到那久远文化的回忆，使我能够拥有更大的激情一路展望和留守在龙河的流动之间。

田　阡

2014 年 8 月 20 日

特别感谢

教育部《新世纪优秀人才支持计划》"多元文化互动与族群关系研究"和重庆市社会科学规划项目"武陵山区多元文化互动与族群关系研究"（项目批准号：2010YBRW61）；西南大学基本科研业务费专项资金资助项目"中国少数民族村寨文化模式与经济的现代转型研究"以及重庆市文化委资助的"武陵山区多流域文化遗产调查与生态文明建设研究"项目对于作者学术研究的支持！

鸣　谢

西南大学统筹城乡发展研究院
西南大学新农村发展研究院
重庆国学院
西南大学校地合作处